中国再生资源行业发展报告
（2012）

中国物资再生协会　编

中国财富出版社

图书在版编目（CIP）数据

中国再生资源行业发展报告．2012/中国物资再生协会编．—北京：中国财富出版社，2013. 8

ISBN 978－7－5047－4789－1

Ⅰ．①中…　Ⅱ．①中…　Ⅲ．①再生资源行业—经济发展—研究报告—中国—2012　Ⅳ．①F259. 2

中国版本图书馆 CIP 数据核字（2013）第 197061 号

策划编辑　马　军　　　**责任印制**　何崇杭

责任编辑　王　琳　杨　璐　　　**责任校对**　饶莉莉

出版发行　中国财富出版社（原中国物资出版社）

社　　址　北京市丰台区南四环西路 188 号 5 区 20 楼　　**邮政编码**　100070

电　　话　010－52227568（发行部）　010－52227588 转 307（总编室）

010－68589540（读者服务部）　010－52227588 转 305（质检部）

网　　址　http：//www. cfpress. com. cn

经　　销　新华书店

印　　刷　北京京都六环印刷厂

书　　号　ISBN 978－7－5047－4789－1/F・2007

开　　本　787mm×1092mm　1/16　　**版　　次**　2013 年 8 月第 1 版

印　　张　29. 5　彩　插　6　　**印　　次**　2013 年 8 月第 1 次印刷

字　　数　711 千字　　**定　　价**　120. 00 元

编委会

编辑人员

主　　编： 刘　强

副 主 编： 崔　燕　张艳会

编写组成员： （以姓氏笔画为序）

马占峰　龙少海　田　晖　刘坚民　刘　强　刘树洲
刘汉儒　李明怡　李海洋　张　明　张艳会　庞澍华
赵　伟　高延莉　顾耀明　谢德华　崔　燕　覃林盛
覃　未

联系部门： 中国物资再生协会行业发展部

联系电话： 010－68392541（传真）

网　　址： www. crra. com

电子信箱： cuiyan328@ sohu. com

henry19850220@ gmail. com

序

当前，随着经济社会发展与人口、资源、环境之间矛盾的日益突出，发展循环经济越来越受到世界各国的重视，美国、日本等国，纷纷加快部署，采取立法和资金支持等多种手段，推动包括节能环保等产业在内的重点产业快速发展。欧盟提出将在未来 10 年重点发展低碳循环经济，在 2020 年实现可再生能源利用比例达到 20%。循环经济的发展，正在全球范围内深刻影响和改变着人们的生产生活。

我国能源资源禀赋先天不足，利用效率低、浪费大，需求呈刚性增长，资源约束趋紧，成为当前我国经济社会发展面临的突出矛盾。在我国国民经济和社会发展“十一五”规划、“十二五”规划都对循环经济进行了部署；2010 年 10 月 18 日，国务院下发《关于加快培育和发展战略性新兴产业的决定》，将再生资源列入国家战略性新兴产业；2011 年国务院办公厅下发《关于建立完整的先进的废旧商品回收体系的意见》（国办发〔2011〕49 号），明确提出了再生资源回收体系建设的中长期目标和任务。2012 年，党的十八大报告再次强调了发展循环经济，并且指出“建设生态文明，是关系人民福祉、关乎民族未来的长远大计。面对资源约束趋紧、环境污染严重、生态系统退化的严峻形势，必须树立尊重自然、顺应自然、保护自然的生态文明理念，把生态文明建设放在突出地位，融入经济建设、政治建设、文化建设、社会建设各方面和全过程，努力建设美丽中国，实现中华民族永续发展”。报告还进一步指出，要“坚持节约资源和保护环境的基本国策，坚持节约优先、保护优先、自然恢复为主的方针，着力推进绿色发展、循环发展、低碳发展，形成节约资源和保护环境的空间格局、产业结构、生产方式、生活方式，从源头上扭转生态环境恶化趋势，为人民创造良好生产生活环境，为全球生态安全作出贡献”。发展循环经济，建设生态文明，已经成为打造中国经济升级版的一项重要而紧迫的任务。

再生资源产业是发展循环经济的重要载体，再生资源回收又是循环经济的前提和基础。经过数十年的发展，我国在循环经济和再生资源产业的立法、政策体系、示范试点、基础工作、循环经济模式和循环经济理念宣传等各个方面取得了积极进展。再生资源回收利用产业发展取得了初步成效：

一是产业规模由小到大。21 世纪初，我国主要品种再生资源年回收量仅为 5000 多万吨，仅仅过了十几年，这一数字迅速攀升到 1.6 亿吨，增长 3 倍多。主要品种的再生资源回收利用总量、回收总值、进口总量等均平稳增长，对节能、减排、降耗、增效起到了显著的促进作用。

二是企业实力由弱到强。虽然在20世纪五六十年代时我国已经有了世界上最庞大的再生资源回收队伍，但是普遍存在经营规模小、实力弱、技术设备老化等问题。近年来，在中央和地方财政、税收及相关金融政策的支持下，一批规模较大、技术设备先进、分拣加工能力较强的龙头企业脱颖而出，其中不乏产值过百亿的大型企业，推动了行业水平提升。

三是技术水平由低到高。近些年，我国再生资源回收行业已经基本摒弃了过去那种“收进来，卖出去”传统落后的经营方式，在技术层面采用了清洗、除油、去污、干燥、拆解、剪切、打包、破碎、分选、净化等加工处理手段，并且充分运用现代分离提取技术，部分技术已经达到国际先进水平，再生资源的利用率明显提高，加快了再生资源回收产业化步伐。

在新的历史时期，我国再生资源产业面临着千载难逢的历史机遇，也同样面临着史无前例的挑战。目前我国再生资源回收利用体制、机制尚不健全，发展中还存在诸多问题，如城乡网络仍不完善，部分再生资源品种回收率偏低；除少数企业回收技术和设施较完备外，大多数企业设备简陋、技术落后；回收企业“小、散、差”的现象普遍存在，经营规模化和组织化程度较低，与建设生态文明和发展循环经济的要求和目标还有较大差距，任务还十分繁重。为此，再生资源回收利用主管部门以加快转变发展方式为主线，着力促进再生资源回收模式和组织形式创新，推动组织形式由劳动密集型向劳动、资本和技术密集型并重转变，全面提升再生资源回收行业规范化水平和规模化程度，充分发挥回收行业对产废、利废的衔接作用，构建完整、先进、安全、环保的再生资源回收利用体系，为推进生态文明建设、建设美丽中国作贡献。

首次以图书的形式出版的《中国再生资源行业发展报告（2012）》，是各位业内专家和实际工作者集体智慧的结晶，本书围绕再生资源八大重点品种，通过国内外和地区间比较，向读者展示了再生资源产业发展的全面情况和最新动态。本书内容丰富，涉及范围广泛，结构衔接紧密，为相关产业部门、决策部门和广大科研工作者提供重要参考，为从事再生资源经营的企业提供向导。在此，我对本书成稿付出艰辛努力和友好支持的各位一并表示衷心感谢，并期待中国再生资源回收产业蓬勃发展，取得新的成绩！

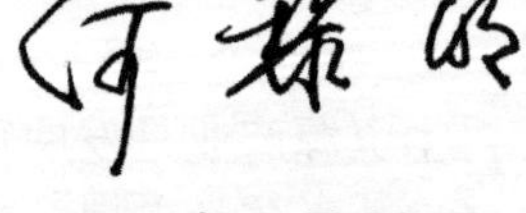

2013年7月29日

目　录

第一篇　综合篇

第二篇　专题篇

第三篇　技术设备与工艺篇

第四篇　地区篇

第五篇　国际篇

第六篇　案例篇

图 目 录

表目录

Contents

Part 1 Summation

Part 2 Specialized Topics

Annex

Figures

Tables

第一篇

综合篇

第一章　2012 年我国再生资源行业总体概况

一、行业发展基本状况

2012 年，受宏观经济影响，我国再生资源回收利用总量、回收值较上年同期都有所下降。其中，废钢铁、废有色金属、废塑料、废轮胎、废纸、废弃电器电子产品以及报废汽车、报废船舶八大类别的主要再生资源回收总量、回收总值双下降。废钢铁、废有色金属、废塑料、废纸、报废船舶五个类别的再生资源进口增长。

（一）行业规模分析

1. 回收总量基本情况

八大品种再生资源回收总量达 16067 万吨，比 2011 年减少了 394.8 万吨，降幅为 2.4%。其中，降幅最大的是废弃电器电子产品，同比下降 48.5%，主要受家电以旧换新政策终止影响；增幅最大的是废塑料，同比增长 18.5%。

表 1　　2011—2012 年我国主要再生资源类别回收利用

序号	名　称	单位	2011 年	2012 年	同比增长（%）
1	废钢铁	万吨	9100	8400	-7.7
2	废有色金属	万吨	455	530	16.5
3	废塑料	万吨	1350	1600	18.5
4	废纸	万吨	4347	4472	2.9
5	废轮胎	万吨	329	370.3	12.6
	其中：翻新	万吨	34	45.3	33.2
	再利用	万吨	295	325	10.2
6	废弃电器电子产品				
	数量	万台	16058	8264	-48.5
	重量	万吨	370.6	190.7	-48.5

续　表

序号	名　称	单位	2011 年	2012 年	同比增长（%）
7	报废汽车				
	数量	万辆	149.6	132.3	-11.6
	重量	万吨	285	249	-12.6
8	报废船舶				
	数量	艘	317	340	7.3
	重量	万轻吨	225.2	255	13.2
9	合计（重量）	万吨	16461.8	16067	-2.4

注：轻吨，指废船不包括非金属固定压载在内的空船重量。

2012 年，根据对全国 31 个省、市、自治区的 970 家典型再生资源回收企业调查，再生资源回收量为 4079.13 万吨，较上年同期增加 678.04 万吨；销售量较回收量增加了 345.34 万吨，说明库存消耗较多；而 2011 年再生资源销售量较回收量减少了 149.85 万吨，说明库存较大。

2. 回收总值基本情况

2012 年，八大品种再生资源回收总值为 5413.4 亿元，较 2011 年的 5763.9 亿元减少了 350.5 亿元，降幅为 6.1%。其中废弃电器电子产品降幅最大，降幅为 -52%，废有色金属增幅最大，增幅为 15.5%。

表 2　2011—2012 年我国主要再生资源类别回收价值　　单位：亿元

序号	名　称	2011 年	2012 年	同比增长（%）
1	废钢铁	2740.9	2226	-18.8
2	废有色金属	889.1	1027	15.5
3	废塑料	919.8	1056.0	14.8
4	废纸	869.4	830.3	-4.5
5	废轮胎	79	88.9	12.6
6	废弃电器电子产品	119.2	57.2	-52.0
7	报废船舶	63.1	63.8	1.0
8	报废汽车	83.4	64.2	-23.0
9	回收总值	5763.9	5413.4	-6.1

3. 主要品种进口基本情况

2012 年，我国废钢铁、废有色金属、废塑料、废纸、报废船舶五大类别的再生资源共进口 4970 万吨，比 2011 年增加了 243.3 万吨，增幅达 5.1%。其中增幅最大的是报废船舶，增幅为42.5%，降幅最大的是废钢铁，降幅为26.6%。

表3　2011—2012年我国主要再生资源进口情况

序号	名称	单位	2011年	2012年	同比增长（%）
1	废钢铁	万吨	677	497	-26.6
2	废有色金属	万吨	738	745	0.9
3	废塑料	万吨	838.4	887.8	5.9
4	废纸	万吨	2728	3007	10.2
5	报废船舶	万轻吨	217.6	310	42.5
6	合计（重量）	万吨	4726.7	4970	5.1

注：1. 废有色金属进口是指含铝废料、含铜废料、含锌废料。
2. 我国进口废有色金属实物量按36%的比例折算。

（二）行业结构分析

（1）从企业性质来看，再生资源行业中，民营企业占企业总数的80%，占就业总人数的75%左右，是再生资源回收行业的主体，国有企业和三资企业占比例较低。

（2）从行业集中度来看，我国存在经济的地域发展不平衡问题，东、西部发展存在很大差距。在企业数量方面，再生资源企业多集中于华北地区、华东地区和西南地区；在回收和销售数量方面，广东、天津、江苏、浙江等沿海省市领先。尤其是在华东地区，工业化发展水平较高，企业数量众多，销售数量和回收数量很大，这是由经济基础和市场需求等因素决定的，是规模化和集约化发展的具体体现。

以废纸行业为例，由于东、西部经济基础的差距和市场需求因素，近年来我国新建的以废纸为原料的造纸企业主要集中在东部沿海地区，特别是广东、福建、江苏、浙江、山东等东南沿海12个省（区）市发展速度很快。一些大中型企业的兴起，使废纸使用量和进口量迅速提高，带动了国内废纸回收率的迅速提高，使我国的废纸利用率大大高于回收率，特别是广东、浙江等省份的废纸浆比重已接近80%，废纸造纸渐渐进入了高速发展的时期。在整个回收体系建设过程中，各地龙头企业不断发展壮大，带动了行业集中度的提高。

（三）行业效益分析

2012年无论从回收量还是回收值来看，都出现下降；从赢利能力看，国有企业赢利能力较差，且利润多用于解决历史债务等，三资企业产业链较长，赢利能力较高强，民营企业持续性赢利能力较差，且利润率较低。

（四）行业现代化程度

长期以来，我国再生资源交易主要通过实物交换的方式进行。近年来，随着现代信息技术的发展，再生资源回收企业开始利用互联网创新回收方式和交易方式，一批综合交易信息门户网站应运而生，主要运行模式有以下几种：

（1）综合门户网站。这类网站的交易涵盖几乎所有的再生资源品种，按照不同的分类为用户提供再生资源交易信息发布和站内搜索功能，帮助客户更好的寻找交易信息。其中做的比较成功的如中国再生资源交易网（www. zz91. com）。

（2）地方性交易网站。这类网站主要发布某一地区的再生资源交易信息，运营单位往往与当地的政府、企业合作，提供本地服务，交易范围局限比较大，相关信息不完整。目前做的比较好的如沈阳再生资源网（www. zszy. com. cn）。

（3）单一门类再生资源网站。这类网站主要发布某一种类的再生资源信息，例如废塑料或者废金属的再生资源交易，往往由行业协会支持或指导并进行运营。做的比较好的如中华塑料网（www. plastic. com. cn）。

对于以上提到的各类不同运行模式的再生资源交易网站按照 Alexa 网站排名顺序情况分析如表 4 所示。

表 4　　中国现有再生资源交易站点的分析

序号	站点名称及网址	优点	缺点	运行单位
1	zz91 再生网 www. zz91. com	双语双站点运营，拥有较好的客户服务，企业可以快速建立自己的交易网站；配合网上店铺的形式进行网上交易	交换规模一般，网站分类不规范	中国有色金属工业协会再生金属分会、中国塑料协会塑料再生利用专业委员会指定合作门户
2	feijiu 网 www. feijiu. net	拥有较好的客户服务；论坛建设比较完善；面向全国发展企业会员	页面广告信息太多；废料分类不规范；信息量较小	中国废旧 CIA 资源协会支持
3	世界再生网 china. worldscrap. com/modules/cn	双语双站点运营；论坛建设比较完善；面向全球发展企业会员	页面广告信息太多；客户服务不完善；再生资源分类不规范	宁波伟世信息咨询有限公司
4	中国塑料网 www. plastic. com. cn	配合企业博客的形式进行网上交易；论坛建设比较完善；拥有较好的客户服务	废料分类不规范；栏目设置不合理	河北金辰网络公司
5	中国金属废料网 www. chinascrap. com	双语双站点运营；面向全球发展企业会员	客户服务不完善；栏目设置不合理；网站分类不规范	上海寻源信息科技有限公司与美国 First American Metal Corp. 合作
6	中国有色金属商务网 www. metal-sinfo. com	双语双站点运营；面向全球发展企业会员；拥有较好的客户服务	页面广告信息太多；栏目设置不规范	

续 表

序号	站点名称及网址	优点	缺点	运行单位
7	中国再生塑料网 www. zssl. net	专注于再生塑料行业，信息集中，提供短信服务；配合企业博客的形式进行网上交易；论坛建设较完善	废料分类不完善；页面设置不规范；没有在线咨询	中国物资再生协会技术服务委员会指导
8	金属废料资源网 www. metalscrap. com. cn	双语双站点运营；面向全球发展企业会员；信息更新速度较快；专注于金属废料行业，信息较集中	页面设置不规范；客户服务不规范	上海乘驰信息科技有限公司

（五）行业贡献度分析

再生资源回收是劳动密集型产业，是解决就业的重要渠道。据不完全统计，国内再生资源回收行业从业人员超过1800万人。试点城市和回收利用基地通过建设再生资源回收体系，大量吸纳下岗人员和农村富余劳动力。在试点城市回收体系建设中，通过回收网点、分拣中心、集散市场建设，新增就业岗位50万个左右，再生资源回收已经成为扩大人员就业、带动城乡发展的重要途径。

再生资源回收体系建设有效带动社会投资。2012年，中央财政投入7.5亿元支持再生资源回收体系建设，共支持23个试点城市建设10241个回收网点、115个分拣中心及26个集散市场，同时支持了32个区域性大型再生资源回收利用基地，带动社会投资近110亿元，新增交易额600万元，新增税收582万元。

二、存在问题及原因分析

一是回收网络不健全。广大农村地区、城乡结合部及县级城市的回收站点建设滞后，覆盖率需进一步提高；分拣中心基础设施和工作条件亟待改善，经营模式简单粗放、生产效率低下、资源浪费严重及环保设施缺乏等问题普遍存在；在回收、运输与储存环节存在协作配套不够和环保隐患等问题。

二是经营规模化程度有待提高。目前回收企业主体多元且分散，规模化企业的回收量仅占回收总量的10%~20%。行业“小、散、差”以及过度追求商业化的倾向，与建立完整先进的回收体系的要求仍有差距。企业缺乏经济技术交流和产学研结合，加工处理环节机械化和自动化程度低，大多数操作工人缺乏技术培训，专业知识水平和技能操作水平不适应现实要求。除少数企业回收工艺和装备较先进，环境保护设施较完善外，大多数企业和个体户经营规模小，管理方式和经营理念陈旧，设备简陋，技术落后，造成再生资源回收利用率偏低，对环境易造成二次污染。

三是政策环境尚不完善。目前，有关再生资源回收的专门性规定仅有《再生资源回收管理办法》，法律效力较低，难以对企业经营资质、经营行为和经营秩序进行有效规范；政府相关部门对行业的管理职权分散、缺乏合力，扶持政策和工作措施缺乏配套性；行业的标准化和规范化程度低。此外，行业所需要的税收支持政策被取消，回收企业的税收负担大幅增加，整个产业链的正常发展受到影响。

三、节能减排效果显著

2012 年回收利用再生原料与利用原生材料的能耗、物耗和污染物排放相比，都有明显节能、降耗、减排的效果，共节能 16949.7 万吨标准煤，占全国总能耗量 34.8 亿吨标准煤的 4.7%，减少废水排放 1126911.8 万吨，减少二氧化硫排放 374.6 万吨，减少固体废弃物排放 339025.4 万吨。其中，废纸的节能减排贡献最大，节能 7064.4 万吨标准煤，减少废水排放 523282.4 万吨；废轮胎的节能减排贡献最小，节能 83.3 万吨标准煤，减少废水排放 6937.3 万吨。2011—2012 年我国再生资源回收和节能减排情况如表 5 所示。

表 5　**2011—2012 年我国再生资源回收和节能减排情况**

类别	回收量(万吨)		节能量(万吨标准煤)		减排量							
					废水(万吨)		固体废弃物(万吨)		二氧化硫(万吨)		二氧化碳(万吨)	
	2011 年	2012 年	2011 年	2012 年	2011 年	2012 年	2011 年	2012 年	2011 年	2012 年	2011 年	2012 年
废钢铁	9100	8400	3194. 2	2948. 5	79853. 9	73711. 3	26617. 6	24570. 1	177. 4	163. 8	7666	7076. 3
废有色金属	455	530	4734. 5	5514. 9	305667. 5	356052. 3	245794. 4	286310	80. 6	93. 9	11362. 9	13235. 9
废塑料	1350	1600	442. 1	524	122812. 9	145556	3779	4478. 8	58. 5	69. 3	1061. 2	1257. 7
废纸	4347	4472	6866. 9	7064. 4	508655. 8	523282. 4	9838. 8	10121. 7	12. 1	12. 4	16480. 6	16954. 5
废轮胎	329	370. 3	74	83. 3	6163. 6	6937. 3	369. 9	416. 3	4. 5	5. 1	177. 6	199. 9
废弃电器电子	370. 6	190. 7	730. 1	375. 7	8980. 8	4621. 3	5043. 2	2595. 1	17. 1	8. 8	1752. 4	901. 7
报废汽车	285	249	191. 5	167. 3	10260	8964	7695	6723	7. 3	6. 4	459. 7	401. 6
报废船舶	225. 2	255	239. 9	271. 6	6877. 2	7787. 2	3365. 1	3810. 4	13. 2	14. 9	575. 7	651. 9
合计	16461. 8	16067	16473. 2	16949. 7	1049271. 7	1126911. 8	302503	339025. 4	370. 7	374. 6	39536. 1	40679. 5

第二章　2012 年再生资源回收体系建设情况

自 2006 年以来，商务部按照建设两型社会的总体要求，积极推进废旧商品回收体系建设。在中央财政资金的支持引导和各地商务部门的大力推动下，废旧商品回收体系建设成效显著，对减少环境污染、促进节能减排的作用逐步加强，对国民经济贡献度进一步提高。2012 年，从转变工作观念、做好舆论宣传、突出重点任务、强化基础工作、加强项目监管、做好节能降耗示范等几方面入手，主要取得了以下几方面成效：

一、建立了联席工作机制

随着经济全球化、工业化、城镇化的发展，地球的资源和环境承载能力面临严峻的挑战，作为发展中国家的中国，这一问题更为突出。同时，基于信息能源和物联网的第三次工业革命对我国正在发生深刻的影响，未来社会向低碳、环保方向发展的趋势不可阻挡。在这种形势下，现代流通不仅仅是商品从生产向消费的运动过程，更是生产—流通—消费—回收—利用—再生产的闭合循环过程。流通管理的工作任务不仅仅是服务百姓、引导生产，更被赋予了节约资源、保护环境、发展循环经济的重要使命。

2011 年，国家提出了在“十二五”建设完整的先进的废旧商品回收体系的目标任务。2012 年 5 月，批准成立了由商务部牵头，22 个部门组成的废旧商品回收体系部际联席会议制度。同时国务院领导多次就做好废旧商品回收工作进行批示指示。这充分表明了国家对这项工作的高度重视和关切。商务部将借助联席会议制度平台，推动各成员单位加强沟通协作，争取每年解决 1 ~2 个废旧商品回收体系建设中的重大问题，为行业的发展创造良好环境。2012 年，将依托联席会议，做好宣传周活动、绿色回收进校园、建立公共机构废旧商品回收体系、开展财税调研、加强统计工作等几项重点工作。

地方商务主管部借助当前的有利时机，认真做好回收体系建设中的牵头和服务工作，做到“三个转变”。一是从部门单干向发挥各部门合力转变。改变过去一家单干或者政出多门，职能不清的局面，充分利用本地区的协调机制和联络机制的作用，特别是发挥发改、工信、环保、教育等部门的作用，共同做好各项工作。二是从单纯注重项目资金向抓基础工作转变。发挥地方商务部门紧密联系企业，了解行业动态的优势，扎扎实实开展规划、调研等基础工作。三是从只注重回收环节向注重全产业链协调发展转变。废旧商品回收利用是一个产业循环过程，没有好的产销对接和技术配套，无论是生产、回收、再利用、再制造企业都难以获得好的发展。开展回收体系建设，绝对不能只把眼光放在回收这一个点上，而是要依靠相关部门形成合力，推动产业融合，从服务社会、以人为本、改善从业环境和人居环境的高度出发，推动整个循环经济的发展。

二、开展了回收宣传工作

废旧商品回收行业是社会效益大于经济效益的行业，在促进资源节约、保护环境、吸纳就业等方面发挥了诸多积极作用。但是，当前社会上仍然存在一些歧视和偏见，甚至一些政府部门也对回收行业的重要性认识不足。为改变这种局面，推动全社会理解、支持和参与回收体系建设，形成推动资源循环利用的良好氛围，商务部在 2012 年 11 月，在全国范围内开展了“废旧商品回收利用”主题宣传周活动，以提高全社会对回收工作重要性和贡献度的认识，做到以宣传促回收，以回收带宣传。

一是开展了公共机构废旧商品回收宣传活动。由商务部门和机关事务管理部门共同组织国家机关、事业单位等公共机构的废旧商品回收工作，各地商务部门遴选出龙头企业，与当地机关事务管理部门签约，开展定期定点回收，发挥公共机构作为社会行为和公共道德的示范标杆作用。二是开展高校废旧商品回收宣传活动。由商务部门与教育部门合作，选择北京、上海、武汉等高校较集中的城市，组织回收企业与高校对接，在接受能力强、具有环保热情的高校学生中倡导实践废旧商品回收利用。三是开展社区废旧商品回收宣传活动。选择部分废旧商品回收体系试点城市，在社区内向广大居民群众普及回收利用知识，开展系列宣传。四是开展流通企业废旧商品回收宣传活动。结合商务部开展的流通领域节能减排工作和“百城千店示范工程”，通过在百货、超市、电器专卖店等零售场所内举办废旧电器电子、废电池等产品回收活动来加强宣传教育。五是对典型回收模式和先进回收企业进行宣传。比如对上海金桥的阿拉环保卡模式、格林美 3R 模式、燕龙基的自建体系模式、万绿达集团的产业共生模式等具有典型特点的回收模式进行宣传。

各地积极配合商务部开展上述宣传活动，结合实际，上下互动，充分利用地方新闻媒体的力量，加强对本地废旧商品回收先进企业和先进典型的宣传，加强勤俭节约的品德教育和合理利用废旧商品的普及教育，加强对健康科学的生活和消费方式的推广，发挥舆论正面导向作用，使废旧商品回收利用宣传成为常态化工作，做到深入人心、家喻户晓。

三、加强了项目和资金监管

自 2009 年以来，通过资金支持和重点项目带动，我国废旧商品回收体系建设工作取得了初步成效。但试点工作还存在一些不尽如人意的地方，比如回收网点的建设推进较困难，资金支持同质化现象严重，多以取得效益较快的废钢项目为主；项目承建单位的资质能力和对资金的使用效率参差不齐等。各地在认真总结前几年项目经验的基础上，进一步加强项目引导和资金监管。

一是资金支持方向要注重四个“倾斜”。即“向公益性品种倾斜”。对于靠市场机制难以发挥作用并带有公益性质的品种，如废玻璃、废轮胎等要加大项目资金支持的比重。“向龙头企业倾斜”。重点培育一批规模大、经济效益好、经营管理规范、技术装备先进、具备核心竞争力的大型龙头企业。鼓励采取特许经营等方式整合回收渠道，向上下游延伸，同时考虑将支持方向扩展到符合条件的工业制造企业和销售企业。“向产业集聚倾斜”。鼓励各地发展和整合形成一批分拣技术先进、环保处理设施完备、劳动保护措施健全的废旧商品回收分拣产业园，延伸产业链和服务链，推动废旧商品回收分拣集约化和规模化发展。“向技术升级创新倾斜”。利用项目资金支持，鼓励企业加快技术升级改造和信息化建设，推广应用新技术、新工艺、新设备，引进国外先进技术设备，提高废旧商品分拣加工水平；支持企业创新发展模式，加强环境保护和劳动人员保障。

二是加强项目资金使用的监督管理。商务部进一步完善了制度建设，强化绩效考评制度。各地的资金使用情况和项目绩效情况，与今后的资金支持挂钩。对于资金使用出现问题的或项目进度过于缓慢的，在整改完成以前，不再进行支持。各地明确了省级、市级商务主管部门和各试点城市的项目资金监管责任，建立了完善的项目监管制度，严格项目申报和验收程序，规范资金使用管理，主动进行自查、自纠，做到谁主管谁负责。

四、完成了各项基础工作

基础工作是开展废旧商品回收体系建设的前提条件。一直以来，由于基础工作薄弱，导致各项政策协调争取的过程中缺乏有力支撑，工作难度很大。“磨刀不误砍柴工”，2012 年，商务部下大力气加强各项基础工作。一是加强立法。目前实施的《再生资源回收管理办法》法律效力较低，难以对企业经营资质、经营行为和经营秩序进行有效规范，商务部与相关部门进行协调，争取早日将其上升为《条例》。同时，还完成了《废弃电器电子产品回收管理办法》的起草工作。二是做好规划。完成《中长期废旧商品回收体系建设规划》（简称《规划》）的制定，《规划》对各地具有指导性，各地要根据实际，做好回收网点、分拣中心和区域性基地的规划布局，鼓励创新回收模式。三是完善统计制度。与统计局合作，对现有统计报表进行进一步修改完善，逐步形成分品种、分地区、全覆盖的统计报表，建立覆盖多品种、多环节、全口径的统计体系。四是健全行业标准体系。委托相关协会制定了《废玻璃分类》、《废电池分类》、《废电视回收技术规范》等多项行业标准。

五、搭建了工作和科研平台

废旧商品回收体系建设需要龙头企业支撑，需要产业链条支撑，需要应用技术支撑。推进废旧商品回收体系建设工作，要充分发挥中介组织、科研单位及龙头企业的作用，鼓励社会各界参与。商务部与深圳格林美高新技术股份有限公司在武汉共建的“循环经济研究基地”已经成立，拟通过建设研究基地的形式，借助外脑，搭建官产学研一体、开放式、社会化和国际化的研究平台，广泛吸纳循环经济领域各方资源、人才，重点开展废旧商品回收体系建设、循环经济发展模式、流通领域节能减排等重要领域的战略研究，进行成果推广。围绕提高废旧商品回收率和企业经营管理水平的目标，积极引进国内外先进经验和适用技术，建立技术研发机构，尽快建立以技术进步为支撑、符合我国国情的行业发展模式。

六、开展了“百城千店”示范工程

废旧商品回收体系建设和流通领域节能减排两项工作联系紧密。商务部已经把这两项工作结合起来开展，特别是在回收网点建设和舆论宣传等方面，可以起到事半功倍，一举两得的作用。商务部开展了“百城千店”示范工程，主要内容是在“十二五”期间，在全国上百个城市培育形成上千家流通领域节能环保示范企业，推动流通企业广泛采用先进节能技术，强化和创新能耗管理，促进生产环节节能降耗，引导社会公众科学消费。

一是开展节能改造。引导企业对现有商用建筑进行耗能系统设施改造，运用市场机制促进节能新技术、新产品、新工艺、新材料的推广应用。二是强化零售企业回收功能。在企业推动自身节能改造的同时，利用流通企业特别是零售企业的网络和配送优势，发展逆向物流，开展零售企业回收废弃电器电子产品和废弃电池等产品活动，提升零售企业回收技术水平和回收能力。三是推广“合同能源管理”。推进节能服务公司与流通企业合作，签订能源管理合同、约定节能目标，为用户提供节能一揽子服务，并以节能效益分享方式回收投资和获得合理利润，从而降低流通企业节能改造的资金和技术风险，充分调动企业对于节能改造的积极性。

第三章 2013 年再生资源回收体系建设重点

2013 年的经济格局将呈现出变化无常的态势。欧债问题凸显出欧元机制的内在缺陷，美国经济在企业修复资产负债表的“瘦身”行动和社会贫富差距扩大的矛盾中呈现出来的失业率居高不下的现象，以及当年处在世界制造强国地位的日本经济在核污染压力、高财政赤字和低福利水平的冲击下更趋疲软的格局，都会给世界经济的复苏和国际金融市场的稳定带来巨大的挑战。在这样的背景下，2013 年我国经济增长速度将进一步回落，实体经济运行困难加大，在原材料价格上涨、融资成本提高、出口受阻等因素约束下，实体经济特别是中小企业的利润减少，经营困难，活力不足。此外，成本推动型物价上涨压力呈现长期化趋势，劳动力、土地、能源资源、环境等成本推动因素对物价上涨的影响趋于长期化。

我国经济发展的外部环境和内在动力正在发生重大变化，经济增速逐渐放缓，调整优化产业结构，增强自主创新能力节约能源资源，建设资源节约型、环境友好型社会，促进经济协调发展。

2013 年我国再生资源回收体系建设主要做好以下几项工作：

一、制定行业扶持政策

根据我国再生资源产业的状况和企业实力，从我国资源永续和保护环境促进再生资源回收利用的角度，对再生资源回收利用行业实行优惠政策。对再生资源企业改进工艺、降低能耗、消除污染的技术改造和设备更新应给予提供低息贷款和部分资金的扶持，给企业向前发展注入动力。中央财政继续安排资金重点支持以下几个方面：

一是再生资源回收体系试点城市建设。按照相关标准要求，继续对列入试点的城市回收站点、分拣中心和信息中心等建设给予资金支持，支持资金按照人口数量、资源量等因素测算下达。

二是龙头企业技术提升和产业集聚发展。根据 49 号文件要求和再生资源回收体系建设中长期规划，从废旧商品重点品种入手，逐步在全国培育 100 家规模大、经济效益好、自主研发能力强、技术装备先进的大型龙头企业。支持龙头企业的技术改造，遵循布局合理、产业集聚、土地集约、生态环保的原则，建设一批分拣技术先进、环保处理设施完备、劳动保护措施健全的废旧商品回收分拣集聚区。

三是“百城千店”绿色回收工程。从“百城千店”示范企业中选择部分有条件的大型零售企业（百货店、超市、专业店）组织实施。第一，对大型零售企业（百货店、超市、专业店）开展照明、空调、电梯及其他建筑内部用能设施的节能改造给予资金支持；第二，对大型零售企业作为废弃电器电子产品回收站点，充分利用零售企业逆向物流渠道，方便消费者交投，创新回收模式。

二、重点培育龙头企业

按照现代企业制度的要求，对再生资源回收企业实行战略性调整，通过组建企业集团，实行股份制改造，开办中外合资企业等形式，培育一批具有相当实力和规模的再生资源企业集团，使其形成区域经济或跨地区的大型连锁回收网络及回收加工基地，统一加工生产合格原料，以降低成本，增加效益。

以再生资源回收企业为依托，建设若干个不同层次、不同类型、不同规模的再生资源回收集散基地和规范化的再生资源拆解加工利用基地，加快再生资源回收、加工、利用一体化进程。

重点扶持建设一批具有现代化水平和经济规模适度、管理手段先进、符合环保要求和产业化发展方向的废旧家电、废电脑、废塑料等重要品种的再生资源回收加工处理中心，加快绿色再制造工程发展步伐。加强对利废企业的管理，防止二次污染。尽快淘汰和取缔工艺落后、回收利用水平低下、能耗高、污染严重和恶性竞争的“五小”企业，扶持回收利用技术与装备先进、有一定专业规模、回收率高、实现废物无害化处理技术和无污染的大型再生企业。

三、发挥行业协会作用

随着我国市场经济的不断发展，政府部门积极转变职能，把工作重点转到加强宏观调控、调查研究、制定市场规则、依法行政和有效监管工作上来。不应再对企业行使行政管理权，而应发挥行业协会的为企业服务、自律、协调、监管和维护企业合法权益、协助政府部门加强行业管理的职能。协会是全行业企业的喉舌，代表行业的利益，同时也是政府与企业之间的桥梁和纽带。在我国未来经济发展中，越来越不可忽视行业协会的作用。充分发挥协会在全行业的作用，开展各类再生资源产业和地域分布统计调查；进行全国及各地区的各类再生资源回收利用率的统计分析；为国家政府提供各类再生资源的情况报告；制订和修改再生资源分类标准和产品技术标准以及技术政策；组织行业内的资格认证和咨询论证，开展全行业产品展览、企业间的技术交流和技术培训。

四、加强国际交流合作

工业发达国家在资源开发利用的技术上、管理法规上和管理机构上都具有较高的水平。加大国际间的学术交流和技术合作，对于提高我国再生资源技术水平和管理水平都有极大帮助。另外，加强与世界各国经济往来，形成国际再生资源大循环，针对我国部分再生资源短缺问题，适当从国际再生资源市场进口部分再生原料，经过加工，逐步替代进口再生资源，弥补国内市场资源不足、降低生产能耗。并且充分发挥我国劳动密集的优势，建立以原料加工为主体的加工基地，引进、消化、吸收国际资源再生加工技术，提高劳动生产率和资源替代率，增加就业机会，提高企业经济效益。

五、推进行业技术创新

科学技术是加快再生资源产业化进程的推动力和支撑力，是发展循环经济的根本途径。近年来，在提高资源利用效率、提高再生资源回收利用方面的技术取得一些突破，但总体上看，还相对滞后，甚至差距较大，特别是再生资源回收利用、加工生产的工艺技术设备水平一直在低水平线上重复。知识创新、技术创新、制度创新、管理创新已成为推动经济发展的引领力量，成为有效利用全球资源的核心要素和主要动力，成为可持续发展的基石。

再生资源综合利用包括“再利用”、“再制造”、“再循环”，其中再利用和再制造是资源化的最佳形式和首选途径。再生资源回收后的再生产、再利用，其基本流程包含众多技术要素和设备。整个系统运行，既要有良好的硬件，又要有知识含量的软件；既要有工艺技术的模块组合，又要有主辅设备优化配套；既要有技术标准和质量指标，又要有环保标准和卫生安全指标。因此，要求工艺、技术、设备、人才等各种要素相互匹配，才能实现高效率、高质量、大批量的良性运营。

六、增强资源环境意识

一个国家在一定时期的再生资源回收利用发展程度如何，归根结底取决于这个国家经济社会发展水平。经济发展水平越高，可利用的再生资源数量就越大，品种就越多。因此，应该从现在起大力开展全民族的资源意识宣传和全社会的环境意识教育，利用广播、电视、报刊等媒体加大对再生资源利用的重要性及特殊性的宣传力度，使再生资源有关知识做到家喻户晓，并将有关再生资源利用的知识列入中、小学教育课本，让资源再生循环的意义在下一代的思想中根深蒂固；通过宣传使公众树立节约资源、保护资源、变废为宝、积极参与资源回收的意识。

再生资源产业是涉及国民经济各个领域、与千家万户有着密切联系、与我国经济和社会持久发展密不可分的一项公益事业，只要国家给予足够重视，及一定的空间，并采取相应有效的对策，我国再生资源产业将会得到更大发展。

第二篇

专题篇

第四章　废钢铁回收利用情况

2012 年全球经济仍呈低迷运行态势，中国经济增长减速，钢铁工业在严峻的困难面前，积极应对，减轻负面冲击，保持低速增长。废钢铁产业在困境中坚持科学发展，经过艰辛的努力，为钢铁工业的发展作出了积极的贡献。

2012 年废钢铁产业经受了严峻的考验，在全行业的积极奋斗下，抓住机遇，不断发展。废钢铁加工配送体系建设继续深化，配送企业的数量继续增加，生产精品废钢的能力继续扩展，困境中的收获来之不易。

一、回收利用情况

（一）钢铁工业保持低速增长

2012 年全国粗钢产量 71654 万吨，同比增长 3.1%；生铁产量 65791 万吨，同比增长 3.7%；钢材产量 95186 万吨，同比增长 7.7%。钢铁工业进入低速增长期。近年来我国粗钢产量如表 6 所示。

表 6　　2006—2012 年我国粗钢产量统计　　单位：万吨

类　别	2006 年	2007 年	2008 年	2009 年	2010 年	2011 年	2012 年
产量	41915	48929	51234	57707	63874	69481	71654
增长量	6591	7014	2305	6473	6167	5607	3327
增长百分比（%）	18.7	16.7	4.7	12.6	10.7	8.8	3.1

（二）全国炼钢废钢铁消耗情况

根据协会统计资料，2012 年全国炼钢消耗废钢铁 8400 万吨，比 2011 年的 9100 万吨减少 7000 万吨，降幅 7.7%。全国炼钢废钢铁综合单耗 117 千克/吨，同比下降 16 千克/吨。其中转炉废钢铁单耗 69 千克/吨，同比下降 11 千克/吨；电炉废钢铁单耗 602 千克/吨，同比下降 21 千克/吨。

表 7　　2006—2012 年我国炼钢废钢铁平均消耗统计

类　别	2006 年	2007 年	2008 年	2009 年	2010 年	2011 年	2012 年
综合单耗（千克/吨）	160	140	144	145	138	133	117
环比增减量（千克/吨）		-20	+4	+1	-7	-5	-16
炼钢废钢比（%）	16	14	14.4	14.5	13.8	13.3	11.7
转炉单耗（千克/吨）	79	75	82	76	81	80	69
环比增减量（千克/吨）		-4	+7	-6	+5	-1	-11
电炉单耗（千克/吨）	548	549	546	658	640	623	602
环比增减量（千克/吨）		+1	-3	+112	-18	-17	-21

2012 年炼钢废钢铁消耗总量比 2011 年下降，打破了从 2000 年以来逐年增长的走势，700 万吨的大拐点是个不小的数据，让我们反思的问题很多。

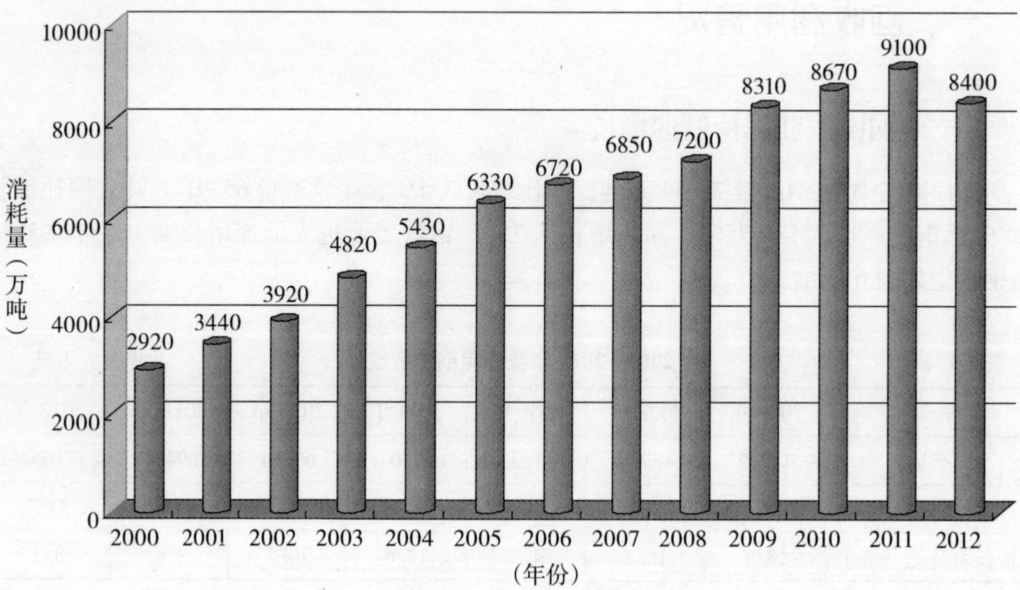

图 1　2000—2012 年废钢铁消耗量走势

2012 年国内大中型钢铁企业废钢铁的消耗减少，主要是废钢铁炼钢成本高于生铁炼钢成本。财税〔2008〕157 号文件 2011 年取消优惠政策后，废钢铁价格持续攀升，虽然 2012 年有所回落，但钢厂面临市场钢材低价位和工厂高投入成本压力，仍把少用废钢铁作为降低成本的一项重要措施，短流程的电炉企业采用热铁水代替废钢铁炼钢，发展势头有增无减。

陷于亏损边缘的钢铁企业只能用相对低成本的炼钢原料应对低迷的钢市，维持企业的运营。

表 8　　　　2006—2012 年重点钢铁企业电炉热铁水消耗情况

类　别	2006 年	2007 年	2008 年	2009 年	2010 年	2011 年	2012 年
热铁水（千克/吨）	425	416	436	484	498	499	560
生铁块（千克/吨）	120	107	90	105	72	62	76
合计（千克/吨）	545	523	526	589	570	561	636

（三）废钢铁资源情况

2012 年废钢铁资源三大构成部分，出现较大变数。

2012 年企业自产废钢铁 3650 万吨，比同期增加 90 万吨，增长 2.5%；社会采购废钢铁 4420 万吨，比同期减少 660 万吨，降幅 13%；进口废钢铁补充 370 万吨，比同期减少 140 万吨，降幅 27.5%。2012 年废钢铁总资源量 8440 万吨，扣除调出废次材 150 万吨，剩余资源量 8290 万吨，消耗不足部分由减少库存 110 万吨补充。

表 9　　　　2006—2012 年我国废钢铁资源平衡情况　　　　单位：万吨

类别	废钢铁消耗量	废钢铁资源构成				
		企业自产量	社会采购量	进口补充量	废次材调出量	库存变化量
2006 年	6720	2750	3980	340	310	40
2007 年	6850	2780	4230	120	270	10
2008 年	7200	2860	4200	260	220	-100
2009 年	8310	3040	4580	1020	200	130
2010 年	8670	3300	5190	440	160	100
2011 年	9100	3560	5080	510	200	-150
2012 年	8400	3650	4420	370	150	-110

2012 年废钢铁资源形成“一增两减”的格局。企业自产废钢铁有所增加，社会采购废钢铁和进口废钢补充量减幅较大。反映了钢铁企业在困境中经营运作的轨迹。

（四）废钢铁市场价格情况

受钢材市场不景气的影响，2012 年废钢铁价格呈现小幅下降运行态势。以重型废钢铁平均采购价为例，一季度平均价格 3350 元/吨；二季度平均价格 3210 元/吨，环比下降 140 元/吨，降幅 4.2%；三季度平均价格 2790 元/吨，环比下降 420 元/吨，降幅 13.1%；四季度平均价格 2750 元/吨，环比下降 40 元/吨，降幅 1.4%。2012 年全年平均价格 3020 元/吨，环比下降 530 元/吨，降幅 15%。

炼钢生铁一季度平均价格 3480 元/吨；二季度 3420 元/吨，环比下降 60 元/吨，降幅

1.7%；三季度平均价格2910元/吨，环比下降510元/吨，降幅15%；四季度平均价格2800元/吨，环比下降110元/吨，降幅3.8%。2012年全年平均价格3130元/吨，环比下降620元/吨，降幅16.5%。

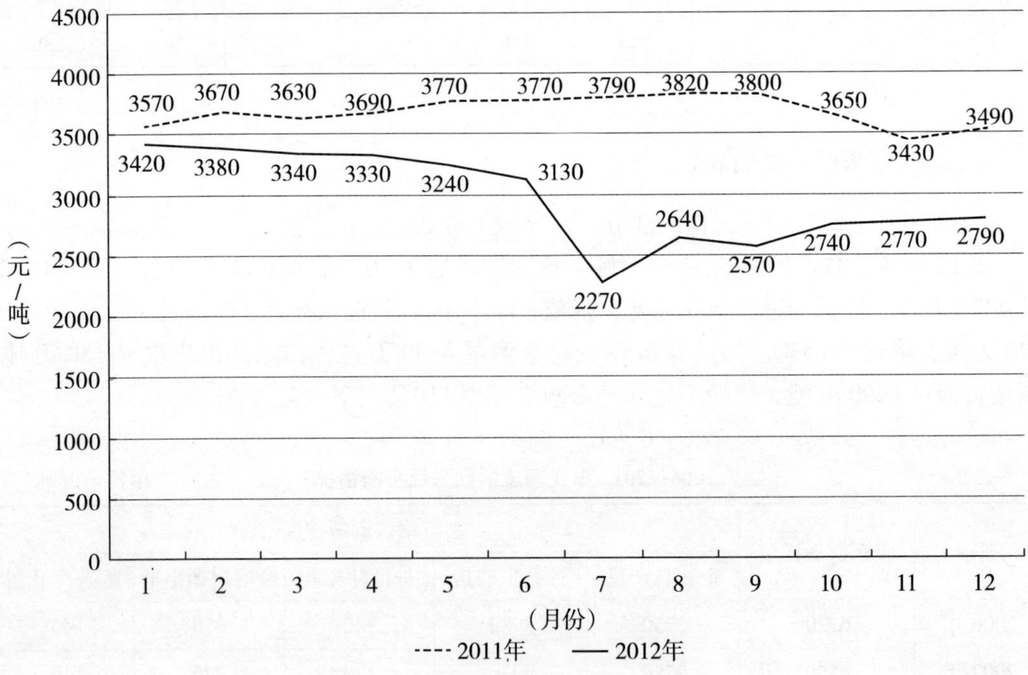

图2　2012年重型合格料平均价格对比

注：图中价格为到厂结算价。

图2中的数据显示，上半年价格降幅较小，下半年降幅较大，并出现几次盘整。

二、进口情况

2012年全国进口废钢497万吨，比同期减少180万吨，降幅26.6%。进口废钢铁主要来源于日本（308万吨）和美国（107万吨），分别占进口总量的62%和21.5%。

表10　　2006—2012年我国进口废钢统计　　单位：万吨

主要国家和地区	2006年	2007年	2008年	2009年	2010年	2011年	2012年
总量合计	539	339	359	1369	585	677	497
其中：美国	114.9	21.2	57.5	489.9	171.3	278	107
日本	110.7	50.6	72.6	446.4	268.2	233	308
哈萨克斯坦	61.9	37.9	30.5	17.6	10.9	8.7	4.5

续　表

主要国家和地区	2006 年	2007 年	2008 年	2009 年	2010 年	2011 年	2012 年
俄罗斯	24.1	6.9	3.8	10.7	7.3	8.6	1.3
澳大利亚	47.9	27.9	5.8	66.8	19.1	40.5	19
吉尔吉斯斯坦	8.9	1.3	2.7	2.4	2.8	4.4	1.5
朝鲜	3.2	2.8	1.4	3.7	1.4	—	0.3
德国	9.9	3.8	1.3	10.4	3.5	1.9	2.1
加拿大	1.5	1.9	1.9	9.1	3	2.7	1.3
中国香港	42.5	53.4	131.7	154.5	37.2	30	16.8
中国台湾	7.4	4.1	2.3	6.5	2.8	1.4	2.0

我国进口废钢铁多在沿海地区，其中浙江省进口 231 万吨，江苏省进口 198 万吨，占全国进口总量的 86.3%。

进口废钢铁减少的原因：一是国内钢铁企业废钢铁消耗量的缩减，二是国外废钢铁价格居高不下。2012 年进口普通废钢铁平均价格高于同期，迫使进口企业减少国外废钢铁的采购。

2012 年进口普通废钢平均到岸价 598 美元/吨，比同期上涨 18 美元/吨，涨幅 3.1%。其中只有 4 月、8 月、12 月分别比同期下降 49 美元/吨、40 美元/吨、17 美元/吨。其余月份基本呈涨势。

表 11　　2012 年我国进口废钢统计

月份	进口数量（万吨）			其中：普通废钢进口数量（万吨）			普通废钢价格（美元/吨）		
	2011 年	2012 年	比较	2011 年	2012 年	比较	2011 年	2012 年	比较
1	45.9	42.1	-3.8	45	39.8	-5.2	552	579	27
2	24.9	37.6	12.7	24.4	35.5	11.1	621	625	4
3	61.2	49.3	-11.9	59.6	47.6	12	575	576	1
4	31.2	53.9	22.7	28.9	51.7	22.8	626	577	-49
5	62.8	50.8	-12	60.6	49	11.6	567	607	40
6	51.8	46.1	-5.7	50.5	44.9	-5.6	575	580	5
7	78.1	40.9	-37.2	76	39.5	-36.5	551	602	51
8	51.7	39.2	-12.5	50.1	37.8	-12.3	599	559	-40
9	69.8	29.8	-40	67.6	28.9	-38.7	608	635	27
10	56	27.1	-28.9	52.1	26.1	-26	592	678	86
11	63.1	31.2	-31.9	59.8	29.9	-29.9	582	686	104
12	80.2	49.4	-30.8	77.1	47.9	-29.2	563	546	-17
合计	676.7	497.4	-179.3	651.7	478.7	-173	580	598	18

全球经济的不景气，并未影响国际废钢铁市场的行情，与国内市场持续下滑的局面形成很大的反差，国内外价格的“倒挂”，造成利废企业减少进口废钢量。

三、加工配送体系建设情况

（一）国家出台新政，规范废钢铁加工行业健康发展

2012 年国家工信部发布《废钢铁加工行业准入条件》和《废钢铁加工行业申请公告》，为废钢铁加工企业的建设和发展设定了规范的门槛。协会积极配合政府部门贯彻落实国家政策，推动废钢铁产业的发展。经地方政府审查上报，全国已有 45 家废钢铁加工企业上榜公示，对废钢铁产业的持续健康发展将产生重大影响。

2012 年尽管废钢铁市场不景气，但废钢铁加工配送体系建设并未停步。在各级政府的支持和扶助下，具有一定规模的专业化加工配送企业在全国各地日益增加。截至 2012 年年底，已有 43 家企业被协会授予废钢铁加工配送中心和示范基地称号，比 2011 年年前增加 25 家。废钢铁加工配送企业数量的增加和规模的扩大，为钢铁工业多吃精品废钢提供了保障。

（二）废钢铁产业装备水平提高，设备制造业发展步伐加快

近年来，我国废钢铁产业装备水平提高较快。废钢铁破碎生产线和大型剪切机引领废钢铁产业装备的发展方向，世界最大功率 10000 马力的废钢铁破碎生产线我国已有 4 条，中小功率的破碎线分布在国内废钢铁加工企业。湖北力帝和江苏华宏在引进、消化、创新中发展壮大，成为国内废钢铁破碎机和各类型号剪切机、打包机的龙头企业，设备遍布废钢铁加工企业。美国纽维尔、德国林德曼和中国台湾正合兴的设备在中国也有了立足之地。多种型号废钢铁破碎机和门式剪切机在市场的投入，将逐步取代鳄鱼式剪切机。

以门式辐射检测仪为代表的防辐射系统，已成为废钢铁加工必不可少的设施。废钢铁防辐射检测设备已从开始的一两家涉入，发展到国内外多家企业参与中国市场的竞争，对提高废钢铁产品的安全性，保证企业员工的身心健康至关重要。装卸等设备也形成多元化的发展格局。

（三）废钢铁回收加工技术含量提升，生产环境明显改善

废钢铁产业规模化、产品化发展，改变了原始传统的加工技术，从以手工分拣、氧割为主，逐步被先进的加工设备所代替。废钢铁破碎生产线生产的产品，是电炉炼钢的优质原料，大型剪切机的技术功能，减轻了员工劳动负荷和安全风险，并降低了加工过程中的金属损耗。

实施机械加工技术，不仅提高了效率，也提升了生产过程中的环保治理和再生资源的分类回收。废钢铁破碎生产线配置的除尘设备和非铁分选设备，降低了加工过程中粉尘的排放，把有色金属、废橡胶、废塑料等物资分类选出，提高了再生资源的综合利用水平。机械

加工彻底解决了氧割加工气体污染问题，废钢铁加工企业生产环境得到很大改善。

（四）行业信用建设不断深化，申报企业逐步增加

为推动废钢铁产业持续健康发展，创建良好的市场经营机制，协会积极组织会员企业参加行业信用建设，提升企业的公信力。2012 年又有山东玉玺炉料有限公司等 12 家会员企业获得 A～AAA 级的信用等级称号。

四、国内外因素对我国的影响

（一）国际环境对我国废钢铁回收利用行业的影响

2008 年以来世界金融危机持续发酵，给发达国家和新兴国家带来很大的冲击。2012 年钢铁工业面临前所未有的挑战，国外需求不旺，国内消费下滑，钢市低迷不振，对废钢铁产业的发展带来不利的影响。

钢铁企业为降低成本，调整原料结构，减少废钢铁的消耗量和社会废钢铁的采购量，造成废钢铁回收企业经营规模缩减，经营风险加剧，经济效益下滑，陷入艰难的盘整期。

（二）国家相关政策对废钢铁回收利用的影响

近年来，政府部门加大了对废钢铁的循环利用的关注，国家钢铁工业“十二五”发展规划，工信部废钢铁加工行业准入条件，商务部再生资源回收体系建设，发改委城市矿产示范基地建设等相关国家政策，为促进废钢铁产业的发展增加了正能量。

财政部、国家税务总局〔2008〕157 号文件，通过 2009 年和 2010 年返税 70%、返税 50% 的税收优惠政策，推动了废钢铁加工配送体系建设的发展。但 2011 年返税的优惠政策取消，加大了废钢铁回收企业的运营成本，拉动了市场价格的攀升，影响了钢厂多吃废钢铁的积极性，造成社会废钢铁采购量的下降，炼钢的废钢铁消耗量明显减少，2012 年废钢铁消耗比 2011 年减少 700 万吨。

（三）废钢铁消耗量减少 700 万吨的后果

由 700 万吨生铁替代废钢铁炼钢，增加了能源、资源的消耗，加大了“三废”排放；

增加 700 万吨生铁的消耗，需要 1200 万吨精矿粉的投入（1.7×700），需开采 3010 万吨原矿（4.3×700）；

增加 280 万吨焦炭（0.4×700）或 700 万吨原煤（1×700）的消耗；

增加 1120 万吨新水的消耗（1.6×700）；

多排放二氧化碳 1120 万吨（1.6×700）；

多排放废水 1330 万吨（1.9×700）；

多排放废渣 2100 万吨（3×700）；

增加了铁矿石供应的负担。

我国每年需进口大量铁矿石，2012 年进口铁矿石 7.4 亿吨，创历史新高。

表12　　2006—2012年进口铁矿石情况

类　别	2006年	2007年	2008年	2009年	2010年	2011年	2012年
数量（万吨）	32632	28309	44366	62778	61864	68608	74355
价格（美元/吨）	61.4	88.2	136.2	79.9	128.4	163.8	128.6

五、存在问题和政策建议

废钢铁产业是刚刚兴起的新兴产业、回收体系建设、加工体系建设都需要国家的关注和支持。政府相关部门陆续出台的多项政策，推动了废钢铁产业的发展，但目前全行业还面临诸多困难，需要政府部门的支持和扶助。

由于钢厂减少废钢铁消耗，废钢铁回收加工企业的经营规模缩减，产能无法全部释放，经济效益下滑，总体废钢铁的回收量减少。

财税157号文件税收优惠取消，增加了废钢铁回收加工企业的运营成本，导致废钢铁市场价格上涨，波及利废企业的利益，多吃废钢铁的产业政策无法落实。

社会上不规范钢厂、小回收采用的“两不开票”的灰色交易模式还在运作，纳税与不纳税或少纳税的不对等的现实条件，使规范的钢铁企业和废钢铁回收加工企业在市场竞争中处于劣势，造成优质的废钢铁资源流向不合理，国家税收的流失及带来建筑市场的安全隐患。

规范经营的废钢铁加工配送龙头企业基本处于亏损状态，对废钢铁产业的发展带来很大冲击，亟待国家给予扶助，渡过难关。

针对存在的主要问题给出以下几点建议：

建议政府有关部门参照财税〔2011〕115号文有关条款，给予符合废钢铁加工行业准入的企业即征即退70%增值税的优惠政策，扶助废钢铁产业的发展；

建议对利废企业多用废钢铁给予差别电价，减免环保费用、节能基金补贴等项政策，鼓励钢厂多用废钢铁，少用铁矿石；

建议对符合废钢铁加工行业准入条件的企业，给予进口废钢资质，增加废钢铁资源渠道，扩大废钢铁的应用量。

六、2013年行业预测

2013年钢铁工业在下游需求未见好转和产能过剩矛盾初步化解前，我国钢铁行业市场形势难以根本好转，实现全行业赢利仍面临严峻挑战。

2013年废钢铁产业发展态势不容乐观，能否扭转废钢铁消耗下滑趋势，还存在很多变数。

（一）2013 年废钢铁市场运行态势预测

1. 2013 年全国炼钢废钢铁消耗量预测

2013 年粗钢产量预计 7.5 亿吨，比 2012 年增长 4%。按 2012 年综合单耗 117 千克/吨测算，需要消耗废钢铁 8880 万吨；按 2011 年综合单耗 133 千克/吨测算，需要消耗废钢铁 9980 万吨，分别比 2012 年增加 480 万吨和 1580 万吨。

2. 2013 年废钢铁资源预测

依据 2012 年废钢铁资源构成比例，2013 年企业自产废钢铁 3730 万吨，社会采购废钢铁 4700 万吨，进口废钢补充量 400 万吨，资源总量 8830 万吨，扣除调出废次材 150 万吨，剩余资源量 8680 万吨，要满足 8880 万吨消耗量，需多吃企业库存 200 万吨。

增加社会采购量是解决资源的关键，如果国家财税扶助政策到位或利废企业得到相关支持，调动钢厂多吃废钢铁的积极性，既会提高炼钢的废钢比，又能减轻进口铁矿石的负担。

进口废钢是补充国内废钢铁资源的渠道，国际废钢铁市场价格左右我国废钢进口数量。

2013 年进口废钢数量预计不会有较大的增幅，与国内相比进口的高价位和 17% 的增值税，让进口企业无法承受。

3. 2013 年废钢铁市场价格预测

2013 年国内废钢铁市场价格走势，与国内钢市的变化紧密相关。2013 年钢铁行业总体形势无明显改善迹象，产能过剩，需求下滑，市场低迷的压力将继续考验钢企的生存发展能力。废钢铁市场同样将面临严峻的挑战，预计废钢铁价格不会大起大落，依然维持在小幅盘整的运行态势。

以重型废钢铁为例，1 月初平均采购价 2820 元/吨，小幅持续上扬，3 月初达到 2870 元/吨后，又步入下滑轨道，4 月初为 2760 元/吨；炼钢生铁 1 月初平均采购价 2840 元/吨，3 月初涨到 2990 元/吨，4 月初回落到 2910 元/吨。

有关资料预测，2013 年上半年世界废钢市场价格将出现大幅下降势头，其原因一是因为废钢铁炼钢成本高于生铁炼钢成本，迫使一些钢厂减少废钢铁的消耗量；二是国际电炉钢厂因进口废钢价格高，钢材价格低，利润空间小，减少了进口废钢数量。废钢铁价格影响废钢铁的消耗量已成为世界共性问题。

预计 2013 年进口废钢价格会出现小幅下滑。有关资料显示：一季度美国东海岸 HMS（80∶20）的 FOB 价格出现约 10 美元/吨的下滑波动，但需求量一旦增加，价格会很快反弹。

（二）2013 年废钢铁产业体系建设展望

2013 年废钢铁产业企业，在国家部门的关注和扶助下，积极应对市场的考验，将继续保持良好的发展势头。

1. 2013 年行业规范化建设持续健康发展

工信部制定的《废钢铁加工行业准入条件》的公布，为废钢铁产业持续健康发展提供了有力的保障。包括首批公示的45 家废钢铁加工企业，各地陆续申报的企业已达80 多家。协会配合准入条件的出台，建立了废钢铁加工企业管理信息平台。预计2013 年将有百家企业进入废钢铁加工行业的门槛。

2. 废钢铁加工配送基地建设继续深化

到目前为止，被协会授牌的“废钢铁加工配送中心”和“废钢铁加工配送中心示范基地”企业中有35 家已纳入工信部的准入门槛，占纳入企业总数的78%。准入条件是基本的门槛，规模化、产品化、区域化是废钢铁产业发展的终极目标。一些进入准入门槛的企业，并不满足现状，继续向更高的目标迈进，预计2013 年至少有十几家企业建成废钢铁加工配送中心或基地。

3. 废钢铁加工配送体系装备水平将逐步提高

废钢铁加工企业装备是满足生产精品废钢铁的基本条件，申报行业准入的企业，必须配备先进的废钢铁加工设备，这样才能逐步改变我国长期存在的废钢铁加工设备落后，劳动强度大，环境欠佳的局面。2013 年在申报企业不断增加的情况下，我国废钢铁加工企业装备水平将迈上一个新台阶。

第五章　废有色金属回收利用情况

2012 年，世界经济形势错综复杂、充满变数，全球经济呈现缓慢复苏状态，贸易保护主义和资源民族主义有所抬头，对我国有色金属产品的市场开拓和资源保障形成压力，潜在的通胀和资产泡沫威胁加大，导致主要有色金属市场价格继续剧烈振荡，生产经营风险上升。有色金属行业的发展已由“快速发展期”进入“转型调整期”。

随着世界经济一体化和我国成为世界制造业基地之一，我国有色金属消费大幅增长并高度国际关联化。而当前中国有色金属资源（包括矿产资源和再生资源）不能保证经济发展的需要，原料对外依存度总体呈上升趋势。但是，随着有色金属消费量的增加，国内可回收利用的废旧有色金属资源也越来越多，预计未来几年，再生资源在中国有色金属原料供应中的地位将逐步提升。

为进一步贯彻落实《有色金属工业“十二五”发展规划》和《再生有色金属产业发展推进计划》，2012 年国家有关部委相继出台多项政策法规支持和规范产业发展，优化产业结构，促进产业升级，淘汰落后产能，推动产业平稳发展。

这些政策的出台，对再生有色金属行业的影响主要有以下几点：

一是规范有色金属回收利用行业。再生有色金属产业发展环境进一步优化，行业发展进一步规范。

二是产业集中度进一步提高。各项政策法规的发布，特别是行业准入条件和环保核查的实施，使产业规模小、技术落后的企业逐步被淘汰，规范的大中型再生金属企业获得更好的发展空间，产业布局更加合理。

三是科技创新引领行业发展。再生金属的拆解、分选、熔炼、节能、环保、综合利用等产业关键技术和共性技术，引起高校和科研院所的重视并共同攻关，国内外产业技术交流不断加强，企业不断提高自主创新能力和核心竞争力，推动行业转型升级和健康发展。

四是产业面临新的挑战，转型升级压力加大。随着国家环保压力加大、行业准入条件的规范、新的固体废物进口管理办法、有色金属市场价格频繁波动、劳动力成本上升、再生资源增值税政策调整等新的挑战，企业面临转型升级的压力加大。

一、回收利用情况

（一）产品总量平稳增长，个别品种有所下降

2012 年我国主要再生有色金属（铜、铝、铅、锌）产量为 1045 万吨，同比增长 3.7%。其中再生铜产量约为 275 万吨，同比增长 5.7%；再生铝产量约为 480 万吨，同

比增长 9%；再生铅产量约为 140 万吨，同比增长 3.7%，详见图 3。

据统计，2012 年，中国国内回收的废铜、废铝、废铅金属量合计为 530 万吨，同比增长 16.4%。其中，废铜 120 万吨，废铝 270 万吨，废铅 140 万吨。

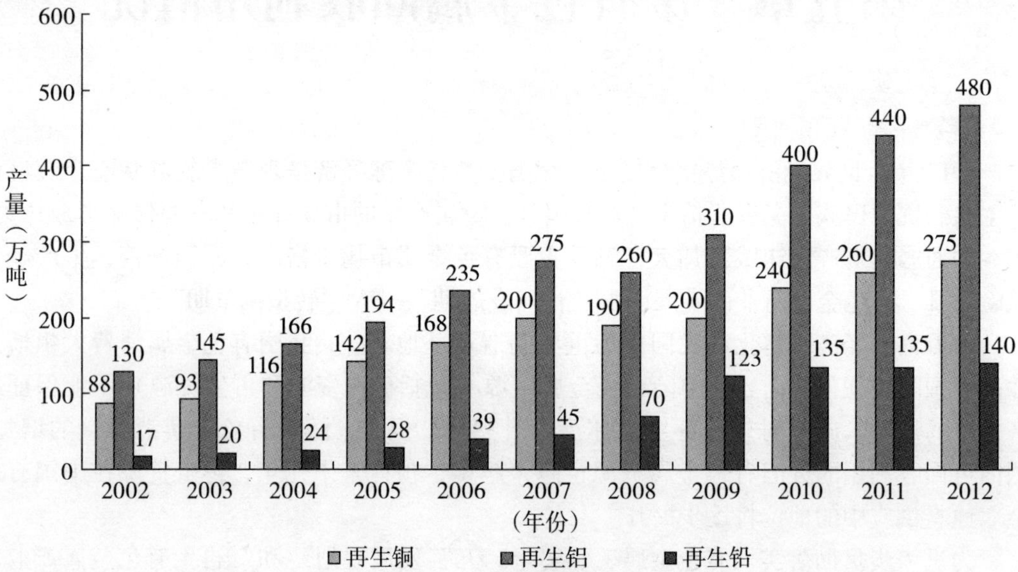

图 3　2002—2012 年再生有色金属产量

（二）工艺技术及装备水平提高明显加快，自主创新能力增强

2012 年，再生有色金属产业工艺技术及装备水平提高明显，自主创新能力不断增强，再生金属企业在拆解加工、熔炼设备、节能技术、环保处理等方面取得了积极进展。预处理设备自主创新步伐明显加快，处理复杂铜废料、铝废料的自动化分选流水线、废电池破碎分选设备、铅膏栅板分选设备等大量投入使用；再生铝、再生铜节能熔炼和炉型创新发展有了新突破，高效节能熔炼炉、NGL 倾动式熔炼炉成效显著；含铜废料和电子废弃物预处理先进技术装备生产线引进加快，铝灰渣环保处理设备投入使用；再生铅引进旋转炉熔炼技术与自主创新的富氧底吹熔炼技术同步发展，已有多条符合再生铅准入制度的生产线投入生产。

（三）节能减排成效显著

2012 年，再生有色金属产业节能减排成效显著。据不完全统计，再生铜、铝、铅、锌四大品种累计淘汰落后熔炼能力 350 万吨以上。主要生产企业能耗指标进一步降低，再生铜接近 250 千克标准煤/吨，再生铝达到 110 千克标准煤/吨，再生铅接近 100 千克标准煤/吨，比 2008 年分别下降 30%、49%、38%。

（四）市场需求不振，产品价格下降

受境内外市场需求不振以及市场供过于求的影响，2012 年有色金属价格低位振荡。

国际市场 LME 三月期铜、期铝、期铅、期锌平均价分别为 7946 美元/吨、2050 美元/吨、2393 美元/吨、2212 美元/吨，同比分别下降了 10.5%、15.3%、13.3% 和 11.2%。国内铜、铝、铅、锌现货年均价分别为 57339 元/吨、15663/吨、15382 元/吨和 15249 元/吨，同比分别下降了 13.6%、7.2%、6.5% 和 9.9%。

2012 年，1#废铜平均价格为 51870 元/吨，同比下降 8%；2#废铜平均价格为 48096 元/吨，同比下降 9.8%；破碎生铝平均价格为 13108 元/吨，同比下降 4%；废电瓶平均价格为 8101 元/吨，同比下降 9%。产品方面，2012 年国标无氧杆平均价格为 58158 元/吨，同比下降 13%；ADC12 铝合金平均价格为 16109 元/吨，同比下降 9%；铅均价为 15194 元/吨，同比下降 6%。

2012 年 12 月底国内部分废旧金属价格见表 13。

表 13　　国内部分地区废旧金属价格

地区	品名	货物名称	价格（元/吨）
广东佛山	铜	1#光亮铜线	51800 ~ 52000
		马达铜（92% ~94%）	47200 ~ 47500
		65 黄铜边料（干净）	37600 ~ 38000
		62 黄铜边料（干净）	38400 ~ 38600
		破碎黄铜 Fe <3%	33300 ~ 33500
	铝	破碎生铝（91% ~93%）	12650 ~ 12850
		破碎熟铝（90% ~92%）	11950 ~ 12150
		割胶铝线	13800 ~ 14000
江浙沪	铜	黄铜水箱	34000 ~ 34300
		再生黄铜棒（进口废铜棒）	33800 ~ 34100
		1#光亮铜线	51600 ~ 51900
		2#铜（Cu 95.5%）	49200 ~ 49500
		黄杂铜 Fe <3%	34200 ~ 34500
	铝	干净割胶铝线（Al >99%）	13600 ~ 13800
		熟合金杂铝（干净）	12100 ~ 12300
		生杂铝件（Fe <2%）	12300 ~ 12500
	铅	软铅皮	12200 ~ 12400
		破碎铅	11700 ~ 11900
		废电瓶	7900 ~ 8100
	锌	破碎锌（84% ~86%）	11600 ~ 11800
		锌合金（无铅）	11800 ~ 12000
		锌合金（含铅）	11000 ~ 11200

续 表

地区	品名	货物名称	价格（元/吨）
天津	铜	光亮铜（Cu>99%）	51700～52000
		马达铜（92%～94%）	49200～49500
		1#电线电缆（70%～75%）	37700～38000
	铝	干净割胶铝线（Al>99%）	14100～14300
		熟合金杂铝（干净）	12200～12400

二、进口情况

2012 年，我国共进口含铜废料 486 万吨，同比增长 3.7%，金额为 163 亿美元，同比下降 9%；进口含铝废料 259 万吨，同比下降 3.5%，金额为 41.3 亿美元，同比下降 10.8%。含铜废料主要来自美国、中国香港、德国、澳大利亚、西班牙、荷兰等国家，主要从广州、宁波、杭州、天津等关区进口；含铝废料主要来自中国香港、美国、西班牙、澳大利亚等国家，主要从广州、上海关区进口。

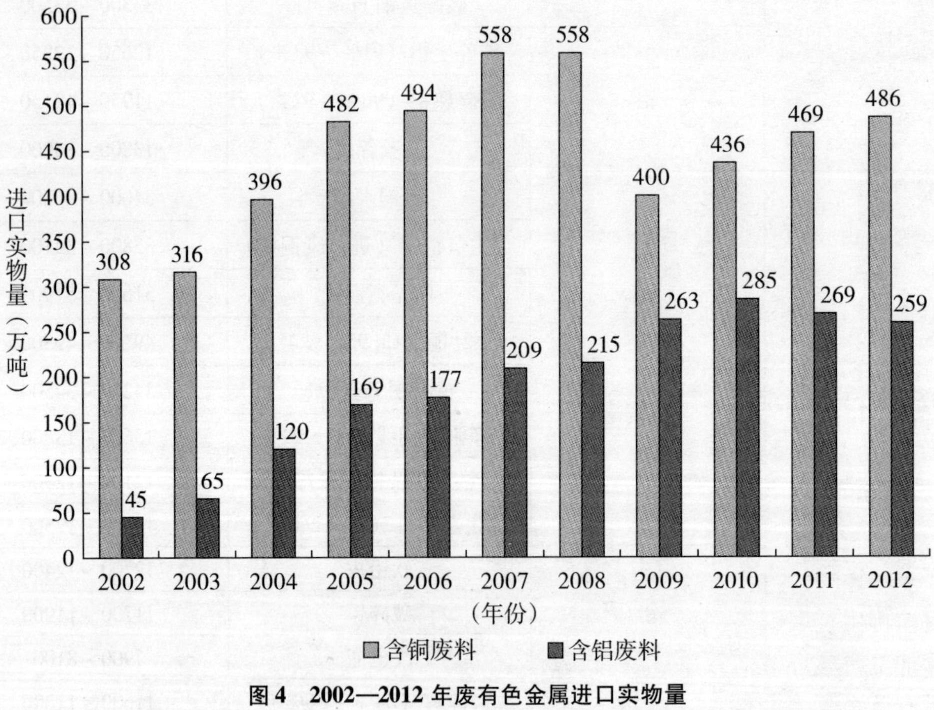

图 4　2002—2012 年废有色金属进口实物量

三、产业运行特点

（一）借助资本市场，加快企业发展

再生有色金属产业作为国家大力扶持的战略性新兴产业，越来越受到金融机构的重视。借助资本市场进一步增大企业资产规模，改善企业法人治理结构和管理水平，扩大企业知名度和影响力，提高企业赢利水平，成为不少企业的选择。2012 年以来，主要骨干企业中有近 1/5 的企业开始谋划上市，其中有些企业已经完成前期准备工作，进入审批阶段。随着这些企业的相继上市，再生有色金属产业的综合竞争实力和抗风险能力将会得到不断增强。

（二）发挥集聚效应，不断增强产业实力

2012 年，6 家单位入选第三批"城市矿产"示范基地，国家级"城市矿产"示范基地达到 28 家，遍布全国 22 个省、自治区、直辖市，产业集聚试点示范效应逐步释放，有力地推动了报废机电设备、电线电缆、汽车、家电、电子产品、铅酸电池等城市矿产资源的循环利用、规范利用和高值利用，为再生有色金属产业发展以及各地循环经济建设作出了突出贡献。

（三）宏观经济影响，企业经营困难

2012 年，再生有色金属企业面临的形势十分复杂。一方面，受整体经济形势下行的影响，再生有色金属企业普遍面临下游需求锐减的挑战，开工率明显下降，加之价格下跌、国内外价格倒挂的影响，企业生存十分艰难；另一方面，受再生资源增值税政策影响，再生有色金属企业普遍税收负担较重，由此引发的一些问题，如再生资源向非正规企业流动，行业内货票分流现象普遍，不公平竞争加剧等问题，需要引起关注。

四、存在问题和政策建议

（一）存在问题

1. 再生有色金属产业政策法规体系不完善

目前再生金属行业的政策法规仍很不健全，虽然出台了不少涉及进口、国内回收、冶炼、加工等各环节的政策和标准，但尚未形成体系，尤其是当前的一些财税金融政策与再生有色金属产业的快速发展不相适应。因此亟待完善相关的政策法规及配套措施，包括再生资源的财税支持政策、回收体系建设、原料进口、自主科技创新、行业信息统计等方面。

2. 再生资源增值税政策调整导致行业乱象多

由于再生资源回收增值税退税政策取消，导致再生金属回收行业税负从2009年以来不断增加，特别是自2011年起销售再生金属资源足额缴纳增值税，使再生资源回收企业税负率明显增长。目前，再生金属行业存在的主要问题突出反映在以下几个方面。

一是税收流失严重，再生资源向非正规企业流动。由于正规企业税负增加，一部分中小企业采用现金交易的体外循环运作模式，即进出都不带发票，造成废旧金属和再生金属产品销售时更大的税收流失。

二是行业内货票分流的现象比较普遍。回收企业迫于税负重的原因开不出增值税发票，因此下游利用企业只好从回收企业买入不带票的原料，再到能开增值税票的公司以6%～8%的费用购买增值税发票，导致目前货票分离的情况严重。

三是不公平竞争加剧。参与市场竞争的再生金属利用企业，有正规纳税企业，有地方给予补贴企业，有不纳税经营企业，他们在参与竞争过程中并不是处于同一水平，因此加剧了市场的不公平竞争，影响了资源的合理配置，严重扰乱了市场秩序，造成先进产能闲置的现象。

3. 原料保障存在巨大风险和压力

我国再生有色金属原料来源主要有两个渠道，即从国外进口和从国内回收。目前我国废金属原料2/3依靠进口，1/3来自国内回收。

在原料进口方面，我国在国际上的竞争力并不强，原料保障存在系统风险。一是各国都已经意识到废旧资源的价值，加大对废金属资源的保护力度，出口限制条款日趋严格，导致我国进口再生金属资源渠道受限。二是周边国家通过有利的税收政策在国际市场上和我国企业竞争废金属资源，例如越南、印度等国进口增值税税费均低于我国。三是受国际市场影响，国内外有色金属价格倒挂情况时有发生，对企业正常经营冲击很大。人民币升值预期及央行的货币紧缩措施，也使得众多中小型再生金属企业资金短缺、融资成本高企，极大地削弱了企业的市场竞争力。四是我国在废金属原料进口通关方面，部分区域通关时间长，货物滞港现象严重，使企业的通关成本大大增加。

与此同时，国内回收体系建设滞后也制约着产业发展。由于我国工业化、城镇化进程较为短暂，过去我国废旧有色金属资源蓄积量相对不足，在国内未形成规模化回收和供应。但随着城市化建设的逐渐成熟和人民生活水平的提高，将有大量含有色金属的物品逐步报废，而国内回收行业尚未形成规模化供应，废旧有色金属的回收仍然是从回收个体户到小规模集散市场，未形成有实力的大型回收企业集团，难以保障再生金属加工利用企业的需求。

4. 园区发展不平衡，园区外监管相对薄弱

十年来的圈区管理政策取得了很大进展，表现出了明显的优越性。目前国内已经通过国家环保部验收的进口再生资源加工园区的有九个，获批在建的有九个，上报国家待批的有十余个。很多传统的再生金属产业集聚区由于未能及时抓住机遇走园区化发展道路，在当前环保、节能等多重压力下产业发展遇到了前所未有的困境，面临逐步被削弱甚至淘汰的境地。相对来说，已经建成或在建的园区表现出了一定的优越性，但同样也面临着转型升级的现实问题。

“圈区管理”管的是园区内的企业，园区外的企业环保监管压力相对较小，拆解成本低，对园区内企业往往造成较大冲击，已经不是个别现象。据部分园区反映，2012 年以来外省市企业异地拆解增加，环保监管难度增加，园区内外企业不公平竞争的现象更加突出。

5. 行业技术创新能力与发达国家相比仍有差距

再生有色金属95%以上是民营企业，总体来说，规模、技术力量、创新能力、投资能力还比较弱。行业整体的技术、工业水平仍与发达国家有一定差距，因此加快再生金属企业技术研发，提高产业技术装备水平迫在眉睫。但目前我国的研究设计单位还没有充分适应再生金属企业工艺、技术、装备实用技术的研发需要，行业期待着各方研发力量对再生金属产业铜、铝、铅、锌四大品种和稀有、稀土、稀贵金属在废金属拆解、分选、熔炼和与之相配套的环保、节能、综合利用实用技术、工艺、设备方面有所突破。

6. 再生金属统计系统缺失影响政策制定和企业决策

目前，在国家统计局官方统计体系中，尚未建立再生有色金属这个目录，有关行业协会对再生金属企业的相关数据掌握的也不多。除海关进出口数据外，国内对再生金属的各项数据基本采用局部统计加推算的方法，与实际情况存在差距，影响了行业分析与决策。

（二）政策建议

1. 对利废企业给予增值税优惠

为推动我国再生资源回收利用行业健康有序发展，支持鼓励企业使用再生资源，建议将利废企业作为再生资源增值税政策优惠的对象，采用即征即退的优惠方式。建议扩大《关于调整完善资源综合利用产品及劳务增值税政策的通知》（财税〔2011〕115 号）文件的优惠范围，对回收利用废铜、铝、铅、锌等各品种的企业给予与废旧电池企业相同的增值税即征即退 50% 的支持政策。同时要加强对增值税优惠政策执行的监管。

2. 加强对废金属原料进口有关法规的深入研究

从我国资源需求、能源环境压力的角度出发，对金属废料的进口应大力疏导，实施宽松优惠的政策，宜疏不宜堵。建议有关部门根据当前行业发展实际情况和未来趋势，认真研究废金属进口环节税费、通关效率、扩大进口品种等问题，切实提高我国企业在国际废金属贸易中的竞争力，从而增强我国对废金属资源的控制力。

3. 加强对再生金属行业科技创新的支持

建议国家有关部门对再生金属产业升级和技术装备需求给予更多的重视和支持，按照《环保装备“十二五”发展规划》将再生金属生产设备列入《环境保护专用设备企业所得税优惠目录》中，对再生金属设备和关键零部件及原材料进口免征关税和进口环节增值税。

加大中央财政专项资金中对再生金属行业技术装备研发和推广应用的支持力度。

加大对骨干企业和研发机构的支持，尽快推进再生有色金属示范企业认定工作，引导其产学研合作，健全创新平台，发挥国家工程中心、企业技术中心、省级技术中心等的核心力量。加大对再生金属产学研联盟的支持力度，引导再生金属工艺、技术、装备的研发和产业升级。

4. 尽快建立再生金属统计体系

建议有关部门在重点区域、重点园区和企业率先建立再生金属主要品种的统计规范和呈报系统，建立进口废金属原料的金属量计算规则。建立统计授权和行业协会统计协调机制，杜绝统计、推算方法的混乱和数出多门，形成相对稳定的数据收集渠道和统计方法以及相对全面系统的行业数据基础。待条件成熟时，再报国家统计局正式设立再生金属统计科目。

五、出台的法规标准和相关政策

2012 年 3 月 7 日，环境保护部公布实施了《铅锌冶炼工业污染防治技术政策》（环保部公告〔2012〕18 号），铅锌冶炼业新建、扩建项目应优先采用一级标准或更先进的清洁生产工艺，改建项目的生产工艺不宜低于二级清洁生产标准。到 2015 年，固体废物综合利用（或无害化处置）率要达到 100%。废铅酸蓄电池的拆解，应按照《废电池污染防治技术政策》的要求进行。采用废旧金属进行再生铅锌冶炼，应控制原料中的氯元素含量。

3 月 19 日，环保部下发《关于开展铅蓄电池和再生铅企业环保核查工作的通知》（环办函〔2012〕325 号），进一步提升我国铅蓄电池和再生铅行业污染防治水平，推动铅蓄电池和再生铅行业发展方式的转变。

4 月 13 日，科技部等七部委联合发布《废物资源化科技工程“十二五”专项规划》（国科发计〔2012〕116 号）。提出了“十二五”期间我国依靠科技创新推进废物资源化的总体思路、基本原则和发展目标，明确了“十二五”期间废有色金属、机电产品再制造、电子废弃物等再生资源的资源化科技工程发展的优先领域和重点任务，对再生资源的科技创新具有很强的指导性。针对铜铅锌等大宗废旧金属及废稀贵金属再生利用，重点突破废旧金属专业化分选拆解、保（升）级利用、清洁冶炼、二次污染控制等重大技术与装备，提高废旧金属回收率与再生产品质量，支撑再生金属产业转型升级。

5 月 21 日，财政部等六部委印发《废弃电器电子产品处理基金征收使用管理办法》（财综〔2012〕34 号），对处理企业按照实际完成拆解处理的废弃电器电子产品数量给予定额补贴，缓解了目前废旧家电拆解企业的生存压力，避免大量电子废弃物被非正规企业进行拆解和利用。

7 月 1 日，工信部、环保部共同发布《铅蓄电池行业准入条件》，对进一步加强废铅酸蓄电池回收体系建设和生产者责任延伸制，以及再生铅行业的规范发展产生积极影响。准入条件还对现有生产企业设置了 20 万千伏安时的产能门槛，对新建和商品极板生产企业设置了 20 万千伏安时、50 万千伏安时和 100 万千伏安时的产能门槛。2012 年铅酸蓄电池行业的企业数量从原有的 2000 多家缩减到了近 300 家。

8 月 27 日，工信部、环保部联合发布公告，公布《再生铅行业准入条件》。对再生铅项目建设条件和企业生产布局，生产规模、工艺和装备，能源消耗及资源综合利用，环境保护，安全、卫生与职业病防治等做了详细规定，新建单系列再生铅项目必须在 5 万吨/年以上（单系列生产能力，下同），2013 年年底以前淘汰 3 万吨/年以下的再生铅生产能力。现有再生铅企业综合能耗应低于 185 千克标准煤/吨铅，铅的总回收率大于 96%，冶炼弃渣中铅含量小于 2%，废水循环利用率应大于 98%。准入条件的发布对进一步引导和规范再生金属产业，实现产业持续健康发展具有重要意义。

六、2013 年行业预测

（一）2013 年废有色金属回收利用预测

2013 年，我国有色金属工业的基本趋势是：生产、消费、投资呈平稳增长态势；主要有色金属价格仍呈振荡格局，但年均价格将比 2012 年有所上升；企业经营困难的局面将在一定程度上有所缓解。预计 2013 年我国市场对主要有色金属的需求将继续增长，从下游市场看，2013 年国内市场对精铜的需求预计为 780 万吨左右，比上年增长 3%；原铝需求预计为 2200 万吨左右，比上年增长约 9. 5%。

预计 2013 年我国再生有色金属产量增长率将继续维持在 4% 左右，总产量约 1100 万吨左右。

（二）"十二五"期间废有色金属回收利用行业预测

由于我国经济社会与城镇化的快速发展，目前已逐步进入资源循环大周期，大量汽车、家电等机电产品面临淘汰或报废，为加快发展再生有色金属产业提供了基础条件。随着《"十二五"循环经济发展规划》的出台，国家将进一步突出循环经济在国家经济社会发展中的战略地位，把发展循环经济作为调整经济结构、转变发展方式、解决资源环境瓶颈约束的主要内容和重要抓手，采取更加有力的措施，促进循环经济形成较大规模。再生有色金属产业作为节能环保产业领域的重要组成部分，被列入国家七大战略性新兴产业，充分利用废旧有色金属资源已经成为解决有色金属行业资源供给、节能减排、降低环境负荷等的有效途径，发展前景广阔，潜力巨大。"十二五"期间，随着国家宏观调控各项政策措施的落实，再生金属产业的外部发展环境将进一步改善，为再生有色金属产业发展提供更加和谐的发展机遇。

按照《再生有色金属产业发展推进计划》的要求，到 2015 年，再生有色金属产业规模和产量比重明显提高，预处理拆解、熔炼、节能环保技术装备水平大幅提升，产业布局和产品结构进一步优化，节能减排和综合利用水平显著提高。

到2015年，主要再生有色金属产量达到1200万吨，其中再生铜、再生铝、再生铅占当年铜、铝、铅产量的比例分别达到40%、30%、40%左右。再生铜、再生铝行业形成一批年产10万吨以上规模化企业，再生铅行业形成一批年产5万吨以上规模化企业。前10位企业产业集中度达到50%以上；培育形成若干产业集聚发展的重点地区，其产能比重超过80%。

“十二五”期间，废有色金属回收利用行业的主要任务是：

1. 优化产业布局，提高产业集中度

根据我国废旧有色金属资源及加工园区分布情况，以现有骨干企业为基础，统筹规划，进一步优化再生有色金属产业布局。重点支持浙江、广东、山东、天津、江西等地区发展再生铜，支持广东、浙江、重庆、上海、河南等地区发展再生铝，支持安徽、河南、山东、江苏、湖北等地区发展再生铅。鼓励东部沿海地区充分利用技术、资金、品牌和营销渠道等优势，重点发展技术含量和附加值高的再生有色金属产品。鼓励和支持大型龙头企业建立长期稳定的原料来源渠道，逐步构建上下游紧密联系、跨区域协同发展的产业链。

2. 促进技术进步，实现产业转型升级

加快关键共性技术及新兴先进技术的研发、推广和产业化步伐，重点突破废旧有色金属预处理、熔炼、节能环保领域技术和装备，加强有毒有害物质生成机理、快速检测和治理技术研究。鼓励企业采用先进检测技术和设备，强化再生有色金属产品质量过程控制。鼓励研发推广在原生金属生产工艺过程中合理利用废旧有色金属的技术装备。积极研究新型电子设备及电子消费品中有色金属、稀贵金属回收利用技术。

3. 支持重点项目，提升整体发展水平

支持再生有色金属优势项目，发挥典型示范作用，引导行业规范发展，逐步提升发展质量水平。在珠江三角洲、长江三角洲、环渤海和成渝经济区等具备一定产业基础的区域支持改扩建20万吨再生铜项目6~8个，20万吨再生铝项目8~10个。在华北、华中、东北、黄河三角洲等地区支持改扩建5万~10万吨再生铜项目10个，5万~10万吨再生铝项目15个，5万吨以上再生铅项目10个。在西北地区支持改扩建5万吨再生铜项目2个，5万吨再生铝项目3个。支持在具备产业基础的地区培育形成一批锌、钴、镍、锗、铟、贵金属等其他废旧有色金属回收利用项目。

4. 加强统筹规划，完善回收利用体系

以国内再生资源回收体系试点建设为基础，结合我国废旧有色金属资源回收特点，充分利用、规范和整合现有废旧有色金属回收渠道。统一规划、合理布局，选择具有一定规模和实力的企业建设再生有色金属回收示范工程。加快废旧有色金属规范化交易和集中处理，逐步在全国形成覆盖全社会的再生有色金属回收利用体系。支持利用境外可用做原料的废旧有色金属资源，提高我国采购国外高品质资源的市场竞争力。进一步规范有色金属拆解加工和交易市场建设，合理布局加工园区和交易市场，除适当调整沿海地域分布外，原则上不再新建加工园区。在现有加工园区和交易市场基础上，支持形成5

个技术先进、管理规范，年拆解能力达到 100 万吨的加工园区，10 个年拆解能力达 50 万吨的加工园区，5 个年交易量达到 60 万吨以上的回收交易市场，10 个年交易量达 40 万吨的回收交易市场。

第六章　废塑料回收利用情况

2012 年是我国转变经济发展方式最关键的一年，也是国际局势剧烈变动的一年。国际经济低速增长的形势没有改变，欧债危机没有完全消除，影响我国产品出口贸易形势更加严峻，经济环境更加复杂。我国经济增长形势进入低速增长阶段，按国家统计局数据显示，塑料加工业在满足国民经济多方面配套需求下仍取得合理的常态增长，但受国际经济形势低迷和国内成本要素抬升的影响，行业利润大幅下挫，经营状况不佳，扩展内需压力增大废塑料受严格管控和国内需求不足的影响下滑很大。

一、塑料加工情况

（一）塑料制品产量稳步增长，经济运行状况回暖

据国家统计局数据显示，2012 年塑料制品行业规模以上企业（销售收入 2000 万元及以上）13246 个，累计完成工业总产值 16757. 29 亿元，同比增长 15. 04%。塑料制品产量 5781. 86 万吨，比上年同期增长 8. 99%。2012 年塑料加工业规模以上企业完成主营业务收入 16310. 13 亿元，同比增长 11. 79%；实现利税总额 1431. 35 亿元，同比增长 17. 21%，其中利润 963. 27 亿元，同比增长 15. 94%。规模以上企业从业人员 233. 18 万人，同比下降 1. 55%。主营业务收入、利税、利润均保持稳步增长。

表 14　　2012 年规模以上企业塑料制品产量及增长情况

产品名称	产量（万吨）	同比增长（%）
塑料制品	5781. 86	8. 99
塑料薄膜	970. 25	9. 33
其中：农用薄膜	162. 74	7. 74
泡沫塑料	172. 06	23. 13
塑料人造革、合成革	314. 27	15. 55
日用塑料制品	461. 84	14. 43
其他	3863. 44	7. 26

数据来源：国家统计局。

（二）塑料制品进出口保持稳步增长

据海关数据显示，2012 年塑料制品出口量 1382. 16 万吨，同比增长 5. 79%；出口额 491. 85 亿美元，同比增长 24. 55%；占轻工出口额的 9. 69%。进口量 179. 87 万吨，同比下降 3. 46%；进口额 184. 75 亿美元，同比下降 0. 46%。进口产品平均单价是出口的 3. 3 倍，显示出我国出口塑料制品中以附加值较低的日用品居多，满足国外一般性消费需求。

（三）塑料表观消费量保持增长，人均塑料消费创历史新高

2012 年中国合成树脂产量比上年增长 8. 7%，自给率达到 73. 8%，比上年增加了 1. 3 个百分点；进口量增加了 80. 2 万吨，比上年增长 3. 5%；表观消费量达到 7063. 3 万吨，比上年增加 449. 2 万吨，增长 6. 8%。从表观消费量的增长可以看出，改变了上年增幅为负的状况，实现了近 3% 的增幅。由此可以判断出市场开始回暖，逐步走出市场低迷状况。

据测算，2012 年国内相对实际的塑料消费量大约为 5467. 37 万吨，废塑料回收再利用量为 2487. 8 万吨，塑料助剂消费量约为 445 万吨。除助剂以外的添加剂因为无法统计可忽略不计，那么上述三项合计即为 2011 年中国塑料消费量约 8400 万吨。这样可以计算出中国（不含港澳台）人均消费塑料为 62. 7 千克，（根据中国第六次人口普查登记的全国总人口为 1339724852 人）。

五大通用树脂表观消费量比上年增长 6. 6%，表明我国一般消费品的社会需求仍保持稳定增长，但失去了以往强劲增长势头。塑料加工业生产、产值、利润增幅下滑影响了废塑料市场需求增长，2012 年塑料回收再生利用行业需求不足进入调整阶段。因而可以作出判断，国内塑料回收再生利用量增幅将下滑，但仍可保持适当增长。

（四）经济发达国家和经济增速较快的发展中国家是废塑料的主要来源地

塑料与经济发展程度密切相关，塑料消费持续增长导致大量废塑料产生。全球塑料消费主要集中于经济发达地区和经济增速较快的如中国、印度等发展中国家，这些国家也是废塑料的主要产生地。我们初步了解到美国年消费合成树脂 5000 多万吨，德国约 1600 万吨，日本约 900 万吨，印度约 800 万吨，整个欧洲消费约 6000 万吨，其余国家消费量情况还需进一步摸清。按这个数据可以测算出北美、欧洲、中国、日本、印度等地区和国家的塑料消费量约 2 亿多吨，约占全球塑料消费总量的 77%。

中国每年塑料制品的废弃率为 45% ~55%，发达国家应该有更高比例的废弃率，这样可测算出全球年塑料废弃量大约有 1 亿吨。由于塑料消费在很多领域的多种产品中存在，收集难度大，回收率均不是很高。一国回收率的计算通常是当年回收再生的废塑料量对该国相对实际消费塑料量的比率。这样按照 25% 的相对平均回收率测算全球回收再生废塑料量应该在 2500 万吨左右。一般情况是发达国家的废塑料出口到诸如中国、印度、越南等塑料消费需求得不到充分满足的经济发展较快的国家，由于全球范围内区域经济失衡和需求增长差异增大，废塑料贸易作为新料的补充而日益扩大。

二、回收利用概况

“十一五”期间得益于我国经济快速发展，废弃塑料循环利用产业得到迅猛发展，塑料行业消费水平、技术进步、应用领域进一步得到提升。五年来废塑料再生技术进步明显，含废旧塑料的再生制品由于其绿色低碳内涵获得相关环保认证并得到推广使用，如废塑料可以制造外墙美观、屋顶防雨防晒、相框、画框等装饰材料；可以制造外墙保温材料、窑井盖、涂料、油漆等建筑上的应用；以及在园林、公园、湿地户外等领域替代木材的走廊、拱桥等铺地和防护等结构性材料。塑木材料及产品日臻成熟，已获得市场青睐，废塑料改性技术不仅提升了废塑料使用性能，还扩展了其市场需求，实现技术和市场双赢效果。废塑料在显著降低产品成本方面发挥了突出作用，只要按照标准科学合理使用废塑料，就不会对产品质量造成影响，如在塑料管道、型材、薄膜产品得到有效利用。

目前全球合成树脂消费量约 2. 5 亿吨，相当于 19. 5 亿吨钢铁的体积，而 2012 年全球钢铁消费量仅 14. 22 亿吨，可以看出从体积上计算全球合成树脂消费量远高于钢铁的消费量。2012 年中国钢铁产量近 7 亿吨，略高于 2012 年 8400 万吨的塑料体积，可见中国塑料消费潜力巨大，前景广阔。

（一）塑料再生利用产业已成长为经济发展中不可或缺的资源型环保产业

据测算，用于降低塑料产品成本的再生塑料约占废塑料回收再生总量的 60% 以上。随着塑料的大量使用，废塑料对环境科学合理的安全处置问题始终是困扰人们的一个难题。迄今为止，解决塑料废弃物的最好途径是物理机械式再生利用，对不易分类的混合废塑料进行化学裂解回收单体材料或者焚烧回收能量，塑料被填埋是最不可取的办法。改革开放 30 多年来，塑料再生利用产业从回收利用总量、从业人员规模、分选技术进步、加工装备革新、产品应用范围、公众认知等方面均发生了不同程度的变化，已经形成资源型环保产业，成为发展循环经济的重要内容。根据 2012 年塑料消费、塑料加工业发展状况不难测算出塑料回收再利用基本情况。据估算，2012 年我国相对实际的塑料应用量约 5467. 37 万吨，按往年经验值测算为 53. 5% 的废弃量比率可计算出废弃量约 3413 万吨，测算出的回收再生量约为 1600 万吨，那么回收再生率应为 29. 3%（详见表 15）。

表 15　　2008—2012 年塑料废弃量、回收再生量和回收再生率测算　　单位：万吨

项目 \ 年份	2008	2009	2010	2011	2012
国内相对实际塑料消费量（测算）	3500. 86	4170. 68	4693. 6	5229. 5	5467. 37
塑料废弃量（测算）	1805	2353	2800	2871	3413
国内回收再生量（测算）	900	1000	1200	1350	1600
进口量	707. 4	732	800. 9	838. 4	887. 8

续　表

项目 \ 年份	2008	2009	2010	2011	2012
再生利用量	1607.4	1732	2000.9	2188.4	2487.8
回收率	25.7%	24.0%	25.6%	25.8%	29.3%

（二）废塑料行业已经形成以大中型塑料回收再生利用企业为主体，废塑料专业交易市场为辅助的格局

我国废塑料产业从来源可分为进口废塑料和国内回收再生废塑料两部分，但市场流通过程中没有明显的分界线，已形成一个相互融合的整体。因废弃塑料的社会累计量庞大，废弃量将不会随消费量减少而明显降低，反而可能会有所增长。每年废塑料产生量随着塑料消费量增长和累积量增大而呈稳步增长态势，回收再利用的负担加重。

长期以来，废塑料回收再生利用企业随着我国经济发展而不断壮大，成为废塑料行业的主体。这些大中型企业尤其以进口废塑料企业居多，已经形成规模经营，其再生利用量占总再生量的40%以上，大多分布在沿海塑料加工发达地区。这部分企业因有相对稳定的废塑料货源和销售渠道，资源集中，利润较高，效益良好，市场竞争力强。其分类技术及装备较先进，成本低，效率高，可规模化、集中化处理废塑料，环保设施较完善，废水能够达标排放，可有效避免二次污染。还有一些规模企业分布在中西部地区，以国内回收再生为主，从事国内废塑料回收再利用事业，为环境保护和再生资源产业发展作出很大贡献。

更多的是国内废塑料回收再生中小企业，其中绝大多数属于家庭作坊式的个体户，规模普遍较小，在大城市周边及城乡结合部扎堆经营。他们采用技术简单实用，加工交易利润空间小，物流成本很低，环保意识薄弱；通过市场要素集结与整合作用逐步形成自发性的交易集中、流通顺畅的集散市场，加工交易集约化，专业分工细化，其物流配送和走向完全市场化，具有强大生存和竞争能力，基本实现产业细化和延伸。经过多年发展在全国各地形成几十个类似的废塑料专业加工交易市场。这些市场一般分别由200～500、500～1000、1000～2000家数量不等的小企业构成。

（三）塑料再生利用产业技术进步明显，应用更新加快，规模化发展条件日渐成熟

随着我国市场经济发展，废塑料回收再生利用产业规模持续扩大，转型升级加快；废塑料再生利用新技术、新产品得到持续开发应用，技术人员素质有所提升；随着环境治理政策深化，产业集群逐步得到规范发展，成为循环经济领域的重要组成部分。近年来，很多废塑料产品由于其绿色低碳内涵成为社会和市场推崇的新亮点，代表着先进性和发展趋势。如惠东美新利用废塑料和废木屑添加所需助剂经共混而成的塑木材料及制

品年产 1 万多吨，并且远销海外。目前该产品国内市场需求已达 70 万吨，催生了 100 多家关联企业。上海英科实业有限公司年回收利用废弃聚苯乙烯泡沫塑料达到 6 万吨，利用废弃聚苯乙烯泡沫塑料生产的画框、相框产品全部出口供不应求，是变废为宝发展循环经济的典型企业。塑料再生利用产业正在由低质量、高能耗向高质量、低能耗、多品种、精细分类、高技术应用的方向发展，塑料回收利用加工交易市场逐步走向规范经营，产业聚集度在增加，规模化发展条件日渐成熟。

三、进口情况

（一）废塑料进口的战略性意义

全球性的资源、能源紧缺形势正在促进再生资源产业的发展，其回收成本远比开发原生资源或能源低，在发展中国家有巨大的市场需求。目前中国进口废塑料规模居世界首位，其不断增长的市场需求正在影响全球塑料再生产业的发展趋势。据悉，世界 70% 的废旧物资被运到中国，进而也说明我国自有再生资源远不能满足市场需求，需要国际市场的有益补充，以缓减我国资源紧缺的局面，保持我国低成本制造业在全球的竞争优势。从发展趋势看，我国塑料进口依存度仍保持在 26.2%，对进口再生塑料市场需求仍将保持稳定增长，将对开拓再生塑料应用领域、塑料加工技术进步和产业结构调整起到一定的促进作用。

（二）废塑料进口量及增长情况

中国是全球进口废塑料最大地区，对全球塑料再生利用市场需求和价格走势有着决定性的影响。从海关统计中可看出，2012 年废塑料主要进口地为中国香港，其次为德国、美国、泰国、日本、中国台湾、加拿大、比利时、澳大利亚、菲律宾、马来西亚，进口量占总进口量的八成。

表 16　**2008—2012 年进口废塑料及增长**　单位：万吨

项目 \ 年份	2008	2009	2010	2011	2012	年均增长（%）
PE 废塑料	214.4	220.6	263.5	328.7	369.3	14.56
PS 废塑料	9.7	13.7	24.3	14.8	24.2	25.68
PVC 废塑料	182.9	196.9	171.8	118.6	69.1	-21.60
PET 废塑料	106.1	136.1	165.1	166.5	204.5	17.83
其他废塑料	194.4	165.2	176.2	209.8	220.7	3.22
进口废塑料总量	707.5	732.6	800.9	838.4	887.8	5.84

数据来源：海关数据。

（三）进口废塑料企业状况

目前，登记注册的向中国大陆地区出口废塑料的境外企业总数有3561家，分布在88个国家和地区，其中美国667家、中国香港553家、日本512家、韩国239家、台澎金马关税区181家，占注册企业总数的60%。登记注册的国内废塑料进口、加工企业总数则有3000余家。

（四）中国废塑料回收再生利用行业的环保贡献

2012年我国回收再生利用废塑料总量约2487.8万吨，与当年合成树脂消费总量7063.3万吨的1/3相当，等于节约或减少进口2487.8万吨原料，或等于节约或减少进口大约5000万~7000万吨的原油，同时减少垃圾填埋1600万吨，还减少炼制乙烯大量的CO_2、SO_2排放。与从原油制造塑料相比，还可节省70%的能耗，节能减排成效显著。

可见进口再生塑料是塑料原料重要的有益的补充，可有效缓减资源紧缺。目前，塑料再生利用在促进环境保护、扩大就业、增加税收和区域循环经济发展也发挥着巨大作用，有力推进节能减排工作，有利于塑料行业自身的稳定持续健康发展，巩固中国制造低成本竞争优势，为中国经济建设、循环经济发展和环境保护事业作出贡献。

四、存在问题和建议措施

目前我国已超过美国成为全球最大的塑料消费国，巨大的需求造成了原材料的巨大缺口。废塑料回收再生量已经超过原生料进口量填补了大约30 %的原料缺口，从而有效地减少环境污染和能源消耗，有利于国家的可持续发展战略。但是我国塑料回收行业起步较早，整体规模也比较大，从行业发展看，还存在很多问题。

（一）再生资源产业发展作为国家重大发展战略缺乏统筹规划，政策环境有待深化和改善

1. 适合于再生资源产业发展的税费改革政策不到位

改革开放以来促进了再生资源从特种行业转向市场化得到繁荣发展，近几年来国家对废物回收再利用行业税收优惠政策不断调整逐渐脱离实际，可操作性不高，废塑料回收再生利用企业大多为中小企业，基本上享受不到减免税或者先征后返乃至2011年新政策返50%税率的优惠政策。这种可操作性差的税收政策实质上没有减轻再生利用企业的税负，从而制约行业发展。

2. 塑料废弃物回收产业的污染治理要从源头上抓起

经济迅猛发展以及城市化水平提升产生了大量垃圾，大大增加了塑料废弃物排放，增加环境负担浪费资源。在城市周边和城乡结合部拾荒者担负起这个重大责任，同时在再生利用的处理过程中存在二次污染。特别是长期以来形成的塑料废弃物集散市场发展到今天成为污染治理的重点。媒体曝光引发关注，地方政府在治理过程中难有作为。严

厉治理过后即是产业重新洗牌，从业人员转移别处生存。所以治理塑料废弃物污染要从源头上抓起，没有授权或资质的公司和个人应不允许从事回收与再生利用行业。

3. 扶持再生资源产业与治理污染并重

如何在发展经济的同时实现资源再生和环境保护良性发展成为重大课题。在政府决策、行业协会和企业参与、社会各界关注下取得进步和阶段性成果的同时，新的问题接踵而至。尽管我国已经发布了《循环经济促进法》，相继出台了减免税等优惠政策和新管理法规，但是归根结底，我国还没有形成适合于我国特色的塑料废弃物回收再生利用的有效运行机制。有的政策脱离实际，未能满足废弃物物尽其用循环发展的市场化需求。

鉴于不同地区经济发展水平的巨大差异以及市场需求的巨大差异，再生资源产业分布与发展程度有着很大不同，对政策有着不同的需求。科学的管理法规应当是促进再生资源发展与环境保护并重，针对不同地域再生资源产业实际进行差异化管理，可能是一个不错的选择。

4. 推进适合于废塑料产业实际的园区化管理模式

园区管理不仅要降低入园门槛，还需要相配套的减免税费等优惠扶持政策，制定符合实际操作的行业规范和标准，建立和完善信息、物流配送、技术支撑、质量检测等服务体系，对从业人员进行专业培训等。

探索建立以再生利用企业为主体，以市场为导向的循环经济运作机制，突出以人为本，提升产业素质，整治与扶持相结合，最终达到资源再生、环境保护目标，实现再生资源的物尽其用以及高值化利用。

（二）企业是再生资源再生利用行业主体，鼓励从事再生资源产业的企业发展可有效促进环保增效

我国经济经过入世以来的迅猛发展，以大中型企业为主导的塑料再生产业市场化进程加快，环保增效显著，作出了巨大贡献。废塑料再生利用行业尽管以小企业占据大多数，但行业龙头企业在环保技术处理、废塑料分类技术应用以及高值化利用方面上引导行业发展，同时也是废塑料处理量集中、能效发挥最佳、环保设施齐全的典范。现行政策应当扶持大中型塑料再生利用企业发展，创造有利环境促进这些企业在推动再生资源循环发展、绿色低碳发展和我国经济的可持续发展作出更大贡献。

（三）加强宣传与科技投入，应把废塑料产品列入政府采购目录

应该加强塑料再生利用正面宣传，引导社会、媒体正确看待废塑料。废塑料行业被一些媒体渲染成污染根源，形象很坏，其实我们生活中、工业品中很多产品都含有废塑料，回收后的 PET 瓶片可以制造涤纶纤维，是我国化纤产品、服装等产品低成本制造的保证。

加强科技投入，增加废塑料产品的科技含量，实现高值化利用与物尽其用。提升从业人员专业水平，提高产业发展素质，彻底改变废塑料面貌，赋予其新的内涵、新的意义和开始一个新的起点。

把一些包括废塑料的再生资源产品列入政府采购目录，作为一项长期政策引导全社会重视勤俭节约风尚，倡导绿色低碳之风，深入开展保护环境、节约资源的公益性活动，赋予再生资源产品新的内涵。

五、2013 年行业预测

（一）随着经济发展技术进步进程加快，塑料再生利用产业发展前景看好

随着我国经济稳步增长，废塑料应用技术不断被开发，其应用领域逐步扩展，用量直线上升，成为塑料原料重要补充。目前已经占到塑料消费总量 8400 万吨的 29.6%。目前经济转型之际，塑料新材料、新产品日新月异，在高端领域的应用案例越来越多，成为产业结构调整转型升级的推手，可见其发展前景之广阔。

目前，废塑料的品种主要是五大通用塑料，还有聚酯瓶片，使用量基数大，回收再生渠道多，再生技术成熟，一般从业人员很容易掌握。主要应用于较低层次的消费领域，如塑料包装、日用品等。也有很多性能高、品质好的工程塑料，特别是进口废塑料中的如尼龙、聚碳酸酯、有机玻璃、聚甲醛、PVB 薄膜、氟塑料等市场紧缺，需求旺盛。

（二）低成本造就了废塑料逐步扩大的应用市场，发展潜力很大

塑料的发展历史实质上是不断向着高性能化与多功能化的方向发展。在塑料制品制造过程中添加适量的同类型废塑料可有效降低成本而不降低性能和功能。废塑料制造的产品如上海英科实业有限公司全部用聚苯乙烯泡沫制品回收再生后制作的画框、相框等系列产品畅销海外，成本低，性能高，利润高，走出了一条废塑料再生利用高值化利用的典型案例。还有些废塑料制品，诸如下水道井盖、马路街边座椅、塑木材料及制品均有实例应用，用量也是越来越大。国家应当出台政策鼓励废塑料产品的使用，不仅体现了当前国家倡导的节能减排、绿色低碳产业转型之路，也是鼓励人们不乱丢弃废弃物，加强废弃物回收利用，物尽其用，以实现社会可持续发展，为子孙后代留下一片蓝天和一方净土。

塑料改性技术赋予废塑料强大市场需求和生命力，废塑料改性技术已经得到包括金发科技在内的广大改性商开发与重视。可大量使用废塑料的塑木材料及产品国内需求已经达到 70 万吨，在国内已经形成 100 多个塑木产业关联企业的规模，广泛应用于园林美化、室外装饰，对北美、欧洲的出口需求量也很大。还有很多废塑料产品得到政府鼓励。

作为 21 世纪新材料，塑料在包装、日用品、塑料鞋、地板等低端应用市场有着稳定增长的需求，在高端应用领域不断被开发并获得更快的增长需求。不论经济增长快与慢，对塑料的需求将是稳步增长，这对废塑料应用市场提供了稳定增长的保证。

第七章　废纸回收利用情况

一、造纸行业概况

（一）纸及纸板生产及消费情况

据中国造纸协会调查资料，2012 年全国纸及纸板生产企业约 3500 家，全国纸及纸板生产量 10250 万吨，较上年增长 3.22%。消费量 10048 万吨，较上年增长 3.04%，人均年消费量为 74 千克（13.54 亿人），比上年增长 1 千克。2003—2012 年，纸及纸板生产量年均增长 10.13 %，消费量年均增长 8.54%。

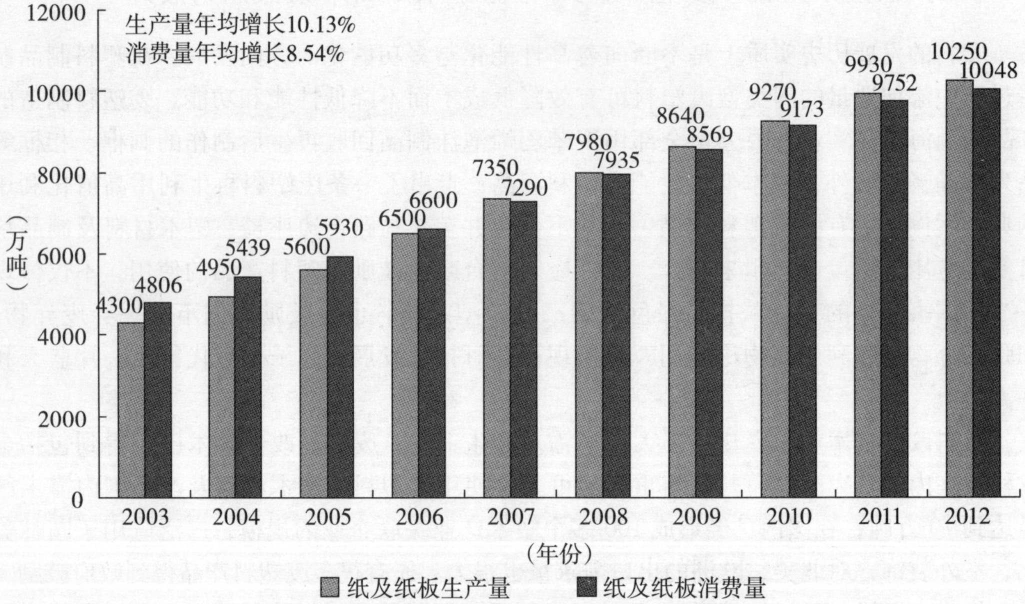

图 5　2003—2012 年我国纸及纸板生产和销售情况

（二）纸浆生产和消费情况

据中国造纸协会调查资料，2012 年全国纸浆生产总量 7867 万吨，较上年增长 1.86%。其中：木浆 810 万吨，较上年增长 -1.58%；废纸浆 5983 万吨，较上年增长 5.71%；非木浆 1074 万吨，较上年增长 -13.39%。2011 年全国纸浆生产总量 7723 万吨，较上年7318万吨增长5.53%。

2012年全国纸浆消耗总量9348万吨，较上年增长3.36%。木浆2291万吨，占纸浆消耗总量25%，其中进口木浆占16%、国产木浆占9%；废纸浆5983万吨，占纸浆消耗总量64%，其中进口废纸浆占26%、国产废纸浆占38%；非木浆1074万吨，占纸浆消耗总量11%，其中稻麦草浆占6%、竹浆占2%、苇（荻）浆占2%、蔗渣浆占1%。

以上数字表明，全国纸浆消费总量随着纸及纸板的增长呈增加趋势。纸浆结构中，非木浆比例继续呈明显下降趋势，废纸浆增幅加大，支撑着纸浆结构的调整。

二、回收利用情况

（一）废纸回收情况

我国废纸回收数量持续上涨，加上通过进口废纸的补充，利用废纸造纸有效地改变了中国造纸工业的原料结构。2012年，我国回收废纸4472万吨，比2011年多回收了125万吨，较上年上升3个百分点，废纸回收率已达44.51%，相当于当年节约了1.3亿立方米的木材。再生资源回收体系的调整和发展为我国废纸回收行业的发展奠定了基础。

2012年我国消耗废纸浆5983万吨，占我国纸浆消耗总量的64%，其中，进口废纸浆2405万吨，占纸浆总消耗量的25.7%；国产废纸浆3578万吨，占纸浆总消耗量的38.3%。如果把中国造纸工业的原料分为进口木浆、国产木浆、进口废纸浆、国产废纸浆和非木浆5大类，那么国产废纸浆已是中国造纸工业最大原料来源。

表17　2001—2012年我国纸及纸板产量、消费量和废纸回收与利用数据　单位：万吨

年份	纸及纸板		纸浆总消耗	废纸浆		国内废纸		废纸进口量	废纸利用率(%)
	产量	消费量		用量	占总浆比(%)	回收量	回收率(%)		
2001	3200	3680	2980	1310	43.96	1013	27.50	624	51.16
2002	3780	4415	3470	1620	46.69	1338	30.31	687	53.57
2003	4300	4806	3910	1920	49.10	1462	30.42	938	55.81
2004	4950	5439	4455	2305	51.74	1651	30.35	1230	58.18
2005	5600	5930	5200	2810	54.04	1809	30.51	1703	62.71
2006	6500	6600	5992	3380	64.72	2263	34.29	1962	60.85
2007	7350	7290	6769	4017	59.34	2765	37.93	2256	68.31
2008	7980	7935	7360	4439	60.31	3137	39.53	2421	69.65
2009	8640	8569	7980	4939	62.62	3762	43.90	2570	73.28
2010	9270	9173	8461	5305	62.70	4016	43.80	2610	71.47
2011	9930	9752	9044	5660	62.58	4347	44.57	2728	71.24
2012	10250	10048	9348	5983	64.00	4472	44.51	3007	72.97

（二）废纸利用情况

随着造纸工业的升级发展，国内各大纸企对纤维原料的需求大幅提高。如何解决资源缺口，是摆在大家面前的一个突出问题。一方面，各企业加大了工业原料林基地的建设；另一方面，按照中央构建“资源节约、环境友好”两型社会建设的整体要求和国家《造纸产业发展政策》，加快了国内废纸的回收和废纸的综合利用，基本形成了“充分利用国内外两种资源，提高木浆比重、扩大废纸回收利用、合理利用非木浆，逐步形成以木纤维与废纸为主、非木纤维为辅的造纸原料结构”。

通过调查，使用国内废纸的大型造纸企业主要有晨鸣、华泰、岳纸、银鸽、广纸、建晖、浙江景兴和四川雅安云翔等。过去以使用进口废纸为主的外资企业，如玖龙、理文等，在近年也开始加大了国内废纸的使用权重。以上这些企业在国内废纸使用方面，加在一起还不到500万吨。因此可以说，绝大部分国内废纸被小型造纸企业消耗了，国内废纸集中利用程度还任重而道远。

对于国内废纸的使用，近年各大纸企越来越重视，不少企业投入重金引进当今世界最先进的废纸脱墨浆生产线和纸机，采取消化吸收和自主创新相结合的办法，突破工艺技术难关，改写了过去只能用废纸浆生产新闻纸、包装纸等产品的历史，实现了原料结构的调整。

三、存在问题

（一）缺乏引导机制，废纸回收和综合利用率低

我国废纸回收利用率虽有长足进步，但与全球废纸回收率最高的瑞士87%相比差距还很大，而且也低于47.8%的世界平均水平；同时，集中利用程度还很低。由此可以看出，一方面国内木材资源不够，需大量资金投入进行林业基地建设；另一方面大量的国内废纸没有得到较好的回收和高效利用而被白白浪费，还要花费大量外汇从国外进口各种纤维原料，包括商品浆和废纸等。

（二）对外依存度高，产业风险大

由于我国木材资源匮乏，近年来被迫进口了大量的木浆和废纸。2011年和2012年，我国分别进口废纸2728万吨和3007万吨，高达全球回收纤维贸易比例的50%，进口依存度相当高。我国巨大的废纸需求量不断地推动着世界废纸市场价格上扬，加大了中国造纸企业的运作风险。如果这一情况继续，木浆和废纸将有可能继大豆和铁矿石之后，成为中国所需、被外国垄断价格的又一资源。

四、进出口情况

2012年，我国木浆、废纸及纸板进口总量约4512.4万吨，同比增长11.74%。在进

口纸浆和纸制品中，除了普通机械木浆、亚硫酸盐木浆和其他纤维木浆之外，进口数量都出现不同程度的增加。全年废纸累计进口数量 3006.7 万吨，同比增长 10.2%。其中，新闻纸进口增速最快，进口量约 13.4 万吨，同比增长 828.4%。

2012 年，我国木浆、废纸及纸板进口总值 165.56 亿美元，同比减少 8.9%。其中，普通机械木浆进口值下跌最为明显，进口金额 579.9 万美元，同比下降 82.3%。废纸进口价值 62.7 亿美元，同比下降约 10%。新闻纸进口值 8369.2 万美元，同比增长 807.2%。进口木浆及纸制品的单价都呈现全面下滑。进口单价平均水平为 366.91 美元，同比下降 18.47%，而且是所有品种单价全面回落，多数品种下降幅度超过 20%。

表 18　　2009—2012 年进口废纸情况

年份	2009	2010	2011	2012
进口量（万吨）	2750	2435	2728	3007

2012 年，我国木浆、废纸及纸板出口数量快速回落，出口总量 8.2 万余吨，同比减少 19.9%。其中，只有烧碱木浆出口数量增加，出口超过 1.8 万吨，同比增长 15.6%。其余品种均显下降势头：化学木浆出口数量 757.92 吨，同比减少 94.8%；亚硫酸盐木浆出口数量 77.2 吨，同比减少 77.96%；一般机械木浆出口 180.87 吨，同比减少 69.5%；废纸全年出口 2432.17 吨，同比减少 31.8%；其他纤维木浆出口 6 万余吨，同比减少 10.7%。2011 年，新闻纸出口量 3885.02 吨，同比减少 74.6%。

2012 年，我国木浆、废纸及纸板出口总价值金额 1.2 亿美元，同比下降 44.7%。其中只有废纸属于增势，出口价值金额 81.28 万美元，同比增长 5.6%。2012 年，我国木浆、废纸及纸板出口单价水平回落速度很快，平均每吨为 1554.41 美元，同比减少 30.9%。其中，只有一般机械木浆和废纸处于明显回升之势，其余品种则均显示下跌。

在单价方面，无论是进口还是出口，都出现明显下滑。由于国际市场的纸浆、纸制品价格水平下行速度加快，我国木浆、废纸及纸板出口在金额方面出现大幅缩减。2012 年，我国在木浆、纸制品进出口仍存在着较大程度逆差。

从以上数据来看，2012 年，我国木浆和纸制品进出口总体状况是：进口数量增加，出口总量回落，进出口对比相差明显，金额差距悬殊。

第八章　废弃电器电子产品回收利用情况

随着全球经济一体化的来临，虽然废弃电器电子产品回收利用具有一定的区域性特点，但是国际环境的变化对我国废弃电器电子产品回收利用行业还是产生了一定的影响。

越来越多和越来越严格的国外废弃电器电子产品回收利用立法管理将使更多的废弃电器电子产品在本国进行回收利用。我国非法进口电子废物的数量将大大减少。此外，在全球经济疲软的大环境下，我国废弃电器电子产品回收利用行业来自海外的投资在减少。到目前为止，中国台湾和日本是最大的投资方。德国等欧美国家的企业曾经非常关注中国的市场。但现在已经转向东南亚等其他新兴市场。

2012 年，国家家电以旧换新政策结束、公布废弃电器电子产品处理企业名单和废弃电器电子产品处理基金制度的实施是我国废弃电器电子产品回收利用行业政策领域最重要的三件事情。

国家家电以旧换新政策的实施，在成功拉动我国消费市场的同时，大大促进了我国废弃电器电子产品回收处理体系的建设，并涌现出上百家废弃电器电子产品的拆解企业。家电以旧换新政策的结束使大批新建的废弃电器电子产品拆解企业失去了在家电以旧换新政策中搭建的回收渠道，同时结束了家电以旧换新的拆解补贴。废弃电器电子产品拆解企业为了在家电以旧换新政策后继续发展，必须获得环保部门审批的废弃电器电子产品处理资质。2012 年，财政部和环保部公布了第一批废弃电器电子产品处理企业名单，共 43 家，涉及 15 个省市。

2012 年 7 月 1 日，废弃电器电子产品处理基金征收和补贴管理办法实施。基金管理办法的实施意味着有资质的处理企业可以申请处理补贴。在补贴政策的支持下，处理企业从家电以旧换新政策结束后的失落中解脱出来，开始加大马力回收处理废弃电器电子产品。

国家的相关政策对废弃电器电子产品回收利用行业具有重要影响。环保部的废弃电器电子产品回收处理行业规划制度，使各省市的废弃电器电子产品处理企业有了总量控制，从而有效地避免了行业恶性竞争和重复投资。对处理企业的资质许可制度提升了处理企业的技术水平、管理水平。我国废弃电器电子产品回收处理从个体作坊式的回收利用，转变成规模化、规范化和专业化的处理工厂。而基金补贴制度的实施为处理企业的运行提供了资金保障。

一、保有量测算

电器电子产品社会保有量是测算废弃电器电子产品理论报废量的基础数据。电器电子产品社会保有量包括居民保有量和机构保有量。其中，居民保有量包括城镇居民与农村居民。居民保有量是按照每年百户拥有量、年人口总数、年家庭规模等进行测算。机构保有量是在居民保有量的基础上，不同产品乘以不同的系数得出。下表为2006—2012年，我国主要电器电子产品的社会保有量测算结果。

根据国家统计局和工信部数据显示：2012年我国电视机产量为1.28亿台；电冰箱产量为8427万台；洗衣机产量为6742万台；空调器产量为1.00亿台；电脑产量为3.54亿台。2012年我国四机一脑出口量为4亿多台套。

2012年，电冰箱、电视机、空调器、洗衣机、电脑5种家电的社会保有量为374258万台，比2011年的347215万台增长了7.8%。

表19 **我国主要电器电子产品社会保有量** 单位：万台

年份	总计
2006	173849
2007	201716
2008	241534
2009	288591.3
2010	311024
2011	347215
2012	374258

二、报废量测算

废弃电器电子产品理论报废量的测算是废弃电器电子产品回收处理管理的一项非常重要的基础工作。它直接影响各地区制定废弃电器电子产品回收处理行业发展规划、拆解处理企业布局、建厂规模，避免恶性竞争、资源浪费，促进行业健康有序发展。由于我国是发展中国家，经济发展不均衡，我国存在繁荣的电器二手市场。电器电子产品废弃后，经过维修，大部分在二手电器市场再销售，电器电子产品的实际使用寿命远远大于其设计寿命。废弃电器电子产品理论报废量的测算是针对不能再使用的废电器电子产品的数量进行的测算。

废弃电器电子产品理论报废量的测算包括居民（包括城镇与农村）废弃电器电子产品理论报废量测算与机构（包括国家机关和企事业单位）的报废电器电子产品理论报废

量测算。测算主要依据产品的社会保有量、平均使用寿命进行测算。

表 20　　我国主要电器电子产品理论报废量测算　　单位：万台

年份	电视机	电冰箱	洗衣机	空调器	电脑	总计
2011	5329	2654	3228	4713	16541	32465
2012	5689	2814	3321	4857	18823	35504
同比增长（%）	6.8	6.0	2.9	3.1	13.8	9.4

从表 20 可以看出，我国主要电器电子产品的理论报废量逐年递增。2012 年，我国主要废弃电器电子产品的理论报废量为，电视机 5689 万台；电冰箱 2814 万台；洗衣机 3321 万台；房间空调器 4857 万台；微型计算机 18823 万台。总计 35504 万台。

表 21 为我国废弃电器电子产品实际报废量。2012 年，废电视机实际报废量为 1845 万台，同比减少 65.6%；废电冰箱实际报废量 929 万台，同比减少 27.5%；废洗衣机实际报废量 1057 万台，同比减少 35.8%；废房间空调器实际报废量 1782 万台，同比减少 8.8%；废微型计算机实际报废量 2651 万台，同比减少 54.4%。总计 8264 万台，同比下降 48.5%。

表 21　　我国 5 种主要家电的实际报废数量　　单位：万台

年份	电视机	电冰箱	洗衣机	空调器	电脑	总计
2011	5358	1281	1646	1954	5819	16058
2012	1845	929	1057	1782	2651	8264
同比增长（%）	-65.6	-27.5	-35.8	-8.8	-54.4	-48.5

图 6 所示为 2012 年，我国废弃电器电子产品实际报废数量的比例。由于各种电器电子产品的普及年代不同，因此实际报废数量所占的比例也不同。其中，实际报废数量最大的产品是电脑，最小的是电冰箱。

三、回收行业运行特点

我国一直有修旧利废的优良传统。电器电子产品废弃后，它还具有材料价值，仍然作为一种商品进行交易。从 20 世纪 90 年代开始，在利益的驱动下，我国自发形成了废弃电器电子产品的回收大军，并构成了多种渠道的回收网络。主要包括传统的供销社/物资回收企业回收、个体回收者、家电销售商“以旧换新”回收、搬家公司回收、售后服务站或维修站回收等回收渠道。其中，个体回收者是废弃电器电子产品回收的主力军。

2009 年 6 月，为进一步扩大内需，提高能源资源利用效率，国家实施家电“以旧换

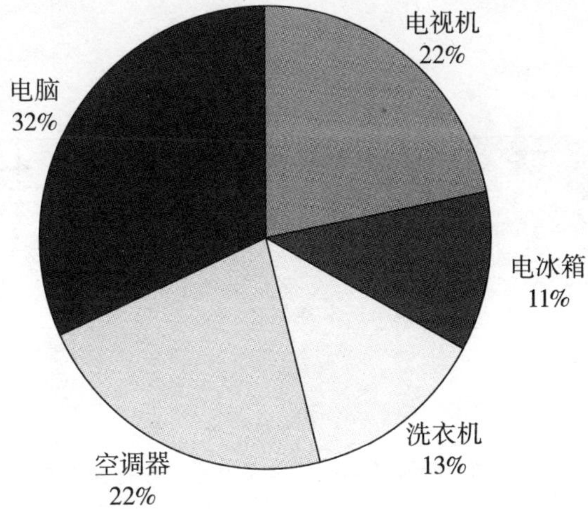

图 6　2012 年废弃电器电子产品实际报废数量比例

新”政策，在北京、上海、天津、江苏、浙江、山东、广东和福州以及长沙，开展电视机、电冰箱、洗衣机、空调和电脑 5 大类家电产品“以旧换新”试点。2010 年 6 月，在原来 9 个试点省市的基础上，结合各地区旧家电拆解处理能力等条件，将家电以旧换新实施范围逐步扩大到全国。

家电以旧换新政策对废弃电器电子产品中标的回收企业进行运费补贴，大大促进废弃电器电子产品回收体系的建设。截止到 2011 年年底，针对全国 37 个参与以旧换新的省市统计，中标的回收企业达到了 1125 家。在家电以旧换新政策的推动下，社区回收站和商场“以旧换新”的回收形式将逐渐成为主要的废家电回收渠道。根据商务部家电以旧换新统计数据，2011 年全国家电以旧换新累计回收旧家电约 6129. 2 万台，回收率（实际回收数量占理论报废量的比例）为 92%。

2012 年，家电以旧换新政策结束。对废旧家电回收企业的运费补贴也随之结束。家电以旧换新政策下搭建的废旧家电回收体系失去了财政补贴，变得名存实亡。此时，获得资质的报废电器电子产品处理企业为了企业自身的发展，开始大规模进入回收领域。此外，具有逆向物流优势的电器电子产品制造企业也在关注回收体系建设和政策导向，并进行积极筹备。图 7 所示为我国废弃电器电子产品回收行业发展图。

2012 年，我国废弃电器电子产品回收行业的运行特点是，由家电以旧换新政策下的以销售商和制造商为主的多渠道回收模式向基金制度下的以处理商为主导的多渠道回收模式。

在家电以旧换新政策实施期间，根据中国家用电器研究院的行业调研显示，废弃电器电子产品处理企业 95% 以上的废旧家电来自家电以旧换新渠道，有的企业甚至是 100%。而家电以旧换新政策结束后，废旧家电回收企业变得名存实亡。处理企业面临着“无米下锅”的窘境。

为了企业的发展，一些处理企业纷纷进入回收领域，搭建各具特色的废弃电器电子产品回收体系。例如，深圳格林美的报废电器电子产品的多层级社会回收体系、北京华

图7　我国废弃电器电子产品回收行业发展

新绿源与大型电器零售商合作的企业版家电以旧换新模式、上海新金桥的以物联网技术为核心的社区小家电回收体系等。

2012 年 5 月 21 日，财政部会同环境保护部、国家发展改革委、工业和信息化部、海关总署、国家税务总局联合发布《废弃电器电子产品处理基金征收使用管理办法》后，进一步坚定了处理企业建立报废电器电子产品回收体系的决心。此外，电器电子产品的制造企业，例如海尔、格力等，也在积极筹备废弃电器电子产品回收体系。

1. 处理企业建立的多层级社会回收模式

深圳格林美高新技术股份有限公司是我国废弃电器电子产品回收处理行业的领军企业。从 2008 年以来，格林美创立了废旧电池回收箱、废弃电器电子产品回收超市和 3R 循环消费社区连锁超市的多层次、跨区域再生资源回收体系。图 8 所示为格林美以城市为主体，社区为单元，遍布城乡的多层次社会回收体系。

2. 处理企业为主的企业版家电以旧换新回收模式

2012 年 4 月，为了进一步巩固废弃电器电子产品逆向物流回收体系，规范废弃电器电子产品回收渠道，促进再生资源回收利用和环境保护，提高社会责任意识，北京华新绿源环保产业发展有限公司联手大型家电零售企业大中电器，开展“绿色消费再生资源”大中电器和华新环保家电回收活动。活动结合家电销售推广，通过华新环保专业的回收队伍，保证废弃电器电子产品通过安全途径得到正规的拆解、处理，避免流入不法二手市场，给消费者带来经济损失及给环境造成污染。处理企业与电器零售商合作，利用双方的优势，搭建企业版的逆向物流回收体系，为多渠道回收体系建设提供了很好的实践和经验。

3. 以物联网技术为核心的小家电回收体系

作为废弃电器电子产品的处理企业，上海新金桥建设回收渠道也独具特色。上海新金桥以回收网络信息化为核心，建立一个包括回收网络建设、运营和管理的综合管理服务体系。阿拉环保网是全国首创利用物联网模式进行废弃电器电子产品回收、奖励的网站。通过新金桥的阿拉环保卡的条码识别系统、线上信息流和线下物流在后台服务器的

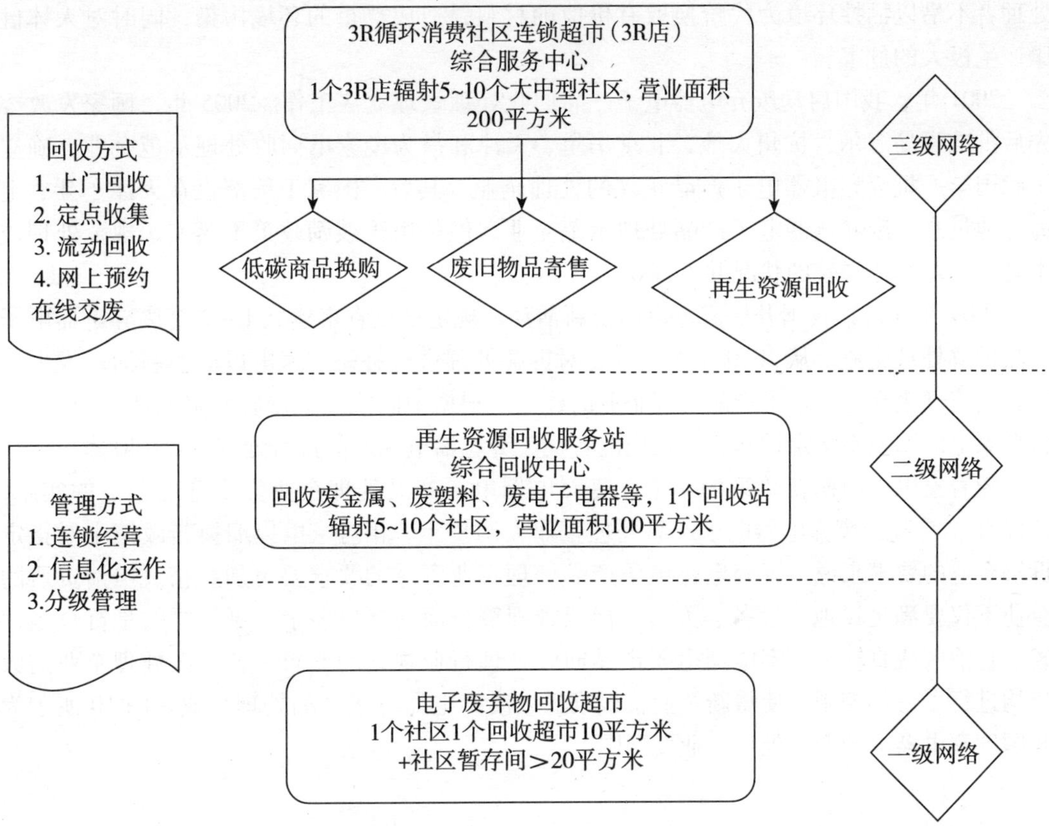

图 8　格林美废弃电器电子产品回收体系

统一处理，形成了一个利用物联网技术低成本回收小家电的体系，如图 9 所示。2011 年，该系统在上海进行推广使用。

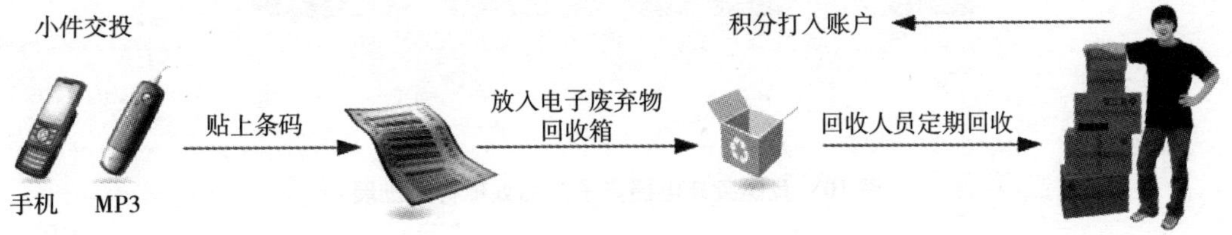

图 9　物联网模式的废弃小家电回收流程

四、处理行业运行特点

随着废弃电器电子产品的增多，从 20 世纪 90 年代开始，我国在广东贵屿、浙江台州、山东临沂等地自发形成了废弃电器电子产品拆解处理集散地。为了谋求最大的利润，处理者不惜以牺牲环境为代价换取有价值的材料，造成严重的环境污染，同时对人体健康产生极大的危害。

2001 年，我国启动废弃电器电子产品回收处理管理立法工作。2005 年，国家发改委先后批准青岛海尔、杭州大地、北京华星、天津和昌为废家电回收处理示范企业，确立了我国第一批废弃电器电子产品正规的处理企业。其后，国家工信部也在天津子牙、上海等地批准了废弃电器电子产品处理示范企业。但是由于鼓励政策不落实，规范处理成本高，示范企业经营的状况并不理想。

2009 年 6 月，我国开展家电以旧换新活动，规定试点省市建立 1 ~ 2 个废弃电器电子产品拆解处理企业。从 2010 年 6 月开始对拆解处理进行补贴。家电以旧换新活动大大促进我国正规废弃电器电子产品处理企业的建立。根据中国家用电器研究院统计，2011 年，包括家电以旧换新指定拆解企业在内的各类废弃电器电子产品拆解处理企业 140 家。

随着家电以旧换新政策的结束、废弃电器电子产品处理企业资质管理办法的实施，2012 年，是我国废弃电器电子产品处理企业大调整年。相对家电以旧换新政策中对指定拆解企业的要求来说，废弃电器电子产品处理企业资质的要求要更加严格。申请资质的企业不仅要满足场地、设备、人员、标识管理等方面的严格要求，更重要的是符合当地省、自治区或直辖市废弃电器电子产品回收处理行业规划的要求。各地区处理企业的数量均进行了总量控制，使得新企业将很难进入废弃电器电子产品处理行业。图 10 所示为我国废弃电器电子产品处理行业发展图。

图 10　我国废弃电器电子产品处理行业发展

此外，国家环保部作为废弃电器电子产品处理企业资质的主管部门，一再重申加强废弃电器电子产品处理企业的管理。先后在 2012 年 5 月和 2012 年 11 月，组织政府和专家组对获得资质的处理企业进行核查。核查通过的处理企业将列入财政部、环保部、发改委和工信部发布的处理企业名单。目前，我国已有 64 家企业进入了资质处理企业名单。

2012 年，家电以旧换新政策结束。家电以旧换新中指定废旧家电拆解企业的拆解处理活动延续到 2012 年 3 月 31 日结束。根据国家商务部家电以旧换新统计数据测算，2012 年第一季度，全国家电以旧换新拆解废旧家电数量约为 1682 万台。

由于废弃电器电子产品处理基金征收和补贴管理办法是在2012年7月1日开始实施。2013年1月，国家环保部组织对四川、湖北、江西三省2012年第三季度废弃电器电子产品处理补贴数量的第一次专家核查。到目前为止，尚未公布核查结果。

中国家用电器研究院电器循环技术研究所根据对部分废弃电器电子产品处理企业的调研情况进行测算，2012年首批43家资质处理企业，少数企业在获得当地资质证书后就开始处理废弃电器电子产品，部分企业是在2012年9月开始正式处理活动，也有部分企业是从2012年11月开始正式处理活动。虽然，企业的处理活动开展的相对较晚，但是，大多数企业在家电以旧换新政策结束后就开始大规模的开展废弃电器电子产品的回收工作。因此，处理企业的处理产品来源不存在问题，并且废弃电器电子产品以电视机为主。

按照21家企业从2012年9月开始处理活动、22家企业从2012年11月开始处理活动，且每月平均处理3万台废弃电器电子产品，2012年资质处理企业约处理384万台废弃电器电子产品。与2012年第一季度家电以旧换新拆解数量合计为2066万台。与2011年5633台的拆解数量相比，有了大幅度的下降，仅占2011年的36.7%。

2012年，我国废弃电器电子产品处理行业处于大调整的时期。一是政策的调整，二是企业为了获得资质和发展，自身的调整。预计处理行业的调整还将持续到2013年。

五、价格情况

废弃电器电子产品的回收价格是废弃电器电子产品处理的关键成本。表22汇总了北京、上海、江苏、浙江、福建和安徽六省市的旧家电回收参考价格。图11为2012年9月典型废弃电器电子产品处理企业电视机和电冰箱回收价格。从图11可以看出，基金制度下废弃电器电子产品回收价格普遍高于家电以旧换新时期的回收价格。房间空调器由于回收价格过高，大多数处理企业不回收房间空调器。

表22　　家电以旧换新回收价格

类别	型号	回收价格（元）
电视机 CRT	黑白电视机	3～10
	17英寸及以下	3～20
	21英寸以下（17英寸以上）	8～40
	25英寸及以下	15～70
	29英寸及以下	20～100
	34英寸及以下	30～90
背投电视	29英寸以下	8～65
液晶电视	29英寸及以上	20～100

续 表

类别	型号	回收价格（元）
显示器	CRT 显示器 15 英寸及以下	20
	CRT 显示器 17 英寸及以上	40
	液晶显示器 14 英寸及以上	15
计算机	台式机（配件齐全）	30 ~ 100
	笔记本	10 ~ 30
洗衣机	洗衣量 3 千克以下波轮	3 ~ 85
	洗衣量 3 千克（含）以上波轮	20 ~ 100
	滚筒	30 ~ 100
电冰箱（含冰柜）	50 升（含）以下	3 ~ 20
	50 升以上单门	20 ~ 65
	50 升以上双门	30 ~ 80
	冰柜	30
空调器	窗机	50 ~ 80
	挂机（内外机配件齐全）	100 ~ 160
	柜机（内外机配件齐全）	200 ~ 700

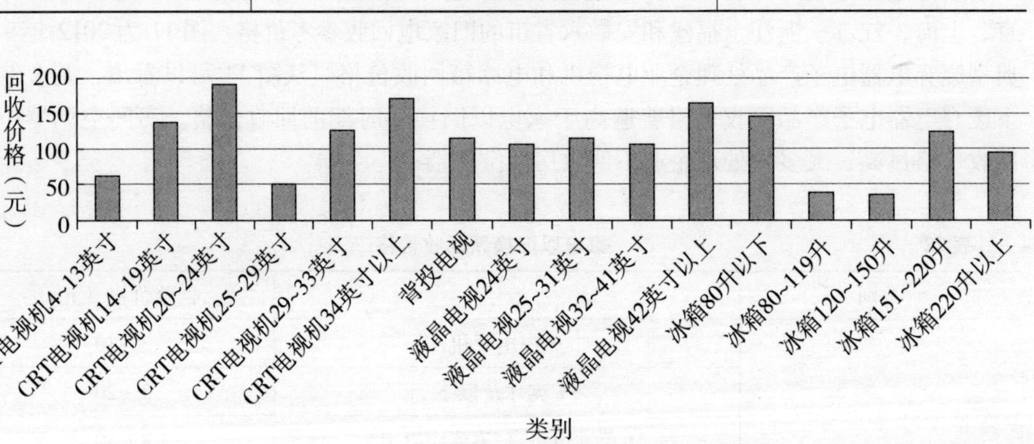

图 11　2012 年 9 月典型处理企业电视机和电冰箱回收价格

六、取得成绩

2012 年，由于政策的调整，我国废弃电器电子产品回收利用行业虽然在废弃电器电子产品回收利用数量上有较大的降低，但是我国废弃电器电子产品回收利用行业的管理制度、企业的管理、技术装备方面都有较大的提升。

2012 年 7 月 1 日，废弃电器电子产品处理基金征收和使用管理办法实施。环境部组织相关部委和行业专家对废弃电器电子产品处理企业开展全国范围的核查，并公布了获得补贴资格的处理企业名单。处理企业的处理信息日报系统开始运行。处理补贴审核方法不断完善。

七、存在问题和政策建议

（一）存在问题

1. 政策落实的时间太长

2010 年 12 月 15 日，环保部公布了废弃电器电子产品处理企业资格许可管理办法。直到 2012 年 7 月 11 日，国家才公布第一批补贴处理企业名单。2013 年 1 月，环保部开展首批处理企业 2012 年第三季度处理补贴审核，截至 2013 年 3 月 15 日，首批申请处理补贴的企业还未获得处理补贴。政策落实的时间太长，企业垫付了大量的资金，严重影响了处理企业的正常经营。

2. 行业信息管理制度不健全，信息不公开

对于回收和拆解处理企业，家电以旧换新政策对中标的回收企业和指定的拆解处理企业进行补贴，商务主管部门建立了一套信息管理系统。对于基金制度下的废弃电器电子产品处理，环保部应建立公开透明的信息管理系统。信息公开透明有利于行业的监管。完善的监管制度是保证行业可持续发展的重要因素。

3. 缺少对资源综合利用的规范和引导

废弃电器电子产品不仅具有潜在的环境危害性，更具有资源性。目前，对废弃电器电子产品处理企业的管理仅侧重于污染预防，缺少对其资源综合利用的规范和引导。

4. 拆解处理的产业链不完善

我国废弃电器电子产品回收处理行业处于快速发展的初级阶段。废弃电器电子产品处理涉及整机处理、关键部件处理，以及回收材料综合利用等多个环节，构成一个以整机拆解企业为核心的辐射性的产业链。此外，根据拆解物的性质不同，分为危险废物和一般再生资源，其管理模式也不同。

在《废弃电器电子产品回收处理管理条例》和家电以旧换新政策的推动下，我国已经成立了 100 余家整机拆解处理企业，但是一些回收的材料或部件，例如，CRT 含铅玻璃、电冰箱的聚氨酯发泡材料等，却没有规范的下游企业进一步综合利用，从而导致产业链的断裂，不利于行业的可持续发展。

（二）政策建议

1. 加快废旧电器电子产品回收立法和相关标准化工作

废旧电器电子产品不同于传统的再生资源，其回收体系的建设应符合废旧电器电子产品行业的特点。废旧电器电子产品不仅具有材料价值，有的还具有再使用价值。我国有繁荣的二手电器产品市场，我国也建立了一批有资质的废弃电器电子产品处理企业。

而废旧电器电子产品的回收对规范二手电器市场和处理行业的源头起着重要作用。因此，应加快废旧电器电子产品回收管理的立法和相关标准化工作，规范废旧电器电子产品回收活动。废旧电器电子产品回收的标准化工作是规范回收管理的重要支撑。

2. 强化废弃电器电子产品回收体系建设

在商务部的领导下，我国许多城市已经开展了再生资源回收体系的建设。由于废旧电器电子产品与传统的再生资源不同，现有的再生资源回收体系对废旧电器电子产品的回收效果不理想。因此，应根据电器电子产品的特点，充分利用生产商、销售商和处理商的优势，建立适合废弃电器电子产品的多渠道回收体系。

3. 建立信息管理统计制度

不仅针对所有的制造企业，而且针对回收和拆解处理企业都要建立完善的信息管理制度。同时，将重要废弃电器电子产品回收利用信息数据纳入国民经济统计体系，为国家宏观调控和企事业单位开展资源综合利用提供统一、权威的数据信息。此外，信息统计是行业管理的重要手段。有效的信息统计为行业规划和发展提供了重要依据。

4. 加强行业监督管理，建立公正透明的第三方监管制度

随着我国废弃电器电子产品回收处理管理体系的不断完善，加强行业的监督管理越来越重要。对不规范的企业和个体户加强监管和执法力度，不仅维护了法律制度的严肃性，更有利于营造一个公平的市场环境，是对规范企业的保护。

废弃电器电子产品回收利用涉及多个主管部门。建立多部门之间的协调机制，将有利于废弃电器电子产品回收利用产业的规范管理。此外，建立第三方监管机制，充分利用社会力量进行行业监管，是发达国家的实践经验。

5. 加强技术和装备创新，推动技术进步

将废弃电器电子产品回收利用纳入国家重大科技发展计划，组织相关领域的技术攻关，以产学研的方式促进技术的产业化转化。制定《废弃电器电子产品回收利用推广技术清单》，引导企业有重点地开发和应用先进的资源综合利用技术。加强废弃电器电子产品回收利用领域的国际合作，借鉴国外的先进管理经验，引进先进适用的技术与装备。

6. 加强宣传教育和舆论引导

废弃电器电子产品回收涉及各行各业和千家万户，需要动员全社会的力量积极参与。要组织开展多种形式节约资源和保护环境的宣传活动，提高全社会对开展废弃电器电子产品回收重要意义的认识，把废弃电器电子产品回收变成全体公民的自觉行为，在全社会形成资源节约的良好氛围。

八、2013 年行业预测

（一）2013 年废弃电器电子产品回收利用行业预测

2012 年 7 月 1 日，我国《废弃电器电子产品处理基金征收和使用管理办法》（以下简称《管理办法》）正式实施。《管理办法》的实施不仅对我国废弃电器电子产品处理行业的发展具有重大的推动作用，对我国废弃电器电子产品回收行业也将有重要的影响。

在基金补贴的支持下，废弃电器电子产品处理企业可以较高的价格回收目录产品，这将给废弃电器电子产品的回收经验者带来一定的利润空间，从而吸引规模较大的再生资源回收企业参与废弃电器电子产品的回收。此外，废弃电器电子产品处理企业，从自身发展的需要，也将积极搭建废弃电器电子产品回收体系。电器电子产品的制造企业，利用逆向物流的优势，开展产品的回收服务。

2013 年，废弃电器电子产品的回收行业将是以市场为主导、多模式共存的回收景象。而新型回收模式，例如制造商的逆向物流回收体系是否能顺利发展并形成规模，将与政府的引导和鼓励政策密不可分。

此外，不同目录产品，由于其数量和价值相差较大，其回收情况也各不相同。电视机由于报废数量大，价值相对低，回收的数量也较大。但是，黑白电视机在家电以旧换新时期已经被大量的报废，且其理论报废量呈现出下降的趋势，预计 2013 年，黑白电视机的回收数量将会减少。而房间空调器进入居民家庭的时间较晚，报废数量少，而价值相对较高，废弃房间空调器的回收将有加大的难度。

在经历了 2012 年政策和行业的调整，预计 2013 年，我国废弃电器电子产品处理行业在企业数量和处理规模上将会有较大的发展。

2013 年，废弃电器电子产品处理企业的数量还将增加。2013 年 2 月，财政部和环保部公布了第二批废弃电器电子产品处理企业补贴名单。两批处理企业总计 63 家。与全国规划的 100 家左右的处理企业规模还有一定的差距。随着各省市申报对处理企业审核数量的增加，预计环保部还将组织第三批处理企业资格审核。

废弃电器电子产品的处理量也将大幅增加。2012 年，在基金制度下，只有第一批列入处理企业名单的 43 家企业在 2012 年的第三季度和第四季度进行了废弃电子电器产品的拆解处理。而 2013 年，随着处理企业数量的增加以及基金补贴政策的落实，废弃电器电子产品处理量将出现大幅提高。

随着废弃电器电子产品处理行业的发展，促进了废弃电器电子产品回收材料的资源综合利用行业，例如木塑制造行业、包装制品行业等。

此外，2013 年，国家环保部将继续严格实施废弃电器电子产品处理企业和拆解处理补贴的审核，并将建立处理企业的退出机制。

随着我国废弃电器电子产品回收利用管理制度和激励机制的不断完善，在“十二五”期间，废弃电器电子回收利用行业将获得稳步的发展。废弃电器电子产品的回收行业将仍是以市场为主导、多模式共存的回收景象。废弃电器电子产品回收的价值不同。对于基金处理补贴高、且材料价值低的废弃电器电子产品，例如电视机，可以较顺利地回收并进入规范的处理企业进行拆解处理。而对于基金处理补贴低、且材料价格高的废弃电器电子产品，例如房间空调器，将很难回收。

随着废弃电器电子产品处理补贴制度的完善和落实，处理企业不论在企业数量上，还是处理废弃电器电子产品的数量上，将会大幅提升。预计到“十二五”末期，处理行业有望稳步增长。虽然，处理企业处理数量上升，且有处理基金补贴，但由于回收产品价格的上涨，使处理企业的利润空间不断压缩。

（二）主要任务

1. 加快废弃电器电子产品回收管理立法

目前，我国尚未公布针对废弃电器电子产品回收管理的立法。废弃电器电子产品作为一种新兴的再生资源，其回收模式与传统的再生资源回收具有较大的差异。为了规范和引导废弃电器电子产品回收行业的发展，明确相关方的责任和义务，应制定废弃电器电子产品回收管理立法。

2. 加快推进废弃电器电子产品回收体系建设

各地要在规范和整合现有再生资源回收渠道基础上，采取“先试点、后推广，先局部、再全局”的原则，科学规划，合理布局，分步实施，规范建设，在总结试点地区经验的基础上，逐步推开，形成多渠道回收体系。

3. 建立和完善废弃电器电子产品回收利用信息管理系统

加强信息统计工作，研究建立废弃电器电子产品回收利用行业管理信息系统和统计指标体系。同时，积极引导企业利用信息技术改造传统回收方式，以信息化促进废弃电器电子产品回收利用行业发展。

4. 完善废弃电器电子产品回收相关标准

为了规范和引导废弃电器电子产品回收行业的发展，对废弃电器电子产品回收行业管理提供技术支持，应研究制定废弃电器电子产品回收的标准体系，并根据行业的特点组织相关机构分批实施。

5. 加强回收材料综合利用技术和装备的研发

经过“十一五”期间，我国对废弃电器电子产品回收利用技术的大力支撑，我国已经拥有一批自主知识产品的回收利用技术。但是与行业的需求还有很大差距。“十二五”期间应大力开展回收材料综合利用技术和装备的研发，提高回收材料的附加值，建立闭环的循环体系。

6. 培育龙头企业

充分发挥骨干企业在废弃电器电子产品回收利用体系建设中的带动作用和辐射效应，推动龙头企业按市场规律收编和整合个体经营户，规范回收网络，提升废弃电器电子产品资源综合利用水平。同时，鼓励龙头企业技术创新，提高行业科技水平。

7. 加强回收行业规划和管理

建立废弃电器电子产品回收利用行业规划制度，进一步加强对废弃电器电子产品回收利用行业的监督管理，规范企业行为和行业经营秩序。要多部门联合，对废弃电器电子产品回收利用过程中的违法违规行为进行严肃查处，采取相应防范措施，促进废弃电器电子产品回收利用行业规范发展。

8. 强化从业人员培训

要加强培训工作和培训制度建设，组织开展不同层次的培训。针对不同层次人员有针对性地开展回收政策、法规和职业技能培训，提高从业人员的职业道德、服务意识和业务水平。

9. 加强国际交流合作

发达国家和地区通过立法，建立废弃电器电子产品回收利用产业，并运行了多年。发达国家在废弃电器电子产品回收利用方面的管理和技术经验非常值得我们学习。加强国际交流与合作，有利于我国充分借鉴国际经验，少走弯路。

（三）政策建议

1. 建立废弃电器电子产品回收行业规划制度

建立废弃电器电子产品回收利用行业规划制度，进一步加强对废弃电器电子产品回收利用行业的监督管理，规范企业行为和行业经营秩序。要多部门联合，对废弃电器电子产品回收利用过程中的违法违规行为进行严肃查处，采取相应防范措施，促进废弃电器电子产品回收利用行业规范发展。

2. 建立废弃电器电子产品回收行业信息管理制度

信息管理制度是行业主管部门加强行业管理的重要支撑。建立废弃电器电子产品回收行业信息管理制度，将回收企业的规模、数量、品种、区域分布等相关信息实时报送政府主管部门，为行业主管部门了解行业的现状、制定相关政策提供技术支持。

3. 建立废弃电器电子产品回收行业从业人员上岗制度

建立废弃电器电子产品回收行业从业人员上岗制度。针对不同层次人员有针对性地开展回收政策、法规和职业技能培训，提高从业人员的职业道德、服务意识和业务水平，同时在环保、健康和安全方面为从业人员提供保障。

第九章　报废汽车回收利用情况

一、回收利用情况

（一）2012 年我国汽车产业发展情况

我国汽车产业是我国社会经济发展支柱产业之一。报废汽车回收拆解行业的发展与汽车工业的发展，汽车保有量等息息相关。

2012 年，我国生产汽车 1927.18 万辆，同比增长 4.6%；销售汽车 1930.64 万辆，同比增长 4.3%；全国汽车消费量 1962 万辆，同比增长 5%。

2012 年年末全国民用汽车保有量达到 12089 万辆（包括三轮汽车和低速货车 1145 万辆），比 2011 年年末增长 14.3%。其中民用轿车保有量 5989 万辆，私人轿车占民用轿车总量的 88.63%。

我国近五年汽车保有量增长 86.93%，年均增长 17.39%，详见图 12。

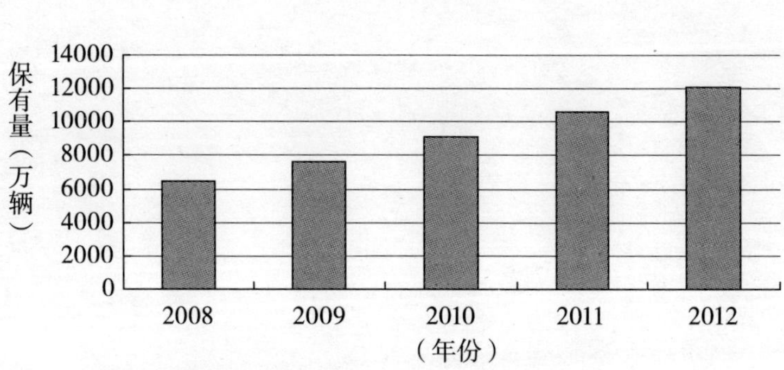

图 12　我国近五年汽车保有量增长情况

（二）我国报废汽车回收拆解行业发展状况

1. 2012 年我国报废汽车回收拆解行业基本情况

我国报废汽车回收拆解行业随国民经济的发展稳步推进，目前全国获得拆解资质的企业数量达 546 家，同比增加 2.4%；隶属回收网点达 3000 余个，同比增长 23%。报废汽车回收网点已覆盖全国 70% 以上的县级行政区域，从业人员 3 万余人，报废汽车回收拆解网络初具规模，回收拆解企业数量、整体素质逐步提高，但报废汽车回收数量不尽如人意。2012 年我国报废汽车回收拆解行业回收拆解报废机动车 132.3 万辆，其中报废汽车 110 万辆，同比下降 7.25%；摩托车 22.3 万辆，同比下降 61.28%。2012 年度报废机动车分车型回收统计情况详见图 13。

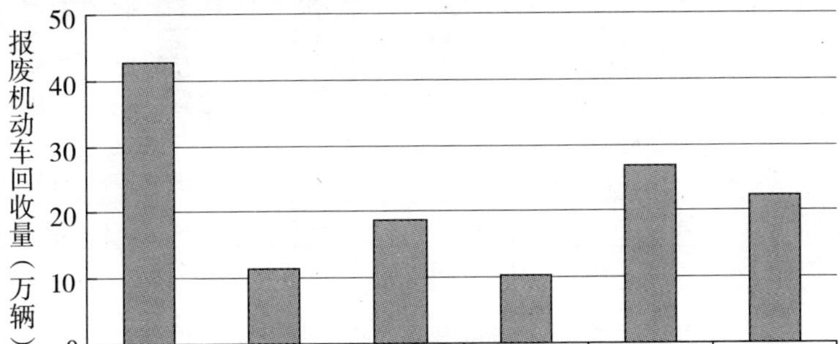

	轿车	小微客车	大中客车	轻微货车	大中货车	摩托车
数量	42.61	11.44	18.80	10.33	26.82	22.30

图 13　2012 年我国报废机动车分车型回收统计情况

从我国汽车保有量分析，2012 年我国汽车注销量 451.64 万辆，占当年汽车保有量的 3.74%，而全国报废汽车回收拆解行业回收拆解报废汽车仅有 110 万辆，占当年汽车注销量的 24.36%，即约有 2/3 以上被注销的报废车辆非法流入社会。

我国近五年报废汽车回收统计情况如图 14 所示。

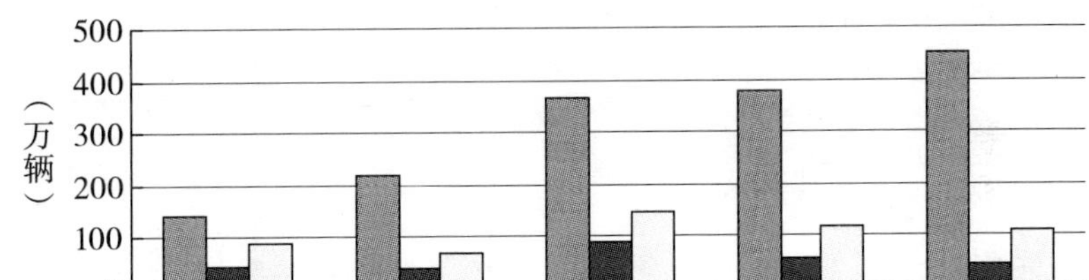

	2008年	2009年	2010年	2011年	2012年
■ 理论注销量	144.1	221.0	364.2	377.3	451.6
■ 系统统计量	45.9	41.2	91.0	56.0	45.1
□ 实际回收量	88.86	70.82	147.87	118.6	110.0

图 14　我国近五年报废汽车回收统计情况

我国近五年汽车注销后的报废汽车流向情况如图 15 所示。

2. 2012 年报废汽车回收拆解行业产量产值情况

2012 年，报废汽车回收拆解产量 110 万辆，同比下降 7.25%；摩托车 22.3 万辆，同比下降 61.28%。拆解材料 352.05 万吨，同比下降 11.66%。产值 110.24 亿元，同比下降 13.41%。拆解材料综合回收拆解率为 90.73%，高于西方国家材料综合回收拆解率 85% 的水平。年产生废弃物量为 31.08 万吨，占汽车拆解总量的 8.01%。2012 年报废汽车回收拆解分材料明细产量产值情况如表 23 所示。

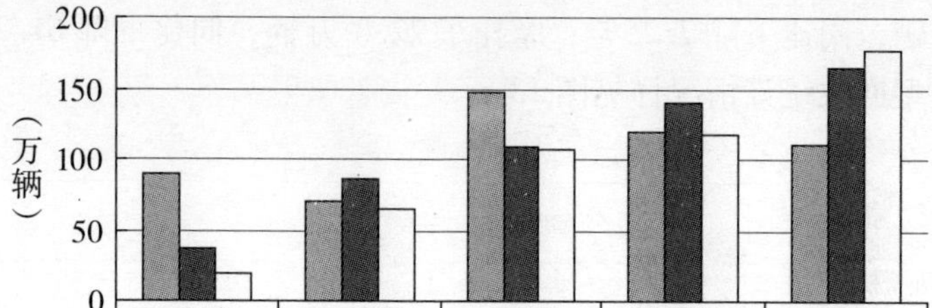

	2008年	2009年	2010年	2011年	2012年
企业回收量	88.86	70.82	147.87	118.6	110.0
非法回收拆解量	36.02	85.24	109.26	141	165.04
社会沉积量	19.19	64.98	107.07	117.66	176.6

图 15　我国近五年汽车注销后的报废汽车流向情况

表 23　　2012 年报废汽车回收拆解分材料明细产量产值情况

拆解材料名称	拆解材料数量（万吨）	拆解产值（亿元）
可用零部件	33.05	15.20
废钢铁	250.36	77.57
废有色金属	16.53	5.95
废塑料	18.28	7.68
废橡胶	16.34	1.96
废玻璃	11.80	0.04
废油	5.69	2.22
合计	352.05	110.24
拆解损耗	4.91	0.00
废弃物	31.08	-0.37

3. 报废汽车回收拆解企业情况

目前全国报废汽车回收拆解企业 546 家，2012 年回收报废汽车超过万辆仅有 3 家，其中成都兴原再生资源投资有限公司回收量 16314 辆，名列第一；天津市国联报废机动车回收拆解有限公司回收量 15881 辆，名列第二；北京市汽车解体厂有限公司回收量 10208 辆，名列第三。回收报废汽车在 5000～10000 辆 8 家；回收报废汽车在 2000～5000 辆 26 家；回收报废汽车在 1000～2000 辆 85 家；回收报废汽车在 500～1000 辆 152 家；回收报废汽车在 200～500 辆 149 家；回收报废汽车在 100～200 辆 49 家；回收报废汽车不足 100 辆的拆解企业达 98 家。总的说，目前回收拆解企业生产规模比较小，全国年回收 5000 辆以上的报废汽车拆解企业不足 15 家，资源分散，经济效益低。

4. 全国报废汽车回收拆解行业信息现代化水平

全国老旧汽车报废更新信息管理系统的建立使行业信息现代化水平得到加强，回收拆解企业通过行业信息化网络平台运营，能够实现报废汽车回收拆解企业直接在网上开具《报废汽车回收证明》，各种统计数据自动生成，进一步提高了工作效率。报废汽车回收拆解企业通过网络化运营管理后，职工素质得到了提高，加快了企业办公现代化进程与升级改造的步伐。

同时，地方商务、财政主管部门对国家实施的老旧汽车报废更新补贴资金政策通过互联网审批发放，确保了资金有效、安全地使用；相关手续在联合办公窗口一次办理完成，车主也能够快捷、方便的拿到补贴资金。报废汽车回收拆解行业步入了信息化管理新时期。

5. 报废汽车回收拆解企业升级改造情况

为提升报废汽车回收拆解行业的环保、资源利用水平，促进汽车产业可持续发展，2009 年开始，商务部、财政部决定开展报废汽车回收拆解企业升级改造示范工程试点工作，目前已超过近 1/3 的拆解企业得到了国家给予的资金支持。同时，一些非试点企业在示范工程的带动下也积极行动起来，按照《报废汽车回收拆解企业技术规范》（以下简称《技术规范》）的要求积极开展达标活动。近四年来，各地区报废汽车回收拆解企业在政府主管部门的指导下，升级改造工作取得了积极进展，企业升级达标达到 60% 以上，升级改造的效果初步显现。

一是回收拆解水平得到提高，奠定了长远发展基础。随着汽车更新换代步伐的加快和报废汽车数量的增加，操作随意、传统简单粗放式的回收拆解方式已不能适应发展的要求。企业按照《技术规范》要求，改造建设封闭或半封闭拆解车间，添置车架和车身剪断或压扁机、总成拆解或精细拆解平台等设备，规范报废车辆检查登记、预处理、存储、拆解等作业流程，强化了机械化拆解手段，淘汰了落后工艺，改善了作业条件和环境，提高了工作效率，为企业长远发展奠定了物质和技术基础。

二是资源利用水平得到提高，增强了可持续发展能力。实施升级改造，完善存储场地、车间以及分类存放货架等专用设施，强化可再利用废油液、零部件等存储和处理能力，改变了过去多数零部件长期露天放置，只能作为原材料再利用的做法，提高了橡胶、塑料、玻璃等非金属的回收拆解水平。这既有助于实现资源节约和利用，也有利于企业拓展赢利空间，增强自我发展后劲，发挥良好的经济和社会效益。

三是污染防治水平得到提高，保护了自然环境。防止环境污染是实现报废汽车回收拆解企业与社会、自然环境和谐发展的前提条件，商务部对此非常重视，在升级改造的过程中，对加强环境保护提出了多项具体要求。企业通过对场地硬化和防渗漏处理，设置油水分离、专用废液收集和密闭存储、空调制冷剂的收集、废蓄电池存储，以及安全气囊引爆装置等设施，有效地降低了报废汽车回收拆解过程中的二次污染。同时，由于企业拆解作业条件得到改善，消防设施完备，提高了安全作业系数。

四是信息化水平得到提高，规范了企业行业管理。信息化管理是报废汽车回收拆解企业升级改造的重要内容，也是商务主管部门加强行业管理的重要手段。通过升级改造，企业积极应用报废汽车回收拆解管理信息系统，及时录入报废车辆的各种主要信息，开具报废汽车回收证明，既方便了车主交车，又规范了企业管理。同时，商务主管部门通过信息系统受理汽车以旧换新、老旧汽车报废更新等补贴资金申请，能够即时统计补贴申请、报废汽车回收拆解等情况，掌握行业发展动态。信息化水平的提高为加强行业管理提供了有力支撑。

通过实施升级改造，行业整体水平得到了提升，涌现出一些高投入、高起点的报废汽车回收拆解企业，如山西正通钢铁资源公司、山东省华嘉资源综合利用公司、青岛联合报废汽车回收公司、衡水市鑫鑫废旧机动车回收拆解有限公司、铁岭市物资再生利用公司等，对促进技术进步、增强发展动力、引导报废汽车回收拆解行业向现代化方向迈进，具有积极的推动作用。

二、相关政策对行业的影响

（一）2012 年我国出台的相关政策及标准规定

（1）2011 年 11 月，商务部办公厅印发《关于做好报废汽车回收拆解企业和二手车交易市场升级改造示范工程试点有关工作的通知》（商办建函〔2011〕1154 号）。《通知》要求各试点地区商务主管部门要定期对正在实施的试点项目进行督导检查，重点检查项目建设进展和资金使用情况，严格组织项目验收工作，确保项目完成质量。

（2）2011 年 12 月，商务部发布《关于促进汽车流通业“十二五”发展的指导意见》。意见中提出要大力促进老旧汽车报废更新，同时要从完善报废汽车回收拆解网络、推动回收拆解行业结构优化、提升回收拆解行业技术水平三个方面加快报废汽车回收拆解业的发展。

（3）2011 年 12 月，国家发展和改革委员会颁布《“十二五”资源综合利用指导意见》。意见中将“社会生产和消费过程中产生的各种废旧物资进行回收和再生利用”作为三大重点工程之一。

（4）2012 年 6 月，商务部印发《关于 2012 年开展报废汽车回收体系建设示范工程试点工作的通知》（商建函〔2012〕349 号）。《通知》确定 2012 年在天津等 13 个省市开展报废汽车回收体系建设示范工程试点工作，其中天津、河北、辽宁、吉林、浙江、宁波、安徽、广东、重庆、贵州 10 个省份为报废汽车回收拆解企业升级改造试点地区；江苏、青岛、四川 3 个省份为区域性报废汽车破碎示范中心建设试点地区。

（5）2012 年 6 月，财政部、商务部联合下发《关于加大老旧汽车报废更新补贴工作力度的通知》（财建〔2012〕295 号）。《通知》提出：按照国务院工作部署，为推进老旧汽车报废更新，扩大政策效应，2012 年财政部、商务部将加大老旧汽车报废更新补贴工作力度。各省（区、市）财政、商务部门要抓紧工作部署，加强组织管理，确保中央财政补贴资金及时、快速落实到位。

（6）2012 年 8 月，商务部、工业和信息化部、公安部、交通运输部、工商总局、质检总局六部门联合下发《关于开展报废汽车回收拆解专项整治的通知》（商建发〔2012〕

295 号）。针对当前一些地方非法回收拆解报废汽车、利用报废汽车“五大总成”拼装车的活动有所抬头，报废汽车、拼装车上路行驶问题日益突出，严重威胁道路交通和人民群众生命财产安全，并造成环境污染。为整顿和规范报废汽车回收拆解秩序，切实加强报废汽车管理，严厉打击非法回收拆解和倒卖报废汽车、拼装车等违法行为，商务部、工业和信息化部、公安部、交通运输部、工商总局、质检总局决定于 2012 年 9 月至 2013 年 2 月，在全国集中开展报废汽车专项整治工作。

（7）2012 年 9 月，国务院办公厅发布《国内贸易发展“十二五”规划》。汽车循环消费促进工程是“十二五”时期国内贸易发展的重点工程之一。推动报废汽车回收拆解企业开展以清洁环境、安全生产、节约资源为重点的达标升级活动，集中支持和培育起点高、回收网点完善、具有规模效应的汽车回收拆解骨干企业，引导有条件的地区建立报废汽车破碎示范中心。

（8）2012 年 12 月，商务部、发展改革委、公安部、环境保护部联合颁布实施《机动车强制报废标准规定》（2012 年第 12 号令）。基于 1997—2002 年，国家有关部门相继出台了《关于发布〈汽车报废标准〉的通知》（国经贸经〔1997〕456 号）、《关于调整轻型载货汽车报废标准的通知》（国经贸经〔1998〕407 号）、《关于调整汽车报废标准若干规定的通知》（国经贸资源〔2000〕1202 号）、《关于印发〈农用运输车报废标准〉的通知》（国经贸资源〔2001〕234 号）、《摩托车报废标准暂行规定》（国家经贸委、发展计划委、公安部、环保总局令〔2002〕第 33 号）等文件和规定，对规范机动车报废管理、保证交通安全、促进国民经济发展发挥了积极作用。但过去的一些相关规定一是显得散乱，二是已不能适应发展的要求。因此，新《规定》的颁布和实施，对加强报废汽车管理，保障道路交通安全，鼓励技术进步，加快建设资源节约型、环境友好型社会将起到积极的推动作用。

（二）我国相关政策对报废汽车回收拆解行业的影响

上述政策法规体系从汽车制造、回收、拆解、资源再利用等多角度出发，分别对政府部门、生产企业、汽车车主和回收拆解企业的行为规范提出了要求，提出要大力促进老旧汽车报废更新，同时要从完善报废汽车回收拆解网络、推动回收拆解行业结构优化、提升回收拆解行业技术水平三个方面加快报废汽车回收拆解业的发展，明确了回收拆解企业升级改造达标条件。同时要求各方重视在回收过程中的环境保护问题。这些政策法规，连同汽车强制报废标准规定一起，形成了具有中国特色的报废汽车回收拆解政策管理体系。

三、存在问题与政策建议

（一）存在问题

进入 21 世纪以来，报废汽车回收拆解行业的发展已日渐引起我国政府的高度重视，开始逐步完善我国报废汽车回收拆解行业的管理体系。历经多年的发展，我国报废汽车回收拆解行业管理逐步规范，但也存在因法律体系不完善和企业管理机制不健全等一系列现实问题。

1. 回收拆解企业

（1）回收拆解企业整体水平仍然较低。与发达国家相比，我国报废汽车回收拆解行业整体发展水平仍然比较落后，企业仍多采取粗放式经营，管理方式、技术手段落后，设备简陋，回收拆解作业不规范、不环保、不节约现象仍然存在。大多数企业由于规模小、效益差、资金短缺，普遍处于微利或保本经营状态，发展后劲不足，不能适应汽车消费市场快速发展的要求。

（2）从业人员技能水平较低。目前在我国报废汽车回收拆解行业中大多数企业管理技术水平仍然较低，拆解岗位标准尚未建立，岗位技能培训投入不足，专业技术人员比例较低，汽车拆解岗位临时从业人员较多，企业技术创新及环境保护意识淡薄。

（3）防治环境污染水平不高。从行业总体水平来看，企业升级改造进程缓慢，有相当多的企业还不能符合《拆解企业技术规范》的标准要求，其中最为严重的表现在：一是对报废汽车拆解产生的废液化气罐、废安全气囊、废蓄电池、含多氯联苯的废电容器、废尾气净化催化剂、废油液（包括汽油、柴油、机油、润滑油、液压油、制动液、防冻剂、防爆剂等）、废空调制冷剂等危险废物，没有按照危险废物的有关规定进行管理和处置。二是拆解产生的危险废物没有交给具有《危险废物经营许可证》的单位进行处理处置或利用，而是违法交售给其他单位（个体），没有执行危险废物转移联单制度。

（4）企业经营模式不适应社会经济形势发展。我国报废汽车回收拆解企业因历史原因形成集回收、拆解、剪切破碎于一体的经营模式。这种经营模式重点不突出，企业仍以销售废钢铁为主要赢利目标，忽视零部件的附加值，零部件利用率较低，而且拆解的废钢铁大部分为轻薄料和统料废钢，拆解企业经过剪切、打包工序，耗时费力，销售价格和利用效果都不是很理想，基本属于粗放型经营模式。

2. 社会市场环境

（1）回收拆解市场外部环境秩序混乱。由于缺乏对汽车强制报废有效监管和制约手段，非法回收、拆解、拼装报废汽车等行为普遍存在。我国报废汽车回收率一直较低。据我们统计，目前我国汽车注销量占汽车保有量的3%左右，而发达国家这一比例为6%～8%，企业实际回收拆解量仅占汽车注销量的1/4。企业回收拆解量低从一定程度上影响了企业的正常经营，阻碍了企业实现规模效应，从而影响到企业升级改造的积极性。

（2）非法转入二手车市场较为严重。“准报废车”流向二手车市场低廉的价格和监管的缺漏，滋长了报废车的需求空间，烦琐的报废程序和低于市场收购价的补贴，让老旧车车主更情愿在二手车市场寻找买家而非主动报废。因此，大多数车主采取快到报废年限的车辆被转卖到二手车市场，或将即将报废的机动车通过二手车商退出户籍，转卖到管理薄弱地区或偏远地区，或套用假牌上路行驶。报废车以“假转籍”、“假过户”等形式大量流入黑市。由于二手车商和非法经营企业变通手段灵活，大范围的高价收购报废车辆，车主往往受利益驱使将报废汽车流入“黑市”。特别是在城乡结合部和农村市场以及一些三、四线交管薄弱的城市，报废车和拼装车不上牌照照样上路行驶，甚至还有不少改装成校车运营。

（3）“地下”拆解市场泛滥。报废汽车私拆滥解已是公开秘密，形成了不少“地下”拆解市场，专门从事报废车辆收购、拆解、拼装、销售。这种触目惊心的报废汽车非法拆解经营愈演愈烈，汽车回收拆解业乱象环生，而导致报废汽车市场管理混乱的重要原因是政府相关管理部门没有形成联动机制和有效监管报废车辆流失的问题，法律和监管存在严重缺位。

（4）相关政策不完善导致车主违法销售。当前国家对老旧汽车报废更新补贴资金的车型范围限制过严、补贴金额少、手续复杂，并且市场尚未形成科学高效的回收再利用监督管理体系，管理政策及方法上未能相互衔接，没有形成封闭的再利用产业链。因此，相关政策无法促进车主支持。

（5）生产者责任不到位影响报废汽车回收拆解再利用。汽车生产者没有承担报废汽车产品回收再利用的义务，在产品设计、材料选用方面很少考虑回收拆解的问题，也没有利用技术和网络优势与回收拆解企业共同推动废旧汽车零部件回收与再利用工作。

（6）国家对报废汽车拆解行业财政支持力度薄弱。国家对报废汽车回收拆解行业过去没有给予任何资金支持，以致报废汽车回收行业设施非常破旧、简陋，管理人员的技能也非常低下，其他行业都在随着社会进步不断向前发展，而报废汽车拆解行业由于得不到国家的支持，发展极其缓慢。因此，正规的报废汽车回收拆解企业维持生存相当困难。

（7）国家相关法规政策尚须完善，企业经营税负过重。由于国家相关法规政策尚不完善，《报废汽车回收管理办法》亟须修订，回收拆解企业资格认定工作有待进一步明确，报废汽车发动机、变速箱等总成及零部件的再利用还需法律确定。另外，我国报废汽车回收拆解行业是按税率17%缴纳增值税，由于企业因收购报废汽车时无法取得增值税抵扣凭证而造成增值税税负过重，目前已属全社会各行业中税负最高的行业，无论从税收的公平性角度还是从发展绿色环保经济的角度看，都是非常不适宜的，企业税负过重也阻碍了汽车回收行业的发展。在国外汽车拆解行业的税率基本在3%～5%，而我国同行业除缴纳17%增值税外，还要缴纳地方政府收取的各项税费，合计税费缴纳率达22%之多，企业难以承受。

（二）政策建议

1. 统筹规划布局，推进结构调整

政府相关部门要积极关注国内外报废汽车回收拆解行业发展趋势和特点，研究和把握行业发展方向，加强规划指导，引导行业优化结构、合理布局。要针对回收拆解行业劳动密集型的特点，力争通过政策、法规引导和财政资金支持，在兼顾众多中小企业技术进步的同时，集中支持一批具有一定规模的骨干企业，引导和鼓励报废汽车回收量较大、交通便利、基础条件较好的地区，建立区域性报废汽车破碎示范中心，逐步形成以骨干企业为龙头、中小企业为基础的行业发展格局，加快建立现代报废汽车回收拆解体系。对于新设的报废汽车回收拆解企业，首先要符合省级商务主管部门会同有关部门编

制的报废汽车回收拆解行业发展规划；其次要达到《拆解企业技术规范》标准的有关要求。

2. 开拓新思路，鼓励优化重组

针对目前报废汽车回收拆解企业普遍规模小、负担重、效益差的现状，各级商务主管部门要创新工作思路，适当引入竞争机制，优胜劣汰，对长期达不到要求的企业要淘汰出局。要广泛吸纳社会资金参与报废汽车回收拆解企业升级改造，引导现有回收拆解企业优化重组，实现规模经营；支持具有雄厚资金、技术、人才实力的企业通过参股、控股、并购等方式，加强与回收拆解企业合作；鼓励回收拆解企业与汽车生产企业、零部件再制造企业建立长期合作关系，促进行业结构优化升级。

3. 完善政策措施，创造良好环境

从政策层面推动报废汽车回收形成一条良性产业链，允许五大总成可拆解回收再利用，有利于提高报废汽车拆解的既有价值，同时提高回收价格，进一步不断压缩“黑拆解点”的生存空间。

（1）加强对车主车辆过户转籍的管理，严格执行《机动车强制报废标准规定》，对距报废标准规定要求使用年限1年以内（含1年）的机动车，不得变更使用性质、转移所有权或者转出登记地所属地市级行政区域。堵住车辆流失的源头。

（2）法律应明确规定对达到国家强制报废标准的车辆，车主逾期不办理注销登记的，国家应对车主在购买新车时实行追罚制度。

（3）建议国家采取20世纪90年代实施行之有效的联合执法方式，由商务、公安、工商、稽征、运管、环保等相关执法部门，报废汽车资质企业配合，加强对路面交通运营和拆解场地的联合执法，对“黑车”、拼装车、改装车、超标车（报废标准、环保尾气排放标准）、非法营运车辆、非法拆解行为予以严厉打击和惩处，规范回收拆解网点，并实现长效机制。

（4）建立报废汽车回收基金管理制度。法律应明确规定要让汽车生产企业成为报废汽车回收再利用的核心参与者，不仅要负责回收并处理粉碎残渣、氟利昂和安全气囊类废品，还要确保整个回收再利用体系的顺利运行。

建立报废汽车回收基金管理制度是先进国家多年实施以来行之有效的措施，也是国家对报废汽车回收管理的有效途径。结合我国实际，具体做法是：由商务部牵头成立“全国报废汽车回收基金管理信息中心”，制定报废汽车回收基金管理办法；明确以下主要内容：车主在购买新车时按新车货款的3%预收报废汽车回收费，由售车单位代收代缴，给车主单独开具《报废汽车回收预收费》单据，随车终身管理，当该车报废交到拆解企业时，拆解企业凭该车的《报废汽车回收预收费》单据，通知报废汽车回收基金管理部门将该费用全额退还给车主。《办法》执行前的运行车辆在年检时予以补缴，补缴时由车辆检测场代收代缴，给车主开具《报废汽车回收预收费》单据。

4. 加大资金支持力度，完善税收政策

国家商务部门要进一步争取中央财政支持，加大升级改造资金扶持力度，积极研究完善老旧汽车报废更新补贴、回收拆解行业税收等有关政策，推动报废机动车回收拆解管理条例尽快出台。地方商务主管部门要会同有关部门研究落实支持升级改造试点工作的地方政策，积极争取地方配套资金和信贷支持。要从报废汽车的强制报废、注销登记、回收拆解、道路行驶等多个环节，强化对报废汽车的监督管理，防止报废汽车、拼装车流向社会。为企业开展升级改造、实现规模和规范经营创造良好的政策和市场环境。

四、2013 年行业预测

（一）2013 年报废汽车回收拆解行业预测

从回收数量分析，我们认为，未来我国报废汽车回收拆解行业的发展，可以说今后的十几年汽车报废将呈持续增长趋势，主要理由是：

（1）人民对汽车的购买欲望有增无减，因此促使汽车工业的快速发展，社会汽车保有量增多，报废率随之增大；

（2）汽车产能快速增加，势必使汽车价格进一步下调，相对报废汽车“黑市”价格萎缩；

（3）随着我国国民经济的不断发展，人民生活质量日益提高，人民的法律意识、安全意识、环保意识在加强，因此购买新车意识也在加强，而相对购买报废汽车或拼装车意识在减弱；

（4）新修制定的《报废机动车回收拆解管理条例》有望出台，国家执法力度也在加强，这都将促进报废汽车行业的发展。

（5）国家对汽车污染防治的重要性和紧迫性日益凸显，加快淘汰污染较严重的“黄标车”势在必行。

①据国家环境保护部发布的《 2011 年中国机动车污染防治年报》显示：按汽车排放标准分类，目前我国未达到国 I 排放标准的汽油车数量达 987 万辆，全社会路上跑的“黄标车”占汽车保有量的 20. 2% ，数量达 1558 万辆。

②2011 年 8 月 31 日国务院印发的《“十二五”节能减排综合性工作方案》（国发〔2011〕26 号）中明确：加速淘汰老旧汽车、机车、船舶，基本淘汰 2005 年以前注册运营的“黄标车”，加快提升车用燃油品质。实施第四阶段机动车排放标准，在有条件的重点城市和地区逐步实施第五阶段排放标准。

截至 2011 年年底，全国“黄标车”保有量约 1520 万台，占汽车保有量的 16. 5% ，其中以中重卡和大中客为代表的柴油黄标车贡献了汽车污染的绝大部分。根据《规划》中黄标车淘汰项目要求，2012—2015 年重点区域大型客车、中型客车、重型卡车、中型卡车累计淘汰量将分别达到 34. 8 万台、39. 2 万台、61 万台和 77. 8 万台。

③根据 2012 年 9 月 27 日国务院批复通过的《重点区域大气污染防治“十二五”规划》要求，截至 2013 年年底，大气污染重点控制区地级及以上城市主城区实现“黄标车”禁运，截至 2015 年年底，全国将基本淘汰 2005 年年底前注册的“黄标车”，京津冀、长三角、珠三角地区基本淘汰辖区内“黄标车”。2012—2015 年全国将累计投入资金约 940 亿元，在重点区域淘汰黄标车 544 万台。其中客车及中重卡市场将受益于“黄标

车”淘汰进程的加快，未来几年报废更新需求有望明显提升。随着城市大气污染问题日益恶化，地方政府也纷纷制定与中央政策相配套甚至更严厉的黄标车淘汰计划，我国“黄标车”有望迎来报废高峰。未来几年国Ⅲ及以下标准的城市公交车将得到大面积淘汰，并有望更新为混合动力客车、CNG/LNG客车、新能源客车等节能与新能源车型。

以上的一些政策信息都预示了报废汽车量将在逐年增加。预计2013年汽车注销量为470万辆，占汽车保有量的3.5%。报废汽车回收拆解企业回收拆解量将在120万辆左右，同比增长8.9%。一方面由于汽车保有量逐年增加和多年沉积的“黑车”也将逐步报废；另一方面，2013年国家也有可能拿出中央财政继续拉动汽车消费，促进报废汽车的回收拆解。所以，随后几年汽车报废回收数量应当是稳步增长。

（二）“十二五”期间报废汽车回收拆解行业预测

预计到“十二五”末期，2015年中国汽车保有量达1.6亿辆，注销量达560万辆，占当年汽车保有量的3.5%，报废汽车回收拆解企业回收拆解量将在180万辆左右，占汽车注销量的32.2%，比2010年企业回收拆解量增长21.7%。报废汽车回收拆解企业全部实现高效清洁拆解，为国民经济发展提供544万吨的优质原材料和1亿多件可以利用的汽车零部件，创造176亿元的产值。

1. 报废汽车数量将迅速增加

“十二五”期间我国经济将继续增长、汽车产业迅速发展，汽车保有量稳步增长，汽车报废量也相应增加。2011—2015年汽车报废量预测如表24所示。

表24　2011—2015年汽车报废量预测

项目	2011年	2012年	2013年	2014年	2015年
汽车保有量（万辆）	10578	12089	13419	14707	15972
增长比例（%）	16.42	14.28	11.00	9.60	8.60
汽车注销量（万辆）	377.26	451.64	469.66	514.74	559.01
注销比例（%）	3.57	3.74	3.50	3.50	3.50
汽车回收量（万辆）	118.6	110	119.76	150	180
回收率（%）	31.44	24.36	25.50	29.14	32.20
增长比例（%）	-19.79	-7.25	8.87	25.25	20.00
摩托车回收量（万辆）	57.6	22.3	25.6	28.8	32.2
拆解再生材料（万吨）	398.51	352.05	375.32	454.39	544.38
增长比例（%）	-12.76	-11.66	6.61	21.07	19.80
再生资源产值（亿元）	127.31	110.24	109.01	142.69	176.06
增长比例（%）	-13.02	-13.41	-1.12	30.90	23.39

我国汽车平均使用年限为 13.5 年，“十二五”期间报废汽车将呈持续增长趋势，汽车报废以载货车和客车为主，2016 年以后以轿车为主。

此外，预计 2013 年年底全国完成报废汽车回收拆解企业升级改造验收，重点建设区域性大型报废汽车回收拆解破碎基地；“十二五”期间，全国报废汽车回收拆解企业数量基本达到统筹规划、合理布局的要求；全国报废汽车回收总量达 678 万辆，比“十一五”期间回收总量增长 47%；报废汽车拆解可用零部件及再生材料回收利用率达到 95% 左右，其中材料的再利用率不低于 85%。

2. 报废汽车的重要性将更加凸显

我国经济的高速发展将继续面临资源不足、能源紧张的严重局面。“十二五”是转变经济增长方式、大规模发展循环经济的关键时期。随着《循环经济促进法》的推进实施，将加大对再生资源的需求，而报废汽车拆解的废钢、废有色、废橡胶、废塑料等将是我国重要的再生资源，用于弥补资源的短缺。根据“十二五”期间的汽车回收量预测，“十二五”期间汽车注销量合计达到 2400 万辆，企业回收报废汽车 678 万辆，占汽车注销量的 28.6%，可拆解再生资源和汽车可回用零部件 2124 万吨，总产值将达 665 亿元。此外，汽车零部件再制造相关政策出台、环保汽车更新换代，将使报废汽车回收拆解行业在建设“资源节约型、环境友好型”社会中发挥重要作用。

3. 报废汽车回收拆解将面临更严格的环保标准

如果报废汽车处置不当，会造成土地资源占用、环境污染、引发安全隐患等一系列问题。“十二五”期间，报废汽车回收拆解行业将全面落实国家发布的相关法规政策和标准，对报废汽车回收拆解企业将实施更加严格的管理制度。到 2015 年报废汽车回收拆解行业基本实现清洁化生产，抽查合格率达到 95% 以上。

第十章　报废船舶回收利用情况

相对于2008年金融危机之后饱受需求疲软和供给过剩的航运业来说，包括中国在内的全球拆船业一改发展颓势，迎来新一轮的发展机遇期。据不完全统计，2008年10月至2012年年底，中国拆船业累计拆解各类废旧船舶超过1500艘，1000万轻吨。

一、回收利用情况

据不完全统计，截至2012年12月底，拆解船舶累计340艘，共计255万轻吨，比2011年同期增长8.8%，废船贸易总额超过63亿元。拆解量仅次于历史最高的2009年。

表25　　2010—2012年报废船舶拆解情况

项目	2010年	2011年	2012年
拆解数量（艘）	286	317	340
拆解重量（万轻吨）	187.9	225.2	255

二、行业运行特点

2012年国际航运市场持续低迷，船舶报废数量持续增加，废旧船舶市场依然保持活跃态势，但由于受到国内经济发展增速放缓，制造业和建筑业等行业发展增长乏力，内需拉动又有限，钢材需求不旺，废钢铁市场价格出现大幅下滑，各项费用和税负增加，导致拆船业船舶拆解总量同比有所增长，废船拆解物资大量积压、财务成本居高不下等因素影响，国内拆船企业赢利能力明显下降，经济效益出现负增长，绝大多数企业亏损严重，有的企业甚至亏损上亿元。行业走过体呈亏损状态。全年拆船行业运行有以下几个特点。

（一）船龄趋小，吨位趋大

拆解的船舶呈现平均船龄趋小的特征，如集装箱船从29.5年降至25.7年，油船降至20.7年，拆解的散货船更是如此。全年拆解“90后”建造的散货船就有18艘，其中某散货船的运营年限仅为15年。此外，拆解废钢船的单船吨位较大，全年拆解2万轻吨以上废钢船 15 艘，同比增长 10%。其中，最大的废钢船超过 3.3 万轻吨。

（二）废船价格呈 U 型变化，均价回落

2012 年前 5 个月，月平均成交废钢船价格均在 400 美元/轻吨以上。最低的是 9 月份，为 317 美元/轻吨，而 12 月份价格回升，至 370 美元/轻吨以上。总体呈现年中较低，年初、年末较高的态势。据测算，2012 年度成交废钢船平均价格 379 美元/轻吨，比上一年下降 14.6%。

（三）散货船拆解量增多

据统计，全年成交并拆解散货船数量占所有船型的 82.3%。比 2011 年增加 10 个百分点。这也印证了干散货船运市场低迷程度。

（四）废船拆解的集中度较高

按区域划分，全年废钢船成交并拆解数量主要集中在江苏和广东，其成交拆解数量占总量的 90% 以上。按企业分析，拆解量主要集中在大型拆船企业，仅前 3 个企业成交拆解量占总量的七成。2012 年拆解量前十位的企业有：江阴市长江夏港拆船厂、江门市双水拆船钢铁有限公司、江门市中新拆船钢铁有限公司、江苏靖江市新民拆船有限公司、江门市银湖拆船有限公司、江苏靖江市敦丰拆船有限公司、江苏泰州市伟业拆船轧钢有限公司、江苏长荣钢铁有限公司、天津天马拆船工程有限公司和张家港市五友拆船再生利用有限公司。

（五）国内废船拆解数量明显增加

由于交通运输部制定了加大老旧船舶淘汰力度的相关办法等因素影响，据不完全统计，全年成交并拆解国内报废船舶（未含长江流域小型报废船舶）与 2011 年同期相比增长 1.15 倍。

（六）拆解物资积压严重，企业亏损严重

废船交易活跃的 2012 年，并没有给国内拆船企业带来更多利好，反而出现买船越多，亏损越大的尴尬的利空局面。据统计，国内会员拆船企业 2012 年 2、3 季度库存拆解废船物资有 60 万吨，资金占用巨大（约 18 亿元人民币）。尽管进入 9 月份后，国内废钢铁价格逐步回升，但由于前期价格跌幅较大，加上需求张力不足且振荡走势，企业库存物资减量有限。依全年看，整个拆船行业亏损严重，有的企业亏损超过上亿元。

（七）废船来源相对集中

如进口废船，依国别分析，主要来自东亚国家（包括中国）船东所退役的船舶，占进口拆解总量的 60% 以上。依悬挂船旗分析，主要来自巴拿马、印尼、中国香港和韩国，占一半以上。

总之，2012 年在国内废钢市场低迷，企业经济效益负增长的情况下，国内拆船企业克服困难，拆解循环利用了大量废船资源，为加快老旧船舶淘汰、拉动新造船市场、促进船业调整振兴、节能减排和循环经济发展作出了积极的贡献。

三、主要工作

（一）进一步加强与政府部门的沟通与联系，为政府服好务

（1）反映行业企业诉求，积极向政府部门反映进口废船和国内废船税收政策问题。2012 年 4 月和 8 月，为积极配合交通运输部加快老旧船舶和单壳油轮淘汰，促进船舶工业和航运业尽早复苏，结合今年以来拆船业亏损严重的现实情况，协会先后向财政部税政司、国务院关税税则委员会办公室上报了《关于就解决拆解国内废船税收政策的请示》和《关于调整废钢船进口关税的请示》，并多次汇报并邀请有关领导到企业进行调研。协会还配合中国废钢铁应用协会、中国物资再生协会等，反映解决废钢铁产业税收政策问题，得到工业和信息化部、财政部等部门的支持，已有初步结果。

（2）协会积极配合交通运输部，为举行中欧就欧盟新拆船法案的双边会谈，及时翻译欧盟法案内容，草拟了中方会谈预案文稿，得到部国际合作司和中国海事局有关方面的肯定。

（3）为贯彻落实船舶定点拆解工作，协会向中国海事局书面报告做好定点拆解的意见和建议。

（4）积极配合环境保护部，做好船用氟利昂回收设备选型、招投标、设备进口报关等事宜，以及拆船企业进口废船许可评审（估）、调查及审批工作，共有 21 家企业通过许可审批。

（5）按时向国家统计局或有关部门报送行业统计信息。

（二）积极推动拆船业的国际交流与合作

（1）首次举办国际拆船研讨会。5 月，协会和国际海事组织共同在北京成功地举办了“尽早实施香港拆船公约技术标准研讨会”。来自欧盟委员会、欧盟议会及欧盟驻华代表处、国际海事组织和法国、丹麦、挪威、希腊、德国政府机构和船东协会官员、专家和代表，以及波罗的海海事公会、国际独立油轮船东协会和国际航运商会的代表专程莅会。交通运输部、中国海事局、环境保护部的官员和专家，以及国内拆船企业代表参加了研讨会。在会上，宣传了中国拆船业发展以及企业绿色拆船实践，展示了我国船舶安全环保拆解水平和能力。

（2）与德国劳氏集团（GL）签署合作谅解备忘录。协会与德国劳氏集团为推进绿色拆船，经过多次坦诚、务实的协商，决定在组织管理和技术人员培训，开展香港拆船公约试验，推进建立拆船基金等方面开展合作，共同签署了合作谅解备忘录。

（3）组团出访欧洲。10 月上中旬，协会应邀赴德国、挪威和比利时，访问了欧盟委员会、欧盟议会、德国交通部、非政府组织（NGO），德国、挪威船东协会和德国劳氏集

团（GL）总部，考察了德国船舶和危险废物处理机构。集中介绍中国拆船行业、企业绿色发展情况，就香港拆船公约、欧盟新拆船法案批准与实施以及船舶拆解监管、建立拆船补贴和基金等问题彼此交换了意见，并对欧盟新拆船法案中有关适用范围、拆船厂的必要条件和授权等问题表达了我方意见和建议。意大利政府代表和NGO组织等表示赞同建立拆船基金计划。

（4）参加国际性论坛，加强与各有关国际性组织和商业或专业机构的沟通与联系。参加了新加坡Trede Winds拆船论坛和北京金属循环应用国际研讨会等，此外，还与ISRA、ClassNK、CCS以及美国、德国、挪威和中国香港的船经纪、现金买家和专业机构等保持联系，加强信息、技术交流，寻求商贸和技术等方面的合作。

（三）继续做好行业宣传和基础建设工作，为企业服好务

（1）制定行规公约。为规范行业、企业履行社会责任行为，制定并向社会公布了《拆船业行规公约》。

（2）积极宣传行业。2012年，协会利用国际、国内研讨会和组团出访等机会，通过演讲，推荐年度人物、布展展示等方式，继续推进行业、企业的宣传和推介工作，取得了良好效果。

（3）参与反映行业发展的出版物的编写工作。完成国家发改委编辑出版的《循环经济年鉴》、商务部组编的《再生资源行业发展报告》，以及《中国船舶工业年鉴》和《中国废钢铁产业发展蓝皮书》等出版物中有关拆船业部分文稿撰写任务。做好《中国拆船》编辑出版任务。

（4）对船用机电设备及零部件再制造的可行性进行调研，并就涉及有关技术和管理政策问题，与中国船级社和国家有关部委进行了协商和汇报，为开展相关性研究打下一定基础。

（5）争取到联合国有关船上氟利昂回收项目100余套设备资助。

（6）启动第二批绿色拆船企业评审认证工作，修订了现场考核表，组成了现场考评小组，已完成部分企业的现场考评。

（7）注重行业标准建设工作。会同中国船舶工业综合技术经济研究院向国家标准委员会申报拆船业标准体系研究课题立项；参与组织协调ISO 30000标准转换国家标准的审校工作。

四、2013年行业预测

（一）2013年行业预测

展望2013年的拆船市场发展态势，总体评估是喜忧参半，谨慎乐观。因此要认真分析与拆船市场相关领域或行业的发展变化态势，既要看到有利、不利因素，也要注重培育善于把不利因素转化为有利因素的能力。

2013年对拆船业发展有利因素主要是：一是国际社会对拆船的安全环保要求越来越

迫切。2009年5月，国际海事组织（IMO）外交大会审议通过了《国际安全与无害环境拆船公约》（HKC），直至2012年10月，IMO－MEPC审议完成了HKC六个导则的制定工作。2012年欧盟委员会启动制定欧盟新的拆船法令，新的法令就区域内安全环保拆船提出了新的要求，并欲授权OECD以外国家的拆船设施拆解区域内商船。二是全球经济缓慢回暖，可能会推动航运市场需求回升，但是由于近四年来运力净增长累计超过2.6亿载重吨，船队的迅速扩张，导致存量规模巨大，运力供给严重过剩状况短期内难以改观，船东仍会通过停航、减速或拆解等方式缓解运力供给压力。据专家对当前航运市场形势分析，近几年船舶退出航运市场数量仍将保持高位。三是全球将继续加大高能耗高排放船舶的淘汰力度，对在航船舶实施有害物质清单计划，清除石棉等有害物质，一些国家采取措施，严格控制此类船只靠港或营运。四是国内经济增长速度预测将略好于2012年。国内外专家预测，2013年我国经济增长速度将超过8%。随着我国推出大规模经济刺激计划，以及固定资产投资规模的适度增加，钢铁等支撑经济发展的重要生产资料以及铁矿砂需求也会有所增大。自2012年10月份以来，我国PMI指数呈现缓慢增长态势，这些因素或许会一定程度上带动钢材、废钢铁等的需求。五是人民币汇率升值仍存潜在压力。尽管升值压力小于往年，但全球主要经济体宽松货币政策等因素影响仍在。六是国家节能减排要求越来越高，政府也将陆续制定和完善促进循环经济发展、加快生态文明建设的各项措施。

2013年对拆船业发展的不利因素主要是：一是废旧船舶的绿色贸易环境尚未形成。国际社会（如IMO、EU）日益重视船舶安全环保拆解的技术、工艺、设施和管理，并提出了若干的标准、导则和规范要求。但仅要求拆船厂绿色拆解是不够的，且也是不公平的。如果废旧船舶交易一味追求利益最大化，绿色拆解目标是很难实现的。就目前而言，促进废旧船舶绿色贸易环境形成的重要措施之一是建立绿色拆船基金，以此兼顾、调节船东、拆船商利益的平衡。二是企业的拆解成本越来越高，如检验检疫、拖带、物流、安全环保设施设备、废弃物处置、融资，特别是劳动力成本高企等。三是废钢市场等下游市场波动性大，不确定因素多；国际与国内废钢价格倒挂；国际废船价格的区域性差异大等，加大了拆船企业废船采买、拆解和物资经营的风险。四是税负加重。自2011年1月起，拆船业曾有的一些税收优惠政策全部取消。进口废船除缴纳17%增值税外，还要支付3%关税，税负达20.51%。采买国内废旧船舶无法取得增值税发票，难以抵扣。目前国家正在推进营改增政策，国内船舶业实行此政策的效果如何，尚有待观察。五是国务院要求“规范发展拆船业，实行定点拆解”，尚待进一步落实。2009年12月，商务部等八部委根据国务院的要求，制定了《关于规范发展拆船业的若干意见》，但由于种种原因，并未得到很好的贯彻。如，一些政府机构和航运企业对严格拆船行业准入等要求的理解不一，在定点拆解、拆船供应商招投标等方面，仍然存在并不具有合法拆船资质的企业被列入船舶拆解企业名单等现象。六是制造业增长缓慢，2013年2月以来，PMI指数呈下行态势，再加上政府对房地产调控力度将进一步加大等。七是拆船产能过剩压力较大。主要是新的拆船设施增加和一些修造船厂试图转产拆船领域。

总之，2013年拆船市场还存在诸多不确定因素，依然是机遇与挑战并存。对拆船企业来说，只要能够多维度地把握影响市场发展的相关因素，就有可能把握市场发展的方向，实现社会效益和经济效益的双增长。

（二）2013 年行业工作重点

2013 年，是贯彻《拆船业“十二五”发展规划》的关键年。拆船业将认真贯彻党的十八大精神，以服务经济社会转型、产业结构调整发展为目标，以促进绿色发展为核心，进一步夯实行业发展基础，加大行业宣传力度，加强国际交流与合作，发挥协会为政府、行业和企业服好务的纽带和桥梁作用，引导行业的规范发展和科学发展，积极创建品牌行业。主要思路和工作要点是：

1. 坚持为政府服好务的思想

继续把加强与政府部门的联系、沟通和汇报作为工作的重点，积极、客观地反映行业和企业的呼声和诉求；密切关注相关政策制定和导向，争取促进行业企业发展的政策和措施。

2. 坚持为行业服好务的理念

（1）根据国家发改委《产业结构调整指导目录》，继续会同其他单位，调研有关船用设备及零部件再制造项目，向国家有关部门提出具体方案；组织进行“区域性船舶拆解基地建设”的可行性研究。

（2）适时开展行业标准研发工作。完成拆船国家标准的立项审批，组织标准调研和草拟等工作。跟踪 ISO 30000 转化为国家标准的进程；结合行业发展实际，组织申请拆船行业标准立项工作。

（3）强化协会行业统计和信息分析功能。根据国家统计局的要求，建立健全各项统计制度，加强信息统计员队伍培训，力争做到信息统计的及时性、完整性，客观反映行业发展现状，为国家制定政策、行业科学发展以及企业生产管理进步提供依据。

（4）进一步加大行业宣传力度。认真总结宣传工作的经验和教训，加强行业的国内国际宣传，不断改进宣传方式，把宣传工作推向更高一个台阶。

（5）加大香港拆船公约及其导则的宣贯力度。

（6）继续加强与造船、船东、废钢铁、物资再生等行业协会和相关机构的横向交流，共同促进再生资源行业进步与发展。

（7）继续做好会员发展工作。积极创造条件，研究组织行业性研究、文体活动的可行性，以促进行业科研和文化体系建设。

3. 坚持为企业服好务的意识

一是引导企业建立质量、环保和职业安全健康管理体系；二是开展技术商贸服务与培训工作；三是密切注意欧盟新拆船法案制定进程，及早会同国内外专业机构做好授权准入技术指导，使符合条件的企业能够列入拆解欧盟船舶的授权名单；四是本着坚持标准条件、宁缺毋滥的原则，完成第二批绿色拆船企业的评审认定等工作；五是积极推进履行社会责任。加强《拆船业行规公约》的宣传，引导企业自觉参与诚信信用体系建设，践行行业自律，构建和谐行业；六是继续认真地协助企业参加国家或地区重大项目对申报和推荐工作，帮助协调解决生产经营管理过程中所遇到的实际问题。

4. 坚持强化秘书处自身建设

严格按照有关规定，依法规范运作；建立和完善各项规章制度；调整队伍的专业和年龄结构，建立良性培养聘用、考核激励机制和和谐劳动关系；完成协会网站页面更新工作；发挥党组织和党员模范带头作用，营造团结、富有活力的工作环境，努力打造学习型、研究型、服务型和和谐型协会。

第十一章　废旧轮胎回收利用情况

由于我国尚未将轮胎资源利用纳入专项法制化管理轨道，旧轮胎翻新，以及废轮胎的回收、加工处理和再利用以无政府状态的自由市场经济发展，怎么赚钱就怎么干，造成较大的环境污染和资源浪费，而政府则无暇顾及该领域。尽管社会民众对废轮胎土法炼油等严重污染环境的现象深恶痛绝，呼吁取缔的呼声甚高，国务院领导也曾多次批示要求加快政策立法，但政府主管部门似乎还没有将此行业纳入法制化管理的计划。所以，发达国家对废轮胎的管理方法和经验教训，以及巴塞尔公约似乎对我国没有造成政府对废轮胎管理方面的任何影响，行业发展仍以追逐利润为导向，环境保护只是一种口号。

虽然我国尚未将轮胎翻新与废轮胎回收利用纳入专项法制化管理轨道，但国家为了促进该行业的发展，自 2009 年以来，采取了免征旧轮胎翻新和废轮胎生产橡胶粉的增值税税收优惠政策，即在轮胎生产、使用、回收、加工处理、再利用产业链的最后一个环节采取支持的政策。该政策实施后，由于轮胎翻新企业和废轮胎橡胶粉生产企业无法开具增值税专用发票，基本切断了这些资源循环利用产品的市场销售，迫使符合免征增值税条件的企业纷纷放弃享受国家的税收优惠政策。据中国轮胎翻修与循环利用协会主持，国家财政部、税务总局、国家发展改革委、国家工信部参加的全国废轮胎橡胶粉企业代表座谈会统计，全国 80% 以上的废轮胎橡胶粉企业放弃了享受国家税收优惠政策。历时五年出台的这一政策基本宣告失败。

由于我国尚无废旧轮胎回收利用的专项法律法规、产业政策，而国家各部门分散的管理格局必然产生产业政策的协调困难。例如，国务院领导、国家发展改革委、工信部等从环境与资源角度出发，多次提出：要提高轮胎翻新利用率。而公安部从交通运输安全角度出发，在 2012 年出台了强制性标准《机动车运行安全技术条件》（GB 7258—2012）中规定："公路客车、旅游客车和校车的所有轮胎及其他机动车的转向轮不得装用翻新的轮胎……"这种执法部门的强制性规定，几乎禁止了目前中国轮胎翻新行业所有翻新轮胎品种。而国家质量监督管理部门显然还没有将涉及交通运输安全、人民生命财产的新轮胎、翻新轮胎"质量三包"的强制性监管纳入工作计划。

一、回收利用情况

与发达国家废轮胎橡胶粉行业快速发展相比，我国废轮胎回收利用行业发展之路十分艰难。我国的废轮胎回收利用现状如图 16 所示：

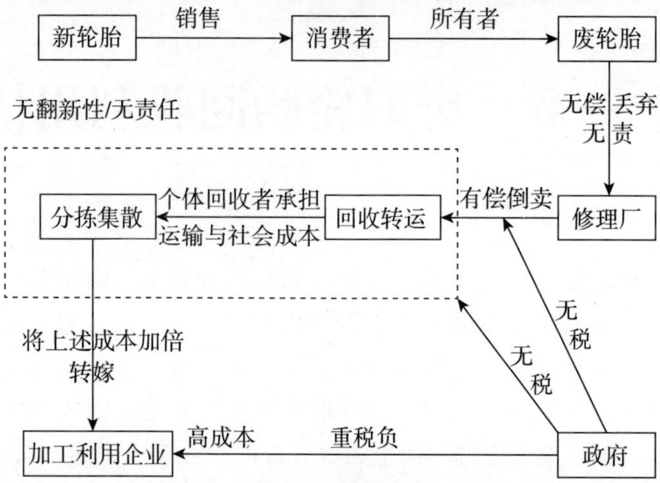

图16 我国废轮胎回收利用现状

可以看出，政府除了收取加工利用企业重税以外，在整个废轮胎回收利用过程中，政府是缺位的。新轮胎生产者在轮胎销售获取利润的同时并不承担废轮胎回收处理的任何责任；经济状况较好的有车族无偿丢弃废轮胎也不承担任何责任；而处于社会经济最底层的进城拾荒者承担了高额的废轮胎回收运输与社会成本，又将这些成本转嫁给加工利用企业，使我国的废轮胎原料成本居世界之最；而政府无法从修理厂倒卖废轮胎活动，以及个体回收者那里收到任何税收；对正规的废轮胎加工利用企业的高税负又使这些企业雪上加霜。

改革开放前，汽车轮胎属于国家统配物资，实行的是“以废换新”制度，只有将不能翻新的报废轮胎交回来才能购买新轮胎，收缴上来的废轮胎用于国家计划中的再生胶生产。自从实行市场经济后，“以废换新”制度被打破，取而代之的是自20世纪80代起，我国民间自发的废轮胎回收逐步形成，主要是以进城务工的农民拾荒者为回收主体，由于当时国内汽车保有量还很少（1987年全国汽车保有量仅为408万辆，而2012年仅北京汽车保有量就超过500万辆），废轮胎产生量也相对较少，并未列入国家大宗固体废弃物资回收利用目录，旧轮胎翻新和废轮胎生产再生胶充其量只是一个“修旧利废”的小行业。所以，当时全国从事废轮胎回收的人员不多、回收规模也不大。

进入21世纪以来，随着我国社会汽车保有量爆炸式增长，废轮胎产生量也急剧增加，以进城务工农民为主体的废轮胎回收大军迅速扩张壮大，形成了以河北唐山、邯郸地区、山西汾阳、平遥、浙江台州、广东东莞等一批自发的废轮胎回收、分拣、集散地，这些回收者北上东北、内蒙古，西入新疆，南下云贵，形成了以家族为纽带，以利润最大化为目标的个体回收集散网络。这个由民间自发形成的庞大的废轮胎回收集散网络从业人员数量没有人统计和了解。他们以非公司法人的形式出现，故而完全在国家经济运行体制监管外运营，基本垄断了全国的废轮胎回收市场。他们往返转运，浪费了大量运输资源；层层加价，不断推高废轮胎原料价格，规范的废轮胎加工利用企业已无法承受；谁出的钱多就卖给谁，成为废轮胎土法炼等浪费资源、危害环境的加工利用方式的原料保障，给环境带来毁灭性灾难。

（一）旧轮胎翻新情况

我国旧轮胎翻新企业约800家，年翻新轮胎生产能力约2000万条。经统计测算，2012年全国翻新轮胎约1600万条，主要翻新品种为客货载重轮胎和工程轮胎。从行业看，90%以上的轮胎翻新企业属于中小型加工企业，其技术、设备、工艺水平还比较落后。随着国内轮胎钢丝子午轮胎的大量使用，针对斜交轮胎的传统热翻工艺技术与设备已经不适应市场的发展。近些年来，国内自己开发，并从国外引进了部分新工艺技术与设备，主要是预硫化冷翻设备，改变了轮胎翻新行业的生产技术和产品结构，但具有较先进技术水平和装备的企业还不到15%。

从整体来看，2012年，全国翻新旧轮胎约1600万条，翻新轮胎仅占在用客货载重车轮胎的10%，而发达国家一般为90%以上。从主要品种的分类来看，一是客货载重汽车的轮胎翻新率低；二是矿山以77～180吨级的大型载重汽车用轮胎，年需要3600R51或3700R57的巨型轮胎3000多条，几乎全部依靠进口，但平均轮胎翻新率不足20%，而美国矿山巨型轮胎翻新率达70%；三是航空用飞机轮胎，我国仅有1～2家有资质的航空轮胎翻新厂，年翻新能力2万条，约占现有应翻新航空轮胎的10%，其余有近20万条民用航空轮胎需要送中国香港、泰国等地去翻新，而美国航空轮胎的翻新率已达95%以上；四是我国轿车轮胎基本上没有进行翻新。

对于旧轮胎翻新行业来讲，存在的主要问题：一是可翻新旧轮胎的胎源紧缺，完全满足不了生产与市场需求。国产新轮胎从设计到生产并没有像发达国家那样，将可翻新性纳入轮胎强制性标准，加之超载和车主“一槽烂”的使用方法，替换下来的轮胎绝大部分都成了不可翻新的废轮胎。二是行业小而散，形成了“群狼抢食”有限胎源的局面。而生产规模大、管理规范、技术装备与产品质量好的企业未必能招架住“群狼”的抢食。所以，这些企业普遍陷入胎源不足而生产能力闲置的窘境。三是翻新轮胎产品质量良莠不齐，造成使用者的潜在安全隐患和信誉危机，也给交通管理部门的依法管理带来困惑。所以，尽快增加新轮胎生产的可翻新性强制产品标准，实行旧轮胎翻新行业准入制度已成为社会共识。

（二）废轮胎循环利用情况

进入2000年以来，随着我国社会汽车保有量的快速增长，废轮胎年产生量也以每年两位数的速度增长，据统计测算，自2008年起，废轮胎产生量已超过美国，位居世界首位，图17为近年来我国废轮胎产生量（不含工程车、航空、拖拉机、摩托车废轮胎）。

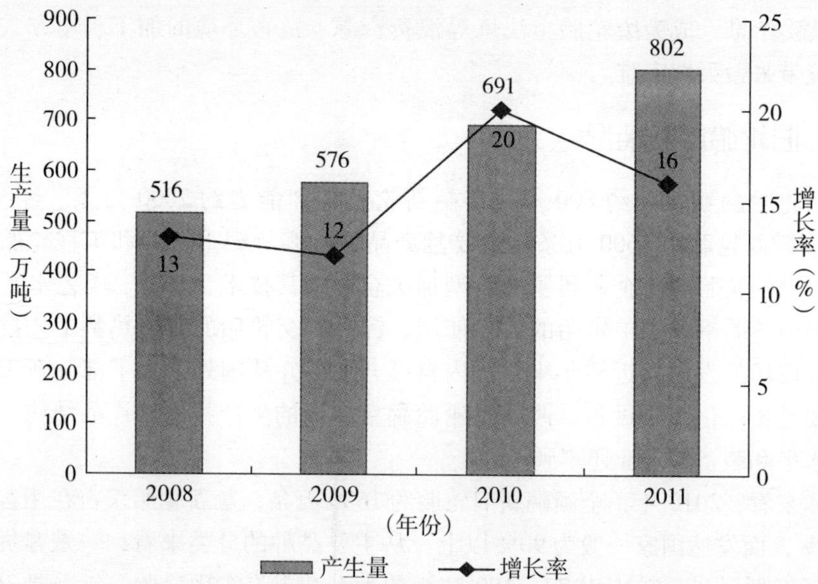

图 17　近年我国废轮胎产生量

为什么我国以占世界 9% 的汽车保有量，产生了占世界总量的 36% 的废轮胎？而欧、美发达国家和地区比我们拥有更多的汽车，反而比我们消耗的橡胶资源、产生的废轮胎更少？这是因为：

（1）欧、美国家轮胎翻新的比例远大于中国，单位重量较重的客货载重车轮胎翻新的社会风气大大减少了废轮胎产生量；

（2）欧、美国家轿车在机动车中的比例远大于中国，废轮胎中轿车胎的比例较大，所以数量多但相对重量较轻；

（3）我国新轮胎生产企业数量及产量均居世界首位，但产品质量与发达国家还有较大的差距，通过美国 DOT 和欧洲 ECE 质量认证的厂家和品牌比例很低（没有这种质量认证是不能上欧、美高速公路的），使用寿命短的不三包产品充斥市场，给交通安全造成隐患的同时，也大大增加了废轮胎的产生量；

（4）我国新轮胎产品没有实行可翻新性质量标准，造成轮胎翻新率较低，大量产生废轮胎的主要原因之一；

（5）我国运营大载客车、载货车超载问题突出，轮胎超负荷运转大大降低了轮胎寿命，相当高比例的载货车轮胎使用周期不到 6 个月，而发达国家很少有这种现象；

（6）驾驶员培训中缺少科学使用轮胎的内容，90% 以上的驾驶员不了解“轮胎磨耗极限”，将轮胎当做一次性产品，“一槽烂”的轮胎使用方法十分普遍。资源与环境的宣传教育缺位也造成废轮胎产生量剧增。

（7）发达国家有较为完善的废轮胎回收利用专项政策法规，有效实现了废轮胎减量化和循环利用，而我国至今尚无任何这方面的政策法规，缺乏废轮胎减量化法律保障。

表 26　　2006—2012 年我国废旧轮胎回收利用情况

项目	2006 年	2007 年	2008 年	2009 年	2010 年	2011 年	2012 年
翻新量（万条）	960	1100	1200	1300	1400	1200	1600
橡胶粉产量（万吨）	22	25	23	22	20	20	25
再生胶产量（万吨）	165	220	250	260	270	270	300
热裂解（万吨）	3	3	4	5	5	5	3

二、在国民经济中的地位

橡胶广泛应用于工业、农业、国防、航天、运输、日常生产、生活用品等领域，我国是世界第一橡胶消费大国，但又是一个橡胶资源短缺的国家，76%以上的天然橡胶和45%以上的合成橡胶依赖进口。自2002年以来，我国已超过美国成为世界第一大橡胶进口国，自此以后，我国一直保持第一大橡胶进口国的地位。作为国家四大战略资源之一，橡胶资源对外依存度超过石油、铁矿，居对外依存度之首。在我国橡胶资源消费中，70%用于轮胎生产。近些年来，废轮胎橡胶资源再利用已成为我国橡胶资源配置中的重要组成部分，为弥补我国橡胶资源短缺作出了重要贡献。

我国的废轮胎资源综合利用的方法主要是：生产再生胶、橡胶粉和炼油这三种方式。传统的再生胶生产在我国已有九十年的历史，是目前废轮胎橡胶利用的主要方法，2012年全国产量约为300万吨。再生胶生产由于环境污染大、能耗高，发达国家20世纪80年代已淘汰和禁止，目前，我国是世界极少数再生胶生产国，产量约占世界95%以上。废轮胎橡胶粉生产和直接利用是国际公认的环保型利用方式，在我国仅有十几年的历史，2012年全国产量约为25万吨。在废轮胎炼油方法中包括热裂解法和土法炼油，前者属于规范的环保型再利用方法，但投资大，生产成本高，在我国还处于萌芽阶段，并未形成规模化生产；后者属于严重污染环境，资源浪费大，但投资小，生产成本低，利润高，呈星火燎原之势，2012年全国产量无法统计，估计废轮胎消耗量在340万吨以上。

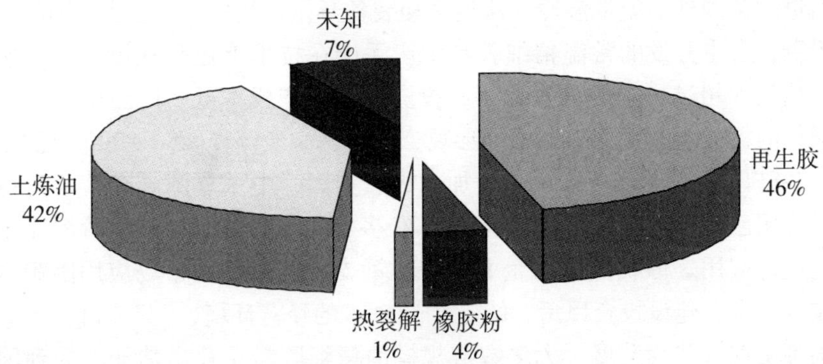

图 18　2012 年我国废轮胎利用

可以看出，我国废轮胎回收利用率约为95%，但环保型加工再利用率却很低。由于我国橡胶资源短缺，传统的废轮胎生产再生胶仍是主要加工利用的方法。近些年，随着我国石油、能源价格不断上涨，废轮胎土法炼油已迅速发展成为一个破坏环境的畸形产业。

目前，全国从事废轮胎生产再生胶和橡胶粉的企业约600多家，再生胶生产能力约400万吨；橡胶粉生产能力约30万吨。据统计测算，2012年全国再生胶产量近300万吨，再生胶行业绝大部分企业采用动态脱硫技术，能耗高，环境污染严重，但仍然是我国主要的废轮胎橡胶资源综合利用方法，全国产量从2001年的35万吨迅速增加到2012年的300万吨，占世界产量95%以上。

在过去的一年里，废轮胎再生胶生产工艺技术发生了革命性的突破。经过多年的努力，高温常压塑化技术研制成功，这是一种淘汰传统再生胶动态脱硫生产技术和装备的新技术、新装备，解决了动态脱硫生产中带来的高污染、高能耗，以及无法连续生产的问题，使再生胶生产实现低排放、低能耗、连续化。同时，也解决了硫化橡胶粉弹性体不易炼胶的问题，塑化后的橡胶粉直接硫化成型，做成橡胶板等制品已取得工业化规模应用。高温常压塑化技术对胶粉的直接应用，或再生胶生产都是革命性的创新。目前，计算机控制的高温常压塑化机械电子装置正在不断完善，已在国内多家工厂投入生产。

废轮胎生产橡胶粉是一种利用纯物理机械的方法加工处理废轮胎技术，生产过程不产生二次污染，是世界上公认的废轮胎橡胶无害化、资源化的加工方法，其产品应用范围广，其中的精细胶粉可作为高档产品的原辅料。胶粉可广泛用于公路改性沥青、各种橡塑制品、汽车轮胎和零部件、运动场和儿童游乐场地面材料、防水及建筑装饰材料、防水隔音喷涂材料、新型橡塑共混材料、热塑弹性体等。是发达国家发展最快的废轮胎循环利用产业。

2011年10月17日至21日，联合国巴塞尔公约组织成员国在哥伦比亚Cartagena召开会议，签署并公布了《充气旧轮胎和废轮胎环境管理技术标准》。将旧轮胎翻新再利用作为轮胎橡胶资源利用、废轮胎减量化的首选方法，将利用废轮胎生产橡胶粉作为废轮胎有利于环境的橡胶资源再利用的主要方法。

在我国废轮胎胶粉行业仅有二十年的历史。由国家投资，为引进的子午线轮胎生产线，配套引进六条国外液氮低温冷冻法技术和装备开始，短短几年全部倒闭。2000年后，我国民间投资，自主开发的常温精细胶粉生产无论在技术上还是在设备上都取得了历史性的突破，达到和超过了国际先进水平，投资少、生产成本低、产品质量好的特点引起发达国家同行的极大关注，纷纷到中国参观、了解、洽谈合作。80～200目的精细胶粉产品及生产装备已出口意大利、以色列、加拿大、美国、中东等国。废轮胎胶粉在道路改性沥青中的应用已取得广泛应用，全国已有20多个省市开展了橡胶沥青混凝土道路建设的实验和规模化应用。但我国胶粉企业缺乏政策支持，产品的市场应用困难重重。民间投资完成技术开发、建设投资以后，缺乏“造血”的经营环境，“只流血，不造血”的胶粉行业是很难实现可持续发展，大多数成规模的精细胶粉企业虽然能享受到国家增值税减免的优惠，但同时也由于无法开具增值税专用发票，而陷入被刚刚开发的市场拒之门外的尴尬境地。如果放弃享受免税政策，因为没有进项税抵扣，则要承担比机械、化工等其他制造业高出 2 ~3 倍的税赋。

三、旧轮胎进口情况

自我国加入世贸组织以后，根据 WTO 的规定，旧轮胎和翻新轮胎属于二类机电产品自由贸易，但我国是从 2005 年起试点进口旧轮胎。经过 7 年的试点证明，情况良好，违规事件鲜有发生。2012 年进口旧轮胎翻新量约为 3 万 ~4 万条，品种均为载重车轮胎。7 年旧轮胎试点证明，扩大旧轮胎进口试点的时机已经成熟，但根本解决我国可翻新旧轮胎胎体紧缺的出路还在国内，因为发达国家自己也要翻新轮胎，而将较好的旧轮胎卖给中国的机会是有限的。

目前我国实行对废轮胎严格禁止进口的政策，但由于废轮胎资源紧张和市场价格高企，与国外废轮胎免费形成了很大的利润差，各地的废轮胎走私情况有进一步发展的趋势，广东、广西情况尤为严重，每年走私进口的废轮胎数量无法统计。

四、2013 年行业预测

（一）2013 年废旧轮胎回收利用行业预测

我国的旧轮胎翻新通过近十年的市场发展，已基本完成从翻新商品轮胎向翻新加工轮胎的过渡，大部分成规模轮胎翻新企业已经与客货运输企业建立了较稳定的合作关系，实现了从轮胎保养、修补、翻新加工一条龙服务，80% 左右的翻新轮胎为加工胎，预计这一比例将在 2013 年得到进一步增加。

目前，社会上可供翻新旧轮胎已寥寥无几，所回收的绝大部分为废轮胎。在国家没有出台新轮胎设计生产可翻新性强制标准之前，轮胎翻新量不可能有大的提高，预计将随着社会客货汽车保有量的增长，2013 年轮胎翻新量约 1700 万条，增长 6% ~7% 。

目前，由于对进口可翻新旧轮胎仍实行的是少数企业进口试点政策，加之发达国家旧轮胎翻新率的进一步提高，可供出口的旧轮胎量减少，我国旧轮胎进口方面面临进口无源的情况仍将持续。2013 年进口量预计仍保持在 3 万 ~4 万条。

“十一五”期间，我国废轮胎年增长幅度达 23% 以上，2013 年，随着汽车增长幅度下降，预计废轮胎产生量将以 20% 的速度增长，预计将达到 1150 万吨左右。在废轮胎回收利用政策法规无法出台的情况下，回收、运输和集散仍将以自发形成的个体回收为主，呈现高回收率、高利用率，低无害化加工处理的特点，废轮胎市场仍将以卖方市场为主，预计市场价格将略有增长。

国内再生胶行业经过十年的快速发展，随着各地环保执法力度加大，促使再生胶生产加快淘汰高压动态脱硫罐技术和装备，脱硫生产工艺技术和装备向节能减排方向加速技术改造的步伐，常压连续塑化技术与装备在全国将进入推广期，全行业逐步进入平稳增长期，预计将以年6%的速度发展，2013年再生胶产量预计将接近320万吨。

2013年国际公认的环境友好型废轮胎资源利用方法胶粉生产和直接利用行业预计仍踌躇不前，产量预计在20万~30万吨，国家资金支持的一批新的废轮胎胶粉项目将建成，以前上马的废轮胎胶粉企业仍被产品的市场开拓，降低原料成本和生产成本所困惑。

我国禁止进口废轮胎及其切块，预计2013年这一政策不会改变。随着国内废轮胎原料供应紧张，市场价格的不断攀升，周边国家废轮胎不要钱的现状，受利益驱使，预计废轮胎走私情况会有进一步发展，具体数量无法估计。

我国废轮胎年产生量已稳居世界首位，且年增长量也居世界首位，但却没有任何相应的法律法规规范回收利用的行为，自发形成的个体回收大军自由市场经济式的发展，带来的资源与环境问题日益突出，亟待政策法规规范。我国《循环经济法》大法已出台多年，该法明确提出制定和完善相应的法规政策，包括废旧轮胎的法规政策，但至今尚未提上有关部门议事日程。一个没有下位法支撑的国家大法是无法真正得到实施的。而废旧轮胎的法制化建设和管理涉及部门众多，需要政府各部门的通力合作。所以，建议国务院加快制定拖了十多年的《废旧轮胎回收利用管理条例》和相应的产业政策，将废旧轮胎回收利用纳入法制化轨道。

（二）“十二五”期间废旧轮胎回收利用行业预测

据公安部交通管理局公布的数据，2010年我国汽车保有量9086万辆，2011年为9356万辆，增长率为3%，本预测年均增速保持在3%。

我国翻新轮胎的主要品种为大中型客货载重车，作为生产资料的这类汽车，预计未来仍将保持年均7%的增长速度。

“十一五”期间，废轮胎产生量每年以23%的速度增长，随着汽车保有量增长速度的回落，预测今后几年，增长速度将回落到20%左右。

热裂解的发展趋势尚不明朗，预计“十二五”期间仍为产业政策和环保技术准备期，发展速度缓慢。

表27　旧轮胎翻新与废轮胎回收利用预测

年份	汽车保有量	翻新轮胎	翻新率	废轮胎（万吨）			
	万辆	万条	%	总量	胶粉	再生胶	热裂解
2010	9086	1500	13.1	652	23	270	1
2011	9356	1600	12.7	802	25	280	2
2012	9635	1712	12.2	986	25	300	3
2013	9921	1832	11.8	1184	27	318	3
2014	10216	1960	11.5	1421	28	340	3
2015	10520	2097	11.1	1705	30	360	3

注：轮胎翻新率的计算是翻新量/大中型客货载重轮胎在用量。

第三篇

技术设备与工艺篇

第十二章　废钢铁回收利用行业技术装备概况

一、加工设备生产使用现状

我国废钢铁加工设备经历了因陋就简、技术改进、吸收转化、土洋结合、快速发展等若干阶段，前后已经历了30多年的发展历史。

20世纪70年代前后，我国废钢铁加工主要以落锤、爆破、氧割为主。工人劳动条件很差，原料耗损大。20世纪八九十年代，部分钢厂开始购置打包机、剪切机，但多数为进口设备，设备总量不多，价格昂贵。

20世纪90年代前后，经过技术引进，技术合作，研制开发并逐步形成了剪切、打包、压块、破碎、剥离五大系列上百个定型产品。力帝和华宏科技生产的中小型加工设备，性能质量达到了国际先进水平。除了满足国内市场需求以外，还逐步打入国际市场，产品销往东南亚、东欧、俄罗斯和中国港澳及中国台湾地区。

20世纪80年代，大部分废钢铁加工设备产自宜昌机床工业公司和安阳第二锻压设备厂。20世纪90年代以后，随着我国市场经济不断地完善，废钢铁加工设备制造业逐步向长江流域和华东地区扩展。江苏华宏科技股份有限公司抓住机遇，顺势发展，表现不俗；南通鼎豪、常熟锻压等也都生产一定数量的废金属加工设备。湖北力帝、江苏华宏还成立了专业科学研究所，致力于新产品的研究、开发、设计。与此同时，废钢铁加工配套设备的研制开发也取得了长足的进步，如詹阳重工、四川邦立、八达重工、常州大模、利勃海尔研制的抓钢机、剪断机发展很快，产品广泛应用于我国废钢铁码头、料场。洛阳大华等企业研制的钢渣破碎研磨设备，抚顺隆基研制的磁电设备发展迅速，广泛应用于我国各冶金原料开发现场。

（一）我国废钢铁加工设备生产规模

据粗略统计，我国年生产各种废钢铁及冶金渣加工设备在10000台（件）左右。废钢铁加工设备（打包机、剪切机）以湖北力帝、江苏华宏、南通鼎豪、常熟锻压等居多。力帝偏重生产大中型设备，华宏以中小型加工设备为主，力帝和华宏还同时生产废钢铁破碎机。力帝和华宏公司在我国废钢铁加工设备领域扮演着十分重要的角色，他们的产品引领着国内市场的繁荣与兴盛。

（二）我国废钢铁加工设备的使用现状

废钢铁加工设备的使用领域：一是国内1200余家大小钢铁企业；二是全国60000余家再生资源回收企业；三是有色金属领域和不锈钢生产企业，如富春江电线电缆厂和浙江中环铜业公司，用华宏产液压打包机将炉前原料打包，既提高生产效率，又能减少金属原料损耗。

据中国废钢铁铁应用协会资料显示：截至2009年年底，国内投入运行和即将投入使用的各种类型废钢铁破碎机25台套。2008年以来湖北力帝、江苏华宏投放市场的废钢铁破碎机就达10多条生产线。

1. 在冶金企业中的应用

大功率废钢铁加工设备（1500吨龙门剪、600~800吨金属打包机）在宝钢、太钢、酒钢、一汽、香港等企业都得到很好使用。抓钢机及普通打包机、剪切机在多数钢铁企业已广泛推广使用。

2. 在回收企业中的应用

江苏丰立集团旗下的星丰金属资源有限公司拥有美国产7457大型废钢铁破碎机，抓钢机23台，国产剪切机36台，年设计废钢铁加工能力150万吨，是中国废钢铁铁应用协会废钢铁加工配送中心示范基地之一。

3. 我国废钢铁铁加工设备研发现状

我国废钢铁铁加工设备的研究开发已从20世纪的打包、剪切转向废钢破碎生产线，而目前涉足该领域的只有湖北力帝和江苏华宏公司。力帝和华宏引进和吸收国外先进技术并进行大胆创新改革，继续在废钢铁加工领域扮演领头羊作用。他们研究的创新产品已在广东番禺、青岛、兰州、海南、天津等地落户。

二、加工设备的种类及特性

我国废钢铁加工设备的主要种类有：Y/81系列液压金属打包机、Q43系列废金属剪切机、Q15系列龙门式剪板机、HBS系列液压龙门式打包剪切机、Y/82系列立式液压打包机、Y/83系列金属屑压块机、PSX系列废钢铁粉碎流水线等。

（一）金属打包机

我国现阶段广泛采用的液压金属打包机适用于社会回收及加工废钢铁中的轻薄料废钢铁。其结构简单，普遍采用合盖锁紧销代替垂直挤压机构，有手动和半自动两种。公称压力为63~650吨。以Y/81系列注册，有近40个型号，大型打包机可配抓钢机以提高生产效率，出包方式有挤压推包和翻包等。

（二）剪切机

剪切机可分为鳄鱼式和门式两种。鳄鱼式剪切机以Q43系列注册，分为63~500吨

14 个型号产品。鳄鱼式剪切机广泛使用于废钢铁回收加工领域，可将长材剪切加工成炼钢炉料。我国现阶段使用的门式剪有 800 ~ 1250 吨的不同种类，分为一层料箱、二层料箱和三层料箱，门式剪自动化程度高，功率大，产量高，适用于有一定规模的加工厂。

（三）液压龙门式打包剪切机

HBS 系列液压龙门式打包剪切机具有 5 种不同剪切力类型。它可对轻薄料废钢铁压缩打包再剪切，适用于轻金属结构件和各种具有塑性的有色金属。

（四）金属屑压块机

Y/83 系列机型主要用于钢屑、铸铁屑沫、铜屑和铝屑等压制成高密度圆柱体，以便于回收和冶炼。该类压块机分为 2500 千牛、3150 千牛、4000 千牛和 5000 千牛 4 种机型。

（五）废钢铁破碎生产线

目前全球已有 700 多条废钢铁破碎线在运行，2009 年我国废钢铁破碎生产线也已增加到 25 条。在废钢铁破碎机制造上形成以美国纽维尔公司为代表的美国制造技术，以德国林德曼公司为代表的欧洲制造技术和以日本富士车辆为代表的日本制造技术。湖北力帝于 2000 年引进、消化，成功开发了 746 千瓦的 PSX－6080 废钢铁破碎生产线。目前力帝产品有 PSX－6080、PSX－60104、PSX－80104 3 种机型，它们的主机功率分别为 746 千瓦、1118 千瓦、1491 千瓦，生产效率在 25 ~ 45 吨/小时。

（六）抓钢机、冶金渣破碎及研磨设备

詹阳重工和四川邦立在国内抓钢机市场占有很大比例，它们广泛应用于各钢厂及废钢铁加工料场、货运车站、码头。洛阳大华等企业制造的冶金渣破碎、研磨设备技术逐渐成熟，并向成套化、规模化发展。

三、加工设备前景展望

《钢铁产业调整和振兴规划》指出：“截至 2008 年年底，我国粗钢产能达到 6.6 亿吨，超出实际需求约 1 亿吨。” 2008 年中国粗钢产量中转炉钢占 90.9%，电炉钢仅占 9.1%。从我国的粗钢产能以及电炉钢所占比例分析判断，可以推定：在未来若干年间中国对废钢铁的需求依然保持强劲势头。

因此，我国废钢铁加工设备前景看好。质优价廉、适合中国国情、具有环保功能的废钢铁加工设备市场容量将十分巨大。淘汰落后、追求先进、提倡环保；鼓励多元化发展，规范行业管理，提倡技术创新，这将是废钢铁加工设备今后一个时期的发展方向。

（一）废钢铁破碎机将被推广普及

“钢铁产业发展政策”和“钢铁产业调整和振兴规划”都要求我国废钢铁产业树立科

学发展观，向精品废钢铁转变，实现精料入炉。“十一五”至“十二五”时期，废钢铁破碎机是我国废钢铁产业升级的必然要求，将被普遍推广使用。2012 年前后，国内市场拥有量预计将达到 100～150 台（套）。

（二）多功能打包、剪切机具有市场潜力

具有打包机和剪切机功能的复合废钢铁加工设备由于功能多样化，一机多用，投资相对节省，适合我国国情，这类设备在我国废钢铁回收加工领域具有一定的市场潜力。对于自动上料，并能除尘去杂的废钢铁加工设备应鼓励研制开发，因为这类设备可以大幅度提高劳动生产率，还能与精料入炉、清洁生产相匹配。同时也能促进废钢铁配送制度的建立。

（三）普通打包机、剪切机仍将扮演市场主角

我国社会废钢铁年回收量达 4000 万吨，且分散凌乱，资源分布无序。普通打包机、剪切机操作简便，经久耐用，维修方便。在一定的历史时期内，这类设备仍将充当市场主角。

（四）报废汽车、废旧家电回收加工设备亟待开发

国办发〔2009〕44 号通知指出，2009 年汽车报废量是 270 万辆，废旧家电报废量 9000 万台，2009 年中央财政安排补贴资金 20 亿元。这是个巨大的市场，充满着无限商机。具有环保性能的专用拆解加工设备和稀贵金属提炼设备必将大受市场欢迎。

第十三章　废有色金属回收利用行业技术装备概况

近年来，再生有色金属拆解、分选、冶炼、环保、节能、综合利用工艺、技术、装备取得了十足进步。一批原生矿产冶炼龙头企业加快进入再生有色金属领域，快速拉升产业整体发展水平。目前我国已形成了一批较为先进的再生有色金属技术和工艺装备。

一、预处理领域

放射性元素探测仪、废铅酸蓄电池机械化破碎分选设备、废汽车破碎分选生产线、废家电拆解分选生产线、线路板拆解分选生产线、废电机拆解生产线、导线剥皮机、铜米机、磁选法、浮选法、重力摇床、重介质分选法等一批先进的预处理技术装备得到了广泛应用，实现了我国废杂金属的预处理由完全依靠手工到机械化、半自动化的转变。

二、再生铜领域

竖平炉精炼工艺，摇炉、卡尔多炉精炼工艺，火法精炼紫杂铜直接制杆工艺，再生黄铜棒电炉熔炼—潜液转流—多头多流水平连铸工艺得到推广应用。赣州江钨新型合金材料有限公司和河北大无缝铜业有限公司引进西班牙 FRHC 火法精炼高导电铜工艺技术和设备，标志着我国紫杂铜精炼领域长期以来主要采用简易固定式反射炉局面被打破，回转式精炼炉和竖炉在废杂铜精炼领域将逐步得到推广应用。另外，目前正在建设中的山东金升有色集团年产 20 万吨阴极铜和铜加工项目将是中国再生铜行业首家采用自主研发摇炉的产业化项目。适应以上炉型的余热利用设备、烟尘废水回收和环保设备也已普遍配置和使用。

三、再生铝领域

再生铝纯净化恢复性能技术，侧井熔炼炉工艺，回转炉工艺，双室和三室反射炉工艺，铝灰再处理工艺，钢芯铝绞线切割磁选工艺等得到推广应用。采用大吨位熔炼炉型将成为规模再生铝企业发展重点，节能效果、生产效率、产品质量都将显著提高。天然气在燃料中的比例进一步提高，目前以天然气为燃料生产的再生铝产量超过 100 万吨以上，行业清洁生产水平进一步提高。与之相配套的节能设备、污水处理、烟尘回收环保设备也得到普遍应用。

四、再生铅领域

国外先进废铅蓄电池破碎分选技术装备在国内得到进一步推广应用，废铅蓄电池预处理工艺、设备国产化研发已取得成效，利用原生铅冶炼设备生产再生铅规模进一步扩大。目前，规模再生铅企业已经拥有全自动机械破碎废铅酸蓄电池分选预处理技术、节能环保短窑熔炼技术、富氧底吹熔炼铅新技术和废铅蓄电池固相电解处理技术等先进技术。

第十四章　废塑料回收利用行业技术装备概况

一、识别分离方法

回收的废旧塑料都是以混合态存在，加之塑料制品种类繁多，性能各异，即使是同一种类塑料也有多种类似物之分，比如聚乙烯，有低密度聚乙烯（LDPE）、支链低密度聚乙烯（LLDPE）和高密度聚乙烯（HDPE）。如果将这种塑料直接再生，则再生塑料的力学、电学性能低下，而且不稳定，难以达到高附加值再生利用的目的。因此常常在再生前需将混合塑料进行分类。

废旧混合塑料的分类方法包括传统简单鉴别分离方法和近代仪器鉴别分离方法。不同方法对分离废旧混合塑料都是有效的，但是这些方法在使用范围、分离效率、准确性以及工业化应用方面各有优缺点。有些方法仅限于性质差别较大塑料的鉴别，有些方法容易受塑料表面清洁度的影响，有些方法对测试环境要求很高，也有些方法鉴别效率较高，准确性好，适于工业化。由于国内外关于废旧塑料鉴别分离方法与技术的综述较多，因此本文只作简单汇总，而对于适于工业化、鉴别分离准确度高、效率高的技术，本文将重点介绍，并将几种方法进行评述。

（一）浮沉分离法

浮沉分离法（密度分离法或重力分离法）是废旧混合塑料最早的分离方法之一，研究应用也较多。它是根据不同种类塑料密度存在较大差异的原理进行大多数塑料的分离。在工业上可以将废旧混合塑料依次通过盛有不同密度液体的分离槽，然后根据塑料在液体中的浮沉情况将塑料分离出来。常用的液体有蒸馏水或洁净自来水、饱和食盐水、55%酒精溶液、氯化钙溶液等。

2008 年，Pongstabodee 等研究了三阶段浮沉法与浮选法相结合分离常见塑料的工艺流程。研究发现，选择合适浓度的介质溶液，可以将密度相差相对较大的塑料很好的分类。该课题组在第一阶段用自来水将 HDPE、PP 聚烯烃塑料与 PVC、PS、PET、ABS 分为两组，HDPE、PP 聚烯烃塑料密度比水小，上浮，后 4 种密度比水大，下沉；然后，HDPE 与 PP 再经 50%酒精溶液分离，上浮的 PP 和下沉的 HDPE 回收率各达到 100%；最后，PS/ABS 和 PVC/PET 由 $CaCl_2$ 溶液（30%，质量体积比）分离成两组，而密度更接近的 PS 与 ABS、PVC 与 PET 没能用此法分离。

2011 年华东理工大学高分子合金实验室针对浮沉法分离回收 HDPE 与 PP 做了更详细的研究，讨论了塑料尺寸大小、分离液密度以及 HDPE 与 PP 相对含量、不同种润湿剂对分离效果的影响。实验结果表明，木质素磺酸钙润湿剂（CaLS）适合 HDPE 与 PP 的分离，而且当回收塑料尺寸为 5mm ~ 10mm、分离液密度为 0.91g/cm^3 时，这两种塑料可以得到较高纯度的分离，回收的塑料纯度可达 97%。

2012 年 Robert 发明了塑料三步分离的工艺与设备，并为此申请了美国专利。在第三阶段分离操作中同样采用浮沉分离法，在高密度液体分离槽中（密度约为 1g/cm^3 的水或其他分离液），PS、PVC 和 PET 下沉，PP 和 HDPE 漂浮。然后，漂浮的 PP 和 HDPE 在低密度液体分离槽中（密度为 0.91 ~ 0.94g/cm^3 的菜油分离液）得以分离，即 HDPE 下沉、PP 漂浮。

综上，浮沉分离法操作简单、方便可行，利用一定浓度的溶液即可将多种塑料分离。但缺点是无法分离密度较近的塑料，要获得高纯度的单一塑料还需结合其他分离方法。另外，其分离效率也较低。

（二）浮选分离法

浮选分离法是利用单宁酸、甲基纤维素、木质素磺酸钙、十二烷基苯磺酸钠等润湿剂改变塑料表面的润湿性，使某些塑料表面由疏水性变为亲水性下沉，而仍为疏水性的塑料表面黏附气泡而上浮，从而达到塑料分离的方法，该方法目前在塑料分离行业得到了广泛应用。

Pongstabodee 等采用浮沉法将 PVC/PET 与 PS/ABS 分为两组后发现，此法对 PVC/PET 与 PS/ABS 两组塑料进一步的分离失效，因此采用了浮选法。对于 PVC/PET，浮选分离的最佳条件为：500mg/L 木质素磺酸钙润湿剂（CaLS），0.01mg/kg 甲基异丁基甲醇发泡剂（MIBC）和 0.1 mg/L $CaCl_2$ 溶液，pH 值为 11。对于 PS/ABS，浮选分离的最佳条件为：200 mg/L CaLS 和 0.1 mg/L $CaCl_2$ 溶液，pH 值为 7。结果证明使用润湿剂、发泡剂、电解质以及调节溶液 pH 值，改变塑料表面的亲水性和疏水性，可以进一步分离密度更接近的塑料种类。

Teresa 等在工业化小规模连续浮选池中进行了从塑料混合物中分离 PET 的实验。该课题组先用 NaOH 溶液或工业洗涤剂对塑料处理后，再用木质素磺酸钙润湿剂或烷基膦酸乳化剂进行表面吸附浮选，结果可以使 PET 回收率达到 97%，而漂浮的 PVC 和 PS 回收率分别达到 95.9% 和 90.7%。

Shen Huiting 等用甲基纤维素和烷氧基聚乙烯氢氧基乙醇（15 - S - 7）作润湿剂，将 7 种塑料（POM，PVC，PET，PMMA，PC，PS 和 ABS）也通过浮选法分组，探索了塑料可以选择性漂浮的机制，并考察了塑料表面的可润湿性、浮选介质表面张力以及塑料颗粒密度、形状等因素对塑料漂浮性的影响。结果发现，塑料可以选择性漂浮主要是由于润湿剂在塑料表面的吸附性不同。若润湿剂以范德华力吸附在某种塑料表面后，其极性端朝向水相，可以增加塑料表面的亲水性，导致塑料下沉。其次，在润湿剂存在时，浮选介质表面张力降低，不同种类的塑料表面接触角不同（接触角排列顺序 ABS > PS > PC >

PET > PVC > POM > PMMA），导致其可湿性不同，进而浮沉情况不同。接触角大，可湿性差，该种塑料就表现为疏水性，容易漂浮；反之，容易下沉。另外，颗粒大小、粒子密度和形状对漂浮性也有影响，低密度、小粒径的塑料最易漂浮。

（三）电选分离法

电选分离法根据使塑料带电方式不同可以分为两类：一类是摩擦静电识别；另一类是静电分离。

摩擦静电识别原理是不同种类的塑料进行摩擦以后，通过表面的电子得失获得相反的电荷和不同的电量，从而在电场的作用下分离开，其中介电常数高的塑料表面带正电荷，介电常数低的塑料表面带负电荷。文献详细介绍了自由落体式静电分离器分离 PVC、PE 的实验过程，并展示了原理图和实物图。首先，把 1mm ~ 2 mm 大小的 PVC、PE 颗粒各 100g 加入一铝制可调速的滚筒中旋转。在滚筒中，两种塑料颗粒互相碰撞，并不断与筒壁摩擦，从而发生摩擦起电效应而带相反电荷。落入水平方向的电场区域后，带不同电荷的不同种塑料在高压直流电场作用下分别落入对应的收集槽从而得到分离，PVC 和 PE 分离纯度都超过 95% 。这种方法很简单，关键是要选择合适的摩擦充电材料使不同种类、规格的塑料带不同电荷。Calin 等在一种新型流化床摩擦充电设备中考察了两种材料 Al 和 PP 使 3 种不同组分的 PVC 和 PET 混合物（50% PVC 和 50% PET，10% PVC 和 90% PET，90% PVC 和 10% PET）摩擦带电从而分离的能力。实验结果证明，对于分离 50% PVC 和 50% PET，两种材料的充电室效能同等，而对于分离 10% PVC、90% PET 混合物和 90% PVC、10% PET 混合物，PP 材质的摩擦充电室更有效。原因是在塑料与充电室墙壁碰撞、不同种塑料碰撞、同种塑料碰撞而摩擦起电的 3 种方式中，前者发挥了主要作用。

另外，2006 年 Park 等利用该方法使 PVC 和 PET 分别带负电荷和正电荷而在电场作用下分离开。在最佳操作条件下，PVC 的去除率和 PET 的回收率分别达到 99. 60% 和 98. 10% ，而且实验重现性很好（ ±1% ）。同时，该课题组在 2007 年又通过两步法分别使用 PP 和 HIPS 材质的充电探针将 PVC、ABS 和 PET 分成单一塑料。

静电分离是利用电晕放电使塑料带不同电性和电量以获得分离的方法。2010 年 Amar 等指出，在分离尺寸 >2 mm 的粗糙塑料颗粒时，因重力大于库仑力，传统的自由落体式摩擦静电分离器分离效果很差，需要使用卷式电晕静电分离装置。通过卷式电晕静电分离装置分离 50% HDPE 和 50% LDPE 混合物可回收 97% 的 LDPE（纯度为 97. 83% ）、92% 的 HDPE（纯度为 92. 45% ），而用自由落体式摩擦静电分离器只能得到 60% 的 LDPE 和 75% 的 HDPE。

然而，这两种电选法分离废旧塑料时对材料的干燥程度和实验温度要求苛刻，操作成本很高。因此，需要寻找更适合工业大规模处理废旧塑料的新技术。

（四）近红外光谱鉴别法（NIR）

近年来，近红外光谱聚类（定性）分析的研究和应用日益活跃。其因能高效、快速、准确地对固体粉末、颗粒等多种物质进行无损检测，在废旧混合塑料回收定性方面也得到了推广。

废旧混合塑料的再生利用往往需要较高的鉴别准确度。不同种类的塑料在近红外光照射下会产生相应的光谱图，而这些近红外光谱又各有其特定谱区，因此能作为精准鉴别的依据。

采用NIR技术鉴别废旧混合塑料，波长范围为0.75μm～2.5μm（波数13300～4000 cm^{-1}），很适合鉴别透明或轻度着色的聚合物。对常见的一些通用塑料和工程塑料（如PE、PP、PVC、PS、ABS、PET、PC、PA、PU等）鉴别非常显著，而且效率高，对实验条件限定也低。但是NIR技术的缺点在于：不适于鉴别深色的塑料。故在回收利用废旧塑料的过程中，可先将用于回收的塑料分为深色和浅色两类。

目前，国外已经开发出比较先进的鉴别设备。Scott设计了一个以简单的双色固定滤波器、近红外光谱仪和简单回路为基础鉴别废旧塑料的系统。根据特定的吸收比来鉴别塑料，不受样品厚度的影响，只使用两个干涉滤光片便可快速而方便地区分PET与PVC。另外他们报道，与人工神经网络联用，近红外光谱仪只用为数甚少固定波长的NIR检测器就可以很好地鉴别塑料类型。

之后，由于标准光谱仪对样品只能进行点扫描，于是研究者们将目光转移到用NIR光谱成像技术鉴别聚合物的研究上来。Leitner等用NIR光谱成像技术在自动化工业分拣装置中在线、实时鉴别了塑料的材质、形状和尺寸，谱图识别准确率超过93%。2011年，Serranti等同样使用了NIR高光谱成像系统，从建筑废弃混合物中回收聚烯烃类颗粒PP和PE。鉴别过程采用1000 nm～1700 nm全谱波长和1139 nm、1167 nm、1195 nm、1244 nm、1328 nm、1370 nm、1405 nm和1587 nm共8个特征波长点的主成分分析（PCA），都可以将PP、PE分类。利用此法还可以根据波谱图确定PP和PE的密度分界线为0.91 g/cm^3，与理论值一致。实验结果证明NIR高光谱成像系统是聚烯烃回收工艺质量控制的有效手段。

我国基于NIR技术也做了一些研究。谭曜等通过使用近红外光谱仪，结合OPUS IDNET化学计量软件处理光谱图，并建立定性鉴别分析模型，实现了ABS、PS、PA、PE、PBT、PET、PP、PTA、PTT、PVC、TPE、乙烯丙烯酸酯共聚物、POE和EVA14种不同废旧塑料的快速定性分析。

上海交通大学张继游和杨懿等分别针对废旧汽车和家电回收处理中的不同种类塑料快速识别进行了系统硬件、软件的开发与分析，制定出符合汽车、家电塑料识别的数学处理流程；他们使用最小二乘平滑、Norris微分及中心化处理方法进行光谱曲线滤波处理，采用模糊的模式识别算法提取样品光谱主成分信息及得分作为塑料分类依据，最终以不同种类塑料主成分马氏距离的差异辨别塑料种类，建立了常用典型塑料近红外光谱标准数据库，开发了一套自动识别系统，进行实验性检测准确率都达到了95%。

浙江大学杜婧等结合窄带滤光片和光电传感器设计了红外检测装置，开发了自动鉴别分离系统。在理想状态下可实现透明塑料100%分离；若系统采用ARM嵌入式处理器，可满足工业回收现场要求。但是目前国内并没有近红外鉴别设备生产，因此，在这些研究基础上设计近红外鉴别设备广泛应用于工业塑料回收前景十分广阔。

在进行近红外光谱分析时，为了获得准确可靠的结果，几乎所有的研究都结合使用化学计量学方法，即在对近红外光谱数据建立校正和预测模型前，先采用移动平均光滑法、微分处理、傅里叶变换、小波消噪等方法消除高频噪声的干扰以及仪器背景或基线漂移对信号的影响。然后以主成分分析、遗传算法、模拟退火算法、逐步回归分析法等进行特征波长或波段的筛选，实现原始数据中无效数据的剔除，优选出反映主成分特征信息的光谱范围。两项预处理工作能为最后利用偏最小二乘法、主成分分析－马氏距离法、人工神经网络法以及支持向量机法建立样品属性参数与光谱信息间关系模型奠定基础，有效地减少计算工作量，提高模型预测能力与稳健性。

近年来，在数据预处理过程中，小波变换（WT）降噪消噪方法是最常用和最有效的工具，具有时频分析的优势；波长优化选择方法主要是遗传算法（GA）。在实际应用中，针对不同的研究对象将多种方法结合建模，并实现不同仪器间模型共享是今后研究的趋势。

二、清洗技术

废旧塑料在使用过程中难免受到不同程度的污染，在识别和分离前首先要进行清洗以除污、脱标，提高后续分拣准确性，因此清洗工艺是废旧塑料回收再生利用的关键。然而，清洗工艺对清洗剂、pH 值等条件有严格的限制。美国专利提出废旧塑料瓶的清洗剂中不能含有氯化物，pH 值不能超过 11，否则可能引起清洗过程中塑料应力断裂。同时，提出使用锂、钾、钠碳酸盐或碳酸氢盐与低泡表面活性剂以一定比例混合制得的清洁剂清洗回收塑料，成本低，污染少，而且清洗效果好。然而，以求提高混合塑料清洗效率时，就要加入更多的清洗剂，这样的后果是产生较多的泡沫，影响清洗效果；而要单独增加苛性碱以除标签和胶体物时又附带加入了表面活性剂，相反需要增多表面活性剂的量时也无法减少苛性碱的使用量。因此，1994 年美国专利又提出使用苛性钠与表面活性剂以一定的流速分别加入清洗槽中对废旧混合塑料进行清洗的新工艺。这种工艺创新处是将两种组分以特定的速率独立加入水中用于清洗混合塑料，可以根据需要调节流速控制两种组分的质量分数，既能提高清洗效率，又降低不必要的浪费。

目前，国内含易燃易爆、有毒成分的清洗剂已被新型清洗剂代替。新型塑料清洗剂配方中一般都含有碱性物质（如碱金属氢氧化物、碳酸盐、碳酸氢盐、有机碱等）、清洗助剂（如硅酸钠、乙二胺四乙酸二钠、羧甲基纤维素、三聚磷酸钠、焦磷酸钠等）和表面活性剂。碱性物质起皂化作用。清洗助剂可以分散清洗脱落物，防止再沉积，对表面活性剂起协同作用，软化水质，防止生成钙皂污染清洗对象。表面活性剂主要起渗透和乳化作用。

传统的废旧塑料清洗工艺，主要通过使用市售清洗剂在各种机械设备中漂洗或搅拌洗涤。PET 瓶片可以在超声波设备中清洗。相比之下，超声波清洗是所有清洗方式中效率最高、效果最好的一种，原因是超声可通过空化效应加速化学清洗剂对污垢的分散、乳化、剥离过程，化学力与物理力相结合，加速清洗过程。而且超声波清洗发展迅速、工业应用广泛，但是还没有可以工业化的废旧塑料超声清洗机问世。因此，结合新型清洗工艺，并研制超声波清洗系统，推广工业化，有望为废旧塑料再生利用带来巨大便利与效益。

我国的废旧混合塑料主要是由废旧电器电子产品及生活用品等拆解后所得的，可回收利用的主要是热塑性塑料，包括聚丙烯（PP）、聚乙烯（PE）、聚苯乙烯（PS）、聚氯乙烯（PVC）、聚对苯二甲酸乙二醇酯（PET，PETE）、丙烯腈－丁二烯－苯乙烯共聚物（ABS）、聚甲基丙烯酸甲酯（PMMA，俗称有机玻璃）、聚碳酸酯（PC）、聚酰胺（PA）、聚氨酯（PU）、聚四氟乙烯（PTFE，俗称特富龙）、聚甲醛（POM）等。

根据上述识别分类方法以及清洗技术，结合我国塑料回收现状，本文提出废旧混合塑料回收处理工艺路线。首先可根据外观不同，人工辨别或借助色选机械设备初步分为外壳类深色塑料和非外壳类塑料。前者主要是四大家电和电脑外壳以及其他电器电子产品拆解的大块深黑色 ABS、PS 和浅色 PP，它们可以通过采用蒸馏水或自来水的浮沉法以及加入润湿剂的浮选法鉴别；后者主要有包装、农用薄膜、生活用品、汽车和工程建材等废旧塑料，是 PE、PP、PVC、PET、ABS、PS、POM、PMMA、PU、PA、PTFE 等的混合状态。这些塑料的分离比较麻烦，需要粉碎、超声波清洗、脱水后采用先进的近红外鉴别技术才能得以全部精准识别。

第十五章　废纸回收利用行业技术装备概况

一、回收利用技术概况

我国对废纸的利用和处理，在20世纪70年代是通过简单的蒸煮、疏解、打浆、洗涤后用于抄造或配抄卫生纸和低档箱纸板。到80年代废纸的回收率已达25%左右，少数厂家亦能生产脱墨浆。进入90年代后，一些大中型造纸企业先后从国外引进了包括生产线在内的脱墨设备和技术，并对废纸脱墨剂和废纸脱墨设备进行了针对性改进与创新，使我国废纸利用处理技术和设备装配水平得以全面发展。

一些较大型的纸板生产企业，利用进口废纸和引进的脱墨设备与技术，生产出高档产品。如上海宏文纸业、福建青州造纸厂、辽阳工艺纸板厂、安徽芜湖东方板纸厂等，利用进口的废瓦楞纸箱，采用热分散法或冷筛法处理的再生浆作为芯、底层浆，在引进生产线或原有改进的纸机上，生产牛皮箱纸板及配抄纸袋纸等品种，不仅质量档次高，而且对进口的旧瓦楞纸中含有影响生产和易造成纸病的胶黏剂、杂质等也能有效处理，确保了生产正常运行。以广州造纸有限公司、中华纸业有限公司和南平造纸厂为代表的企业，分别从国外引进脱墨生产线或主体设备，采用浮选一洗涤综合法，处理旧报纸和旧杂志纸。广州造纸厂和南平造纸厂以再生浆配抄新闻纸。而宁波中华纸业股份有限公司则使用废纸再生浆作为芯浆和底层浆，生产涂布白纸板，均取得了较好效果。

国内的一些研究单位和生产单位合作研究开发了脱墨技术和设备，利用企业现有条件进行革新改造后，生产小批量废纸再生浆获得成功。如广东中山中发纸品厂与中国制浆造纸研究院合作，用100%旧报纸生产新闻纸。河南省许昌、焦作、睢县、新乡等地的厂家利用进口AOCC等废纸配抄高强瓦楞纸和箱纸板效果显著。

福州第二造纸厂、南宁新阳造纸厂等中小型企业，利用国内设备和技术处理旧报纸和旧纸板，生产卫生纸和低档白纸板。河南省鹤壁造纸厂将原设备略加改造，利用旧报纸生产再生新闻纸。许昌、偃师的造纸一条街，利用废纸生产卫生纸。新密市一些造纸厂利用国产旧纸箱生产箱纸板、牛皮挂面纸等中低档产品均取得了较好效益。

国内的设备厂家和化学品生产、研究单位，通过合作攻关，在设备性能、化学品质上也取得了很好效果。如杭州轻工研究所与浙江新市造纸厂合作开发了小型废纸处理工艺及废纸脱墨系统。辽阳造纸机械厂和福建轻工机械厂研究的废纸处理装备已形成配套系列，成功地投入生产。山东的一些造纸机械厂也生产了不同类型的脱墨设备，已有厂家购进使用。还有福建造纸所、杭州化工研究所、天津科技大学等单位研究开发的各类脱墨剂也得到了用户认可。

二、回收利用设备概况

为解决废纸处理设备长期依靠进口的局面，以及提高国产设备的技术装备水平，20世纪90年代初，国产废纸处理设备已开始进行研制与开发。

（1）1991—1999年，加强科研力度，国产废纸设备制造向中型发展，特别是在20世纪90年代后期发展迅速。这一期间开发成功的有日产200吨废纸制浆成套生产设备。

（2）2000年以后，开发力度进一步加大、加速。提出在结合国债支持的国家重点造纸技术改造项目引进国外先进设备的同时，引进部分适合国情的、工艺先进的适用技术，力争做到借鉴国外先进成熟的经验，加快装备国产化进程。2000年与国外公司签订了废纸处理技术转让合同。国内最大的日产废纸浆400吨的箱纸板处理生产线成套设备于2004年研制开发成功；2005年又开发了日产600吨成套生产线，同时开发了包括全封闭脱墨机组、高速洗浆机、盘式热分散机等组成的日产50吨和250吨脱墨浆生产线。另外，生产能力可达600吨/日的具有集碎浆、粗筛功能于一体的鼓式碎浆机系列产品和生产能力达200吨/日且具有节水和减少废水排放的高效封闭筛选系统以及生产能力达50～150吨/日中、高浓漂白系统设备（包括挤浆机、高浓混合器和高浓漂白塔等），相继成功投产。

（3）2005年山东济宁华一轻机公司研制、开发的日产400吨废箱纸板处理成套设备生产线在四川省广汉顺发纸业公司投入运行，目前可供产能已提高到日产600吨；福建联盛纸业公司年产15万吨废箱纸板处理生产线已开始运行；150吨/日脱墨成套设备生产线在河南鸿泰纸业公司投产运行，目前可供产能已提高到日产250吨，运行良好，并已在全国推广。

①济宁华一轻机公司提供的400吨/日废箱纸板处理生产线主要由6个系统组成：连续碎解（除杂系统）；除砂净化、粗筛选系统；纤维分级筛；精筛选系统；洗涤浓缩工段；热分散系统。

②日产150～250吨的脱墨浆生产办公用纸工艺流程：高浓水力碎浆机→粗选机→高浓除渣器→粗选→浮选脱墨→净化及精选→洗涤→热分散→漂白。

③以进口ONP为原料的年产12万吨新闻纸生产线，该线设备包括碎浆系统、压力粗筛、Maccell浮选脱墨槽、压力精筛、盘式热分散系统、高浓漂白塔等。

④当今国内中小纸厂，主要采用华一公司（已被美国KBC公司兼并，改名为凯登轻工机械济宁公司）废纸制浆设备。既可靠又实用，价格合理，而且维修、配件供应方便。

（4）除华一轻机公司提供成套废纸处理设备外，近年来研制成功废纸制浆新设备的企业覆盖全国各地，其中比较突出的还有：山东晨钟机械公司的转鼓式碎浆机和ZFM型封闭浮选脱墨槽；福建轻机公司的 ZNV 系列螺旋挤浆机、预热进料螺旋器系列、ZGF 系列叠型浮选脱墨槽以及中浓度粗筛系列；山东汶瑞机械公司的年产 15 万吨中浓纸浆少污染漂白设备（升降流漂白塔、过氧化氢漂白混合器等）；郑州运达造纸设备公司研制开发了废纸散包干法筛选系统以及山东安联轻机公司的高浓除渣器、浮选脱墨槽、压力筛、转鼓式碎浆机、高速洗浆机等。

第十六章　废弃电器电子产品回收拆解行业技术装备概况

一、回收利用行业技术概况

（一）目前广泛采用的废弃电器电子产品回收利用技术介绍

目前，针对废弃电器电子产品的目录产品广泛采用的回收利用技术为手工拆解 + 专业处理技术。其中，手工拆解是借助气动工具、剪刀等简单工具，对废弃产品进行手工解体并分类。按照环保部对废弃电器电子产品处理企业的处理技术的要求，专业必备技术主要有制冷剂回收技术、CRT 屏锥分离技术。此外，冰箱破碎分选技术也被行业广泛采用。

1. 制冷剂回收技术

制冷剂回收技术是较成熟的技术，广泛应用于制冷器具的维修行业。该技术的核心性能指标是制冷剂回收率。此外，不同制冷剂应分别进行回收。制冷剂回收技术还应包括制冷剂除油、除水等净化功能。

2. CRT 分离技术

CRT 屏锥分离具有多种技术路线，例如电热丝分离法、激光切割法、金刚石切割法等。目前广泛采用的是电热丝分离方法。利用在 CRT 表面形成骤冷骤热，使玻璃进行分裂。该技术性价比高，并已经完全国产化。

3. 冰箱破碎分选技术

冰箱破碎分选技术的工艺路线较成熟，即二次/三级破碎、磁力分选、重力分选、涡电流分选等，在特殊工位也可增加人工辅助分选。由于冰箱中的发泡剂具有可燃性，所以该技术应用中防爆是关键。技术的核心性能是材料的分选率。该技术已经有国产化，但与发达国家尚有一定差距。此外，发达国家要求回收冰箱保温层中的发泡剂。而我国不强制要求回收发泡剂。

（二）国内外先进废弃电器电子产品回收利用技术介绍

1. 电冰箱破碎分选技术

欧洲著名废弃电器电子回收处理设备供应商大都成立于 20 世纪八九十年代，已有多年的技术经验。电冰箱的回收处理技术已非常成熟，处理能力每年达到几十万台至一百万台不等。日本、韩国、中国台湾以及中国内地的冰箱处理技术大多在欧洲（尤其是德国）冰箱处理技术的基础上加以改进。图 19 所示为发达国家电冰箱处理流程示意图。

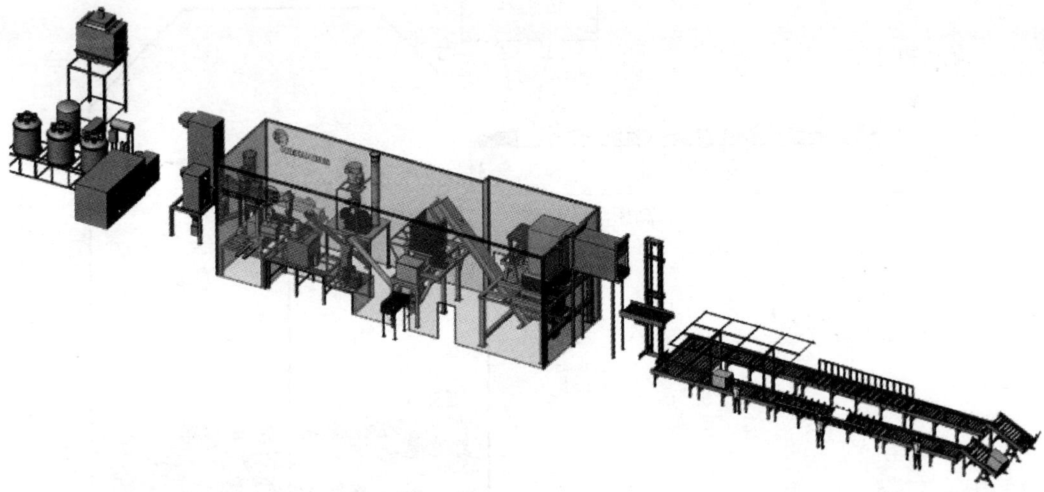

图 19 电冰箱处理流程示意

中国电冰箱处理流程也是借鉴发达国家电冰箱的处理流程。除了对发泡剂回收管理的不同以外，我国电冰箱处理技术在处理效率、材料分选率，尤其是技术的稳定性和可靠性方面还有较大的提升空间。

2. 塑料智能分选技术

传统的塑料分选是比重分离法与人工分拣相结合。随着石油价格的不断上升，废塑料的价值也在不断提高。欧洲、日本等发达国家不断改进塑料分选的工艺和技术，并将新技术应用于塑料的分选工艺中。例如，彩色线扫描照相技术、近红外线传感技术、X－射线透射技术、可见光传感技术等。新技术的应用大大提高了塑料分选的效率和分选能力。图 20 所示为欧盟光电智能分选技术标准分选模型。值得一提的是，该技术不仅在发达国家有产业化应用，在我国废弃电器电子产品处理工厂，例如格林美等也有产业化应用。我国在塑料智能分选技术领域还处于刚刚起步阶段。

3. 液晶面板铟回收技术

铟是稀有金属，根据资料，全世界已查明的铟矿产储量仅有 1.6 万吨，是黄金储量的 1/6。铟被称为“合金的维生素”，广泛用于平板显示镀膜、太阳能电池、集成电路等高科技领域。随着科技的快速发展，铟资源面临匮乏。从含铟废料中回收铟已经成为发达国家关注的热点。由于废液晶显示器中铟的含量很低，回收工艺复杂，针对废液晶显示器中铟的回收，欧盟和日本是采取两种不同的路线。

日本在液晶回收技术方面主要侧重铟的回收技术研发。2006 年，夏普公司开发了液晶铟回收的化学方法。该技术是将液晶屏玻璃粉碎为碎玻璃状，然后将碎玻璃表面上的铟溶解于酸中，利用激活铟的特性的方法回收铟。由于废液晶中铟的含量较低，在日本，从废液晶中回收铟仅仅是试验室技术。2009 年，日本家电再商品化法进行修订，电视机

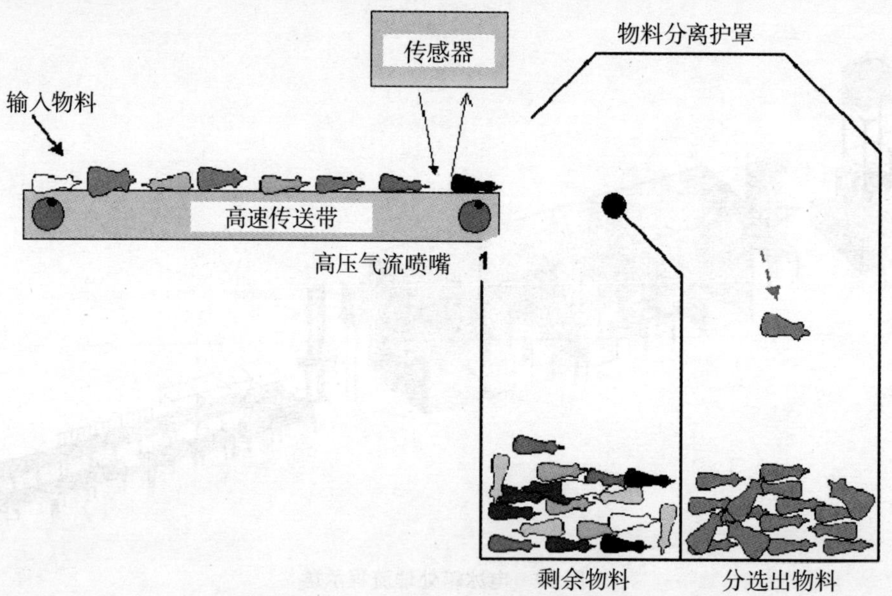

图 20　欧盟光电智能分选设备标准分选模型

中增加对液晶电视的回收。随着废液晶电视的增加，日本废液晶中回收铟的技术也在不断提高。

2011 年，中国家用电器研究院与四川长虹电器股份有限公司合作开展了废液晶面板铟回收技术研究，并在试验室实现铟的回收，为我国废液晶电视和显示器中铟回收奠定了良好的基础。

二、回收利用行业装备设备概况

（一）目前广泛采用的废弃电器电子产品回收利用装备设备介绍

1. 手工拆解线

废弃电器电子产品回收利用企业中应用最广泛的设备是手工拆解线。手工拆解线主要由手工拆解工作台和传送带组成。为了提供拆解效率，不同类别的产品可设置不同的拆解线。拆解线可根据拆解产品数量的多少，灵活设计拆解工作台的数量。此外，需要负压环境拆解的工作台，需要安装负压集尘装置。

由于拆解线制造的技术要求不高，且其布局与处理企业的场地面积密切相关。多数处理企业采用委托加工的方式定购拆解线。

2. 电冰箱处理设备（包括制冷剂回收设备）

根据中国家用电器研究院电器循环技术研究所调研显示，参与调研的处理企业中，电冰箱处理设备 58% 为国产设备，21% 为企业自主或委托研发，12% 为进口设备，9% 为中国台湾设备。

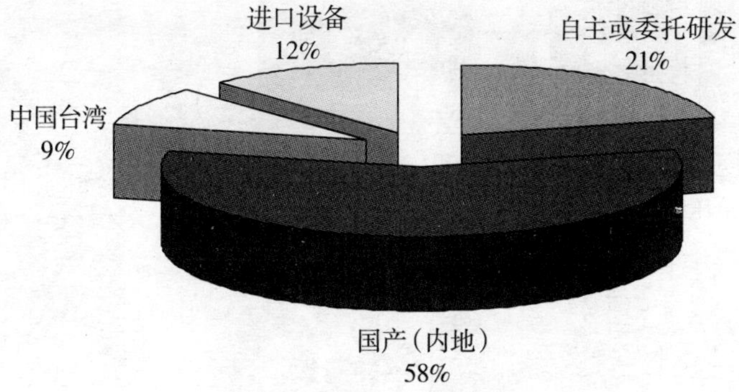

图 21　电冰箱处理设备来源

3. CRT 分离设备

根据中国家用电器研究院电器循环技术研究所调研显示，参与调研的处理企业中，CRT 处理设备以购买国产内地的设备为主，占 48%，拥有自主或委托研发的企业占 35%，另有 17% 的企业从中国台湾或国外进口处理设备。

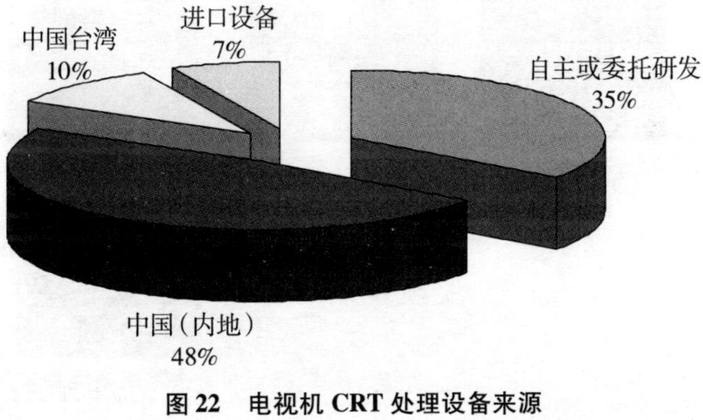

图 22　电视机 CRT 处理设备来源

(二) 国内外先进废弃电器电子产品回收利用装备设备介绍

1. 电冰箱破碎分选及发泡剂回收设备

以德国电冰箱处理设备为例，如图 23、图 24 所示。电冰箱处理分为两个阶段。在预拆卸阶段，废电冰箱按照使用的制冷剂和隔热材料的类型进行分类，用抽吸设备把制冷剂从制冷系统中抽出，拆除冰箱所有的玻璃板及含有害物质的组件、压缩机等。在破碎分选阶段，全部工艺过程在负压下完成，并由活性炭过滤器吸附氟利昂，无泄漏。采用自动化程度高的破碎分选工艺，分离出铁、铜、铝、塑料等材料。该设备处理效率达到 100 台/小时。

图 23　电冰箱预处理

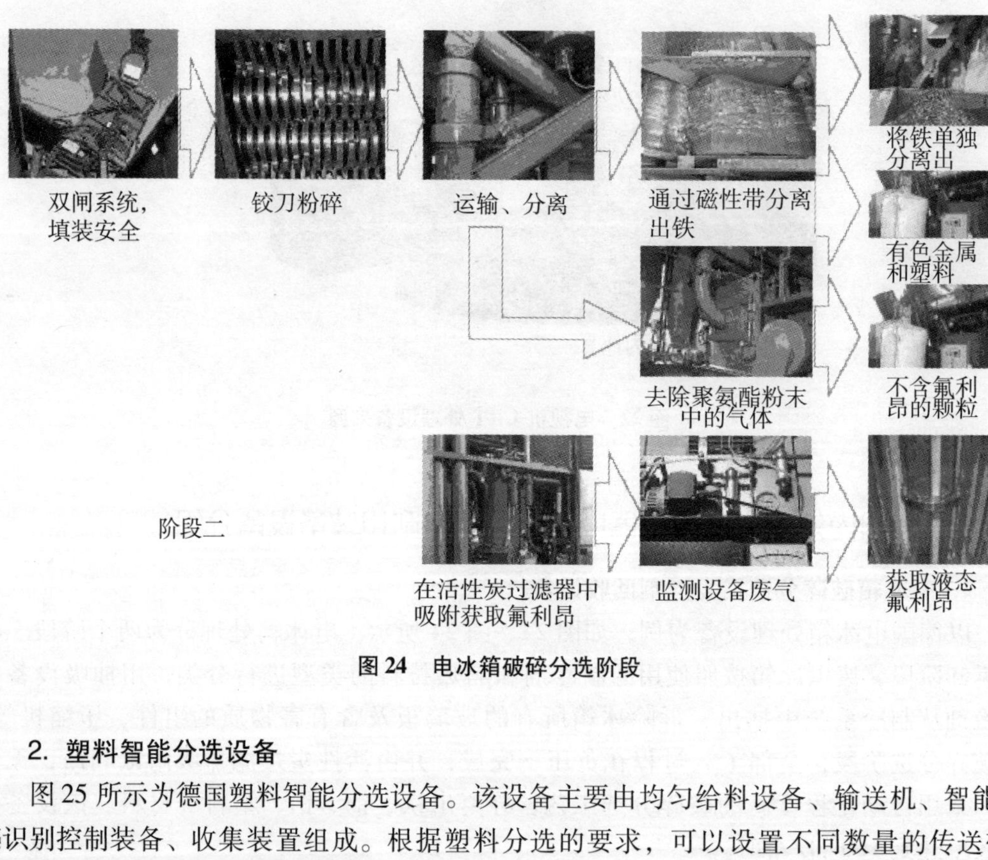

图 24　电冰箱破碎分选阶段

2. 塑料智能分选设备

图 25 所示为德国塑料智能分选设备。该设备主要由均匀给料设备、输送机、智能传感识别控制装备、收集装置组成。根据塑料分选的要求，可以设置不同数量的传送带，并配合不同的智能传感识别系统。

图 25　塑料智能分选设备

第十七章　报废汽车回收拆解行业技术装备概况

一、目前广泛采用的拆解技术

目前我国报废汽车回收拆解行业基本采用的报废汽车拆解技术工艺是：回收—拆解—剪切（破碎）—再生材料销售为一体的经营模式。而日本实行的是：回收、拆解、破碎三段式的经营模式，回收是汽车销售商的派生服务项目，即在新车、二手车销售的同时回收报废的旧车，是义务性的；拆解是独立的经营企业，以拆解的汽车零部件销售为企业的利润增长点，因此基本不受制于钢厂的市场价格影响；破碎是将企业周边的所有拆解企业拆解的汽车壳体收集起来，统一实施大型的规模破碎，实现规模效益。但国外大多数国家采取的是：回收—拆解、破碎二段式的经营模式，回收拆解企业拆解的汽车零部件销售利润占总利润份额的80%以上，主要通过网络销售给汽车维修行业，维修企业再以低于新品价格的50%以上根据客户的意愿用于汽车修理，销售市场较为成熟。而以废钢铁为主销售的再生材料仅占总利润份额的15%以下；破碎企业专营废钢铁的破碎加工，做到了规模生产，为钢厂提供较规模的且高质的精品废钢炉料，得到了钢厂的青睐。另外，有一些较成熟的市场实现了回收拆解企业按照车型回收拆解，做到专营某品牌零部件的经营格局。回收、拆解、破碎、销售社会分工明确，经营有序，体现了企业效益和社会效益和谐发展的良好业态。目前我国报废汽车回收拆解行业仍属于以销售再生材料为企业经营利润主要来源的粗放型经营模式，拆解的汽车零部件销售利润不足总利润份额的15%，以废钢铁为主销售的再生材料占总利润份额的80%以上，因此，目前我国报废汽车回收拆解行业的经营与发展极大地依赖于冶金企业的兴衰，并且由于再生材料的供应规模、产品质量等多种因素，总使报废汽车回收拆解企业处于经营被动局面，如钢厂的压制压价、拖欠货款等，同时，由于报废汽车回收拆解程序的滞后因素，一旦钢材市场疲软，就会造成报废汽车回收拆解企业拆解的再生材料高进低出，或滞销压库。我国这种粗放型经营模式究其原因主要包括：一是主观原因，历史遗留下来的粗放型拆解，以废钢铁销售为主要经营思路的经营观念，在提供拆解的汽车零部件销路方面研究重视不够；二是客观原因，收购的报废汽车数量较低，车型老旧，拆解的可回用零部件没有形成稳定的销售渠道环境。因此，目前我国报废汽车回收拆解行业其企业效益和社会效益都不尽理想。报废汽车拆解技术工艺如图26所示。

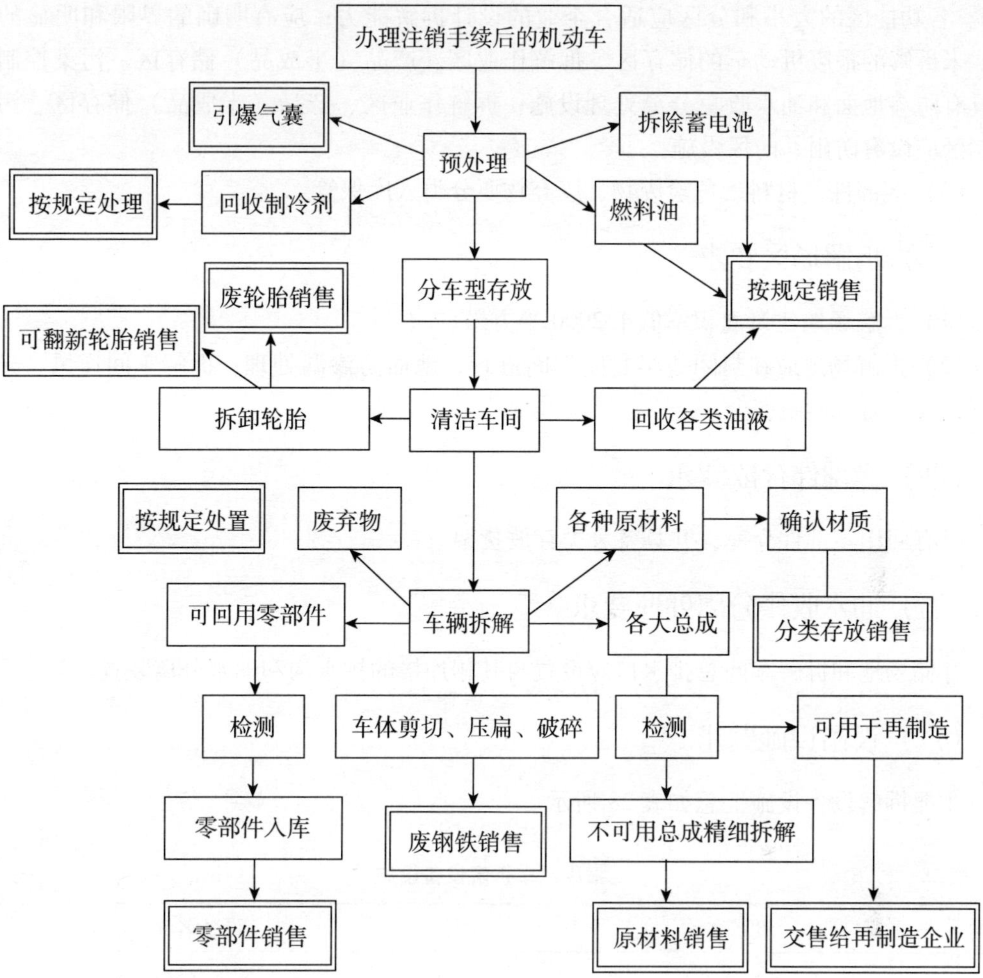

图 26　报废汽车拆解技术工艺流程示意

二、回收拆解企业的基本要求

（一）经营场地要求

（1）经营场地面积不低于 10000 平方米；

（2）作业场地面积（包括存储和拆解场地）不低于 6000 平方米；

（3）作业场地要求地面全部硬化并防渗漏。

（二）场区功能要求

（1）场区要统筹规划，合理布局。

（2）场地设置应划分为不同的功能区，包括管理区；未拆解的报废机动车储存区；拆解作业区；产品（半成品）储存区；污染控制区（即各类废物的收集、储存和处理区)。各功能区的大小和分区应适合企业的设计拆解能力；应有明确的界限和明显的标识；未拆解的报废机动车的储存区、拆解作业区、产品（半成品）储存区、污染控制区应具有防渗地面和油水收集分离处理设施；拆解作业区、产品（半成品）储存区、污染控制区应设有防雨、防风设施。

(3) 零部件、材料、危险废物、废弃物要分类入库保管。

（三）拆解场区要求

(1) 拆解场地建筑面积不低于2000平方米；

(2) 拆解场地应在封闭或半封闭车间进行，地面防渗漏处理；拆解车间通风、光线良好，安全防范设施齐全。

（四）零部件存放要求

具有回用零部件仓库，并具备分类存放货架。

（五）油水收集分离处理要求

存储场地和拆解车间总排水口应设置与其相连接的排水沟和油水分离装置。

（六）设备设施要求

主要拆解设备设施汇总如表28所示。

表28　　报废汽车拆解设备设施

序号	设备名称	序号	设备名称
1	电子磅	13	零配件存放货架
2	引擎检测仪	14	车辆拆解翻转机
3	制冷剂回收机	15	各种相关存储容器、存料箱
4	安全气囊引爆系统	16	油水分离机或分离槽
5	抽油设备（真空抽油机、防爆抽油机、漏斗式废油液回收机等）	17	消防设施（消防池、消防材料、灭火器材等）
6	轮胎扒胎机	18	等离子切割机
7	电气动螺母拆卸工具、便携式电锯、电池钳	19	剪切机
8	厂房吊车（天吊、滑轮吊）	20	打包机或压扁设备
9	叉车	21	起重设备（车辆倒运吊车）
10	预处理平台（升降机或固定式平台）	22	拖运车辆
11	拆解升降机或轨道平台	23	场区车辆存放、拆解安全监控设施
12	总成精细拆解平台	24	电脑等办公设施

三、区域性报废汽车破碎示范中心试点企业准入条件

（一）建设要求

（1）注册资金不低于1000万元，具备省级商务主管部门资格认定并已报商务部备案的报废汽车回收拆解企业。

（2）经营作业用地面积不低于30000平方米，经营作业场地（包括存储场地）面积不低于20000平方米，且拥有10年以上的使用权。按照生产工艺流程程序应当设置管理区、作业区、监控中心、存放场地、破碎材料存储区、废弃物堆放区、污染控制区等功能区域，各功能区具有明显标识和明确界限。除绿化占地外经营场地全部硬化，生产作业区、存放场地、破碎材料存储区、废弃物堆放区、危险废物控制区等功能区域必须作防渗透处理。

（3）破碎分选生产线应当建立在车间内生产作业，除尘设施和车间采光、通风要良好。

（4）破碎分选加工的产品要达到国家相关质量标准要求，杜绝任何夹带和掺假。

（5）建立报废汽车壳体破碎料资源和各类破碎料产品信息数据库存档制度，记录破碎料资源采购、各类破碎料的销售、废弃物处理流向等信息。

（6）通过ISO 9000质量管理体系认证和ISO 14000环境管理体系认证。建立符合现代企业制度要求的组织结构和完善的规章制度、指标考核体系。

（二）规模、工艺和装备

（1）新建试点企业年破碎汽车壳体能力达到5万辆以上。

（2）消化、吸收国内外先进破碎技术和管理模式，建立先进的报废汽车破碎生产线，并具备与破碎设施相配套的分选设备，实现车体破碎—材料分选一条龙作业，并具有抓钢机、磁盘吊、叉车等机械装料设备和地磅、剪切机、闭路电视监控系统以及办公现代化等辅助设施。

（3）具有先进的分选设备，可有效地分选出废钢、废有色金属、废橡胶、废塑料、废玻璃等再生资源，分选后可利用资源综合回收率不低于90%。

（三）环境保护

（1）对破碎加工过程中产生的各种废弃物，如塑料、橡胶、木块、纤维、渣土等混合物、机油等危险废物，应有相应的回收、处理措施和合法流向，避免二次污染。

（2）具有污水处理、除尘、降噪等净化设施，能有效处理破碎产生的污水、粉尘、噪声等，保证厂区内环境卫生和空气质量达到国家的环保要求，并具有事故应急救援和处理设备。

（3）按照环境保护主管部门和相关制度规定依法履行环境保护义务，应有完善的环

境保证体系：

①场区内地面必须进行硬化防渗漏处理；

②破碎生产线应配套安装除尘设备；

③污染物排放应达到《污水综合排放标准》、《大气污染物综合排放标准》要求，应满足工业固废、危险废物处理处置和污染物排放总量指标等要求；

④生产噪声应达到《工业企业厂界环境噪声排放标准》要求，具体标准应根据当地人民政府划定的区域类别执行；

⑤有毒有害、易燃易爆等危险废物以及破碎生产产生的工业垃圾（废弃物），应当按国家有关规定交有相关资质的企业集中进行处置；

⑥具备完善的安全环保制度和设有环保管理专职人员。

（四）人员培训

企业应制定完善的岗位操作守则和工作流程，明确人员岗位责任和工作权限，对大型破碎机、分选机、抓钢机、磁盘吊、剪切机等大型设备操作人员和质量检验等关键岗位人员，必须进行相关岗位技能培训，取得人力资源和劳动保障部颁发的相关工种职业技能证书，实行持证上岗制度。鼓励企业组织人员参加行业培训，提高企业人员素质。

（五）安全生产、职业健康和社会责任

（1）企业应符合国家《安全生产法》、《职业病防治法》等法律法规规定，具备相应的安全生产、劳动保护和职业危害防治条件，对作业环境的粉尘、噪声等进行有效治理，达到国家卫生标准，配备有相应的安全防护设施和安全管理人员，建立、健全安全生产责任制，开展安全生产标准化建设，并按规定限期达标。

（2）新建企业安全设施和职业危害防治设施必须与主体工程同时设计、同时施工、同时投入生产和使用，应依法经过安全生产监督管理部门审查、验收。

（3）企业的作业环境应满足《工业企业设计卫生标准》和《工业场所有害因素职业接触限值》的要求。

（4）企业应有健全的安全生产组织管理体系，应有职工安全生产培训制度和安全生产检查制度。

（5）企业用工制度应符合《劳动合同法》规定。

报废汽车车体压块破碎技术工艺流程如图 27 所示。

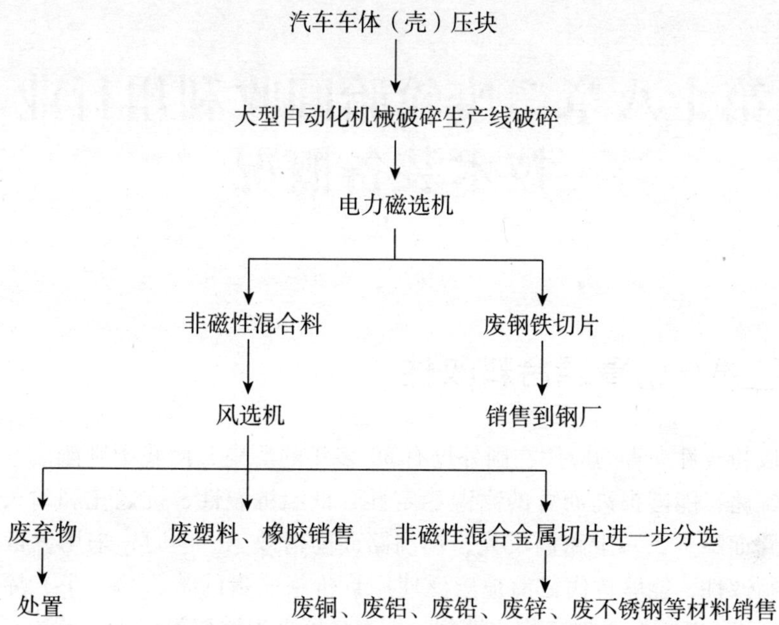

图 27　汽车车体压块破碎技术工艺流程示意

第十八章　废轮胎回收利用行业技术装备概况

一、胶粉与沥青混合料改性

废轮胎胶粉改性沥青的应用在国外已有 30 多年的历史，而我国则刚刚起步。采用胶粉改性沥青铺路，能够提高沥青的高温稳定性、低温抗裂性、抗老化和耐久性，并且能够有效降低路面噪声，减少路面反光，提高路面防滑效果。同时，采用废橡塑材料对道路用沥青进行改性，能够替代目前被广泛使用且价格昂贵的苯乙烯 - 丁二烯 - 苯乙烯共聚物（SBS）和丁苯橡胶等聚合物改性剂，能有效降低道路建设成本，节约石油资源。

开发了废轮胎胶粉的活化和湿法改性沥青生产技术，并建成年产 10 万吨胶粉改性沥青的生产示范基地。通过对胶粉的活化改性，低目数胶粉在沥青中的掺入量可达到 20% 以上，工艺过程和生产时间大幅缩短，初步估算可节能 60% 以上。2007—2010 年，使用胶粉改性沥青铺路 455. 3 千米，其研究成果被应用到上海世博会、中新生态城、滨海新区、空客 A320 总装运输道路等标志性工程及全国多条高速公路的建设中。

二、精细分级和纤维分离

80 ~ 200 目的精细胶粉相对于低目数胶粉（80 目以下）具有更高的产品附加值，可应用于涂料、防水卷材、橡塑复合材料等众多领域。然而，采用传统过筛的技术不能实现精细胶粉的分离。因此，如何实现精细胶粉的分级和纤维与胶粉的分离是关键。

通过废轮胎常温粉碎精细分级和纤维分离技术的研发，采用变速变量变角度的空气旋粉分离技术，成功解决了 80 ~ 200 目精细胶粉的分离。80 目以上胶粉分级通过率达 94% 以上，200 目超精细胶粉所占的比例达 50%，胶粉中纤维分离率超过 99%，金属含量≤0. 002%，远远超过国家标准（0. 02%）和美国标准（0. 01%）。建成的年处理废轮胎 1. 6 万吨的精细胶粉生产示范基地，实现了整条生产线计算机集中自动控制，是我国目前自动化程度最高的废轮胎生产精细胶粉生产线之一。示范企业生产的废轮胎胶粉曾作为胶粉改性沥青原料应用到北京 2008 “绿色奥运” 工程，包括三环路、三元桥、四元桥、看丹桥改造，水上运动中心道路等的建设改造。

三、热裂解制燃油和活性炭黑

目前，热裂解产品附加值较低是限制废轮胎热裂解技术推广的主要因素。在开发废轮胎热裂解整套工艺的基础上，着重开展了废轮胎热解油和热解炭黑的高值化研究，成功开发出废轮胎无剥离微负压连续热裂解整套工艺，并建成年处理废轮胎1万吨的废轮胎热裂解生产示范基地，将废轮胎裂解成40%～45%的燃料油、35%的炭黑、10%的钢丝和10%的可燃气，无废水、废渣排放，气体排放达到国家二级标准。

热解炭黑经过处理，可作为轮胎半补强炭黑使用，目前已供中策轮胎、上轮集团等轮胎生产企业使用。将热解炭黑进一步活化处理，可将其制成活性炭，比表面积能够达到1000平方米/克以上。另外，该废轮胎活性炭可作为治理染料废水和室内空气污染的吸附剂；可用作超级电容器电极材料；还可以作为催化剂载体应用于新能源催化和环境催化，大幅提高了废轮胎热解炭黑的附加值。

四、粉碎物料高温动态脱硫

当前，我国大多数再生胶产品为低品质再生胶，不仅使再生橡胶的使用领域受限，也造成橡胶资源的浪费。通过粉碎物料高温动态脱硫工艺技术的研发，开发出拉伸强度高、扯断伸长率大的高品质再生胶新产品，并建成年产1万吨高品质再生胶的生产示范基地。经检测部门检测，产品拉伸强度达到19.5兆帕，扯断伸长率达到550%，门尼黏度为48。

第四篇

地区篇

第十九章　华北地区

一、北京市

（一）基本情况

截至2012年年底，在我市工商部门登记注册的再生资源回收企业1535家，个体工商户2568户。由各区县认定的再生资源主体回收企业22家。回收企业注册地点分布在北京市的16个区县，丰台、海淀、大兴等区居多。全市再生资源回收从业人员约10万人。再生资源回收品种基本覆盖了居民日常生活的主要方面。经测算，2012年全市回收量约490万吨，回收的再生资源种类主要有废纸、废金属、废塑料、废玻璃和其他类等。初步估算，行业年营业额超过100亿元。

商务部重点联系企业15家，多数分布在核心城区以外各区县，2012年年末回收量273.6万吨，销售额64.4亿元；平均单价比上年下降约22%。

（二）问题与建议

1. 问题

一是回收体系建设缺乏规划，规范化回收站点进入部分社区难度较大；二是市场秩序有待规范，无证照经营者回收现象还较突出；三是企业规模小，组织化和现代化程度较低；四是回收品种不全；五是回收企业税负较重。

2. 建议

（1）建立健全相关法律法规体系，将回收体系建设纳入城市规划，规范化回收站点纳入社区服务体系。

（2）优化发展环境，配合商务部与有关部委研究税收优惠试点政策，多方面扶持回收示范企业发展。

（3）加大回收从业人员管理力度，清理无照游商。

（4）加强行业宣传，突出回收对“绿色北京”、生态文明建设的重要意义，提高全社会对回收行业的重视程度。

（三）预测与分析

总体上看，北京市再生资源回收总量将保持平稳增长态势。一是随着北京市社会经济发展、垃圾分类工作开展、居民社区和社会单位回收体系的建设、再生资源回收的宣传逐步深入，为再生资源回收量的平稳增长提供了可能。二是回收品种逐步丰富。随着相关鼓励政策的实施，废旧商品的下游处理体系逐步建立，新的回收品种回收量有望增长。

但影响回收总量增长的因素也在积累。一是全社会大力提倡循环经济、绿色消费、简化包装，客观上减少了可回收物的产生；二是居民常规的回收品种逐步做到应收尽收，回收的增量很难持续大幅提高；三是回收行业效益并不理想，回收企业税负较重，人力成本上升快，企业负担社会保险费用高，企业积极性不高，回收行业未来发展前景堪忧。

二、河北省

河北省 2012 年共有再生资源回收企业 5458 家，相比较于 2011 年的 6134 家，减少了 11.0%。说明我省再生资源行业受国家税收政策影响较大，有些企业停业或倒闭。2012 年再生资源回收行业从业人员达到 46.25 万人，比 2011 年 45.83 万人略有增加，在保护环境的同时，又提供了社会就业岗位。

2012 年全省共回收再生资源 2872.76 万吨，比 2011 年 2765.8 万吨增长了 3.9%。其中，废钢铁回收 1890.23 万吨，占总比重的 65.8%，比 2011 年增长 2.3%；废有色金属回收 71.17 万吨，比 2011 年增长 4.5%；废塑料回收 257.8 万吨，比 2011 年增长 5.8%；废纸回收 166.3 万吨，比 2011 年增长 0.9%；废玻璃回收 68.2 万吨，比 2011 年增长 4.3%；废橡胶回收 14.8 万吨，比 2011 年增长 43.7%。

三、山西省

（一）基本情况

根据《山西经济普查年鉴 2004、2008》的数据，参照《山西省再生资源回收业典型企业汇总表》的数据，测算出《山西省再生资源回收业统计表》。

山西省 2012 年再生资源回收行业的企业数量为 618 个，比上年的 589 个增长 4.9%。行业从业人数为 6198 人，比上年的 5982 人增长 3.6%。企业回收量为 978.7 万吨，比上年的 777.9 万吨增长 25.8%；销售量为 825.7 万吨，比上年的 693.2 万吨增长 19.1%；销售额为 2661966 万元，比上年的 1769146 万元增长 50.5%。

（二）问题与建议

1. 问题

（1）再生资源回收体系建设推进缓慢。

（2）再生资源回收体系建设项目建设用地难落实。

（3）企业市场化运作困难，政府税收和政策支持不够。

（4）宣传力度有待加强。

2. 建议

（1）加强立法。建议以立法的形式确定本地再生资源回收利用行业的建设规划、建设规范和经营规范、政府扶持范围及违法处罚，实现再生资源回收利用行业的有法可依；同时应加强监管，规范行业管理。

（2）齐抓共管。再生资源回收体系建设领导组成员单位要齐抓共管，形成合力，缜密部署，落实目标，切实履行各自的职能。

（3）加大政策支持力度。建议给予试点城市实施企业税收、土地、规划、资金等优惠政策。

（4）培育龙头企业。广泛吸纳社会力量，采取多元投资等形式，有计划、有步骤地组织实施体系建设，带动再生资源回收利用规模化、集约化、产业化发展。

（5）加强行业协会建设，赋予一定的职能。发挥行业协会参与政策制定与实施、加强人才培训、提供信息咨询、反映行业诉求、维护企业合法权益和行业自律的作用。

第二十章　华东地区

一、江苏省

（一）基本情况

2012年，在省委、省政府的领导下，在商务部有关政策的引导和扶持下，江苏省再生资源回收利用体系不断完善，再生资源产业化进程逐步加快，经济效益和社会效益日益显现。据不完全统计，江苏省再生资源回收企业和个体经营者超过3万家，登记就业人数20余万人，年再生资源产值超过1300亿元。

（二）问题与建议

（1）部分试点基地项目建设进展缓慢。总体看，江苏省再生资源回收体系建设项目比较顺利，但在实施推进的过程中，遇到了一些困难，建设进度存在一些问题：一是试点城市在城区建设回收站点选址较难，加上居民虽然都需要废旧物品回收门店，但都不愿意在自己的家门口设立，下一步将加大工作力度，把再生资源网点设置要求与其他相关工作结合开展，以推动试点城市回收站点建设进展。二是各试点基地项目建设进展不一。目前江苏省5家国家试点基地有1家建设完成并投入运营，2家基地建设项目进度比预定时间推迟了近一年，常州再生资源综合交易市场由于土地指标问题，目前尚未动工。

（2）出台优惠政策，加大支持力度。再生资源回收行业利润率低，环保要求高，回收企业规模偏小、发展速度慢，需要国家出台一系列优惠扶持政策，建议国家能尽快给予再生资源企业用地、税收、运输、工商注册等方面更多的优惠。建议国家继续实行并加大中央财政支持引导力度，特别是要加大对居民废品回收站点、集散交易市场建设财政支持力度。

（3）利用信息系统做好统计工作。充分运用再生资源电子备案系统做好统计工作。建议对该系统进行完善，并加大对各省市的培训力度，利用信息管理系统进行再生资源的行业统计工作，让企业报送数据切实做到方便快捷。

二、福建省

2012年福建省再生资源回收总量为163万吨，较上年增加39万吨，增长率31%。其中废钢铁90.6万吨，废玻璃32万吨，废塑料27万吨，废纸9.7万吨，废弃电器电子产品5.8万吨。这5类再生资源构成福建省再生资源回收的主要部分。

总体看，福建省再生资源回收体系试点建设已覆盖全省县级行政区域的40%，随着试点建设的推进和试点示范带动作用的发挥，福建省再生资源回收体系建设将逐步向全省全面推开，再生资源回收总量将进一步扩大。

影响再生资源回收行业发展的制约因素主要有：一是税收问题。规范企业征收全额税问题仍然是困扰福建省再生资源回收行业发展的最大问题；二是场地问题。再生资源回收企业用地困难，除了企业资金困难无法取得永久性用地外，短期用地也常常得不到保障，网点建设出现建了拆、拆了建的情况时有发生。

三、青岛市

（一）总体情况

2012年，青岛市再生资源回收典型数据调查规模以上企业5家，与2011年相同，其中，民营企业4家，国有或国有控股1家，占全市企业总数的5%～10%；行业从业人数共13166人，同比增长2.3%，其中，大专以上学历从业人员共4357人，同比增长3.2%，占从业人员总数的33%左右。

青岛市再生资源回收企业2012年建设连锁回收网点5921个，同比增长18.9%；回收总量49万吨，比2011年增加近10万吨，同比增长24%；销售总量实现46万吨，同比增长28%；销售额为13亿元，同比下降13%左右。

（二）问题与建议

1. 问题

一是行业整体发展水平低下。由于准入门槛低，存在经营业户“小、散、差”的普遍情况，与建立完整先进的回收体系的要求仍有差距。除少数企业回收工艺和装备较先进，环境保护设施较完善外，大多数企业和个体户设备简陋、技术落后，造成再生资源回收利用率偏低、对环境易造成二次污染，应予以取缔。

二是经营秩序缺少规范。由于缺乏再生资源产业发展规划，缺少完整的相关技术标准和行业规范体系，法规和政策不够完善，私自经营的回收网点布局不合理、经营秩序混乱，乱堆乱放、乱设摊点现象还比较严重，影响到市容市貌，成为社会治安的一大难题，也加大了正规的再生资源回收体系建设工作的推进难度。

三是社会认可程度不高。农村地区、城乡结合部及县级城市的回收体系建设滞后，缺乏相关的宣传教育和推广普及，社会上对再生资源回收体系建设工作的认可程度还需要进一步加强。

四是政策支撑力度不够。目前，有关再生资源回收的专门性规定仅有《再生资源回收管理办法》，法律效力较低，难以对一些脏、乱、差的经营网点形成法律约束，无法对企业经营资质、经营行为和经营秩序进行有效规范，不利于体系建设工作深入开展。

2. 建议

一是继续加强主管部门统一领导和协调工作。进一步发挥商务部门牵头、有关部门协同参与的各级废旧商品回收体系建设工作领导与协调机制，明确专门机构和人员，建立部门协调机制，明确责任，形成工作合力。引导资金、政策、人才、技术等资源向再生资源回收体系建设的关键及薄弱环节倾斜，推动再生资源回收体系建设与管理工作开展。

二是完善相关法规、制度和标准。加快建立再生资源回收利用法律法规体系，将再生资源回收进一步纳入法制化轨道，进一步明确相关责任主体。加强再生资源回收行业相关标准和规范的制、修订和宣传贯彻。

三是加强理论研究和人才培养。建立健全产、学、研衔接互动机制，鼓励大专院校、科研院所参与再生资源回收、分拣、处理技术联合攻关，促进以企业为主体，市场为导向，产学研紧密结合的创新体制建设。支持有条件的企业设立职业培训机构，强化再生资源行业的职业教育和培训。

四是持续开展宣传推广活动。大力倡导文明、节约、绿色、低碳概念，通过各种方式开展政策宣传和技术推广，提高全社会资源节约和再生资源回收利用意识，营造全社会共同参与的良好氛围。

四、厦门市

（一）总体情况

截至2012年年底，厦门市工商注册登记的从事再生资源回收企业、个体工商户（站点）共1616家，其中：回收企业460家，回收站点1156个，从业人员共计18208人。废旧物质回收率高，厦门市废旧物资年回收量约为30万吨，总值约8亿元。

（二）问题与建议

1. 问题

（1）回收网络组织化水平仍然较低。总体看，大部分站点仍然为简陋回收店，规范化回收网点还不够完善，需提高覆盖率，少量站点形成连锁经营，需要创新回收方式，做到所有资源应收尽收；岛外城乡结合部、农村地区仍是薄弱环节，尚需加大工作力度；分拣中心基础设施和工作条件有待改进，集散市场的交易、集散、信息发布等功能也需要进一步提升；行业中的大型骨干企业数量较少。

（2）先进技术应用程度低。从行业整体上看，加工处理环节机械化和自动化的程度低，精加工提高附加值水平低；除少数企业回收工艺和装备较先进，环境保护设施较完善外，大多数企业和个体户设备简陋、技术落后，再生资源回收利用率偏低，易对环境造成二次污染。

(3) 经营秩序仍需规范。我国目前尚没有国家级再生资源产业发展规划，缺少完整的相关技术标准和行业规范体系，布局不合理、经营秩序较乱等问题较为突出，乱堆乱放、乱设摊点现象还比较严重，不仅影响到市容市貌，而且滋生了偷盗事件的发生，影响社会治安。

(4) 法律体系缺失，税收支持政策弱化。法规和政策不够完善，目前，回收领域只有商务部等六部委出台的《再生资源回收管理办法》，虽对行业发展起到了一定指导作用，但法律法规效力不够，亟须出台更高层次的法律文件，将行业发展纳入法制化轨道。此外，至 2011 年，行业原有的税收支持政策被取消，回收企业的税收负担大幅增加，行业发展受到影响。

2. 建议

(1) 统筹兼顾，合理布局。兼顾社会效益、环境效益和经济效益。根据全市再生资源产生量和常住人口分布情况，合理布置回收站点及设施，避免重复建设和资源浪费。

(2) 方便环保，便于运输。坚持环保第一，预防回收过程中产生的二次污染。社区回收站点设置在道路畅通的位置，保持合理的服务半径，便于居民交售，最大化地回收利用再生资源。

(3) 统一规划，分期实施。以企业为主体，按照先城区、后郊区、再乡镇的步骤，统一规划、分期实施，递次推进、全面覆盖。

第二十一章　华中地区

一、河南省

（一）基本情况

2012 年，再生资源回收业得到了较快发展，回收量、销售量、销售额及节能量都有很大提高。2012 年回收量总合计为 802.8 万吨，较上年增长 15.8%。其中，废钢铁的回收量为 482.3 万吨，较上年增长 16.6%；废有色金属的回收量为 129.6 万吨，较上年增长 4.0%；废塑料的回收量为 32.9 万吨，较上年增长 25.1%；废纸的回收量为 31.3 万吨，较上年增长 29.3%；废玻璃的回收量为 28.9 万吨，较上年增长 33.8%；废橡胶的回收量为 25 万吨，较上年增长 56.2%；废弃电器电子的回收量为 53.5 万吨，较上年增长 1.1%。

2012 年，再生资源回收业的回收企业数和从业人员数都有所提高。2012 年回收企业数为 5356 个，较上年增长 26.9%；从业人员数为 13.5 万人，较上年增长 60.7%。

（二）问题与措施

1. 问题

（1）资源回收率低，不易回收的再生资源丢弃现象严重。回收企业只注重经济效益而忽视社会效益，“利大抢收，利小少收，无利不收”的现象普遍存在。对废钢铁、废铜、废铝、废纸等获利大的品种争抢收购；对废玻璃、废塑料等获利小的品种收购积极性不高；对废家用电器、电脑等电子产品的回收，由于难度较大，基本上是随垃圾丢弃，导致大量应当和可以回收的再生资源白白流失，既浪费了资源，又污染了环境。

（2）行业技术进步缓慢。再生资源行业是企业利润低、社会效益和环境效益高的行业，近年来，由于缺乏国家和地方投资和技术投入，行业技术落后。目前再生资源回收企业仍以手工劳动为主；大件废钢铁解体仍采用氧割和锤砸；废有色金属回收利用及对废家用电器、电脑中贵金属的回收，仍采用酸浸、火烧、人工拆卸，工艺流程落后，造成严重的二次污染。同时，由于科技投入低，加之行业的经营与“破烂”相关，行业内的科技人员比重远远低于其他行业，企业自我发展能力不足。

2. 措施

（1）建立行业管理机制。为了建立高效的再生资源回收行业管理体制，根据河南省实际，建立由省商务厅分管领导牵头，省发展改革委、省公安厅、省财政厅、省环保厅、省工商局等部门主管处室负责人共同参与的再生资源回收行业管理联席会议制度。联席会议要制定议事规则，根据业务分工建立再生资源回收行业指导、监督、管理的制度和办法。各设区市、县也应建立相应的管理工作机制，形成全省上下齐抓共管的行业管理体系。

（2）制定行业发展规划。再生资源回收行业涉及多个部门，是一项复杂的系统工程，各设区市商务主管部门要高度重视，加强协调与合作，组织专门人员尽快制定“十二五”本地再生资源回收行业发展规划，力争2010年年底前完成。在此基础上，省上将制定全省规划。制定“十二五”再生资源回收行业发展规划要结合当地“十二五”经济社会发展规划，提出再生资源回收行业发展的总体思路、目标任务和具体保障措施。要将再生资源回收体系建设规划纳入当地城市总体发展规划，实现合理布局，争取社会效益和经济效益最大化。

（3）完善法律法规标准。依据《再生资源回收管理办法》，结合河南省再生资源回收行业发展实际，与行政立法、行政管理等部门加强合作，认真开展回收行业立法调研，研究制定河南省再生资源回收管理的法律法规。同时，加强再生资源回收行业标准化工作，依据现行的《再生资源回收站（点）建设规范》和《再生资源集散市场建设规范》，结合河南省实际，制定全省地方性的《再生资源回收站（点）建设标准》和《再生资源集散市场建设标准》。各设区市也可制定相关技术标准。

（4）发挥行业协会作用。要积极发挥省市物资再生资源回收利用行业协会的独特作用，研究制定推动物资再生资源回收行业协会发展的具体措施，发挥其在参与行业重大活动，行业自律，加强企业与政府沟通等方面的作用，支持开展行业标准制定，统计分析与预测预警，为企业提供信息咨询、宣传培训、交流与合作等方面服务。

二、湖北省

（一）基本情况

据不完全统计，2012年，湖北省各类回收利用企业和经营户9300多个，直接或间接从事再生资源经营活动的从业人员约80万人。各类交易市场150多个，基层回收站点30000余个，年回收利用各类再生资源约1700万吨，综合回收利用率38%左右。主要回收利用品种是废钢铁、废有色金属、废铅铝、废塑料、废造纸原料、废橡胶、废玻璃、废弃电器电子产品和报废汽车等。其中，废钢铁年回收利用700万吨左右，废有色金属150万吨左右、废铅铝30万吨左右、废塑料200万吨左右、废纸250万吨左右、废橡胶50万吨左右、废玻璃210万吨左右、废弃电器电子产品300万台左右，年销售额约300亿元，在湖北省循环经济中占有不可或缺的地位。

（二）问题与建议

1. 问题

一是行业门槛及从业人员素质较低。再生资源回收行业从业人员，大多是外来务工人员，素质相对较低，且无证无照流动收废依旧存在，打击力度不够，管理难度较大。

二是回收利用技术水平较低。由于再生资源产业目标市场过窄，市场上依旧存在着“有些品种大家抢，有些品种无人抓”的现象。总体来说，企业经营和生产规模还普遍较小，资源再生技术相当部分还停留在手工劳动水平上，生产效率低，生产成本较高，产品的技术含量和附加值较低，市场竞争能力和抗风险能力较弱。

三是受规划、土地和资金等因素影响较大。再生资源回收利用行业需要的土地规模大，项目建设周期长，投入成本高，企业资金压力大，因而影响部分再生资源回收体系项目的建设。

2. 建议

一是尽快出台《再生资源回收管理条例》。目前实施的《再生资源回收管理办法》为部门联合发布，法律效力较低，一些棘手问题在实践中需要地方部门加大协作力度才能发挥良好的效果。出台实施《再生资源回收管理条例》，可以更好地加强部门协作和外部监督，强化各级政府再生资源回收管理工作责任，把行业管理纳入法制化轨道。

二是加大土地、财税等方面的支持。再生资源回收行业是社会效益大于经济效益的行业，建议尽快研究制定关于促进再生资源和废旧商品回收利用产业发展、给予土地和财税政策优惠的指导性文件，以督促地方政府进一步推进再生资源回收利用体系的建设。

第二十二章　东北地区

一、黑龙江省

2012 年，全省备案的再生资源回收利用企业 750 家，从业人员 32 万，全省共回收再生资源 631 万吨，其中：废钢铁为 256 万吨、废有色金属为 18 万吨（其中废铜为 9.6 万吨、废铝为 6.2 万吨、废铅为 150 吨和其他为 1.9 万吨）、废塑料为 65 万吨、废纸为 209 万吨、废玻璃为 12 万吨、废橡胶为 30 万吨和废弃电器电子为 41 万吨，有力推动了黑龙江省经济持续健康发展。

当前，黑龙江省再生资源行业发展仍存在一定的问题和矛盾。一是回收网络建设有待完善，各试点城市回收网点建设需要加强；二是行业发展理念亟待解决，行业存在“利大抢收、利小少收、无利不收”现象，企业多集中回收利用废钢、废纸等见利快的品种，对废塑、废玻璃的回收利用较少；三是部分回收利用企业还存在小、乱、差等现象，经营秩序仍需规范；四是黑龙江省尚缺乏相关行业建设标准和监督制度。

未来几年，黑龙江省将逐步建立起网络完善、布局合理、技术先进、管理规范的废旧商品回收体系。一是构建多层次多元化的回收网络；二是抓好重点废旧商品的回收；三是建设区域性回收利用产业园区；四是强化科技支持和提高信息化管理水平；五是加强行业监督，加大宣传力度。

二、吉林省

（一）基本情况

2012 年再生资源回收行业数据统计显示，废钢铁销售占销售总额的 73.9%，废有色金属销售占销售总额的 15.2%，废纸销售占销售总额的 3.2%，废塑料销售占销售总额的 4.3%，废家电销售占销售总额的 0.2%，废橡胶（轮胎）销售占销售总额的 1.2%，报废机动车销售废钢占销售总额的 1.7%，其他销售占销售总额的 0.3%。

2012 年度再生资源回收行业营业收入 220959.8 万元，纳税额 2645.7 万元。

2012 年年底再生资源回收行业销售量比上年同期增长 28.9%，销售额比上年同期略增 9%。利润空间减少，库存积压大。

（二）问题与建议

1. 问题

（1）政策机制不完善，产业规模小。再生资源回收法规和标准体系不健全，缺少财政、税务和金融支持，产业规模较小，从业人员素质低。

（2）企业经营品种单一，缺乏竞争力。在经营形势被动中，经不住冲击，难以生存，规模上不去。

（3）生产技术落后。生产仍为粗放式经营，没有深加工，没有细加工，科研、设计力量薄弱，技术开发投入不足，自主开发能力弱，产学结合不够紧密，多数为人工方式简单加工，人才培养、引进激励机制有待完善。

（4）市场不规范，无序经营。再生资源回收体系监管体系不健全，市场文化水平低，市场信息不透明，缺乏市场信息平台，市场无序竞争问题突出。应多做公众宣传，提升全社会资源循环利用意识，完善产业发展辅助政策体系。

2. 建议

（1）在再生资源回收行业中，扩宽经营领域上规模，增加新的经济增长点，要在产品附加值上创效益。

（2）再生资源行业普遍是靠数量来维持企业生存发展的，我们应该在国家、省政府给予一定支持的情况，搞深加工、细加工，向产品要效益。

（3）加强市场规范运作。尽快建立再生资源信息平台，搭建企业与商户沟通交流平台，实现电子商务化、规范化、科学化管理。

（4）在再生资源回收行业中，培养扶植整合一批突出新、奇、特种经营样式的企业促进各地区行业发展的特色与活力。

（5）尽快给再生资源行业中规模大、有活力、业绩突出、社会效益贡献多的企业一些税收政策扶持，保持企业稳定向前发展，做大做强。

三、大连市

（一）基本情况

2012 年，全市行业企业规模、经营业户、从业人员等方面的基本情况没有明显变化，基于环保部门严格监管，从事再生资源回收行业的门槛标准越来越高，行业发展现状基本保持平稳，因受国家对循环经济、绿色经济的重视，行业企业发展和经济效益稳健增长，同时在国家经济发展政策指引下，我市个体对再生资源行业投资越来越灵活，具有企业规模灵活，设立方便，成为经济发展的方向，在区域分布上，金州新区是全市最大的再生资源产生区域，其次是甘井子区、庄河市、瓦房店市及普兰店市。

2012 年随着人口的不断聚集和人民生活水平的不断提高，生产和消费过程中产生的再生资源日益增多，受春节期间居民生活性消费拉动的影响，废旧纸张、废旧塑料等商品包装再生物资回收量大幅增加，生产利用企业积极采购增加库存，回收与销售两旺，由于受建筑、装修等上游行业开工建设不足的影响，废钢铁等有色金属的回收量呈阶段性下降趋势，随着季节变化的影响，废旧纸张、废旧塑料的回收量将有所回落，建筑工程逐步开工，废钢铁等有色金属回收量将会有所增长。总体上说，行业循序增长，但速度较慢。目前大连市再生资源行业已初步走上形式多样化、企业规模化、设备大型化、质量标准化拆解和再生冶炼加工技术不断创新的轨道，废旧金属直接利用率比例逐步提高，主要以分散型回收、层级回收和点对点回收为主的回收模式。2012 年全市行业企业和经营业户回收各类再生资源物资 351.63 万吨，同比增长 20.95%，销售各类再生资源物资 341.89 万吨，销售额 521731.05 万元。

再生资源回收利用是劳动密集型行业，也是从业门槛比较低的行业，因此带动了相关产业产生大量的就业机会。据初步估计，再生资源行业可提供 10 万多个直接就业岗位和间接带动 5 万户居民就业，而且其中大部分的岗位都不需要高精技能，适合大众以及下岗失业人员和广大的农村剩余劳动力，增加居民的就业机会，拓宽就业渠道，有效缓解社会就业压力和矛盾，还培养众多相关专业技术人才，提高再生资源的回收利用技术水平，同时还可增加税收 19099 万元，为我市社会经济的发展起到一定的推动作用。

（二）问题与建议

1. 问题

一是回收网点建设不规范，布局不尽合理。表现为行业缺乏规划，网点设置不合理，导致居民交售废旧物资存在困难，回收市场的失控和经济利益的驱动，造成了城市回收网点无序发展，这些分散的回收站点已成为流动人口的聚居点，除经批准的回收站点外，大连存在着“散兵游将”式及无证回收站点，不仅给城市环境综合治理带来困难，同时也导致大量低效益再生资源流失为垃圾。

二是再生资源回收率低，资源浪费严重。由于渠道多元化，造成再生资源回收环节缺乏规范、规模化加工利用难以实现，受利益驱动，经营者只重经济效益而忽视社会效益，许多可以回收利用的废旧物资变成生活垃圾，不仅浪费了大量可用资源，也增加了城市垃圾处理的压力。

三是市场集散功能不强，产业化程度不高。我市一些企业在发展规模、回收技术、专业设备等方面在行业中确实处于领先地位，但只是个别的，大多数的经营者仍以手工劳动为主，交易方式单一，集散功能不强，缺乏具有一定规模、管理规范、设备先进、交易多元化的再生资源集散交易中心和区域性再生资源回收基地。

四是政策法规不完善，行业监管不到位。服务业委、公安局、工商局、城建局以及街道和物业等部门和单位对这个行业都有相应的管理职责，但各自发挥作用有限，多头管理导致整个再生资源回收和利用行业出现监管真空，对各种非法回收站点、不法回收行为缺乏行之有效的管理和约束，行业主管部门缺少依法行政的依据，职能难以履行到位。

五是从业人员素质偏低，舆论宣传不到位。再生资源从业者中，除原物资、供销系统延续下来的回收企业人员具有一定专业知识、业务技能和法律常识外，绝大多数未经过专门培训、整体素质较低，“捡破烂”、“拾荒者”是行业者的代名词，受到不同程度的歧视，再生资源往往被认为是“垃圾”和“破烂”。造成这种情况的原因，一方面由于人们的思想观念比较陈旧；另一方面是我们的宣传力度不够，没有主动加以教育引导，民众对这一行业缺乏认知度。

2. 建议

随着人口总量不断增多、综合实力不断增强，全市再生资源总量会不断增加。产业结构变化直接影响再生资源种类数量的结构变化，废旧金属等工厂产生的再生资源的比重逐渐减少，废塑料、废轮胎、废弃电器电子产品等生活性再生资源比重将增加，随着东北亚航运中心、东北亚物流中心和东北地区金融中心的确立，区域性核心城市功能的不断完善，大连再生资源的回收率将不断提高，建立和完善再生资源回收体系，成为建设“两型”社会、发展绿色经济的重要推动力。因此进一步加强全市再生资源回收利用管理，整合现有市场，拉长产业链，提高附加值，加快再生资源回收利用大市场建设，推动再生资源综合利用，实现经济社会可持续发展，走资源化、再利用、减量化之路，形成了废旧有色金属回收—拆解—打包—精炼—深加工的产业链。实现对再生资源深度加工、高效利用和规模化经营。

第二十三章 西北地区

一、新疆区

（一）基本情况

2012 年，全区有再生资源经营企业 150 余家，回收网点 5200 个，从业人员 7 万余人。150 多家再生资源回收加工利用企业中，有近 20% 的再生资源回收加工利用企业进行了横向发展，涉及面包括仓储业、加工再制造业等其他产业领域，一些企业再生资源回收品种，在原有回收废纸、废饮料瓶的基础上增加废金属、废塑料、废玻璃、废橡胶等。

2012 年全区回收废橡胶约 13 万吨、废塑料约 70 万吨、废钢铁 90 万吨、废有色金属 2. 8 万吨、废废弃电器电子产品 0. 12 万吨，废旧物资总量约 176 万吨（含废纸、废玻璃），销售额 686080 万元。

（二）问题与建议

1. 问题

一是市场秩序混乱，人员综合素质较低。行业从业门槛低，废旧物资回收行业大多是城郊失地农民或外来务工人员，由于这一行业投入少、技术含量低，大多数文化素质偏低人员涌入这一行业，形成了一支“游击”收购大军，无证经营、偷税漏税、收赃销赃、污染环境多。从摸底调查情况看，无证经营户占总户的 40. 5%，行业管理混乱，分散的回收摊点已成为流动人口的聚居点、环境卫生的脏乱点、城市管理的空白点，给城市环境综合治理带来了难题。二是回收网点分布不均，布局不合理。由于长期以来缺乏行业发展规划，经营户大多分布在城郊结合部，老城区居民小区、新建城居民小区少有回收站点的布局，城市社区网点较少，布局不合理。三是综合交易市场结构不合理。全区 20 余家有证经营废旧物资综合交易市场，以黑色金属回收为主，居民生活废旧物资回收处理市场少。四是资源回收率低，可回收的再生资源丢弃现象严重。从摸底情况看，一些回收点受利益驱使，普遍存在对废钢铁、废铜、废铝、废纸等利大的品种积极回收，对废玻璃、废塑料等利小的品种少收或不收的现象，导致大量低效益再生资源流失为垃圾，既浪费了资源，又污染了环境。五是公众认识不到位，参与意识不强。尽管这几年来，国家和自治区加大对再生资源扶持力度，发展再生资源产业、发展循环经济、促进节能减排取得了比较大的成绩，但在发展过程中还存在一些模糊认识，主要是狭义理解在原再生产业，认为这只是保护环境、改善生态的一种措施，没有认识到这是“绿色文明”背景下的一种新经济形态，是追求经济、环境、社会效益多赢的经济发展模式。还存在公众对再制造不了解不熟悉、对再制造的产品或再循环材料生产的产品存有偏见的因素。

2. 建议

（1）制定法规，规范行业。依据《国务院办公厅关于建立完整的先进的废旧商品回收体系的意见》（国办发〔2011〕49号）精神和商务部《再生资源回收管理办法》，通过调研和参考相关省（区）、市制定的《再生资源回收管理办法》的相关内容，结合新疆区再生资源回收行业发展实际，由商务厅牵头，加快研究制定新疆区《再生资源回收管理办法》，逐步将再生资源回收工作纳入法制化轨道。同时，加快再生资源回收体系建设新疆地方标准的制定和完善工作，努力提高再生资源回收的规范化水平。下一步要加强对再生资源回收行业的监督管理，规范企业行为和行业经营秩序，要多部门联合，对再生资源回收过程中的违法违规行为进行严肃查处，采取相应防范措施，规范提升园区建设，提高行业门槛。在符合城市总体规划和环保要求的前提下，科学规划，整合资源，合理布局，以改造、规范、提升现有园区市场为主，新建为辅，完善园区市场的回收、分拣、储存、初级加工、交易、集散、信息发布、价格形成等功能，逐步形成一批布局合理、功能分明、运行规范的大型再生资源园区回收市场。

（2）加强从业人员培训和信息平台建设。要加强信息统计工作，研究建立再生资源回收行业管理信息系统和统计指标体系。同时，积极引导企业利用信息技术改造传统回收方式，以信息化促进再生资源回收行业发展。加强培训工作和培训制度建设，针对不同层次人员有针对性地开展回收政策、法规和职业技能培训，提高从业人员的职业道德、服务意识和业务水平。每年从再生资源体系建设中央项目补贴资金或自治区内贸发展专项资金中，提取5%作为培训经费予以补贴。

二、陕西省

（一）基本情况

2012年全省再生资源回收企业3300多家，网点2.1万个，废旧物资集散、分拣、加工市场近30个，从业人员近5.8万人，再生资源回收总量约为700万吨，其中，废钢400万吨，废有色金属15万吨，废塑料65万吨，废纸188万吨，废橡胶25万吨。

（二）问题与建议

1. 问题

（1）再生资源回收行业调研工作需要加强。再生资源回收利用行业进入快速发展时期，但再生资源行业管理人员和从业者对该行业的认识和了解还很浅，如何管理、如何促进行业发展缺乏前瞻性。因此，再生资源回收行业调研工作和培训工作都要加强。

（2）再生资源回收行业发展规划需要加紧制定。由于缺乏调查研究，再生资源行业管理人员和从业者对该行业本身认识不足，且再生资源回收行业备案工作和统计工作难度都很大，因此再生资源行业发展规划制定不到位。

（3）再生资源回收体系建设标准不明确。由于再生资源管理人员缺乏对再生资源回收体系建设标准的调查研究，再生资源回收站（点）、专业分拣中心和集散市场（基地）的建设标准都不明确，需加紧制定建设标准。

（4）再生资源回收企业备案工作难度大。抓好再生资源回收企业备案工作是维护再生资源回收行业市场秩序，统计再生资源回收企业数、回收网点数和废旧物资回收量的基础。目前大部分回收企业在工商部门取得营业执照后，不到商务主管部门备案，导致备案工作难度加大。

（5）再生资源回收行业统计工作难度大。再生资源回收企业普遍规模小、经济效益低、管理难度大，从业人员文化素质较低，部分企业填报统计报表有难度，还有一部分企业不愿意填报统计报表，导致统计工作难度加大。

2. 建议

一是根据城市规模，制定再生资源回收利用体系建设规划，确定再生资源集散市场、分拣中心、回收站（点）的建设数量和建设标准。

二是建设完善再生资源信息网络，应设立专项资金完善再生资源信息管理系统，实行网上备案登记，实现网上交易、信息查询、信息统计等功能。

三是抓好再生资源回收企业备案工作和统计工作。

四是加强再生资源回收行业从业人员学习培训，组织再生资源项目实施企业的管理人员到再生资源项目建设先进的地方参观考察，并组织学习废旧商品回收行业相关政策、法规、标准等，相关从业人员还需组织行业培训。

三、宁夏区

（一）基本情况

截至2012年年底，宁夏全区共有回收市场、回收企业、站点及个体经营网点约1400家，再生资源从业人数达16000人，其中：市场、回收企业、站点和个体经营网点从业人员近6000人，流动收购人员9000余人；主营业务收入约6亿元，同比下跌4.8%，交易场所面积达100万平方米。

（二）问题与建议

1. 问题

（1）市场交易运行不畅。受制造业增速放缓和大宗钢材、有色、塑料等的流通量缩小的影响，致使废旧商品收购数量下滑，导致市场交易量萎缩，交易受阻，运行不畅。

（2）废旧商品价格下跌。2012年与2010年、2011年相比，废旧商品价格每吨约下跌 0.24%。

（3）再生资源行业属于微利行业，回收企业只注重经济效益而忽视社会效益，“利大抢收，利小少收，无利不收”的现象普遍存在。对废钢铁、废铜、废铝、废纸等获利大的品种争抢收购；对废玻璃、废塑料等获利小的品种收购积极性不高；对废家用电器、电脑等电子产品的回收，由于难度较大，基本上是随垃圾丢弃，导致大量应当和可以回收的再生资源白白流失，既浪费了资源，又污染了环境。

（4）再生资源回收网点多、规模小、从业人员中的男性职工比例高，占 70% ~90%，年龄多为 30 ~50 岁的青壮年劳动力，主要来自于农村的农民工。回收经营户大多以家庭为单位，从事基层的收购工作，回收企业的注册资本较少。

2. 建议

一是做好行业发展规划，促进宁夏再生资源回收利用行业稳步发展。

二是加强服务，为从事再生资源回收利用企业提高经营效益创造条件，对再生资源回收加工处理中心、再生资源信息网络等方面的示范项目，优先安排技改投资并给予财政贴息，缓解开发的资金压力。

三是开展培训，加强人才队伍建设，提高行业技术水平。

四是制定鼓励产业发展政策，优化行业发展环境。

五是实现再生资源行业的转型发展。

四、甘肃省

（一）基本情况

近年以来，我省深入贯彻落实商务部《关于进一步推进再生资源回收行业发展的指导意见》、甘肃省委省政府《关于加快推进循环经济发展的决定》以及全国废旧商品回收体系建设电视电话会议精神，不断夯实全省再生资源行业发展基础，指导支持各地开展回收体系建设，着力引导全省再生资源回收行业步入规范化发展轨道。2012 年共有限上企业 45 家，从业人数约两万人，总回收量 384 万吨，比 2011 年增长了 96%，合计销售额 65.8 亿元，较 2011 年增长了 80.49%。

（二）问题与建议

1. 问题

一是再生资源回收体系在规划、建设方面，各地缺乏成熟经验，一些城市的规划还不够完善，未能既结合当地发展实际又体现前瞻性的战略考虑，可操作性有待提高。

二是再生资源回收行业属低端微利行业，门槛较低，从业人员成分复杂，乱设回收摊点，影响市容、交通、环保，扰民等问题比较突出，带来的社会治安问题较多，规范管理的难度较大。

三是我省再生资源回收企业规模较小，行业规范化、连锁化程度很低。全省回收企业中，年交易额超过500万元的比例过小，整个行业基础薄弱，专业人才不足，能引领行业规范发展的龙头企业数量较少。

四是政策资金扶持力度不够。作为循环经济的重要组成部分，目前，甘肃省还没有支持再生资源回收行业发展的专项资金，对已制定出台《再生资源回收体系建设规划》准备开展试点的城市，没有基础的启动资金，开展工作的难度非常大。

2. 建议

建议加大对再生资源回收利用龙头企业的支持力度，充分发挥龙头企业的示范带动作用，引导行业规范有序发展，考虑我省是国家循环经济示范区，又是欠发达的西部省份，面临着繁重的建设任务和基础条件薄弱双重压力的情况，能在今后的“再生资源回收体系建设项目”方面对甘肃省予以倾斜并优先安排，支持甘肃省加快实施再生资源回收利用体系建设，早日完成国务院、商务部和甘肃省委、省政府安排部署的各项目标任务。

第二十四章　华南地区

一、广西区

（一）基本情况

截至2012年年底，再生资源回收加工处理企业28家，从业人员0.83万余人；从事回收人员达10万人以上。据统计，2012年回收总量达300.83万吨，其中：废钢铁107.73万吨，废有色金属11.08万吨，废纸60.69万吨。销售量328.66万吨，其中：废钢铁128.66万吨，废有色金属9.52万吨，废纸71.33万吨。销售额337.6亿元，其中：废钢铁307.43亿元，废有色金属5.21亿元，废纸8.88亿元。

（二）问题与建议

1. 问题

（1）回收市场秩序有待进一步规范。回收市场比较开放，企业、人员进入门槛低。大量的本地闲散人员、外地收购人员随处流窜、噪声扰民、顺手牵羊、偷赃销赃等问题时有发生，给社会稳定发展带来一些不良影响。一些收购站点由于利益驱使，依然流窜经营、收赃销赃，给社会治安管理带来隐患。大部分收购站点的经营环境脏、乱、差，给城市环境带来了二次污染，给创建文明城市和人民的生活带来了损害。

（2）回收企业经营规模普遍较小，网点分布散乱，经营模式单一，回收利用率低。回收企业和个体收购站点分布散乱，经营模式单一、设备简陋、技术落后、分拣仍以手工操作为主，大多数从业人员没有经过专业培训，收购来的再生资源仅限于买进卖出，无加工利用手段，导致资源的二次浪费，更没有形成再生资源加工利用的产业。

（3）大部分市、县没有修订完善相关制度和标准。建立配套物流、信息、技术、环保等公共服务平台和回收网络，满足日益增加的城乡居民再生资源回收服务需求。

（4）回收的废纸、橡胶、塑料等废物资有很大的量流向民营小作坊企业。其生产的“三无”产品进入市场，严重损害消费者的健康。

（5）拆解加工企业布局不合理，资源回收率低。再生资源产业空间布局比较分散，全区实力雄厚的企业集中分布在梧州、玉林两市。一方面由于市场准入门槛低，导致不具备环境无害化回收处理能力的小作坊企业无序设立；另一方面，这些企业技术水平落后，甚至对贵金属的回收仍采用酸浸、火烧、人工拆卸等手段，无利用价值的部分则简单排放，既导致可回收资源的浪费，又造成环境的二次污染。

（6）企业原料来源不足，产能相对过剩。梧州、玉林两园区的企业正处于初期阶段，这些企业基本尚未建立自身的再生资源回收网络，缺少原料回收渠道。都处于原料不足状态。原料不足拆解能力的50%。不规范的小作坊和小企业以污染环境为代价，降低成本，得以高价收购再生资源。园区内严格按照环境保护要求进行拆解的企业，如无政策性补贴，则无法同时做到提高收购价格和保本运营。由此导致原料被小作坊、小企业抢购。政策变动造成企业经营环境变化。家电以旧换新政策激发了百姓消费热情，有效控制了废旧电子产品流向，有效遏制非正规拆解作坊的蔓延。该政策的停止使消费者积极性减弱，高效节能环保的非电子拆解处置企业面临货源严重不足的危机。

（7）企业利润空间小，经营困难。再生资源回收企业税收负担重。其回收的再生资源80%来自民间收集，无法取得增值税发票，企业没有进项税可以抵扣。特别是再生资源回收与利用增值税先征后返政策取消后，企业销售产品要全额缴纳增值税。企业进口再生资源作为原料的，原料入关、产品出关都要缴税。企业加工成本高。大型的规范企业都按照环保要求进行拆解，环保设施齐全，设备投入大，采用先进技术工艺，折旧、电力等运营费用较高。对无再利用价值的部分须进行无害化处理，防止二次污染，增加了企业投入。再生资源加工企业主要对再生资源进行拆解，再出售产品，加工过程产生的产品附加值比较低。

2. 建议

（1）建立完善的再生资源管理机制。制定再生资源回收体系建设规划，并根据实际情况建立统一协调的管理机制，推进体系建设和监督管理工作。建立健全各类再生资源回收制度，依法加强行业监管。依法加强对回收企业站点、回收加工经营行为和市场秩序的监督管理。进一步健全行业管理制度和监督机制，营造统一规范、竞争有序的市场环境，建立和维护良好的再生资源回收秩序。加强对进口固体废物和旧商品的监管，鼓励进口再利用价值高、对原生资源替代性强、可直接用作原料的固体废物。设立行业准入条件，促进规模小、条件差、技术落后、组织程度低的经营者优胜劣汰，规范经营秩序，稳固市场主体成分。

（2）构建再生资源回收网络体系。再生资源回收网络体系是行业发展的基础，是为城乡居民和企业服务，提升城市环境，转变经济发展方式，实现循环经济的重要举措之一。

一是建设立足乡镇村的回收网络，夯实发展基础。回收从业人员实行“七统一”和“四规范”（即统一规划、统一标识、统一着装、统一价格、统一衡器、统一车辆、统一管理和规范服务项目、规范服务标准、规范服务用语、规范服务地点）的行业管理，坚决取缔无证经营，切断不法分子的销赃渠道，彻底改变居民区的卫生面貌。

二是加快整合工业废旧物资回收网络。工业废旧物资是工业企业生产原料的重要补充，整合工业废旧物资回收网络是实现再生资源有序回收、合理利用的有效途径。

三是加快再生资源回收交易市场建设。再生资源回收交易市场是构建再生资源回收体系的中枢，是促进资源有效配置的重要载体。市、县要有一定规模的再生资源回收交易市场，辐射各乡镇。交易市场的建设要具备回收、储存、集散、加工、处理为一体的功能。

四是建立再生资源信息网络。通过搭建跨行业、跨区域的再生资源行业信息网络，为企业和行业发展服务，促进再生资源流通现代化。通过集中分析处理经营过程中的各种信息，达到资源共享，合理配置。同时，通过信息网络，加快建立再生资源回收行业的统计指标体系，准确地把握行业的经营、管理和发展情况，进一步密切政府和企业联系，为制定行业规划、行业政策提供科学依据。

（3）加快培育龙头企业。鼓励大型回收企业按照市场规律，以整合资源为基础，以建设项目为核心，以标准化和规范化为手段，积极运用连锁经营等多种方式到社区建立回收网点，投资改造、提升或新建回收市场。支持企业进行组织、管理和技术创新，提升管理和技术水平，实现再生资源的标准化、规范化和无害化。加快培育一批龙头企业，发挥其对再生资源回收体系建设的带动作用。支持龙头企业结合发展社区商业和促进社区服务便利化，建立再生资源回收网络，保证回收货源的完整性。鼓励企业规范运营，实行从业人员统一着装，制定行业规范，塑造行业整体形象。

（4）支持技术研发。各级政府加大对再生资源回收分拣处理技术研发的支持力度。鼓励在回收企业聚集的成熟园区建立技术研发中心，集中吸收国外先进技术，研发符合我区实际情况的废旧商品回收分拣处理技术和先进的分拣处理设备，建立产、学、研衔接互动机制，推广普及先进技术设备和经验。加大行业主管部门信息化建设，加快建立再生资源经济数据统计、市场分析监测、行业规范管理及政府部门监控平台。

（5）加强技术交流与人才培养。引进并吸收国内外新工艺、新技术、新设备，促进我区再生资源回收企业的技术进步，提高资源利用率。制定优惠措施，加大招商引资的力度，积极引导外商向再生资源行业投资，鼓励外商到牧民区投资建立再生资源加工处理中心。与发达地区再生资源协会建立联系，借鉴其对再生资源行业的管理措施和相关法规，提高整个行业的技术水平和管理水平。加强对从业人员的培训，培养专业技术人才，提高从业人员整体素质。

二、深圳市

（一）总体情况

据工商部门的摸底调查不完全统计结果显示，2012 年深圳市从事再生资源经营的网点 2600 多个，分布在全市的各个角落。其中，有证经营的网点约为 739 家，无证经营的超过 1800 家。目前深圳市回收站点主要以两种形式存在：第一种是由深圳市拥有再生资源回收利用牌照的大型法人企业向下开设再生资源回收站点。这类回收站以承包、加盟或挂靠的形式经营，回收公司先在工商部门办好回收站点的营业执照，再与各回收站点承包者签订承包经营合同，收取承包经营管理费，并不直接参与经营活动。各回收站点所持为非独立法人牌照。第二种是经营者独立向有关管理部门申领独立法人牌照，直接参与再生资源的经营活动。这类牌照的持有单位规模通常较小，通常为个体户和小型有限责任公司。

据不完全统计，深圳市目前较大型的资源回收企业回收的主要为黑色金属、有色金属、塑料橡胶、纸制品和玻璃五大类，年交易总额超过100亿元。各类再生资源回收总量已经超过350万吨，平均每天产生约9600吨，其中生活性再生资源为50万吨，约占再生资源总量的14.3%。除此以外，非传统类型的再生资源如建筑垃圾、餐厨垃圾的日均产量也极为可观。

（二）问题与建议

现存的大多数收购站均不是法人企业直接经营，而是大型的取得牌照的再生资源回收公司将牌照租赁给私人经营，管理松散，私人经营者为获得利益而无所不为，如收购一次性医疗废物、偷窃各类市政设施和工业原材料等。由于行业经营的不透明，一些黑恶势力渗透到行业经营活动中，造成恶劣的社会影响。

工业类再生资源实行的是混合收集，由收购站人员负责运至收购站内集中分拣、整理。为获取暴利，私人收购商之间通过划分地盘垄断区域市场，从而掠夺生产企业的再生资源，私人收购商之间也时常为争夺地盘而发生恶性事件。

生活类再生资源主要产自居民区及其他区域，其中一部分由市民自行分类和集中存放后，出售给个体回收者并进入再生资源回收利用系统，另一部分丢弃到城市生活垃圾中，城市拾荒者通过翻拣城市生活垃圾将再生资源进行初级分拣。据调查，在深圳从事拾荒工作的大多来自偏远贫困地区的农民，也有少数是城镇低收入者或者失业、下岗人员，由于拾荒人员未经过专业的分拣培训，在翻拣过程中给环境造成了二次污染，甚至破坏了环卫设施，给城市卫生安全等留下了隐患。

目前，深圳市建立回收、利用一体化的现代再生资源回收利用体系已经迫在眉睫，今后很长一段时间，应积极推动现代城市的再生资源回收利用体系建设，争取较快形成全市范围的社会回收利用体系，使再生资源回收利用体系向清洁化、集约化、规模化、高效益方向发展，但再生资源回收体系建设是一个复杂而艰巨的系统工程，牵涉到方方面面，需要政府的决心和努力，需要市场的开放和多元，也需要居民素质的不断提高。

第二十五章　西南地区

一、四川省

（一）基本情况

截至2012年年底，全省共有再生资源回收经营者2.8万余家，回收网点3.4万余个，总营业面积超过了200万平方米，从业人员超过25万人，年营业额超过900亿元。

（二）问题与建议

1. 问题

当前，四川省正处于工业化、城镇化快速发展的关键时期，提高再生资源回收利用率，是转变经济发展方式的有效途径，有利于缓解资源和环境的压力，为实现经济可持续发展提供保障。尽管我省再生资源回收体系建设取得一定成效，但还不适应四川省经济社会快速发展的要求，还存在认识不到位、企业规模小、现代化水平低、网点布局不合理、区域发展不平衡等突出问题。

2. 建议

（1）及时研究出台税收优惠政策。再生资源回收行业增值税退税政策停止以来，再生资源回收行业再未享受国家税收优惠。再生资源回收企业在回收居民、单位的废旧物品时既要支付现金又无法取得可抵扣的进项发票，回收企业将全额承担17%的增值税。按目前全国增值税一般纳税人平均税负计算，再生资源回收经营企业税负明显远远高于一般流通企业2.5~3个百分点，造成回收企业税收负担过重，经营难以持续，严重制约行业发展。建议商务部与财政部、国家税务总局沟通协调，出台再生资源回收行业税收优惠政策，巩固再生资源回收体系建设成果，鼓励支持行业可持续健康发展。

（2）及时研究出台土地优惠政策。近年来，我省项目建设用地指标日益压缩，地方政府将土地用于经济效益较低的再生资源回收项目意愿不强烈，导致再生资源回收分拣中心、基地等项目建设用地指标难以落实。有些企业通过商业用地招拍挂的形式取得用地，有些租用非基本农田开展项目建设，导致用地性质不稳定、不统一，项目规模难以保证，企业在投入时顾虑较多。建议商务部协调国家相关部委，将再生资源项目用地纳入重点支持对象，保证开展体系、基地等项目建设的用地指标。

（3）进一步加强政策扶持力度。近年来，我省先后有3个城市开展了国家级再生资源回收体系建设，有3个区域性大型再生资源回收利用基地项目获得国家扶持，行业发展取得了明显成效。但我省仍有大部分城市再生资源回收体系不健全，大多数再生资源回收企业的回收、分拣、加工等环节以手工操作为主，设备简陋、技术落后，机械化和自动化的程度低。建议商务部进一步加大政策扶持力度，扩大政策覆盖范围，保证项目的延续性，帮助我省在大部分城市开展再生资源回收体系建设和区域性大型再生资源回收利用基地项目建设，带动行业发展。

（4）进一步加强从业人员培训。由于再生资源回收行业的特殊性，大多数从业人员素质不高，企业内部管理结构不科学，制度不健全，管理方式落后。建议商务部参照家政服务培训的方式，扶持相应的中介机构、大型龙头企业，大规模开展再生资源回收行业经营管理人员、回收人员培训，逐步提高从业人员素质和业务水平，提高回收行业整体素质。

二、云南省

（一）基本情况

经过多年的发展，我省再生资源产业已经形成了一定规模。目前，全省再生资源行业共有回收网点4000多个，回收利用加工企业320多家，从业人员1300多人，再生资源行业在产业规模、技术水平和发展模式上都取得了较大进步，节能减排效果日益显著。

据对省内废旧物资回收典型企业经营情况推算，2012年，我省废钢铁、废有色金属、废塑料、废轮胎、废纸、废玻璃以及废弃电器电子产品七大类别的主要再生资源回收总量达1806.8万吨，比2011年增长了406万吨，增幅为29%。再生资源销售总量1429.5万吨，比2011年增长了160.8万吨，增幅为12.7%。主要再生资源回收总值达822.9万元，较2011年的599万元增加了223.9万元，增幅达到37.4%，超过2011年我省GDP的增长速度。

（二）问题与建议

1. 问题

（1）云南再生资源行业起步晚、规模小、利润低，回收加工基地布局不合理，加上云南地处边疆，物流成本高，制造业不发达，这些都是制约云南再生资源行业发展的客观因素。

（2）再生资源回收体系建设需要加强。我省再生资源回收行业基础薄弱，回收体系建设相对滞后，在一定程度上制约行业的发展。

（3）再生资源企业普遍规模小、实力弱，资金投入不足，加工能力和技术水平亟待提升，企业赢利能力不强。

2. 建议

（1）加大投入，完善再生资源回收利用体系建设。随着再生资源行业的逐步发展，我省已经出现了规模较大、回收体系较完善、基础较好的再生资源企业。但由于我省再生资源回收行业基础较薄，投入不足，回收体系建设相对滞后，企业赢利能力不强，面临一定的生存压力，需要政府更多支持，政府和企业共同提升意识，加大资金投入，切实提高企业回收加工能力和技术含量，辅助企业做大做强。

（2）减免税收，鼓励企业发展。目前我省再生资源回收企业普遍处于起步发展阶段，企业赢利能力还较弱。税收负担过重会成为再生资源回收企业的沉重包袱。

通过减免税收等政策扶持，鼓励更多的投资人进入再生资源领域，鼓励企业向技术性深加工企业转型，提高产品附加值，这是促进再生资源行业和循环经济发展的重要手段。

（3）提高公众意识和参与能力。开展广泛的宣传教育和培训，提高人们对发展再生资源产业重要性的认识。通过宣传教育使人们树立资源节约和环境保护意识，消除对再生资源的认识误区。要认识到回收和废旧物资进行拆解、加工利用不仅可以增加资源供应，也是节能减排的重要途径。社会各个层面应尊重废旧物资回收人员的劳动，减少和消除对他们的歧视或偏见，鼓励公众参与废物的回收、分类和综合利用，促进再生资源产业的快速发展。

第五篇

国际篇

第二十六章 国际再生资源回收利用情况

一、世界废钢铁回收利用情况

废钢铁再生循环的生态环保效益，得到世界的公认。根据国际回收局（BIR）的资料，2011 年全球消耗废钢铁 5.7 亿吨，比同期增长 7.6%，创历史新高。其中中国、欧盟、土耳其废钢铁消耗量呈增长态势。

2011 年中国炼钢消耗废钢铁 9100 万吨，比同期增长 3.3%；欧盟消耗废钢铁 10080 万吨，比同期增长 4.5%；土耳其消耗废钢铁 3080 万吨，比同期增长 21.9%。

2011 年美国消耗废钢铁 5600 万吨，比同期下降 6.7%；俄罗斯废钢铁消耗量 2100 万吨，比同期下降 2.2%；日本消耗废钢铁 3720 万吨，比同期下降 3%。

2011 年全球废钢铁出口国家和地区前五名排序，分别为美国出口 2437 万吨，欧盟出口 1877 万吨，日本出口 544 万吨，加拿大出口 483 万吨，俄罗斯出口 424 万吨。

2011 年全球废钢铁进口国家和地区前五名排序，分别为土耳其进口 2146 万吨，韩国进口 863 万吨，中国进口 677 万吨，中国台湾进口 533 万吨，美国进口 400 万吨。

表 29　　2010—2011 年世界主要国家和地区进口废钢铁情况　　单位：万吨

国家和地区	土耳其	韩国	中国	印度	中国台湾	美国	欧盟	马来西亚	印度尼西亚	加拿大	泰国
2010 年	1919	809	585	464	536	378	365	229	164	223	128
2011 年	2146	863	677	293*	533	400	368	205	216	191	188

*印度是 2011 年 1 至 7 月进口废钢数据。

中国废钢铁资源尚不充足，进口国外废钢铁资源必不可少。废钢铁的消耗量虽然排在世界前列，但废钢铁单耗较低。2011 年中国炼钢废钢比 13.3%，低于世界平均水平。

二、世界废有色金属回收利用情况

世界各国特别是工业发达国家对有色金属应用范围不断扩大，消耗量也随之增加，产出的有色金属废杂料量相应地越来越多，有色金属回收利用量也在逐年增加，详见表 30。

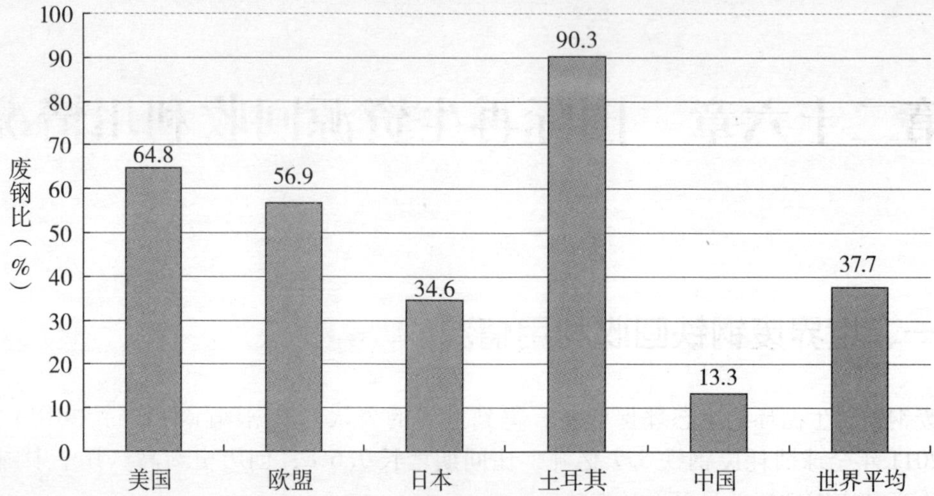

图 28　2011 年主要国家和地区废钢比情况

表 30　　近年全球有色金属生产和消费情况　　单位：万吨

金属品种	年份				
	2007	2008	2009	2010	2011
精铜产量	1802.93	1849.73	1861.28	1917.63	1925.75
精铜消费量	1810.76	1809.44	1817.78	1933.17	1947.19
再生铜产量	251.2	265.7	268.6	295.7	333.5
原铝产量	3810.77	3921.53	3717.12	4191.13	4469.71
原铝消费量	3256.61	3701.96	3476.48	4017.31	4238.55
再生铝产量	957.44	1071.56	1001.61	1004.52	1192.77
精铅产量	813.46	888.23	886.51	946.99	999.50
精铅消费量	829.59	892.02	882.53	854.12	1002.65
再生铅产量	431.63	461.27	476.09	516.29	523.57

从表 30 可以看到，2011 年与 2007 年相比，全球精铜产量增长了 6.81%，原铝产量增长了 17.29%，精铅产量增长了 22.87%；精铜消费量、原铝消费量和精铅消费量分别增长了 7.53%、30.15% 和 20.86%；再生铜产量、再生铝产量、再生铅产量分别增长了 32.76%、24.58% 和 21.30%。2007—2011 年这 5 年，全球再生铜、再生铝和再生铅产量分别达到 1414.7 万吨、5227.9 万吨和 2408.85 万吨。

由于有色金属的回收利用渗透于各工业行业及日常生活中，发达国家对有色金属的回收利用基本没有单独的法律或条例，相关的规定都融于循环经济政策中。世界上发达国家在发展循环经济过程中都有自己的循环经济立法。目前一些发达国家采取的具有不错效果的政策有：①征收新材料税，目的是减少厂家对新材料的使用，在生产源头减少资源的使用。②征收填埋和焚烧税，迫使企业对废弃物进行多层次的利用，减少废弃物的排放。③减税退税政策，美国对购买回收再生资源及污染防治型设备的企业可减税（销售税）10%，日本对废塑料制品类再生处理设备在使用年限内，除普遍退税外，还按价格的14%进行特别退税。对废纸脱墨处理装置、铝再生制造设备、空瓶洗净装置等，除实行特别退税外，还可退还3年的固定资产税。④垃圾处理预交费制度，一些发达国家采用预交费制度，一部分用于废弃物的回收处理，另一部分用于回收新技术的研究开发。⑤按垃圾数量收费，从而使企业对自己的生产行为负责，促使其减少垃圾数量的制造。⑥押金抵押返回政策，德国对饮料瓶收取押金制度，很好地减少了瓶子的浪费。

三、世界废弃电器电子产品回收利用情况

与发展中国家相比，发达国家更早地面临废弃电器电子产品回收处理管理问题。从20世纪90年代末开始，发达国家纷纷通过立法，实施电器电子产品生产者延伸责任制度，确定管理的产品范围，规定废弃电器电子产品回收利用率指标，建立废弃电器电子产品回收处理体系。

最早一批建立废弃电器电子产品回收处理立法的国家和地区有中国台湾、日本、欧盟、美国加州。随后是加拿大和韩国。近几年，澳大利亚、印度、中国香港地区等也相继制定了电子废弃物的法律法规。日本、欧盟等发达国家和地区在废弃电器电子产品回收处理立法实施一段时间后，近些年纷纷对其实施情况进行评估，并分别于2009年和2012年出台了修订法和指令。此外，2012年，日本新制定并公布了废弃小型电子机器回收利用法案，加大对资源回收利用的管理和力度。

在越来越多国家和地区实施废弃电器电子产品回收利用立法管理的情况下，作为一个新兴的行业，2012年国际废弃电器电子产品回收利用行业得到了快速发展。

从废弃电器电子产品回收利用的数量来看，除日本和中国受特定因素影响外，大部分国家的废弃电器电子产品回收利用的数量呈增加趋势。2011年，日本废家电回收利用数量的下降是由于其在2010年电视机大批更新换代，使得2011年电视机的废弃量大大降低。2012年中国废弃电器电子产品回收利用数量的减少也是由于2009—2011年国家家电以旧换新政策，使大量的废旧家电集中报废。

从废弃电器电子产品回收利用的种类来看，全球废弃电器电子产品回收利用的种类在不断扩张。欧盟修订的WEEE指令扩展了电器电子设备的范围，日本新公布的促进废弃小型电子机器回收利用法案更是将大量小家电、通信产品、数码产品等纳入回收利用的管理范围。

从废弃电器电子产品回收利用行业的呈现区域来看，废弃电器电子产品回收利用行业已经从发达国家向发展中国家延伸。中国、印度等发展中国家在立法的推动下，建立了废弃电器电子产品回收利用行业。2012年，中国废弃电器电子产品回收处理行业已初具规模。

在《巴塞尔公约》框架的制约下，电子废物不能跨境转移。但随着越来越多国家建立规范的废弃电器电子产品回收利用体系，来自废弃电器电子产品中的铁、铜、铝、塑料等将大大丰富现有的再生资源贸易市场。

对于发达国家和地区来说，废弃电器电子产品回收利用行业的发展，减少了城市垃圾的处理量，促进了资源循环利用。对于发展中国家来说，规范的废弃电器电子产品回收利用行业的发展，减少了环境污染，提升了资源综合利用水平，同时促进了与发达国家再生资源的贸易。

四、世界报废汽车回收利用情况

（一）汽车生产者责任制与回收处理基金

欧美以及日本等国际上较为发达的国家和地区大多都出台了相应的报废汽车回收拆解法规或在环境保护法律体系以及生产者责任规制中明确规定了生产者责任制，秉承“谁污染，谁治理”的原则。

汽车制造商为拆解企业提供拆解技术指南，按照法律规定缴纳汽车回收处理基金。各国基金资金来源组成不同，日本是由车主在购车时缴纳的，并采取车辆转移联单制，直至车辆报废，汽车制造商对拆解的安全气囊、氟利昂及废弃物有连带处理责任；有些国家（如法国）则规定报废汽车拆解企业在发生亏损的情况下，提供财务证明以及能够证明生产者责任的材料向生产者索赔；其他国家（如英国）则是由汽车制造商按汽车销售额的一定比例缴纳、设立回收拆解网点或者与相关企业合作，政府规定由专业部门管理和运营。美国各州则是采用按每辆报废车给予车主4000美元左右的高额补贴，促使车主把报废汽车交售到合法拆解企业。

（二）完善的法律法规体系与监管体系

国外通过完善的法律法规体系，确保报废汽车回收拆解中的环境保护及资源的再利用。同时采取对拆解企业进行资格认定的管理模式：政府部门的职责是制定法律，提出资格要求，对相关行业机构、企业进行监督；认证机构负责对汽车拆解、破碎企业的资质认定和定期审核。

大多数国家制定了国家级的报废汽车回收拆解法律法规（如德国、日本等），美国则是通过环境保护法律体系和生产者责任制的相关规定促使其形成了世界领先的报废汽车回收处理管理体系，还有部分国家通过政府与报废汽车回收相关企业共同签订的自愿协议来管理报废汽车的回收拆解。

（三）预防性生产与资源再利用

欧美以及日本等国家的法律大多对预防性生产做了明确规定，要求汽车制造商在生产时就应充分考虑材料的可再生性及其报废后减少对环境造成的污染。此外，这些国家的法律法规还规定了报废汽车拆解的不可再生资源应该采取填埋或其他措施进行处理，并出台相应的废物处理法规进行详细规定。

（四）完善的回收网络体系与高度的信息化管理

德国、日本等发达国家通过报废汽车回收网络平台来实现报废汽车的有效回收，通过不同的回收渠道（如法国）保证报废汽车的全部回收，通过完善的法律体系（如美国）保证报废汽车的拆解、再制造以及不可再生废弃物的处置妥当。发达的信息网络平台、多种回收渠道以及完善的法律体系为报废汽车回收拆解相关企业和个体提供了充分的便利并对其行为作出了相近的规定，共同形成了完善的报废汽车回收拆解管理体系。

报废汽车回收、拆解、破碎企业数量呈金字塔分布，投资额度巨大、技术含量很高的破碎企业数量最少；拆解企业布局合理，社会分工明确；拆解企业与破碎企业互利互补、合作共赢。此外回收拆解企业信息化管理程度较高，利用信息购销等网络极大地推动了回用零部件的销售。

（五）先进的拆解技术与设备

大多数国外报废汽车拆解企业技术成熟，设施设备先进，回用零部件利用率程度较高。同时，国外汽车制造商均积极投入技术、资金等协助参与报废汽车的回收拆解再利用工作，并且在产品的设计制造阶段考虑回收再利用的相关问题。特别是美国，其现有的法律体系促使汽车制造商组建报废汽车回收拆解技术研究中心，以避免由于企业拆解造成环境污染而导致的连带环保责任。

五、世界废旧轮胎回收利用情况

（一）回收利用情况

国际上通常将废轮胎和旧轮胎严格区别对待，废轮胎被称为 Waste Tire 或 Scrap Tire，旧轮胎被称为 Used Tire。废轮胎归类于固体废弃物而由各国环保部门归口管理，许多发达国家为废轮胎回收处理专项立法，以促进废轮胎无害化回收利用；而旧轮胎则归类于旧货而自由贸易，旧轮胎的贸易、翻新再利用完全按市场运行规则，政府很少干预，这与世界贸易组织（WTO）将轮胎、旧轮胎、翻新轮胎都归类为二类机电产品，自由贸易不无关系。所以说，“废旧轮胎”只是我国特有的民间口语化概念。

20 世纪，发达国家就开始将轮胎循环利用列入国家循环经济和可持续发展的重要组成部分，建立了一整套以废轮胎回收利用收费和补偿制度为核心，以生产者责任制（欧盟）或消费者责任制（北美）为重点的法律、政策，并强制执行。许多发达国家社会汽车保有量已基本饱和，加之轮胎生产技术和产品质量不断提高，使用寿命不断延长，大大提高了废轮胎的回收利用率，存量废轮胎大幅度减少，都与这些政策法律的实施不无关系。

发达国家大多要求新轮胎设计和生产必须保证两次以上的可翻新性能，为轮胎翻新再利用奠定了产品质量基础。在轮胎使用环节，严格执行轮胎磨耗极限的技术规定，无论从经济性、安全性和节约资源的角度，轮胎翻新再利用已形成社会共识，尤其是客货载重轮胎的翻新利用率保持在较高水平，飞机轮胎几乎100%翻新再利用，这样，在减少废轮胎产生量，节约橡胶资源消耗的同时，消费者也降低了轮胎使用成本，因为翻新轮胎比购买新轮胎便宜很多，而质量与行驶里程与新轮胎相差无几。

我国政府也是对废轮胎和旧轮胎分别进行管理的，旧轮胎贸易归国家商务部按旧货贸易管理，废轮胎归国家环保部按固体废弃物管理，废轮胎的资源综合利用归国家发展改革委和国家工信部按资源与环境行业管理。

作为汽车的主要磨损零件，每年产生大量废轮胎，其产生量与社会汽车保有量、轮胎质量密切相关。据世界著名的美国汽车行业杂志Wardsauto公布，截至2011年8月，全球处于使用状态的各种汽车，包括轿车、卡车以及公共汽车等的总保有量已突破10亿辆。美国仍以2.46亿辆社会汽车保有量称雄，中国以9100万辆位居世界第二，日本则以7400万辆排名第三，除俄罗斯外的欧洲29国汽车保有总量3.2亿辆超过美国。社会汽车保有量超过两千万辆的国家还有俄罗斯、巴西、墨西哥和加拿大，其余国家社会汽车保有量的总和约为1.7亿辆。

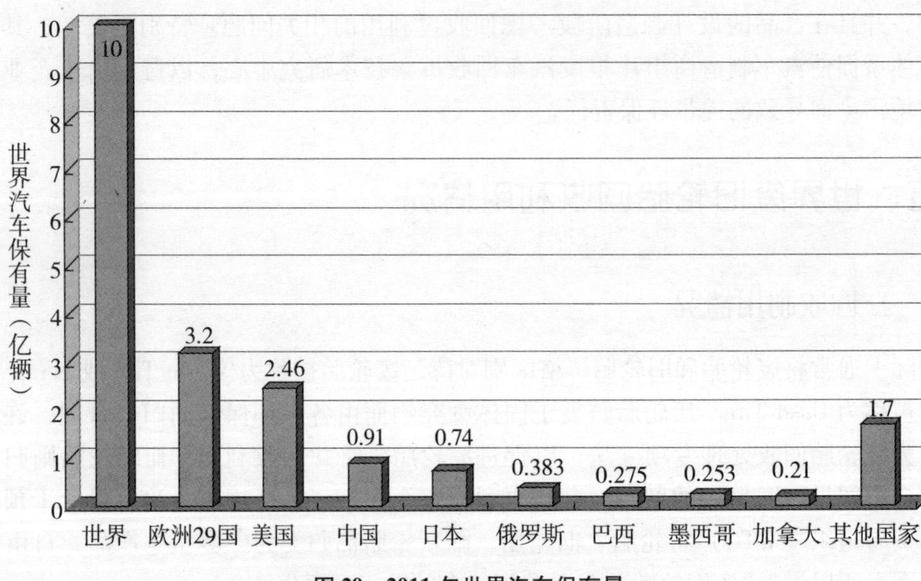

图29　2011年世界汽车保有量

数据来源：Wardsauto 2011年8月16日报告。

根据欧洲29国、美国、中国、日本四大汽车保有量国家和地区对废轮胎产生量的统计测算，2011年，世界废轮胎产生量约为2200万吨，其中，中国产生量约为800万吨，居全球之首。

废轮胎产生量还与轮胎使用寿命直接相关，发达国家轮胎质量和使用寿命普遍优于我国。据美国橡胶制造业协会统计，随着美国轮胎生产技术的不断改进，轮胎质量和使用寿命大幅度提升，以轿车轮胎为例，平均使用寿命从 1973 年的 2.4 万英里提升到 2004 年的 4.47 万英里，大大减少了废轮胎的产生量。而我国近些年来的“不三包”轮胎充斥市场，国内轮胎平均使用寿命实际是降低的，这也是我国废轮胎产生量高的重要原因。

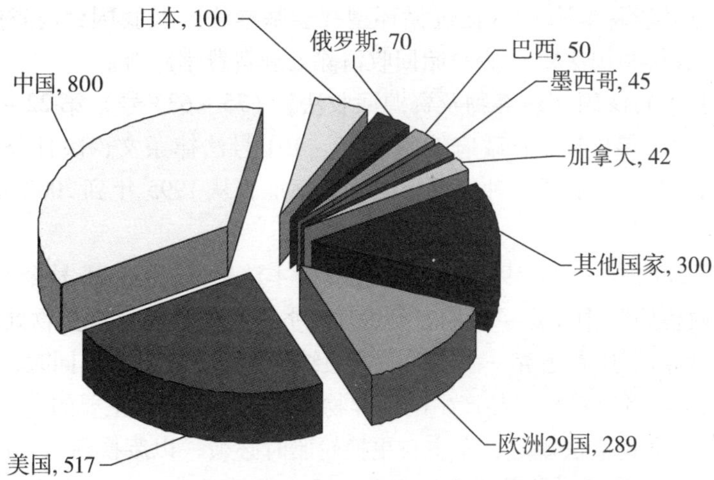

图 30　2011 年世界废轮胎产生量（万吨）

数据来源：美国 RMA、欧盟 ETRMA、日本 JATMA、中国轮胎翻修与循环利用协会。

目前，世界各国都将旧轮胎翻新再利用作为节约资源、废轮胎减量化的首要方法，对于广大车主来讲，这也是一种汽车消费的省钱方法，政府与民众对此早已形成共识，但前提是政府对新轮胎和翻新轮胎强制性质量标准，以及对轮胎磨耗极限的严格监管。大多数国家都将轮胎磨耗极限和翻新轮胎作为强制性标准严加管理，在车辆年检和翻新轮胎出厂检验中强制执行相关技术质量标准。对于旧轮胎翻新的生产经营行为则完全按照市场经济规律，轮胎翻新企业与客货运输企业及其他客户都有固定的合同关系，定期为客户检测轮胎使用情况，并将应翻新的旧轮胎为客户做翻新加工，并无像我国有税收优惠这样的政府干预。

废轮胎是一种难融、难降解的有机高分子弹性体，埋在地下数百年不分解，污染地下水。这些“黑色垃圾”无论采用堆放、填埋还是焚烧的方法处理都将带来环境污染，占用土地资源，而且容易滋生蚊虫等传播疾病。世界许多发达国家都曾发生过由废轮胎带来的环境问题，例如：美国佛罗里达州曾发生大面积传染性疾病，后查明是废轮胎集水中滋生的蚊虫所为。又如美国加州斯坦尼斯劳斯废旧轮胎堆放点 1999 年 9 月 22 日发生自燃，浓烟直冲 600 米高空，温度高达 1000℃，大火燃烧到 10 月 4 日时已融化出 8 万加仑油脂，流入附近一水塘，水塘变为油塘后继续燃烧，数百吨污染物飘落到 100 千米外的旧金山和加州首府萨克拉门托，附近地区则下起浓浓的黑雨。国际社会将废轮胎列为污染环境、最难处理的固体废弃物品种之一，发达国家普遍对废轮胎回收处理利用制定了专项政策法规。

（二）政策法规

从20世纪80年代开始，发达国家和地区就逐步将废轮胎回收利用纳入法制化轨道，如美国的《国家环境政策法》、《资源与回收法》、《轮胎回收利用法》；法国的《废弃物及资源回收法》；德国的《循环经济与废气物管理法》；韩国的《资源节约与再生使用促进法》；日本的《环境基本法》、《促进循环型社会基本法》及我国台湾省的《废弃物清理法》、《资源回收再利用法》、《废轮胎回收清除处理费费率》等。

1975年7月15日法国《废弃物及资源回收法》（75－633号）第22－1条规定使用者缴纳处理费。1995年2月2日政府编制的95－101号法律条文，次日公布执行的政府公报第60条、第61条规定了各种废弃物的收费标准，从1995年到2002年6月30日逐年增加。

日本政府于1993年11月19日颁布《环境基本法》（93第91号令），其中第八节“费用负担及财政措施”中规定了使用者的缴费义务。在随后的《废弃物处理法》中也做了相应的规定。目前使用者丢弃一条废轮胎需缴纳处理费300日元。同时，该法也规定了产品寿命终结后生产者应对其产品产生的废弃物回收处理负有更主要的责任。

1992年加拿大通过立法规定，车主在更换轮胎时必须“以废换新”，并按不同轮胎规格缴纳2.5～7加元不等的废轮胎回收处理费，设立专项基金。立法院并授予“轮胎再循环管理协会（The Tire Recycling Management Association，TRMA）专项立法委任权（Legislative Mandate），并负责管理废轮胎处理费专项基金。加拿大各省据此也有相应的省法案通过，例如：1996年Alberta省通过了废轮胎回收利用206法案。

美国是联邦制国家，在联邦法框架下各州都有立法权。自1985年明尼苏达州制定了第一个废轮胎回收利用管理法律，以及1994年联邦政府废旧物资联合管理局“实施废轮胎强制管理项目”以来，关于废轮胎回收处理再利用绝大多数州已经立法，建立废轮胎回收处理专项基金。基金收费各州有所不同，基本为轿车轮胎每条0.5～2美元，客货载重轮胎3～5美元。例如：佛罗里达州第403号法令718条规定在新轮胎销售时征收1美元废轮胎处理费；1989年，加利福尼亚洲参议院第1843号法案《轮胎回收利用法》第974章规定收取废轮胎处理费建立专项基金；1993年，作为补充措施，为保证废旧轮胎在指定授权的地点处理，参议院法案第744号（第511章）正式颁布；1996年，为使征收费用的途径由返回处理费中改变为在零售轮胎时征收，颁布了众议院第2108号法案（第304章）；2000年参议院法案（SB）第876号规定：到2006年12月31日以前每条新胎附加征收1.00美元，2007年开始涨为1.75美元。

我国台湾省废轮胎年产生量10万吨左右，行政院1990年10月24日发布执行的《废弃物清理法》就规定了征收废轮胎处理费，并年度审议收费费率。台湾实行轮胎生产和进口商责任制，由生产和进口企业每两个月向资源回收管理基金管理委员会申报一次销售量，同时向指定的专用账户缴回收处理费。1997年9月23日发布《废轮胎回收清除处理费费率》（环署费字第58183号），公告的处理费费率为：

轮胎内径10英寸（含）以下及机车胎（摩托车胎）：10元/条

轮胎内径 12. 14 英寸：　　　　　　50 元/条

轮胎内径 15. 19 英寸：　　　　　　60 元/条

轮胎内径 20. 23 英寸：　　　　　　150 元/条

轮胎内径 24 英寸以上及特种胎：　　300 元/条

与欧美国家补贴废轮胎回收商，再由回收商支付给加工处理企业补贴不同，台湾对废轮胎回收处理的补贴实行“一元化制度”。系将市面上的废轮胎回收后直接送加工处理厂处理，补贴以处理厂为主，经稽核认证后，补贴加工处理企业每吨 3200 元新台币，其中包括回收运输费用。再由回收商与处理厂签约协议，由处理厂根据运输距离支付回收运输费用。这样做一方面减少了废轮胎储存可能导致的环境问题，减少了土地占用，另一方面则降低了废轮胎存储和运输成本。

自台湾实行废轮胎回收处理补贴“一元化制度”改革的同时，1999 年又颁布了《优先采购环境保护产品办法》，在政府率先使用环保型再生资源产品的带动下，为再生资源产品创建市场，废轮胎的回收利用率从 1998 年上半年的 24% 增长到 2001 年 90% 以上。

综上所述，发达国家和地区对废轮胎回收利用经历了痛苦的环境灾难后，普遍制定了专项立法，这些法律要点是：

（1）将废轮胎集中回收纳入法定义务，消费者有义务将废轮胎交给指定的回收点，任何人不得随意丢弃、堆放、运输、处理废轮胎。

（2）按照谁污染谁治理的原则，征收废轮胎回收处理费，建立专项处理基金，用于补贴社会环境公共服务成本；欧盟则实行生产者责任制，由生产者承担回收处理责任和费用，再转嫁给消费者。

（3）实行严格的行业准入制度，统筹规划，控制废轮胎回收、加工利用企业的分布、数量及环境。

（4）强制实行废轮胎回收利用计划，建立废轮胎集中回收网络和回收中心，送往经政府审批的加工处理企业再利用。

（5）实行差别化补贴方法，根据加工处理对环境的影响程度确定补贴标准，并从专项基金支付回收处理费补贴。

（6）设立废轮胎循环利用专门组织（或协会），对回收利用专项资金的使用实行透明化管理，定期向社会公布资金使用情况和计划。这是一个由政府与民间联合成立的半官方执法及政策研究咨询机构。

（7）鼓励民间投资废弃物加工利用业，采用“民办公助”的方式给予贴息贷款、优惠贷款等各种融资服务，刺激民间环保投资，台湾省甚至规定投资该行业，固定资产投资利用国产设备部分可抵税。

（8）以政府优先采购的带头作用，鼓励和推广废轮胎资源再生产品的市场使用，对列入年度计划的废轮胎资源再利用项目从专项基金中予以奖励。

（9）实行公平税收制度，对从事废轮胎加工再利用企业税赋不得高于其他制造业。

可以看出，在传统的高度市场经济的发达国家，对于涉及社会公共资源配置与环境问题。废轮胎回收利用则是实行严格的“计划经济”，将废轮胎回收利用纳入政府中长期计划。在这一系列政策法律支持下，发达国家的废轮胎减量化和回收利用率得到大幅度提高，见图 31。

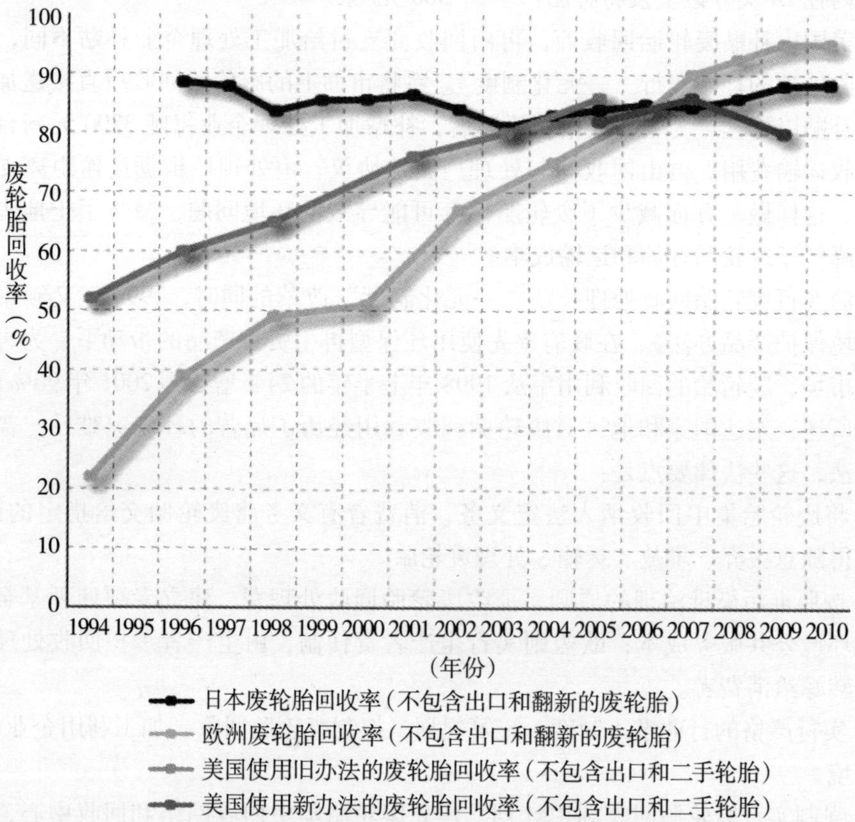

图 31　欧洲、美国、日本历年废轮胎回收利用率

数据来源：欧洲轮胎橡胶制造商协会，日本汽车轮胎协会，美国橡胶制造商协会。

由此可见，收取废轮胎处理费，用于支付回收利用废轮胎社会环境公共服务成本，建立良性循环机制，是发达国家普遍采用的行之有效的管理办法，值得我们借鉴。

第二十七章　美国再生资源回收利用概况

美国作为世界上最大的经济体，具备发展完善，资本密集型的再生资源产业。数十年来，该行业一直在为本国增加"绿色就业"。作为制造业供应链的第一环节，再生资源行业已经成为美国发展经济，增加就业，实现资源的可持续利用，节能，全球贸易中不可缺少的一部分。

表 31　　2010—2011 年美国再生资源回收概况

	2010 年	2011 年
回收总值	770 亿美元	1000 亿美元
直接增加就业人数	10.75 万人	13.76 万人
再生资源回收量		
废钢铁	8055.6 万吨	8037.3 万吨
废有色金属	976.2 万吨	1066.5 万吨
其中包括：废铝	460 万吨	517 万吨
废铜	180 万吨	191 万吨
废铅	120 万吨	123 万吨
废锌	16.2 万吨	22 万吨
废镍	10 万吨	9.9 万吨
废纸	4680 万吨	4787 万吨
废弃电子电器产品	350 万吨	350 万吨
废轮胎	9000 万条	1 亿条

资料来源：美国废料回收工业协会。

根据美国废料回收工业协会（Institute of Scrap Recycling Industries, Inc., ISRI）统计，2011 年，美国回收的废旧金属、废纸、废塑料、废橡胶、废弃电子器件等废旧物资超过 1.5 亿吨，价值约 1000 亿美元，经过处理后销售到美国及全球 160 余个国家，详见图 32。

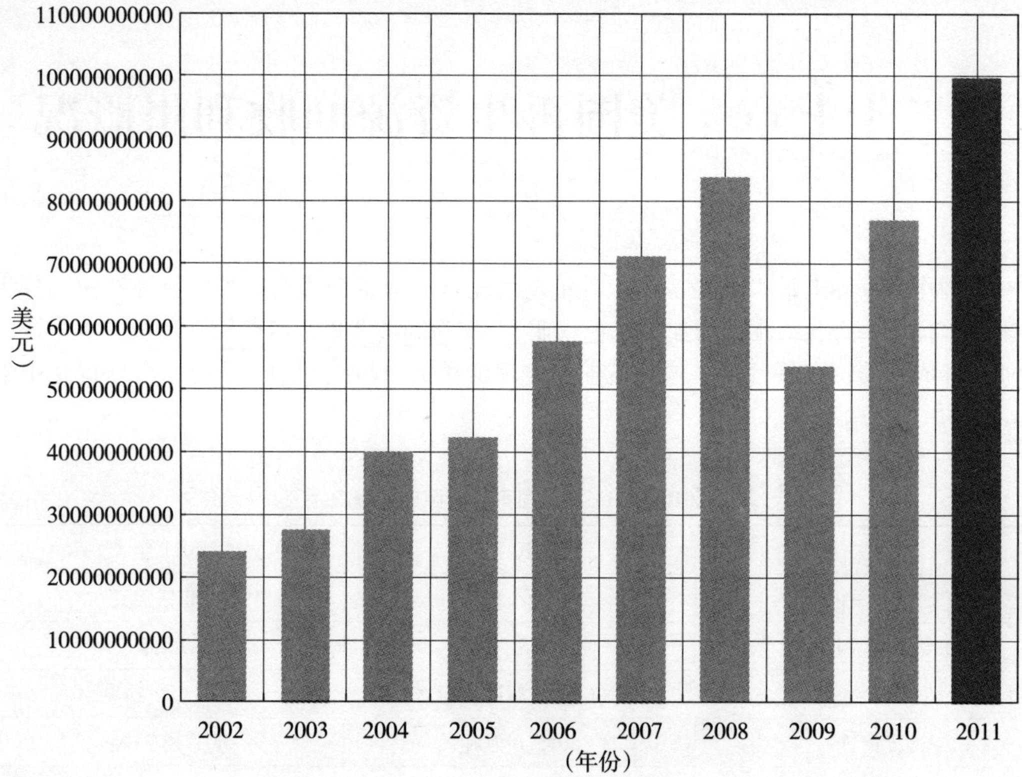

图 32　2002—2011 年美国再生资源回收总值

资料来源：美国废料回收工业协会。

尽管全球经济衰退对美国经济产生了长期影响，再生资源行业在增加就业方面一直处于领先地位，该行业对美国的制造业带来了正面效应，据有关数据显示，2011 年，美国有超过 46 万人从事再生资源行业。在美国，全社会日益重视对自然资源的保护以及温室气体减排。再生资源回收行业被视作全世界对环境贡献最大的行业之一，创造了大量的就业机会，并且在很大程度上带动了经济发展。全美再生资源从业人员全年收入 261 亿美元，与此同时，整个再生资源行业为联邦、州以及地方政府缴纳了 103 亿美元的税费（不包含营业税）。

再生资源的使用，在节能减排和环境保护方面起到了重要的作用。部分种类再生资源的节能效果如表 32 所示。

表 32　　部分种类再生资源的节能效果

再生资源品种	温室气体减排（二氧化碳当量）	减少能源使用当量
1 辆汽车	8811 磅	502 加仑汽油
1 台冰箱	566 磅	36 加仑汽油
1 台电脑 & 显示器	404 磅	27 加仑汽油
1 台洗衣机	397 磅	24 加仑汽油
4 个轮胎	323 磅	18 加仑汽油
1 台电视机	81 磅	8 加仑汽油
10 磅铝罐	16 磅	7 加仑汽油
10 磅瓦楞纸板	40 磅	2 加仑汽油

资料来源：国际回收局，美国环保署耐用商品计算器，减排模型计算器。

美国再生资源行业提供的高价值，环保，节能的原材料使得美国制造业在国际市场上更具竞争力。

与此同时，再生资源行业提供满足全世界日益增长的需求的各类原料，包括钢铁，有色金属，纸，塑料，电子电器产品，橡胶等。美国国内产生的再生资源数量多于国内的消耗需求，因此美国每年都大量出口再生资源。根据美国统计局和美国国际贸易委员会的数据，在 2011 年，美国再生资源面向 160 多个国家出口，出口量 5170 万吨，出口额 392 亿美元，这对美国贸易平衡有利。废钢铁和废纸的出口占远洋货运的大部分，约为 4500 万吨，废有色金属和废稀有金属则是价格最高的品种。2011 年主要出口面向的国家和地区包括中国（115 亿美元），加拿大（37 亿美元），土耳其（24 亿美元），韩国（21 亿美元）和中国台湾（19 亿美元）等。

表 33　　2010—2011 年美国再生资源出口种类

	2010 年	2011 年
出口再生资源价值	296 亿美元	392 亿美元
数量	4530 万吨	5170 万吨
出口品种包括		
废钢铁（不包含废不锈钢和合金废钢）	1870 万吨	2270 万吨
废纸	1890 万吨	2110 万吨
废铝	190 万吨	210 万吨
废塑料	200 万吨	210 万吨
废镍，废不锈钢合金	190 万吨	160 万吨
废铜	100 万吨	120 万吨

续 表

	2010 年	2011 年
废铅	4.4 万吨	3.1 万吨
废锌	7.8 万吨	8.6 万吨
废橡胶	17.2 万吨	13.5 万吨

资料来源：美国废料回收工业协会。

表 34　　2010—2011 年美国再生资源出口国家

	2010 年	2011 年
出口的国家和地区数	158 个	161 个
中国大陆	85 亿美元	115 亿美元
加拿大	30 亿美元	37 亿美元
土耳其	15 亿美元	24 亿美元
韩国	17 亿美元	21 亿美元
中国台湾	14 亿美元	19 亿美元
英国	11 亿美元	14 亿美元
德国	7 亿美元	12 亿美元
印度	8 亿美元	10 亿美元
墨西哥	10 亿美元	10 亿美元
意大利	7 亿美元	9 亿美元
日本	6 亿美元	6 亿美元
中国香港	6 亿美元	5 亿美元

资料来源：美国废料回收工业协会。

一、废钢铁回收利用情况

在美国，超过 60% 的钢铁是由废钢铁制成的。美国废钢铁的来源主要是两个：社会采购和企业自产。社会采购的废钢铁是从报废汽车，钢结构，家用电器，铁轨，废旧船舶，农业机械等拆解而来。根据美国地质调查局的调查结果，社会采购的废钢铁最初来源是报废汽车，2010 年报废汽车行业产生废钢 1350 万吨。另外，企业自产的废钢铁主要来源于生产制造过程，数量大约占废钢铁供应量的一半。

当今，废钢铁是美国以及全世界产生量最多的再生资源，2010 年美国废钢铁行业总值达到 264 亿美元，2011 年被用作钢铁生产原料的废钢铁达 5600 万吨。

表 35　　2007—2011 年美国国内废钢消耗量　　单位：万吨

年份	消耗量
2007	6400
2008	6600
2009	5300
2010	6000
2011	5600

资料来源：国际钢铁协会，美国废料回收工业协会，美国地质调查局。

由于有着雄厚的制造业基础和强大的经济实力，美国已经具备相当数量的废钢铁库存，与此同时，在生产过程中，企业自产废钢铁也在源源不断地产生。

2011 年，美国废钢铁回收率超过 92%。近些年来，美国废钢铁的供应已经大大超过本国需求，并且在国际废钢铁市场占有相当比例。美国大约 70% 的废钢在国内消耗掉，其余的 30% 出口到全世界 90 多个国家。

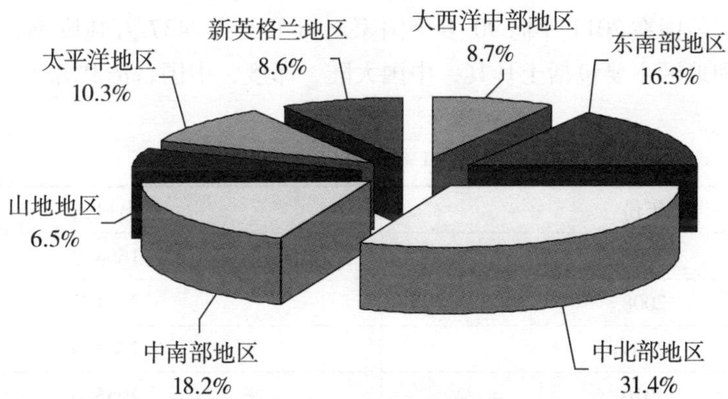

图 33　2009 年美国社会采购的废钢铁地域分布所占比例

表 36　　2011 年美国各种类型废钢铁消耗量　　单位：万吨

类型	消耗量
切割结构和钢板	448
1 号熔炼用重废钢	571
2 号熔炼用重废钢	629
1 号熔炼用重废钢和电熔炉捆料废钢	323
2 号熔炼用重废钢和其他捆料	99. 7
废铁轨	30. 3
车屑和钻屑	231

续 表

类型	消耗量
钢渣	149
破碎的废钢	1410
1 号边角料废钢	461
钢罐（使用过的）	11.2
其他废碳钢	644
废不锈钢	130
合金废钢	73.6
其他废钢	374
总计	5600

资料来源：美国地质调查局。

美国是世界上第一废钢出口大国，集装箱船舶运输方式的使用是全球废钢贸易迅猛发展的因素之一，由此，废钢市场向美国国内废钢企业全面开放。包括废不锈钢和其他合金废钢在内，美国在 2011 年向 90 多个国家出口了大约 2437 万吨废钢，价值 110 亿美元。出口国家和地区主要包括土耳其，中国大陆，印度，中国台湾和韩国。

表 37　　2007—2011 年美国废钢铁出口量　　单位：万吨

年份	出口量
2007	1664.2
2008	2171.2
2009	2243.9
2010	2055.6
2011	2437.3

资料来源：德国钢铁经济联合会。

表 38　　2011 年美国废钢铁出口情况　　单位：万吨

国家和地区	出口量
土耳其	562.4
中国大陆	422.6
中国台湾	354
韩国	296.4
加拿大	146.4
印度	120.6

资料来源：德国钢铁经济联合会。

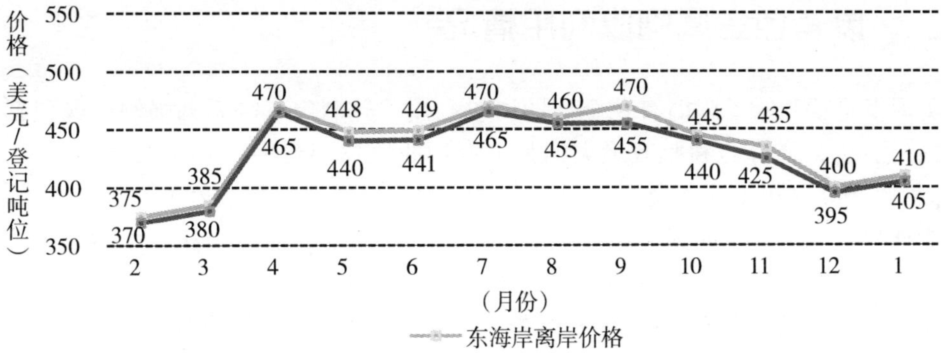

图 34　2011—2012 年美国 HMS 1 重型重熔废钢出口价格

资料来源：国际回收杂志。

废钢铁已经成为一种全世界范围内用于生产的物资储备，废钢市场在全世界范围内迅速发展起来。如今，废钢已经是全世界范围内流通贸易的商品，对于当地供应和市场的依赖已经越来越小。

根据联合国商品贸易统计数据库的贸易资料，2011 年全球废钢贸易量达到创纪录的 1.06 亿吨。根据国际回收局（BIR）的统计数据显示，2011 年全世界废钢使用量增加 7.6%，达到 5.7 亿吨。

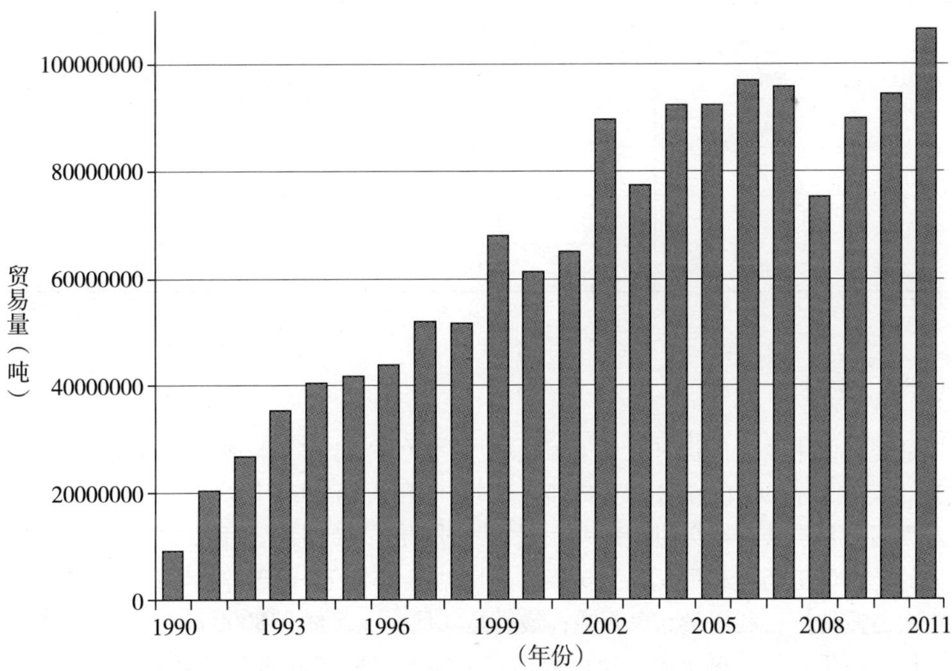

图 35　1990—2011 年全球废钢铁贸易量

二、废有色金属回收利用情况

美国很早就开始了废旧有色金属的回收利用，并制定了一系列强制回收包括废金属在内的法规，最有名和收效最大的是强制回收废饮料罐的“押金法”。另外，美国“国家税收条令”第103条规定“固体废物资源回收债券的利息免税”。有的州对回收产品少征税或免税，也起到一定鼓励作用。有的州甚至通过法令在铁路运费方面给予优惠。

2010年，美国废有色金属行业产值增至400亿美元，同比增长28%。2011年，废有色金属（包括稀贵金属）回收总值占再生资源行业回收总值的70%。2011年，全美从各行各业回收处理了900万吨废有色金属，来源主要是电器中的铜和贵金属电路板，易拉罐，铝墙板，汽车电池，飞机部件等。

回收的这些废有色金属的使用者主要是美国和其他100多个国家的重熔工场，精炼厂，铸锭厂，铸造厂以及其他工业部门。这些企业把废有色金属作为价格低廉，有利于环保，高能效的原料，生产出全新的产品，使废有色金属得以循环利用，延长其生命周期。

表39　　2010—2011年美国废有色金属回收量　　单位：万吨

	2010年	2011年
废有色金属	976.2	1066.5
其中包括：废铝	460	517
废铜	180	191
废铅	120	123
废锌	16.2	22
废镍	10	9.9

（一）废铝

铝是美国使用最为广泛和使用历史最短的有色金属。美国地质调查局的数据表明，2011年，美国废铝回收量超过500万吨，国内利用废铝302万吨，其中，54%是生产企业自产废铝，46%来自社会回收采购。美国地质调查局的数据表明，2011年，废铝利用量最大的是重熔工场，利用废铝160万吨；其次是个体经营的破碎加工厂，利用量130万吨；再次是铸造厂，利用量5.3万吨；最后是其他企业，约为8000吨。

与使用原生金属材料相比，使用废铝作为生产原料有着非常显著的节能效果，能节省最多92%的能源，因此近年来，全球对废铝的需求急剧增加。2011年，美国包括废易拉罐和重熔铝在内的废铝锭出口同比增加12%，达到214.4万吨。其中，中国是最大进口国，进口废铝占美国出口总量的68%。从出口值来看，美国废铝出口值激增27%，达到创历史纪录的40亿美元。

表40　　美国废铝利用量与市场状况　　单位：万吨

年份	国内利用量	表观消费量	市场份额（%）	出口量
2007	375	748.4	50	154.6
2008	332	640.8	52	198.2
2009	300	569.7	53	165.8
2010	270	505.3	53	191.3
2011	302	552	54	214.4

表41　　美国废铝易拉罐回收量

年份	回收量（万吨）	国内利用量（亿个）	出口量（亿个）	回收率（%）
2001	75.5	556	1003	55.4
2002	72.2	538	1008	53.4
2003	67.1	499	997	50.0
2004	68.9	515	1005	51.2
2005	68.5	514	989	52.0
2006	68.9	519	1006	51.6
2007	71.5	538	1006	53.5
2008	70.6	532	983	54.2
2009	73.2	555	966	57.4
2010	73.9	559	963	58.1
2011	79.9	609	936	65.1

资料来源：美国铝业协会，铝罐制造商协会和美国废料回收工业协会。

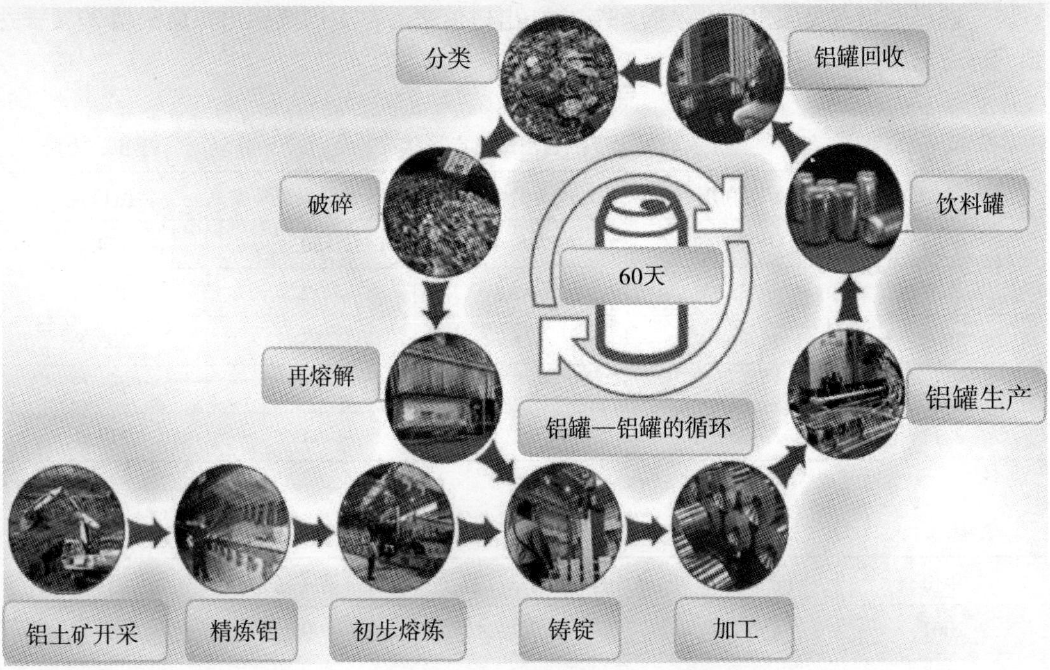

图 36　铝罐循环全过程

（二）废铜

根据国际铜业研究组织估计，近些年，全世界有超过 30% 的铜消耗来自废铜。废铜被广泛应用于建筑、电子设备、交通、消费品等领域，主要被冶炼厂用于生产重熔铜，在铜半成品的阶段生产铜棒、铜线等半成品以及电力电缆、水暖管等终端产品。

根据美国地质调查局的数据表明，2011 年，美国回收废铜 191 万吨，出口 120 万吨，国内利用 70 余万吨。美国废铜和废铜合金的消费者主要包括铜生产厂家（占 73%）、铸造厂、化工厂、铜杂项生产厂家（占 13%）和铜锭制造厂（占 9%）以及铜冶炼厂（占 5%）。

有大约数百种铜和使用锡、铅、锌以及其他金属铸成的铜合金。这些金属可分为：紫铜、高铜合金、黄铜、青铜、铜镍合金、铜—镍—锌合金、铅铜合金、特种合金等。

由于美国的废铜供应十分充足，2011 年，美国出口含铜废料 120 多万吨，价值近 50 亿美元，与 2000 年的 5 亿美元相比增长显著。中国是美国重要的废铜和废铜合金进口国，废铜的进口额从 2000 年的 1. 65 亿美元增至 2011 年的近 35 亿美元。

（三）废镍和废不锈钢

2011 年，美国原生镍的 46% 被用于不锈钢和钢合金生产，紧随其后的是有色金属合金和超合金（占 34%），电镀（占 14%）和其他用途（占 6%）。在终端使用上，最重要的行业包括交通运输（占 30%），金属制品（占 14%），电子设备（占 12%），石油工业（占

10%），以及化工（占 8%），建筑（占 8%），家用电器（占 8%）和机械工业（占 8%）等。

2011 年，全美消耗废不锈钢 130 万吨，废钢合金 73.6 万吨。不锈钢回收过程是由很多步骤组成的，包括分类、打包、剪切、介质分离和熔解等。

表 42　**美国废镍和废不锈钢数据**　单位：万吨

年份	废金属中回收的废镍	镍使用量	废镍的市场份额（%）	废不锈钢出口量
2007	9.86	21.2	47	88.2
2008	8.45	20.1	42	100.1
2009	6.35	17.3	37	113.1
2010	10	21.7	46	93.7
2011	9.9	22.8	43	65.6

资料来源：美国地质调查局，美国人口普查局，美国废料回收工业协会。

（四）废铅

铅和锌是使用广泛程度仅次于铝和铜的有色金属。根据美国地质调查局的数据显示，2011 年，铅酸电池生产所消耗的铅占全国总消耗量的 86%。铅的其他用途包括轧制材，挤压材，枪支弹药，合金，颜料和化合物，以及电缆外套等。美国地质调查局的数据显示，2011 年，美国废铅回收量大约为 120 万吨，大约占全美铅表观消费量的 80%，废铅的绝大部分来源于报废产品。

美国原生铅与再生铅企业总量约 15 家，其中仅有一家原生铅冶炼企业，因环保等综合因素，该企业计划在 2014 年 1 月 1 日关闭。原生铅产量与再生铅产量比例为 1∶9。美国和加拿大均是通过零售商、收集中心等来收集废旧电池。现在美国、加拿大有近 30000 个零售商和收集站，消费者可打电话或从网站上获知最近的电池收集站。

表 43　**美国废铅行业数据**

年份	回收量（万吨）	表观消费量（万吨）	市场份额（%）	出口量（万吨）
2007	118	154	77	12.9
2008	115	150	77	17.5
2009	112	141	79	14
2010	115	150	77	4.4
2011	120	150	80	3.1

资料来源：美国地质调查局，美国人口普查局，美国废料回收工业协会。

（五）废锌

根据国际铅锌研究小组的数据表明，锌的主要用途包括镀锌（占50%），锌合金（占17%），黄铜和青铜（占17%），锌的半成品（占6%），化工产品（占6%）和其他用途（占4%）。根据美国地质调查局的数据显示，2011年，美国废锌回收量13.4万吨。废锌的库存主要来自于镀锌，边角料，粉尘以及拉模铸造。炼钢粉尘和含锌的废钢同样是废锌的主要来源。

表44 **美国废锌行业数据** 单位：万吨

年份	回收量	表观消费量
2007	15.7	104
2008	16.1	101
2009	10.9	89.3
2010	12.9	90.7
2011	13.4	92.4

在过去的十几年内，美国废锌的出口量增加了三倍多，从2001年的近2.7万吨增至2011年的8.5万吨，价值9400万美元。出口面向的国家和地区主要包括中国大陆（7400万美元），日本（750万美元），印度（600万美元）以及中国台湾（300万美元）。

相比之下，废铅出口锐减70%，降至2011年的3.1万吨，价值3670万美元。主要出口面向国家和地区包括韩国（1310万美元），印度（960万美元），加拿大（850万美元）以及荷兰（120万美元）。

三、废塑料回收利用情况

在美国，塑料虽然使用广泛，但是废塑料回收仍然是一个新兴行业。因为在此之前，没有人考虑废塑料回收之后如何再次投入使用。低成本的分类和技术的开发及使用仅有20多年的历史。

2008年，美国产生废塑料3360万吨，其中废塑料回收率仅为6.5%，约为220万吨；废塑料总数的7.7%，约为260万吨被用作燃料烧掉；废塑料总数的85.5%，约为2880万吨被填埋处理。

2010年，美国产生废塑料3100万吨，占废物产生总量的12.4%。其中废塑料回收率仅为8%，约为240万吨。

从废塑料处理方面来看，美国的康涅狄格州，马萨诸塞州，夏威夷州，弗吉尼亚州和明尼苏达州进展得最好；阿拉斯加州，新墨西哥州，蒙大拿州，俄克拉荷马州和密西西比州做得最差。如果这几个州所有填埋的废塑料都被分类回收，每年会节省大约8700

万桶石油（36 亿加仑），这可供 600 万辆汽车使用一年，或者发电 520 亿度，供 520 万个家庭使用。

美国每年回收大量的废 PET 容器，2001—2011 年废 PET 瓶的回收数量如表 45 所示。

表 45　　2001—2011 年美国废 PET 瓶回收数量

年份	回收总数（万吨）	PET 瓶总数（万吨）	回收率（%）
2001	37. 8	170. 9	22. 1
2002	36. 2	181. 8	19. 9
2003	38. 1	194. 7	19. 6
2004	45. 5	210. 3	21. 6
2005	53. 1	230. 2	23. 1
2006	57. 7	246	23. 5
2007	63. 3	257. 8	24. 6
2008	65. 8	243. 4	27. 0
2009	65. 5	233. 6	28. 0
2010	70. 6	242. 7	29. 1
2011	72. 8	248. 5	29. 3

资料来源：美国国家 PET 包装资源协会。

美国人口普查局的数据显示，2011 年，美国废塑料的出口值首次突破 10 亿美元，全年的出口量比 2010 年增加 4%，达到 10. 5 亿美元。从出口量来看，达到 210 万吨。美国各地废塑料出口量比例如图 37 所示。根据美国人口普查局的数据显示，美国废塑料最大出口面向国家和地区是中国大陆（5. 47 亿美元），中国香港（2. 4 亿美元），加拿大（9400 万美元），印度（4800 万美元）和墨西哥（1700 万美元）。

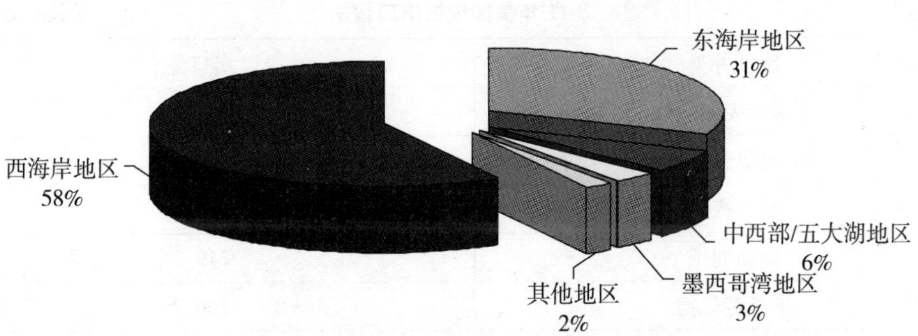

图 37　2011 年美国各地区废塑料出口比例示意

资料来源：美国人口普查局，美国国际贸易委员会。

四、废纸回收利用情况

废纸和纸板是全世界范围内使用最为广泛的再生资源之一。根据美国林业及纸业协会的数据表明，从1990年开始，美国累计回收了大约10亿吨废纸。到2011年，美国废纸回收率达到66.8%，废纸回收总值达到90亿美元。这些产品被销售或者运到国内或者海外的造纸厂，作为新包装，办公用纸，新闻纸，纸巾，以及其他诸多纸类产品的生产原料。因为废纸节约成本，减少能耗，全美大约有77%的造纸厂以再生纤维作为企业生产的部分或者全部原料来源。回收的废纸主要可分为：起皱的废旧包装，旧新闻纸，混合废纸，废高级脱墨纸，纸浆替代物等。

表46　2007—2011年美国废纸回收量　单位：万吨

年份	表观消费量	回收量	回收率（%）
2007	8800.3	4928.3	56
2008	8150	4701.2	58
2009	7157.9	4539.2	63
2010	7367.2	4676.1	63
2011	7163	4786.9	67

资料来源：美国林业及纸业协会。

美国回收的废纸除了供应给国内的造纸厂之外，还满足逐年增加的出口需求。2011年，全美废纸出口额达到38亿美元，同比增长14%。2011年，美国最大的废纸出口面向国家包括中国内地（22.8亿美元），墨西哥（3.15亿美元），印度（3.02亿美元），韩国（2.23亿美元）和加拿大（1.94亿美元）。

表47　2011年美国废纸出口数据　单位：万吨

废纸种类	出口量
起皱的废旧包装	936.4
废高级脱墨纸	60
混合废纸	415.2
废新闻纸	219.2
纸浆替代物	196.7
其他废纸	282.1
合计	2109.6

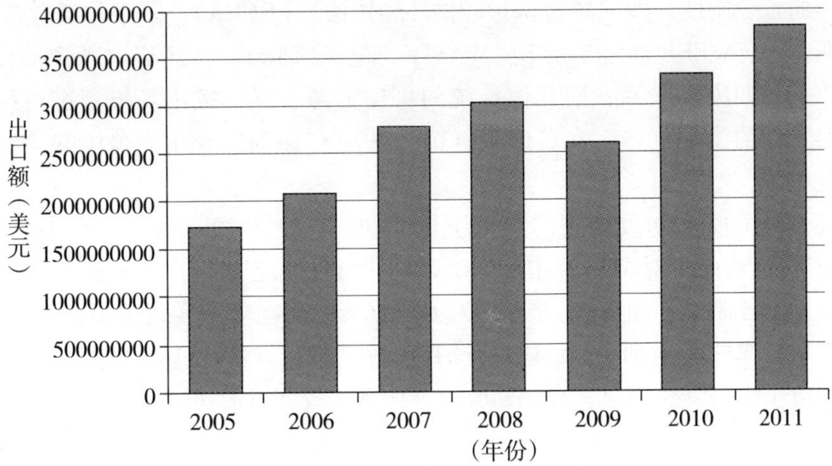

图 38　2005—2011 年美国废纸出口额

图 39　美国废纸循环过程示意

根据国际回收局的估算，纸一般可再次使用 4 ~6 次，废纸回收利用的步骤包括分类、打包、破碎、清洗、漂白、压缩、成卷等。废纸的使用大大减少了对森林的砍伐。每回收利用 1 吨废纸就可以减少 17 棵树的砍伐，或者相当于节约 79 加仑的汽油，或者 7000 加仑的水，或者 2. 52 立方米的废物填埋空间。

五、废弃电器电子产品回收利用情况

（一）立法概况

美国对 WEEE 回收处理的管理模式不同于欧盟。美国对固体废弃物的回收处理制定了非常完善的管理制度，即《资源保护和循环利用法》（RCRA），其中包括对有害废弃物的管理。在美国，WEEE 通常是指 E - WASTE（电子废物），即废弃电子产品，如电脑。而废电器产品，如废电冰箱，同其他传统的再生资源一样，按市场机制进行回收利用。关于制冷器具中的温室气体，在美国大气清洁法中有详细的规定。美国的一些州规定，禁止大家电填埋。

美国各州对 WEEE 回收处理的要求不尽相同。截至 2010 年年底，已有加州、缅因州、纽约州等 24 个州针对 WEEE 中的电子产品的回收处理进行了州立法，采用类似欧盟的生产者延伸责任制的管理模式。图 40 为美国电子废弃物立法实行情况，可以看出，实行电子废弃物法律的州达到了 55.8%，没有实行电子废弃物法律的州占 44.2%。其中，加州是美国电子废物立法最早，也是回收处理体系比较完善的州。

图 40 美国电子废弃物法律实行情况

此外，美国环保署通过支持各种民间活动，例如 NEPSI 活动、EPEAT 活动等，向消费者宣传电子产品再使用和再生利用的重要性以及怎样才能安全地再使用和再生利用这些产品，推动 WEEE 的回收处理。

（二）电子废物回收处理情况

国家电子废物再生利用中心（National Center for Electronics Recycling）针对一些州计划计算出了一个可比的人均再生利用率。由于意识到各州电子废弃物的再生利用计划，包括各种各样的电子产品并涉及不同的部门和环节（例如，家用、小型商用、学校、非赢利组织等），国家电子产品再生利用中心考虑多种因素，为每个州计划计算出一个可比率。这个可比率反映出每个州来自家庭的电视机和电脑显示器的计算重量。图 41 为 2009 年美国各州人均收集重量。

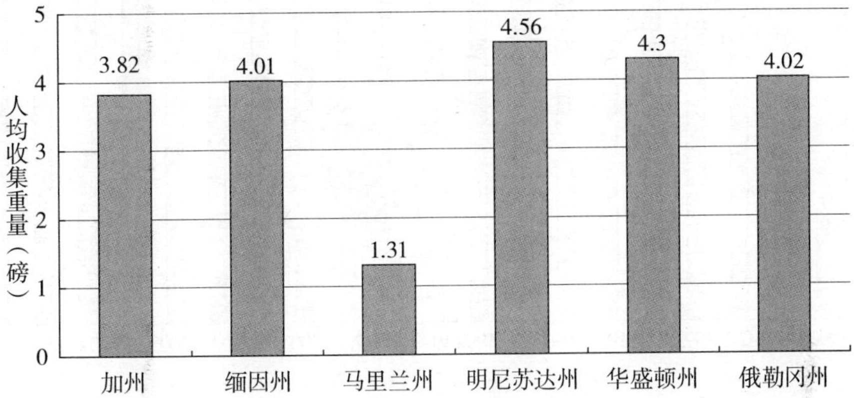

图 41　2009 年美国各州人均收集重量

2011 年 5 月，国家电子废物再生利用中心发布了 2010 年电子废弃物再生利用的人均收集指数（PCCI），数据显示此指数比 2009 年下降了 2%。这是连续第 5 年发布的人均收集指数，计量了整个美国的电子废弃物的收集量，人均收集量第一次下降。

与前几年不同，有半数以上的州收集率下降 1% ~35%，其他计划的收集量上升 2% ~28%。最引人注意的是缅因州，2008 年的收集指数下降了 35%，而 2009 年又比上年增长了 50%，可能是由于在 2009 年有一些短期的收集机会造成的。

总的来说，2010 年的人均收集指数显示出有些州的收集计划已进入一个稳定的时期，还有一些州处于每年波动阶段。这个指数结合其他一些没有包括在指数内的州计划的人均收集结果来看，很多计划是增长的，但这里也有些特例和导致计划平稳运行或下降的现象。人均收集指数的升高或降低，表示各个州计划收集电子废弃物的变化情况，并折射出整个国家范围内的一个发展趋势。

（三）废电器回收处理情况

在美国，大家电，即白色家电，主要指冰箱、洗衣机、空调器等，其资源综合利用的管理和方式不同于电子废物。美国大家电回收处理主要分为收集、加工、破碎和销售。根据美国钢铁再生利用协会统计，2010 年，美国电器再生利用率达到 90%（见图 42），远远大于电子产品的再生利用率。

根据国际数据与资讯公司的资料表明，近些年来，美国废弃电器电子产品行业发展迅速，并日趋成熟，规模从 2002 年的不足 10 亿美元增至 50 亿美元，并且雇用了 3 万多名全职工作人员从事该行业。

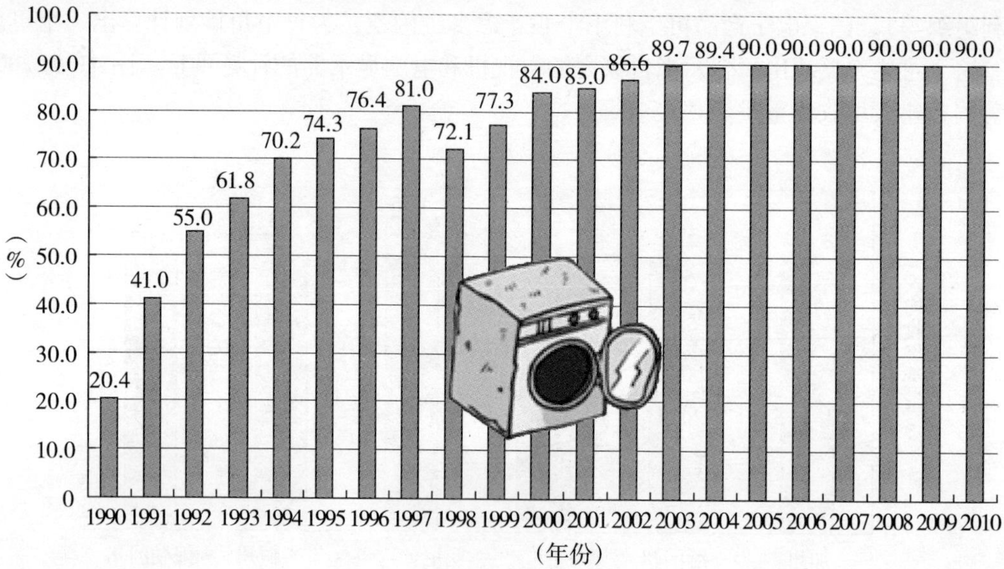

图 42　美国电器再生利用率

2011 年，美国废弃电器电子产品行业回收处理了 300 万 ~ 400 万吨废弃的电子设备。其中 70% 以上的废弃电器电子产品可提取出有价值的资源，包括废钢铁、废铝、废铜、废铅、废电路板、废塑料和废玻璃等。这些有回收价值的资源作为生产原料被销往美国国内以及全球各地。

废弃电器电子产品回收行业使用第三方认证逐年增加，在市场推动作用下，废弃电器电子产品回收商纷纷申请获得认证，例如美国废料回收工业协会的 R2/RIOS™ 计划认证。通过获得这种认证，企业可以提高对操作的控制，满足客户的需求，并且在市场中获得竞争优势。

六、报废汽车回收利用情况

美国是目前世界上最大的汽车拥有国，汽车保有量达 2.4 亿辆。汽车平均使用寿命约为 13 年，行驶总里程约为 12 万英里，约合 19 万千米。根据各州法律规定，报废汽车不能被随便遗弃，必须送到专门的报废汽车回收拆解企业进行处理。报废汽车作为一种重要的材料资源，具有较高的残值，能够完全按照市场化运作方式进行回收拆解，已能把占每辆汽车质量 80% 的零部件回收并重新利用起来。

（一）报废汽车回收拆解基本情况

美国报废汽车回收拆解企业一般均采用机械化操作，目前全美共有 1.2 万多家报废汽车拆解企业，2 万家零部件再制造企业和 200 家车体粉碎企业。它们中的多数与汽车生产企业联合经营，将有再利用价值的发动机、电机和其他零部件拆卸翻新后，重新出售。据统计，每年回收报废汽车1400万辆，产生2000万吨钢铁，85万吨铝，24万吨铜，11.2万吨锌，38.6万吨轮胎，以及超过4.6万吨的再利用零部件，已形成一个年获利近百亿美元的废旧汽车回收利用产业。

在美国，报废汽车拆解企业已形成分车型、分品牌专业化拆解格局，极大地提高了拆解零部件的市场销售率。拆解企业将拆解的各总成及零部件经过检验，若未到报废程度，经修整和翻新后按可回用零部件出售或用于再制造。被拆解后的报废汽车车体经压扁后送往破碎企业。破碎企业将车体破碎后经分类按材料的性质归类销售和处理。汽车车主一般都主动将报废汽车提交给报废汽车拆解企业，也可通过电话预约由拆解企业上门提车。报废汽车回收拆解企业对汽车拆解产生的各种危险废物的管理十分严格，能将各种危险废物收集后按照相关规定提供给专业回收处理企业处置；对报废汽车破碎的废弃物则采取付费填埋的方式进行处置。此外，由于美国对每辆报废车给予车主4000美元（约合2.52万元人民币）左右的高补贴，因此，美国人一般不会把报废汽车卖到黑市。

（二）报废汽车回收拆解管理体系

美国完善的报废汽车回收拆解体系和成熟的回收拆解技术，在全球报废汽车回收拆解行业处于领先水平。美国由环境保护总署针对汽车回收工业制定法律法规，由各州环保局对汽车回收工业实施管理和监督。

美国虽然没有国家级的报废汽车回收拆解法规，但其生产者责任制以及完善的环境保护法律体系对报废汽车的回收拆解作出了详细的规定：明确规定生产者责任制；车主不可以随意弃置报废汽车；报废汽车废液应交由专门企业处理；不可利用的报废汽车残余物应采用填埋方式处置等。

美国的部分州政府颁布了相应的技术法规对含汞车灯和开关的处理作出了详细的规定：①缅因州LD1921；②佛蒙特州参议院法案181；③康涅狄格公共法02－90；④马里兰州众议院法案136；⑤纽约法2004年第145章等。这些州立法规定汽车制造商在产品标签上应明确标识出含汞零部件的使用情况，报废汽车拆解前应预先拆除含汞零部件，避免二次污染。

七、废轮胎和废橡胶回收利用情况

美国社会汽车保有量一直雄踞世界第一，随之产生的废轮胎曾给美国带来很大的环境污染与资源困扰。早期美国政府对于废轮胎带来的社会问题并未引起足够重视，促使美国各州废轮胎专项立法的原因，是在全国各地堆放的废轮胎累计达十多亿条，由此而引发了大面积传染性疾病流行、火灾等几次大的环境灾难。1985年明尼苏达州制定了美国第一个国家废轮胎管理的法律，迄今为止，美国50个州中，除了阿拉斯加和特拉华州外，已有48个州颁布了废轮胎回收处理再利用的专项法令。各州政府按照这些法律，制定了详细的废轮胎回收利用五年计划。一个高度市场经济的国家，对废轮胎回收利用却采取了严格的政府计划经济，这是他们经历了沉痛的教训后得出结论：政府必须用公权力干预涉及环境与公共资源配置、市场失灵的废轮胎回收利用管理。

美国环境保护部 EPA（U. S. ENVIRONMENTAL PROTECTION AGENCY）负责全国废轮胎管理工作，回收利用情况的统计测算则由美国 RMA（橡胶制造业协会）负责，每两年提供一份报告。据 2011 年 10 月 RMA 提供的报告表明：美国 2009 年废轮胎产生量为 2.92 亿条，重量 517 万吨，再利用 439 万吨，利用率 84.9%，如图 43 所示。

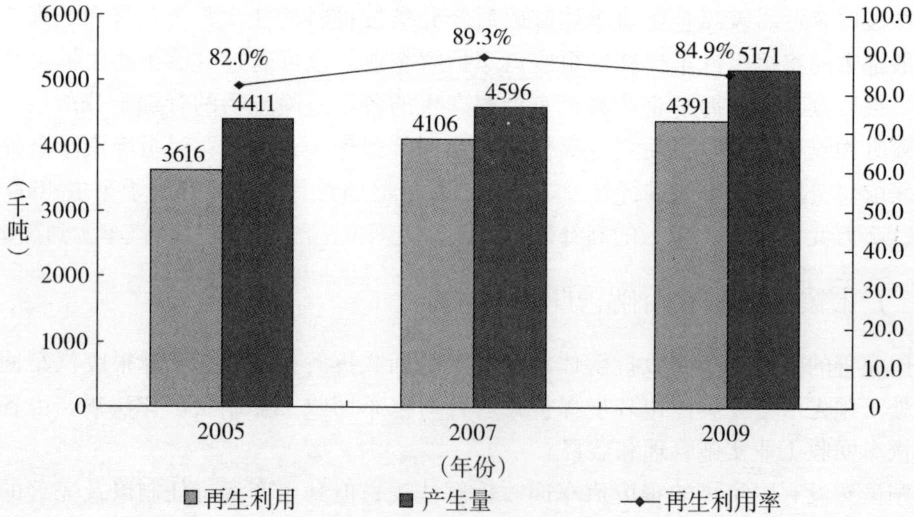

图 43　2005—2009 年美国废轮胎再生利用状况

2009 年开始，美国对废轮胎管理和统计方式进行了改革，主要是将统计渠道改为轮胎替换市场和报废汽车拆解行业产生的各类废轮胎的种类与来源。据美国 RMA 提供的废轮胎回收利用年度报告表明，2009 年美国废轮胎的种类与来源见图 44。

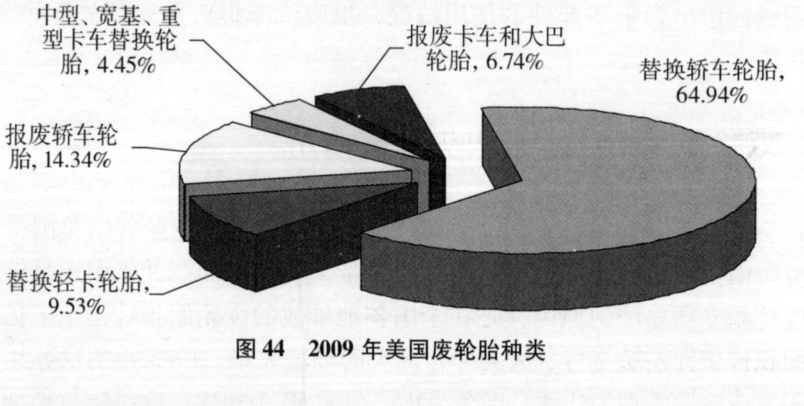

图 44　2009 年美国废轮胎种类

从美国 RMA 年度报告中我们可以看出，在美国众多的废轮胎再利用方式中，占最大比例的利用方式是热能利用和生产橡胶粉。2009 年热能利用比例较 2007 年下降了

16.1%，而生产橡胶粉则增长了71.6%，这是因为政府更鼓励废轮胎橡胶原料的利用方式。美国在废轮胎出口方面，2009年基本与2007年持平，主要出口到墨西哥等中、南美国家。在废轮胎模压产品、农业、填海工程方面，基本也与2007年持平。在废轮胎用于土木工程方面，则下降了50%左右。

美国对废轮胎回收利用的专项立法，实行消费者责任制，即从轮胎市场零售环节征收废轮胎回收处理费，进入专项基金。除上述发达国家的法律要点外，美国对废轮胎回收利用主要特点为：

（一）实行以收费和补偿制度为核心的废轮胎强制回收处理计划

从轮胎消费者购买替换轮胎环节征收“废轮胎回收处理费”，建立专项基金，用于补贴废轮胎回收、加工处理和再利用企业和项目。例如：1989年，加利福尼亚洲参议院第1843号法案《轮胎回收利用法》第974章规定收取废轮胎处理费建立专项基金；1993年，作为补充措施，为保证废轮胎在指定授权的地点处理，参议院法案第744号（第511章）正式颁布。1996年，州众议院第2108号法案（第304章），将征收费用的途径改为在轮胎销售时征收。废轮胎回收处理费征收标准每两年讨论调整一次，目前，加州参议院法案规定的标准为1.75美元/条。而佛罗里达州403法令718条规定在新轮胎销售时征收1美元废轮胎处理费。现在，美国各州都收取0.5~6美元不等的废轮胎回收处理费，平衡轮胎使用者、回收者、加工处理再利用者的经济利益，真正做到了“污染者付费，利用者补偿”。

（二）通过立法形式鼓励使用橡胶再生资源

例如，在其《政府采购法》中明确规定：在政府采购（政府投资的所有项目）招投标中优先采用资源再生产品，甚至规定了采用环保型再利用产品的具体比例。1991年美国参、众两院通过的《陆上综合运输经济法案》第1038条明确规定：政府投资或资助的道路建设必须采用橡胶粉改性沥青，并明确规定其使用量从1994年的5%到1997年必须达到20%以上。1994—1998年美国已铺设了1.1万千米橡胶粉改性沥青公路。对于使用废轮胎利用产品（如胶粉）的企业给予奖励。这类法案刺激了胶粉应用技术和新产品的发展，带动了胶粉生产业、胶粉生产设备制造业、技术开发咨询业等一批相关行业的投资，推动了废轮胎资源综合利用的市场。

（三）将废轮胎回收利用纳入政府五年专项工作计划

以加州政府在执行参、众两院有关废旧轮胎回收利用管理法案，制定《废旧轮胎回收利用管理（2001/2002－2005/2006）五年计划》为例：

参议院法案（SB）第876号颁布了以下几个主要条款：

（1）到2006年12月31日以前每条新胎处理费附加调整为1.00美元，以后再减少到0.75美元（在2007年，实际批准上涨为1.75美元）。

（2）将加利福尼亚洲轮胎处理费附加征收费政策延伸到摩托车轮胎上。

（3）修改“废轮胎”的定义，并增加另一些定义以便为数千个旧胎销售商和废轮胎回收商提供政策优惠。

（4）扩大废轮胎货运许可证制度的范围。

（5）增加废轮胎回收利用工作的基金。

（6）通过废旧轮胎承运人和废旧轮胎处理设备使用许可证制度的改变来加强强制性管理的手段。

众议院第117号法案中有关市场开发的条款概要如下：

（1）对地方政府建筑工程项目提供技术转让和补助金资助（第12条）。

（2）与加州运输部一起制定橡胶粉沥青混凝土准则（第14条）。

（3）模压橡胶制品的补助金（第15条）。

（4）扩大废轮胎管理委员会（STMC）的产品目录（第16条）。

（5）州政府总务部（DGS）采购轮胎衍生产品（第17条）。

（6）州政府总务部（DGS）购买翻新轮胎（第18条）。

（7）有关轮胎保养、处理和延长轮胎寿命的公众教育和信息项目（第19条）。

（8）应该建立全方位的最终用途奖励项目，有选择地对个别项目提供特别的奖励（第21条）。

针对该州每年产生3400万条废轮胎的现状，根据州参众两院相关法律，制定的废轮胎回收利用管理五年计划中，2002—2006年共安排专项资金1.563亿美元（折合人民币12.51亿元）的财政预算，并实行免征州税，按就业人数抵扣联邦税的优惠政策。美联邦其他州也都有类似的废轮胎回收利用五年工作计划。

众议院第117号法案的报告说明中称：“将工作重点放到市场开发活动上。建立回收利用市场开发区（RMDZ）贷款项目：优先向回收利用市场开发区（RMDZ）与废旧轮胎有关的企业提供优惠贷款。补助金项目和合同包括以扩大废轮胎市场和鼓励新技术开发为目的的项目和合同。地方政府补助金将同废轮胎胶粉在高速公路项目、建筑工程中的应用项目连同工作。绿色建筑物补助金将用于购置含有回收利用橡胶粉的建筑材料制品、模压产品。支持橡胶粉沥青混凝土RAC示范项目，并发放应用补助金，用基金资助技术中心以提供橡胶粉沥青混凝土使用的技术支持，实现在全州范围内使用橡胶粉沥青混凝土的目标。”

将废轮胎回收利用管理纳入法制化管理，纳入国家环境保护和经济可持续发展战略产业并给予政策支持以后，废轮胎堆放量逐年下降，根据美国RMA发布的报告，到2010年，美国各地堆积的废轮胎数量下降到1.1亿条。

2010年，在美国废轮胎行业内，有45.4万吨废橡胶被用于铺设人行道或者跑马场，废轮胎行业是一种经济节约型和环境友好型的行业，对减少产品的碳足迹起到很大作用。事实上，相比使用原生塑料树脂作为原料，用于模制品的废橡胶在减少碳足迹方面有着明显的优势，可降至使用原生塑料树脂作为原料产品的1/20～1/4。

废轮胎的回收利用有着很好的前景，废橡胶可用做生产橡胶沥青，人们已经认识到这种沥青独有的特质并且广泛投入使用。由于成本低，安全，比常规沥青使用寿命长，

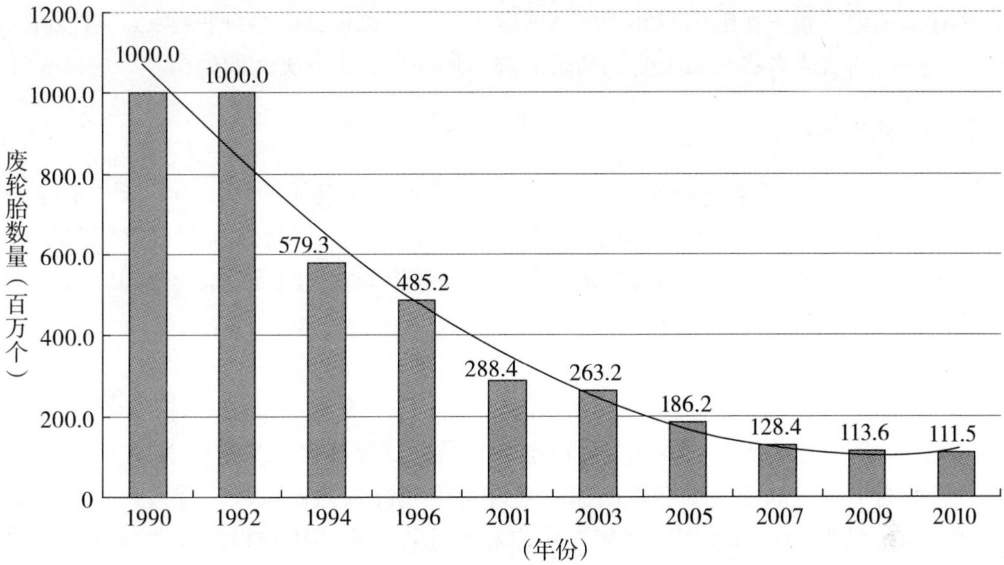

图 45　1990—2010 年美国废轮胎数量

数据来源：美国 RMA 2011/2012 年度报告。

美国很多州已经开始使用橡胶沥青来修公路。

另外，美国有大量废轮胎出口，尤其是那些汽车驾驶员数量增长的国家，例如日本和墨西哥。墨西哥进口的废轮胎有 20% 来自美国，并且日益翻新。废轮胎在出口到别的国家之后一般是磨成橡胶粉或者用作燃料。

八、废灯管回收利用情况

废灯管中的废玻璃可制成玻璃制品，盒盖中的铜和铝可以再利用，内涂层可以加工成颜料。在美国，每年有 6.2 亿支废灯管被废弃，大约 2/3 的紧凑型荧光灯的汞含量少于 5 毫克，有的汞含量则是在 5 ~ 10 毫克，小部分汞含量在 10 ~ 50 毫克。对废灯管的合理回收利用能够有效地防止汞污染，美国大多数州的商务部门也对废灯管的回收有相应的要求。

（一）马萨诸塞州

马萨诸塞州所有的企业，公共设施，学校，政府机构和家庭都要遵守《汞管理条例》，禁止对含汞灯管进行填埋和焚烧处理，该条例自 2008 年 5 月 1 日起生效。企业要将未损坏的灯管存放于贴有“普通废物—废灯管”标签的箱子或者纤维圆桶中，并将这些容器放在安全的地方。然后，在 1 年之内，对废灯管进行收集或者送到指定的灯管回收商，废家用灯管被送至指定地点进行处理。

此外，日光灯、紧凑型荧光灯、高强气体放电灯，以及一些霓虹灯等都含有少量的汞，并有(Hg)标记。新法律的内容涵盖所有的含汞灯管，也包括带有绿色标记“含少量汞”的灯管。违反新法律者将会每天受到马萨诸塞州环保局2.5万美元的处罚。

（二）佛蒙特州

在2011年5月，佛蒙特州颁布了关于含汞灯管回收和利用的法规，要求含汞灯制造商执行已获得批准的收集计划，向州政府缴纳费用，并被列在佛蒙特州自然资源机构网站的名单之内，以及满足其他相关要求，否则禁止出售含汞灯。该法令于2012年7月1日生效。

（三）缅因州

日光灯、紧凑型荧光灯、高强气体放电灯、霓虹灯等都含有少量的汞，并有(Hg)标记。因为灯管中含有少量的汞，缅因州法律不允许将荧光灯管当做垃圾随意丢弃，废弃的灯管需要回收。消费者可以在100多家零售店和当地很多固体废物设施免费回收废弃的灯管。这些回收地点是根据缅因州环境保护局的要求设立的。破旧的，没有损坏的荧光灯管将被回收利用，以防止灯管中的汞以及其他成分对环境造成污染。在2011年1月1日之后，所有含汞灯管的制造商都要单独或者集体执行环保局的条例，从家庭中回收含汞灯管。缅因州的零售商和市政当局在填写附件中的加入协议并交给美国电气制造商协会，获得批准之后，可以加入制造商条例。

第二十八章　欧盟再生资源回收利用概况

欧盟作为一个超国家的区域性政治经济组织，在促进再生资源产业发展、推行循环经济方面积累了丰富经验。其中，德国是世界上发展循环经济最早的国家之一，目前也形成了一套较为完备的循环经济的法律体系，包括法律、条例和指南。德国的立法最初从对废物的处理开始，早在 1972 年就制定了《废物处理法》，强调废物的末端处理。1986 年对其进行了修订并改称为《废物限制处理法》，从“怎样处理废物”提高到“怎样避免废物的产生”，强调避免废物产生和循环利用废物。1996 年 10 月，颁布施行《循环经济和废物管理法》，该法律的主要宗旨是促进循环经济发展，保证垃圾得到最大限度地再利用。在《循环经济和废物管理法》的框架下，德国还根据各个行业的不同情况，制定了促进各行业垃圾再利用的法规，使饮料、废铁、矿渣、废旧车辆、废旧电子商品等都变废为宝。生产者责任延伸制度是《循环经济和废物管理法》的中心，其特点就是要求生产者在设计、制造、利用和处理中考虑到产品的环境因素，将生产者应负担的环境责任延伸到其产品的整个生命周期，特别是产品消费后的回收处理和再利用环节。丹麦政府推进环境保护、促进循环经济和再生资源产业发展的举措中突出立法的重要性，法律规定产品及其包装在设计时就必须考虑易于回收，地方政府应对所有废物负责等。2002 年，丹麦 64% 的废物得以回收利用，26% 焚烧产生能源，只有 9% 的废物最终填埋处理。

一、废钢铁回收利用情况

近些年来，全世界每年用作钢铁工业的废钢铁为 4.4 亿 ~5.7 亿吨。2011 年，全世界粗钢产量 15.13 亿吨，废钢铁消耗达到创纪录的 5.7 亿吨；不锈钢产量 3300 万吨，废不锈钢消耗 820 万吨。

作为世界最大的经济集团，2011 年，欧盟废钢铁消耗量在 2008 年之后再次超过 1 亿吨，达到 1.008 亿吨，同比增长 4.5%。2011 年，在欧盟主要废钢铁消费国中，意大利的废钢铁消耗量最大，达到 2251.9 万吨；其次是德国，达到 1979.4 万吨；再次是西班牙，达到 1311.9 万吨。其他主要废钢铁消费国还有法国、波兰、英国、比利时等。

表 48　　**2007—2011 年欧盟废钢铁利用量**　　单位：亿吨

年份	2007	2008	2009	2010	2011
废钢铁利用量	1.167	1.113	0.809	0.965	1.008

资料来源：国际钢铁协会，欧洲钢铁工业联盟。

表 49　　**2010—2011 年欧盟国家废钢铁利用量**　　单位：万吨

国家	2010 年	2011 年	同比增减幅度（%）
奥地利	238.6	235.1	-1.5
比利时	356.0	318.2	-10.6
保加利亚	83.2	91.0	+9.4
捷克	213.0	228.8	+7.4
芬兰	166.8	166.8	0
法国	811.1	876.8	+8.1
德国	1881.1	1979.4	+5.2
希腊	213.1	226.3	+6.2
匈牙利	45	52.6	+16.9
意大利	2036.2	2251.9	+10.6
拉脱维亚	47.1	39.9	-15.3
卢森堡	285.4	282.4	-1.1
荷兰	176.9	176.5	-0.2
波兰	544.0	597.2	+9.8
葡萄牙	152.0	152.0	0
罗马尼亚	217.9	233.0	+6.9
斯洛伐克	147.0	142.3	-3.2
斯洛文尼亚	66.8	73.4	+9.9
西班牙	1403.6	1311.9	-6.5
瑞典	220.7	234.9	+6.4
英国	371.4	389.0	+4.7
欧盟总计	9646.9	10077.0	+4.5

资料来源：欧洲钢铁工业联盟。

由于全世界废钢铁资源分布非常不均衡，发达国家和地区的废钢铁资源相对丰富，新兴国家的废钢铁资源则相对匮乏。欧盟已经成为全世界最大的废钢铁进出口贸易区，进出口贸易量占全世界废钢铁贸易量的30% ~40%。

2012年，欧盟进口废钢铁341.2万吨，同比下降7.2%。其中，从俄罗斯进口105万吨，从瑞士进口64.2万吨。欧盟的废钢铁进口量除了2010年和2011年有少量增加外，在最近5年内总体呈下降趋势。

表50　　2007—2012年欧盟废钢铁进口总量　　单位：万吨

年份	2007	2008	2009	2010	2011	2012
进口量	514.2	480.9	327	364.6	367.6	341.2

资料来源：德国钢铁经济联合会。

2012年，欧盟废钢铁出口1921.4万吨，同比增长2.4%。其中，出口土耳其1105万吨，出口印度266.5万吨。欧盟的废钢铁出口量除了2011年略有回落之外，在最近5年内总体呈上升趋势。

表51　　2007—2012年欧盟废钢铁出口总量　　单位：万吨

年份	2007	2008	2009	2010	2011	2012
出口量	1056.6	1279.9	1577.9	1903.3	1877	1921.4

资料来源：德国钢铁经济联合会。

表52　　欧盟主要废钢铁出口国对第三方国家出口数量　　单位：万吨

出口国	2010年出口	2011年出口	主要进口国	2010年进口	2011年进口
英国	520.8	537.6	土耳其	160.9	208.7
			印度	128.7	109
			印度尼西亚	8.2	31.5
			埃及	76.1	28.1
			中国大陆	12.5	27.6
荷兰	304	254.3	土耳其	182.4	128.1
			埃及	40.9	35.9
			印度	19.4	22.6
			中国大陆	15.9	18
			韩国	9.9	16.1
比利时	235.5	225	土耳其	166.7	124
			埃及	46.3	68
罗马尼亚	224.3	205.5	土耳其	220.4	204.6

续 表

出口国	2010 年出口	2011 年出口	主要进口国	2010 年进口	2011 年进口
德国	174. 1	165. 1	土耳其	79. 3	69. 2
			瑞士	32. 7	32. 1
			印度	18. 1	25. 1
			马来西亚	3. 7	6. 1
法国	69. 2	76. 5	土耳其	32. 8	32. 1
			摩洛哥	8. 6	16. 7
			瑞士	9. 4	10
瑞典	67. 4	75. 8	土耳其	25. 1	29. 3
			印度	9. 5	14. 1
保加利亚	75. 5	70. 9	土耳其	56. 5	49. 5
			马其顿	16. 6	20

资料来源：德国钢铁经济联合会。

欧盟成员国之间的废钢铁贸易十分活跃，德国是欧盟成员国之间废钢铁贸易最大的废钢铁出口国，2011 年在欧盟成员国之内的出口量为 806. 4 万吨，主要出口面向国家有荷兰、意大利等国，紧随其后是法国，2011 年在欧盟成员国之内的出口量为 546. 9 万吨，主要出口面向的国家有西班牙、比利时等国。

表 53　　欧盟成员国之间废钢铁出口数量　　单位：万吨

出口国	2010 年出口	2011 年出口	主要进口国	2010 年进口	2011 年进口
德国	791. 7	806. 4	荷兰	202. 5	205. 4
			意大利	110. 5	153
			卢森堡	136. 4	145. 7
			法国	119	121. 7
			比利时	118. 4	93. 3
法国	597. 4	546. 9	西班牙	176. 7	165. 5
			比利时	170	161
			意大利	75. 8	76. 3
			卢森堡	81. 6	68. 4
英国	231. 1	241. 1	西班牙	122. 6	114. 4
			葡萄牙	31. 7	42. 7
			法国	35. 3	36

续　表

出口国	2010 年出口	2011 年出口	主要进口国	2010 年进口	2011 年进口
荷兰	255.5	239.6	比利时	84.9	80.9
			德国	70.9	79.2
捷克	182.1	194.6	德国	89.5	97.4
			意大利	26.5	36.6
波兰	127	160.8	德国	83.3	113.1
			捷克	24.8	28.3
比利时	137.2	128.7	法国	49	52
			荷兰	32.6	29
			捷克	24.8	28.3
			卢森堡	33.8	26.2
			德国	10.6	12.2
奥地利	91.6	89.2	意大利	41	45.1
			德国	38	33.7

资料来源：德国钢铁经济联合会。

欧盟 27 国废钢铁出口量基本上呈逐年递增趋势，2012 年，欧盟废钢铁出口量达到 1921.4 万吨，创下历史新高。其中，出口到土耳其的废钢铁超过一半，达 1105 万吨，同比增长 10.9%。

受到汇率变化以及运费市场发展的影响，欧盟的废钢铁出口量有可能短期之内超过美国，成为全球最大的废钢铁出口地。

在国际回收局（BIR）组织的会议上，一位欧洲钢铁生产商表示："目前出口限制似乎成为趋势。欧洲钢铁生产商正努力保护他们的废钢供应，美国也正在努力这样做。"各国废钢铁出口限制政策的出台，使国际市场上废钢供应量更为紧张，也使全球废钢资源分布不平衡的现象更加严重。

二、废有色金属回收利用情况

除德国外，其他欧洲国家的精铜产量普遍很低，消费量也只有德国和意大利进入全球前十位，德国和意大利废铜回收量也相当可观。欧洲国家原铝产量普遍很低，产量最大的德国也只排在全球第十四位，原铝消费量也只有德国和意大利进入全球前十位，但再生铝产量前 14 个国家中，欧洲占了一半。德国、意大利的再生铝产量均超过原铝产量；德国、英国再生铅产量均超过精铅产量的 50%；法国、西班牙、意大利等国生产的都是再生铅。德国、英国、意大利的精铅产量、消费量和再生铅产量均位于全球前十位。

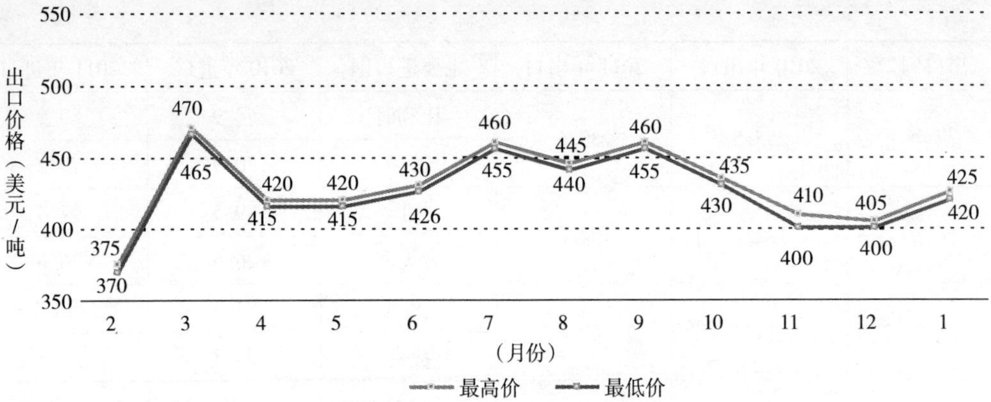

图 46　2011—2012 年鹿特丹港口 HMS 80/20 重型重熔废钢出口价格

资料来源：国际回收杂志。

表 54　　**德国近年有色金属生产及消费情况**　　单位：万吨

	2009 年	2010 年	2011 年
精铜产量	66.89	70.42	70.88
精铜消费量	113.36	131.22	125.10
再生铜产量	37.9	30.2	30.7
直接应用的废铜量	23.4	23.4	23.4
原铝产量	29.18	40.25	43.25
原铝消费量	127.73	191.18	210.33
再生铝产量	56.08	61.11	63.50
精铅产量	39.05	40.54	42.91
精铅消费量	30.60	34.25	37.23
再生铅产量	28.57	27.03	29.25

表 55　　**英国近年有色金属生产及消费情况**　　单位：万吨

	2009 年	2010 年	2011 年
精铜消费量	2.28	4.30	2.28
原铝产量	25.20	18.60	21.30
原铝消费量	27.00	27.00	27.00
再生铝产量	12.98	9.90	9.96
精铅产量	30.19	29.75	27.41
精铅消费量	18.79	20.76	21.00
再生铅产量	15.00	14.40	14.40

表 56　　意大利近年有色金属生产及消费情况　　单位：万吨

	2009 年	2010 年	2011 年
精铜产量	0. 65	0. 18	0. 14
精铜消费量	52. 29	61. 88	60. 17
再生铜产量	0. 7	1. 1	5. 9
直接应用的废铜量	48. 2	48. 2	48. 2
原铝产量	16. 58	12. 95	13. 02
原铝消费量	66. 06	86. 71	97. 07
再生铝产量	44. 97	60. 16	79. 46
精铅产量	14. 90	15. 00	17. 53
精铅消费量	20. 52	24. 49	25. 92
再生铅产量	13. 21	15. 00	17. 53

表 57　　法国近年有色金属生产及消费情况　　单位：万吨

	2009 年	2010 年	2011 年
精铜消费量	21. 53	19. 31	18. 31
直接应用的废铜量	5. 7	2. 9	2. 9
原铝产量	36. 80	35. 60	33. 50
原铝消费量	53. 80	54. 93	58. 39
再生铝产量	12. 66	17. 48	14. 88
精铅产量	6. 06	7. 10	6. 65
精铅消费量	8. 69	6. 57	6. 12
再生铅产量	6. 06	7. 10	6. 65

表 58　　西班牙近年有色金属生产及消费情况　　单位：万吨

	2009 年	2010 年	2011 年
精铜产量	32. 94	33. 66	34. 26
精铜消费量	30. 16	33. 31	31. 85
再生铜产量	4. 6	4. 5	4. 5
直接应用的废铜量	2. 4	2. 4	2. 4
原铝产量	33. 46	33. 46	33. 00
原铝消费量	48. 05	53. 67	52. 40

续 表

	2009 年	2010 年	2011 年
再生铅产量	21.86	26.14	29.46
精铅产量	13.80	16.30	17.04
精铅消费量	24.47	26.24	26.30
再生铅产量	13.80	16.30	17.04

三、废塑料回收利用情况

2009 年，全球塑料产量 2.3 亿吨，其中，欧洲塑料产量 5500 万吨；2010 年，全球塑料产量 2.65 亿吨，其中，欧洲塑料产量 5700 万吨，占世界产量的 21.5%，欧洲塑料的需求量增加 4.5%，达到 4640 万吨。

2009 年，欧洲 29 国（欧盟 27 国加上挪威和瑞士）产生废塑料 2440 万吨，其中，约 550 万吨被用作生产原料，约 760 万吨被用作燃料，相当于直接回收利用率 22.5%，能量利用率 31.1%；2010 年，产生废塑料 2470 万吨，其中，600 万吨被用作生产原料，830 万吨被用作燃料，相当于直接回收利用率 24.3%，能量利用率 33.6%。

2010 年，欧盟 27 国对外出口废塑料 338 万吨，出口总值 9.09 亿欧元；2011 年，欧盟 27 国对外出口废塑料 336 万吨，出口总值 9.61 亿欧元。废塑料基本都出口到亚洲，其中东亚最多。欧盟出口的废塑料当中，87% 出口到中国大陆和中国香港，出口到印度和马来西亚的数量近年来也在急剧增加。欧盟出口废塑料中，PE 所占比例最大。

表 59　　2009—2010 年欧洲 29 国废塑料回收利用情况

	2009 年	2010 年
产生废塑料数量（万吨）	2440	2470
回收用作生产原料（万吨）	550	600
直接回收利用比例（%）	22.5	24.3
用作燃料（万吨）	760	830
回收能量比例（%）	31.1	33.6

2009 年，欧洲平均每人产生废塑料 47.7 千克；2010 年，平均每人产生废塑料 48.3 千克，各国数据从罗马尼亚的人均 22 千克到爱尔兰的人均 67 千克不等。

在欧洲的一些国家中，废塑料回收利用率接近 100%。其中，瑞士、德国、奥地利、丹麦、瑞典、比利时、荷兰、挪威和卢森堡 9 个国家废塑料回收率均超过 90%，瑞士、德国、奥地利、丹麦和瑞典的废塑料回收率超过 95%。另外，有 5 个国家废塑料回收率低于20%，其中马耳他以10%垫底。在马耳他和其他14个国家，仍然有超过60%的废塑料通过填埋方式处理，其中，西班牙和英国的废塑料填埋率分别为60%和69%，意大利为49%，法国为42%。

为了加快废塑料的填埋转化为循环利用的进程，有些国家为此颁布了一些禁令以及征收填埋税，但仍然有一些国家在以很低的价格对废塑料进行填埋，这大大影响了对废塑料循环利用的进程。

四、废纸回收利用情况

欧洲造纸工业联合会（CEPI）是欧洲最具代表性的造纸行业组织，该组织负责监督，分析和执行欧盟造纸行业相关的政策法规。CEPI成员国纸张总产量占全球的25%，2011年，欧洲造纸工业联合会的成员国有奥地利、比利时、捷克、芬兰、法国、德国、匈牙利、意大利、挪威、波兰、葡萄牙、罗马尼亚、斯洛伐克、斯洛文尼亚、西班牙、瑞典、瑞士、荷兰和英国。欧洲造纸工业联合会的统计数据显示，CEPI成员国2011年废纸回收量达到5726.2万吨，同比增长0.2%；废纸出口量达到1028.1万吨，同比增长9.1%。

表60　**2010—2011年欧洲造纸工业联合会成员国废纸回收情况**　单位：万吨

	2010年	2011年	同比增减幅度（%）
废纸回收量	5716.4	5726.2	0.2
废纸利用量	4896.9	4840.4	-1.2
出口到其他国家的数量	942.2	1028.1	9.1
从其他国家进口数量	122.8	142.4	16.0

欧洲29国（欧盟27国加上挪威和瑞士）的废纸回收率从2010年的68.7%上升至2011年的70.4%，这个比率高于美国的回收率，并且远远超过世界平均水平。英国成为其中贡献最大的国家，其2011年纸张回收率达到78.7%。

五、废弃电器电子产品回收利用情况

（一）2012《WEEE指令》

欧盟是我国电器电子产品出口大国之一。2003年2月13日，欧盟公布《废弃电子电气设备指令》，简称2003《WEEE指令》。《WEEE指令》的公布和实施不仅对我国电器电子产品的出口产生了极大的影响，同时对全球WEEE回收处理的立法管理起到了极大的推动作用。《WEEE指令》实施5年后，即2008年，欧盟委员会组织对《WEEE指令》的实施情况进行了评估。2012年7月4日，《WEEE指令》修订案正式公布，2012年7月

24日生效。

2012《WEEE指令》与2003《WEEE指令》相比，条款从原来19条扩展到27条，增加了运输与处理、许可、WEEE装运、收集目标、授权代表、管理合作和信息交流等新的条款。在内容上具有较大变化的是，修订了WEEE的分类方法，提高了WEEE的收集率、再使用和再生利用、回收利用率目标。

1. 范围

2012《WEEE指令》的产品管理目录如下。

（1）温度交换设备。

（2）显示屏、监视器以及含有表面积大于100cm^2显示屏的设备。

（3）灯具。

（4）大型设备（外形尺寸大于50cm）。

（5）小型设备（外形尺寸小于50cm）。

（6）小型IT和通信设备。

新的6大类产品的分类与原来的10大类相比较，都是大而全的分类方法，目的都是将尽可能多的电子电器设备纳入管理范围。不同之处在于，10大类的分类方法更偏重于行业和产品性能，而新的6大类更注重材料结构和产品重量。

此外，虽然6大类看似比10大类更为简化，实则包含了更多的电子电器设备。10大类的分类方法列出了管理范围内的所有产品，没有列入的不在管理范围之内；而6大类只列举了主要产品和举例说明，没有列举的电子电器设备也将在管理范围之内。也就是说，2012《WEEE指令》的管理范围更广。

2. 收集率目标

从2016年起，生产者要确保在该成员国报废电子电气设备最低收集率达到三年内在该成员国电子电气设备销售总量的45%。

2016—2019年为收集率增长过渡期。

从2019年起，生产者要确保在该成员国报废电子电气设备最低收集率达到三年内在该成员国电子电气设备销售总量的65%，或者占当年在该成员国产生报废电子电气设备总量的85%。两个阶段收集率目标与原指令每年每个居民4千克报废电子电器设备收集目标相比，两者中数据较大的目标将被继续执行。

由于某些成员国缺乏基础设施以及过低的电子电气设备消费量，例如保加利亚、捷克共和国、拉脱维亚、立陶宛、匈牙利、马耳他、波兰、罗马尼亚、斯洛文尼亚、斯洛伐克，在此范围成员国内报废电子电气设备收集率按照下列规定执行：

2016年8月14日起，生产商要确保在该成员国报废电子电气设备收集率达到三年内在该成员国电子电气设备销售总量的40%～45%。

2021年8月14日前，生产商要确保在该成员国报废电子电气设备最低收集率达到三年内在该成员国电子电气设备销售总量的65%，或者占当年在该成员国产生报废电子电气设备总量的85%。

3. 再生利用率和回收利用率目标

2012 年 8 月 13 日—2015 年 8 月 14 日的最小再使用和再生利用率、回收利用率指标不变（按照原指令 10 类分类方式）；

2015 年 8 月 15 日—2018 年 8 月 14 日的最小再使用和再生利用率、回收利用率指标均提高 5%（按照原指令 10 类分类方式）；

2018 年 8 月 14 日后的最小再使用和再生利用率、回收利用率指标维持不变（按照新指令 6 类分类方式）。

（二）欧盟 WEEE 回收处理最新实施情况

根据欧盟对 WEEE 回收处理的统计数据显示，欧盟大多数国家 WEEE 的收集量在逐年提高。2011 年，除了西班牙、罗马尼亚、拉脱维亚少数国家外，其他国家均完成了每人每年 4 千克的收集量，比利时、丹麦、卢森堡、瑞典、瑞士、挪威等国的人均年收集量超过了 10 千克，见图 47。其中，挪威达到 30 千克/人，是欧洲回收率较高的国家。

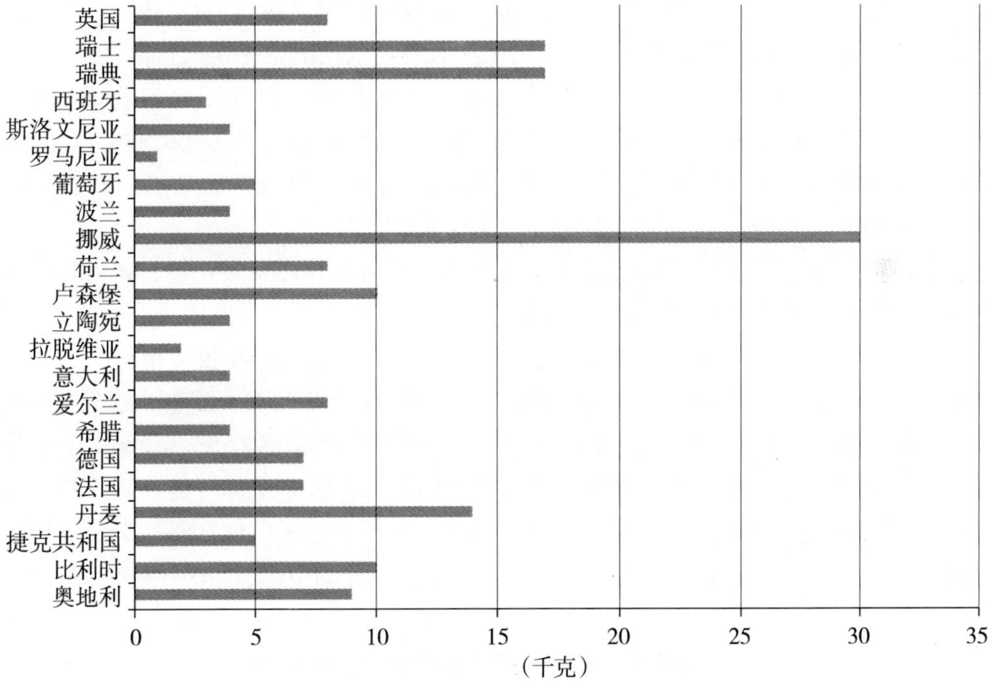

图 47　欧洲各国人均 WEEE 回收重量

图 48 为 2010 年和 2011 年欧洲 WEEE 的处理量。从图 48 可以看出，欧洲 WEEE 的处理数量增加很快，2011 年达到 169.7 万台。

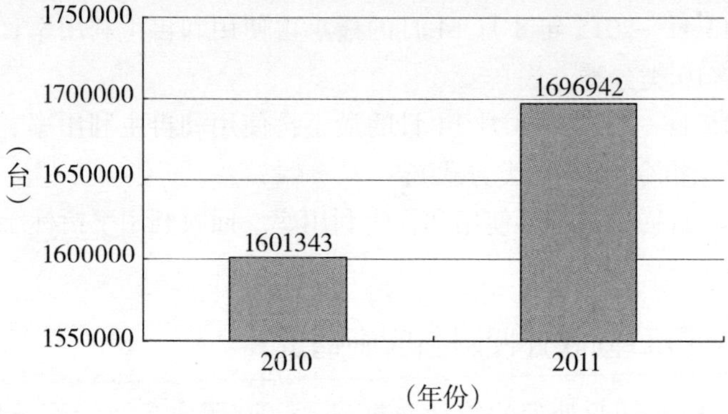

图 48　2010—2011 年欧洲 WEEE 处理量

（三）德国回收利用情况

德国废弃电器电子产品回收处理是垃圾处理和循环经济的重要一环，也是德国环境政策的内容之一。20 世纪 90 年代以后，德国废弃电器电子产品的数量增长远远超过其他生活和工业垃圾，原有的《垃圾处理法》已无法有效规范废旧电子电气产品的回收处理。2005 年 3 月 16 日，德国根据欧盟颁布的《电子电气产品限制使用有害物质的指令》（2002/95/EG，简称 RoHS）和《废旧电子电气产品的指令》（2002/96/EG，简称 WEEE），制定通过了《电子电气产品流通、回收和有利环保处理的联邦法》（缩写 ElektroG，简称《电子电气法》），并于同年 8 月 13 日生效实施。

《电子电气法》实施后，德国废弃电器电子产品的回收处理发展很快，再生利用率不断提高。2006 年，德国人均废弃电器电子产品回收量为 8 千克，是欧盟指令中的目标的 2 倍。据联邦环境局统计，2007 年德国共有 183 万吨的电子电气产品投放市场，回收各类废弃电器电子产品 75.4 万吨，其中商用和民用分别为 71 万吨和 4.4 万吨。截至 2008 年 2 月，生产商共运送 18 万次废弃电器电子产品，2007 年延迟率为 5%，2008 年下降至 0.2%。该法确立了生产商承担主要回收处理义务的原则，法律主体分为监管部门、生产商、（废旧产品）公共收集机构和民众，法律客体——废旧电子电气产品被分为商用废旧品（B2B 产品）和民用废旧品（B2C 产品）两大类，细分为 10 类、20 万种产品。

表 61　　2007 年德国各类废弃电器电子产品的再生利用率

产品类别	再生利用率（%）	物质性再生利用率（%）	整机再利用（吨）
大型家用电器	91	84	3141
小型家用电器	91.6	67.2	651
IT 和通信设备	95.3	77.8	5179
娱乐设备	94.9	77.6	786

续 表

产品类别	再生利用率（%）	物质性再生利用率（%）	整机再利用（吨）
照明设备	100	88. 2	113
真空灯	95. 7	95. 4	0
电子电气工具	84	69. 9	132
玩具和运动休闲设备	82. 7	69. 5	37
医疗设备	95. 1	81. 9	593
监控设备	69. 1	58. 9	220
自动售货设备	94. 4	64	1126

六、报废汽车回收利用情况

欧盟作为世界上主要的汽车生产和消费地区之一，每年产生报废车辆 1000 万辆左右，其中德、英、法、意四国占欧盟成员国回收总量的 70%。为了避免造成环境污染，从 20 世纪 90 年代初期开始，欧洲联盟的一些成员国政府开始考虑对报废车辆的零部件和材料再使用、再利用和回收利用，以达到保护环境和节约资源的目的。首先是法国和荷兰，由政府和汽车工业界之间签订双边协议，确定报废车辆再利用和回收利用的目标。随后其他欧盟成员国也纷纷效仿这一做法。2000 年 9 月 18 日，欧盟发布技术指令 2000/53/EC，开始将报废车辆的回收利用纳入法制化的管理体系，2000/53/EC 规定欧盟各成员国自行采取必要的措施，在不晚于 2006 年 1 月 1 日，使其所有的报废车辆的再使用和回收利用的比例至少达到 85%，所有的报废车辆的再使用和再利用的比例至少达到 80%。对于 1980 年 1 月 1 日以前生产的车辆，上述比例的限值指标可分别放宽为 75% 和 70%。2000/53/EC 还规定：在不晚于 2015 年 1 月 1 日，所有的报废车辆的再使用和回收利用的比例至少达到 95%；所有的报废车辆的再使用和再利用的比例至少达到 85%。针对这一限值指标，2000/53/EC 同时又规定，欧洲议会和理事会将修改欧盟的整车型式批准的框架性技术指令 70/156/EEC，将报废车辆的再使用、再利用和回收利用纳入其整车型式批准框架中。

欧盟各成员国，按照欧盟指令 2000/53/EC 的要求，积极推动报废汽车的回收利用工作，并将有关要求转化为各自的法律法规等相关规定。为了提高汽车的回收利用率、减少报废汽车对环境的影响，大多数国家均采取了对汽车回收、拆解、粉碎等进行全面管理，各政府部门分工协作、各司其职的方式，主要是在政府主管部门的授权和指导下，由政府相关机构（如车辆检查机构、环保机构）实行对车辆检测、报废汽车回收、拆解和粉碎企业及有关工作流程的认可、监管，并且制定相应的具体标准法规。

欧盟指令已经成为欧盟各个成员国制定汽车报废回收法规的依据。指令的主要内容包括：

1. 建立报废汽车回收系统

指令要求成员国应采取必要的措施保证：

（1）各经营者（生产企业、回收拆解企业、破碎企业等）建立起一套报废汽车回收系统，并在技术上可行时对拆解的零部件用于汽车维修；

（2）在其领土内设立足够多的回收点。

成员国应采取必要的措施保证报废汽车交付给经授权的处理厂家。成员国应建立起一套系统，使得销毁证书（报废证明）是注销汽车登记的一个条件。此证书应在报废汽车的最终持有者或拥有者向处理厂家交付车辆时向其发放。拥有许可证的处理厂应被允许发放销毁证书。成员国也可允许生产者、经销商和回收厂代表经授权的处理厂家发放销毁证书，前提是他们保证将报废汽车交付回收处理厂，并且它们已在官方机构注册登记。

2. 生产者承担报废汽车处理成本

根据指令，成员国需要确保报废车辆最后持有者或拥有者不承担任何费用地把报废车辆交给经授权的处理厂；成员国还应保证生产者为上述措施的实施提供全部或大部分费用，或者按照指令中所述的条件建立报废汽车收集系统用以收回报废车辆。

指令中规定，生产者负责承担 2002 年 7 月 1 日以后投放市场的汽车的回收费用。这意味着汽车生产者将承担处理废车的主要成本，政府可提供一定的补助。但指令中并没有表明对 2002 年 7 月 1 日以前投放市场的车辆的回收费用应由谁负责，它将留给成员国根据各自情况决定。

3. 回收拆解率目标

2005 年 10 月 26 日，欧盟发布《关于汽车型式认证中车辆可再使用性、可再利用性和可回收拆解性的指令（2005/64/EC)》（以下简称“RRR 指令”），把 M1 类、N1 类车辆的回收拆解率纳入型式认证，要求生产者对产品的可回收拆解率负责。

指令规定，在 2006 年 1 月 1 日之前，所有报废车辆每年平均每车再使用和回收拆解质量至少达到 85%，再使用和再利用质量至少达到 80%；对于 1980 年 1 月 1 日之前生产的车辆，成员国可以规定下限目标，但该目标不得低于 75% 的再使用和回收拆解率、70% 的再使用和再利用率。

2015 年 1 月 1 日之前，所有报废车辆每年平均每车再使用和回收拆解质量至少达到 95%，每年平均每车再使用和再利用质量至少达到 85%。

4. 禁止使用重金属

指令规定成员国应控制并减少汽车中有害物质的使用以便防止这类物质被释放到环境中，促进循环利用并避免丢弃有害废物，特别应禁止使用铅、汞、镉和六价铬等重金属。上述重金属应依据一个定期复核的清单只在某些特定情况下使用。对于重金属禁令中的例外条款（即指令的附件Ⅱ）的最近一次修改是欧盟理事会 2010 年 2 月 23 日的 2010/115/EU 指令文件，主要针对铅在焊锡中的使用，进行了细化并延长了豁免时间。

5. 建立编码标准和提供拆解信息

指令规定成员国应采取必要的措施保证生产厂家协同材料和设备厂家适用零部件和

材料的编码标准，以便识别适合再使用和回收拆解的零部件和材料。

生产厂家在每一新车型投放市场后六个月之内提供该车型的拆解信息。为达到回收率目标，这些信息应表示出车辆不同的零部件和材料，以及所有有害物质的位置。

在不危及商业机密及工业秘密的前提下，零部件生产厂家应按照经授权的回收处理厂家的要求，提供关于可再使用的零部件的拆解、存储和测试的必要信息。

指令规定生产厂家必须使汽车购买者能得到以下信息，并且这些信息应包含在新车型销售用的促销材料中。

（1）汽车及其部件关于可回收拆解性和可再利用性的设计；

（2）报废汽车有利于环保的拆解和处理方法，尤其是所有液体的排放；

（3）报废车辆及其部件再使用、再利用和回收拆解方法的发展和优化；

（4）回收拆解和再利用方法在减少废物处置和提高回收拆解及再利用率方面的进步。

6. 欧盟报废汽车的处理程序

欧盟报废汽车指令对报废汽车的回收、拆解和再利用过程作出了详细规定。根据此指令，报废汽车再生利用主要程序如图 49 所示。

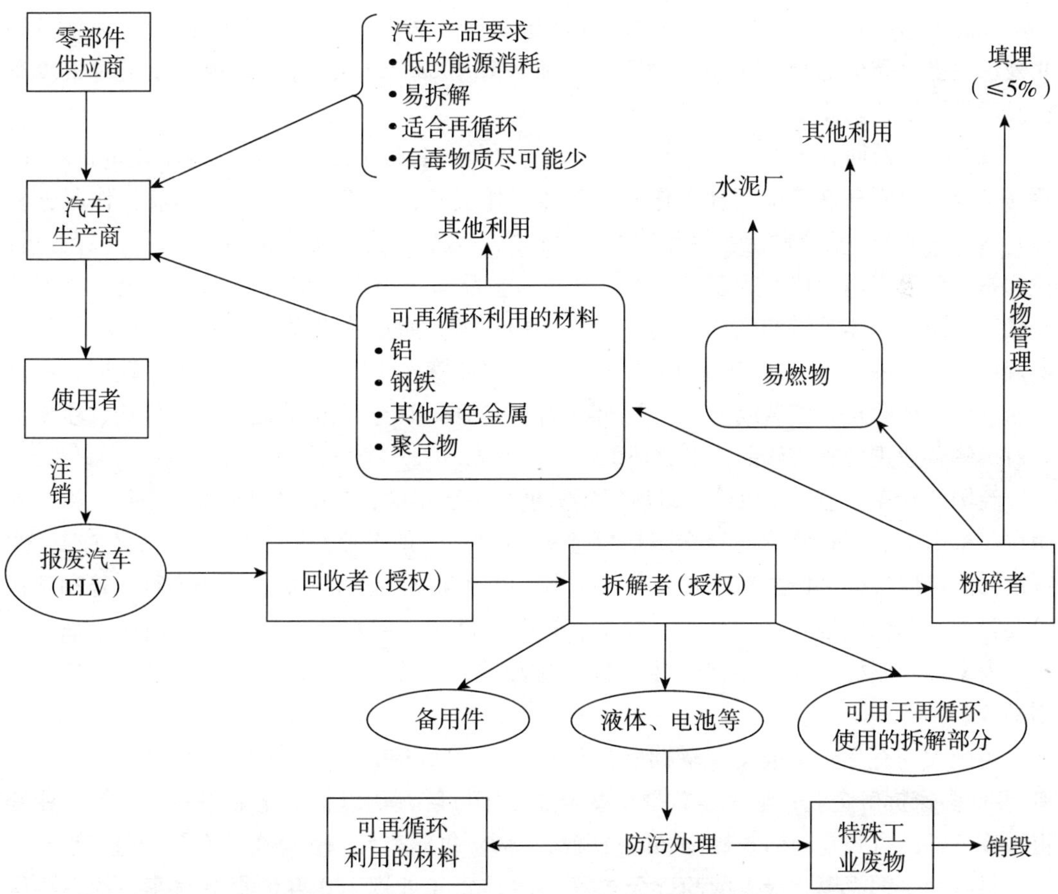

图 49　欧盟报废汽车指令规定的报废汽车回收、拆解和再利用主要程序

由图49可以看出，报废汽车回收利用链的主要责任者是汽车生产商，即汽车制造厂商或欧盟成员国的汽车进口商。汽车生产商将报废汽车回收利用链的上游（零部件供应商）和下游（回收者，拆解者和粉碎者）连接起来，是报废汽车回收利用的关键节点。另外，回收者、拆解者和粉碎者的协作是实现指令目标所必须具备的条件。

（一）英国报废汽车回收利用情况

英国汽车保有量达2900万辆，平均每两人一辆车。车辆平均使用年限为13～14年。每年销售汽车和报废汽车分别为200万辆左右（销售量略高于报废量）。回收的车辆中有少量出口到东欧及其他发展中国家。

英国于2005年发布了《报废车辆规定（制造商责任）》（2005法定文件第263号），并由贸易工业部提出指导性说明。该法规是对欧盟指令的具体化，明确了制造商的责任，以及对回收网点的要求等。例如，为了使制造商能够在偏远的聚居区主动收集车辆，制造商建立回收网点应该保证75%的报废车辆所有者与制造商收集点的平均距离在10英里以内；收集点与任意一个报废车辆所有者的距离不得超过30英里；报废车辆由回收机构免费回收，等等。

此前英格兰和威尔士已有2003/2635法定文件（法规）《报废车辆规定》，苏格兰和北爱尔兰已有类似法规（S. S. I. 2003/593 和 S. R. 2003/493），这些法规构成了对报废车辆及回收拆解的总体要求。

汽车报废及回收由英国贸易工业部和环境食品与农村事务部按各自的职能负责管理。贸易工业部负责车辆年检管理工作，但具体工作委托代理机构VOSA（车辆工作服务机构）实施，VOSA负责制定车辆年检的技术标准、收费标准、实施检验、认可，以及监督检测站、判定车辆的技术状态等工作。环境、食品与乡镇事务部（DEFRA）负责执行欧盟法案，制定具体实施细则和废物再生方面的政策，通过统筹经济、社会和环境等问题实现可持续发展。DEFRA也通过其代理机构英国环境署（EA）来实施报废车辆回收和拆解企业的认证管理。该署成立于1996年4月，是DEFRA授权的非政府公共机构，主要负责对拆解企业进行资质认证，发放环保许可证等。

英国的新车在前2年免检，以后每年需进行一次年检；其中出租车仅第一年免检。乘用车年检由经认可和监管的社会组织（主要为汽车修理企业）执行，目前大约有19000家汽修厂可以进行年检。其他商用车、挂车，则由VOSA设在各地的机构实行。检测项目主要包括：车辆识别号、号牌板、灯具、转向和悬架、刮水器和清洗器、挡风玻璃、喇叭、安全带、座椅、燃油系统、排放物、排放系统、车辆结构、门、镜、车轮和轮胎、制动等。

英国大约有900家报废车辆回收机构（预处理机构），估计今后可发展到1400家；有2000多家拆解企业，绝大多数是小型企业，年拆解万辆以上的企业很少，拆解企业获得报废车辆的方式是向回收机构和网点购买车辆，每辆车5～15英镑；有37家粉碎公司，大多具有一定的规模。最大的粉碎公司（EMR）每年处理120万辆报废汽车，约占英国市场的60%。

法规规定车主交车时，车辆的发动机、变速器、车身、车轮和催化转化器等主要部件应齐全。如缺少主要部件的车辆，回收者可收取适当的费用。为贯彻欧盟指令，要求汽车制造商要建立报废车辆回收体系和网络，并与已有报废车辆回收预处理机构签约。根据汽车制造商的要求及网点布局情况，预计最多有30%的回收机构能成为各制造商的签约机构。从2007年开始，签约的机构可免费从制造商那里获得报废车辆，对于未与制造商签约的机构，经过许可也可以独立开展回收拆解工作。因此，目前不少企业面临选择。

为指导拆解企业恰当的拆解和处理报废车辆，英国环境、食品和乡村事务部和贸易工业部联合发布了《报废车辆的无害化处理（认可的拆解机构指南）》，对拆解装备、设施、程序提出了具体要求。如使用能去除报废车辆98%以上的液体的装备，有带有溢出物收集设施的防渗透表面、处理液体的装备，包括雨水储存场、带有溢出物收集设施的非渗透表面、处理液体装备的处理场，以及遵从无害化处理流程等。

（二）荷兰报废汽车回收利用情况

荷兰汽车保有量800万辆，每年新车注册量为60万辆，车辆的平均使用周期为15年，年报废回收汽车30万~35万辆。随着欧盟的扩大，用车出口占报废汽车的比例正在增加，2004年报废汽车约33万辆，另有26万辆二手汽车出口东欧等国家。

荷兰基本沿用欧盟指令关于车辆回收利用的规定。其报废汽车政策是通过建立基金的途径支持开展回收利用活动，这一点与欧盟其他成员国不尽相同。基金以新车注册时车主缴纳费用的方式筹集，由荷兰汽车再生利用公司统一管理，主要用于支付运输、拆解回收利用企业的回收补贴。

与车辆检验、回收管理有关的政府部门为交通、公共事务与水管理部（MOT）。相关业务的代理机构主要有道路车辆管理机构（RDW）和环境保护机构（EPA）。RDW于1996年由国有企业变为私有企业，是从事车辆检验、信息管理的独立的综合性机构。主要业务包括进行车辆型式认证；对新销售车辆进行注册；车辆的定期检验，制定检验技术标准，认可检测站的资质，对检测站进行监督，确定检验结果；对回收报废汽车进行信息汇总和注销；相关标准法规的研究制定及贯彻欧盟指令。RDW的信息齐全，能够为政府部门、有关机构、用户、企业等提供一站式良好的服务，是荷兰车辆管理的权威机构。EPA主要从事对车辆回收、拆解企业的认可发证及监督管理工作。

荷兰的车主在注册时需缴纳45欧元的注册基金，作为车辆报废时的处理经费。注册基金的额度由RDW与EPA协商确定，一般每3年调整一次。车辆在使用的前3年免检。但对于使用25年以上的车辆，须按照“老车辆”的规定增加年检项目。车辆的年检由RDW认可和监管的检测站（主要是独立的维修企业）负责实施，RDW每年按3%的比例对其年检情况进行抽查。年检项目比英国略多一些。

（三）瑞典报废汽车回收利用情况

瑞典2004年汽车保有量为420万辆，新车注册量26.5万辆，汽车报废24万辆，另有4.7万辆二手车出口。在保有的车辆中，40%为使用时间超过10年的车辆，是欧盟各成员国中旧车保有比例较高的国家。

瑞典从1975年开始，就陆续制定了多项有关车辆回收和拆解的法律法规，主要包括：汽车废弃物法律（1975：343号与348号）、车辆制造商责任法令（19975：788号）、环境保护法典（19985：808号）、车辆拆解工作法规（20025：2号）、防止特定金属在车辆上使用的法令（20035：208号）等。

从事车辆管理的政府部门主要是可持续发展部、工业及就业与交通部。车辆回收、拆解和粉碎管理的政府代理机构是环境保护机构EPA。该机构由可持续发展部授权，主要从事回收、拆解和粉碎企业的认可及监督管理，并在21个省、290个县分别设立了相应的机构，其中县级EPA承担具体管理和监督工作。

瑞典的新车在注册时需缴纳700克朗的回收基金，进口车为1500克朗，作为在回收时给予车辆所有者的补偿，这与荷兰的做法有所不同。一般使用不足8年的车辆补贴700克朗；8~16年的1200克朗；16年以上的1700克朗。此项规定的目的在于鼓励老车尽早注销和回收。但据介绍，在执行规定时也存在漏洞，使车辆所有者难以得到补贴。由于补贴资金是由回收拆解企业办理车辆的注销时获取，而回收拆解企业回收车辆时是根据车辆状态与车辆所有者商议车辆的可利用价值，当车辆状态差时，车辆所有者可能还需额外支付费用，无法做到对车辆所有者补偿的效果。为此，政府将于2007年前取消收取车辆回收基金的规定。新车在前3年免检，以后每年需进行一次年检，费用为350克朗。

英国、荷兰、瑞典三国均无车辆强制报废规定。当车辆不符合检测标准时，可以报废或作为财产保留，但不允许继续上路行驶。如要继续使用，必须通过修理达到车辆年检标准。而一般汽车使用的年限越长，达到汽车排放标准也就越难，通过年检需要的修理或维护成本就越高。另外，当车辆出现事故时，由保险公司根据损伤情况评价确定是否报废。保险公司评价结果一般分为四级：A级——全车报废；B级——整车报废，但有些部件可用；C级——整车可用，但要进行修理；D——整车可用，仅进行局部修理。对于评价为A级和B级的车辆不能再使用。

另外，不少欧洲国家的重型载货车基本不在本土报废。例如，在瑞典，重型载货车一般使用3~5年后就经过中间商出口到其他发展中国家。

在企业准入方面，三国设立报废汽车回收拆解及粉碎企业均需具备一定的资质条件，并经所在地环保机构批准后才能注册。

在回收、拆解和粉碎流程方面三国也大体相同，通常回收机构收到报废车辆后，将车辆送拆解企业进行回收处理，并通知车辆注销部门、注销车辆；拆解企业拆除车辆上的总成和部件，并对车辆进行无害处理，即清除燃油和液体、电池等，然后将拆解完毕、无污染和危害的、挤压后的车辆残骸送到粉碎企业；粉碎企业通过大型粉碎机将车辆残骸切成碎块后进行筛选、分类。

（四）德国报废汽车回收利用情况

德国汽车拥有量约为5100万辆，每年注销机动车350万辆，平均使用年限为7~8

年。按照德国的规定，新车在前3年是免检的，以后每年都要年检，每次年检的费用为500马克。一般来说，汽车使用的年限越长，通过年检需要的修理或维护成本就越高，达到汽车排放标准也就越难。因此，虽然德国法律并没有规定汽车在使用多少年后必须报废，但车主一般都将根据自己的经济实力，使用几年就更换或淘汰。德国每年报废的车辆中，在德国报废拆解的不到100万辆，其余200余万辆则通过不同途径卖到俄罗斯、波兰等东欧国家以及西班牙等欧盟国家。在德国拥有联邦政府执照的汽车拆解企业有4000多家，汽车破碎厂20家。德国作为汽车消费大国，其报废汽车的管理体系已经比较成熟，并在不断改进和完善回收机制及再生利用技术，以有效回收和再生利用各种拆解材料的同时，通过加强拆解过程的环境无害化管理，规范安全环保的拆解方式，最大限度地减少拆解废物的排放，使报废汽车拆解的经济效益和环境效益达到了统一。

2002年6月21日，德国发布了报废汽车交付、回收及环境符合性处置法规——“报废汽车法规（End - of - Life Vehicle Regulation）”。该法规对报废汽车回收的相关规定如下。

1. 制造商回收义务

法规规定汽车制造商必须从最后持有者那里回收其生产的报废汽车。汽车制造商可以独立或联合建立回收系统，或者委托第三方建立全国范围内的回收系统，包括经认可的回收点或指定的拆解企业。最后持有人与回收点或制造商为此指定的经认可拆解企业的距离应不超过50千米。汽车制造商应以适当的方式提供由其建立的回收点的必要信息，以便告知最后持有人适合他的回收点。

2. 报废汽车的交付

任何人必须将车辆提交给经认可的回收点或经认可的拆解企业。

通过发放或提供销毁证书保证报废车辆按照法规要求进行正确的回收拆解。销毁证书仅应由经认可拆解企业的经营者发放。拆解企业经营者仅应任命经认可的回收点提供销毁证书。回收点的经营者必须将报废车辆交给经认可的拆解企业。

拆解企业必须仅将车身交付给经认可的粉碎企业。监控拆解企业的主管部门可以提交专家声明，允许车身被交付给粉碎企业外的进行进一步处理的金属回收加工企业。

3. 企业资质管理

法规的附件对回收点、拆解企业、粉碎企业及进行进一步处理的其他经营者设定了相关要求。是否达到这些要求由专家进行认证，通过专家认证的发给证书，证书的有效期是18个月。如果专家依据关于法规附录的要求进行检查及检验，认为3个月内无法达到授予证书条件的，专家必须撤销证书，并通知负责企业的主管部门。对于作为接收点及回收点的机动车辆维修厂，由主管的机动车辆协会执行认证。

专家是指按照德国工业法规公开任命的专家；或者依据环境审计法案，具有环境检验证或环境审计组织执照的专家。

（五）法国报废汽车回收利用情况

法国汽车保有量达3700万辆，每年的报废汽车处理量约为250万辆。目前，法国的报废汽车回收拆解企业可以分为大中小三种类型，大型企业的年回收量约为 3000～5000 辆，中型企业为1200 辆，小型企业为 200 辆。报废汽车回收渠道分为三种：一是车行，汽车更新后将旧车卖出；二是保险公司，车祸车由保险公司按质论价卖出；三是车主。

2003 年 8 月 1 日，法国环境与可持续发展部公布了“关于车辆构造及报废汽车处置的法令（Decree No. 2003－727）”。该法令对报废汽车回收方面的规定如下：

1. 免费回收

报废车辆的车主只能将报废车辆交付给经批准的拆解企业、粉碎企业或制造商设立的回收中心。当这些企业同意接收车辆时，不能向报废车辆持有者收取任何费用。除非该车辆的主要部件已被拆除，特别是车辆的动力装置、催化转换器（如果车辆投放市场时配备催化转换器）或车身；或含有加入车辆的废料或被加装于车辆的非标准设备，其性质或数量增加报废车辆的处理成本。

2. 制造商承担处理费

制造商对于其生产的汽车，必须赔偿经批准的粉碎企业由于执行该车的处理而可能承受的任何损失（该损失应由制造商及经批准的粉碎企业任命的一个第三方独立机构确定），或按照他们自己认为适当的条款及条件回收汽车。

3. 处理企业资质及法律义务

从事报废车辆存储、去污处理、拆解、切碎或粉碎的经营者必须通过相应目的的认证。拆解企业仅向经批准粉碎企业发送经拆解的报废车辆，并应向环境主管部门通报：

（1）关于接收报废车辆的法律和财务条款及条件信息，以及拆解企业执行其业务的技术、法律、经济及财务状况信息；

（2）所接收车辆的数量及吨位；

（3）向经批准粉碎企业发送报废车辆的数量及吨位；

（4）发送给第三方的、在报废车辆处理中产生的废弃物的数量及吨位。

表 62　欧盟部分国家报废汽车数量和汽车注销数量对比情况

国家	年份	乘用车总数	注销乘用车	报废车数量	二手车出口	已注销，但不在报废以及出口记录中的车辆	
		[1]	[2]	[3]	[4]	[5]	[6]
奥地利	2006	4204969	260368	87277	43530	129561	49.76%
	2007	4245583	257568	62042	39019	156507	60.76%
	2008	4284919	254361	63975	37629	152757	60.06%
比利时	2006	4929284	458210	131043	224326	102841	22.44%
	2007	5006294	447784	127949	244606	75229	16.80%
	2008	5086756	455478	141521	273036	40921	8.98%

续　表

国家	年份	乘用车总数	注销乘用车	报废车数量	二手车出口	已注销，但不在报废以及出口记录中的车辆	
		[1]	[2]	[3]	[4]	[5]	[6]
捷克	2006	4108610	70794	56582	4395	9817	13.87%
	2007	4280081	91487	72941	27664	-9118	-9.97%
	2008	4423370	168837	147259	3543	18035	10.68%
丹麦	2006	2013899	314899	102202	8990	203707	64.69%
	2007	2058873	308391	99391	25535	183465	59.49%
	2008	2105049	301906	101042	16533	184331	61.06%
芬兰	2006	2489287	105529	14945	866	89718	85.02%
	2007	2570356	90239	15792	934	73513	81.46%
	2008	2682831	37614	103000	428	-65814	-174.97%
希腊	2006	4446528	63067	29689	2126	31252	49.55%
	2007	4805156	64013	47414	327	16272	25.42%
	2008	5101410	70308	55201	375	14732	20.95%
意大利	2006	35297282	1784147	1379000	124981	280166	15.70%
	2007	35680097	2207336	1692136	101313	413887	18.75%
	2008	36105183	1796898	1203184	70471	523243	29.12%
拉脱维亚	2006	822011	17620	6288	1980	9352	53.08%
	2007	904869	22167	11882	6537	3748	16.91%
	2008	932828	26033	10968	1802	13263	50.95%
荷兰	2006	7413034	225760	192224	49584	-16048	-7.11%
	2007	7597000	200836	166004	53018	-18186	-9.06%
	2008	7757000	209427	152175	69424	-12172	-5.81%
西班牙	2006	21052559	910727	954715	83044	-127032	-13.95%
	2007	21760174	887395	881164	88232	-82001	-9.24%
	2008	22145364	734638	748071	234626	-248059	-33.77%
瑞典	2006	4202463	830123	283450	10836	535837	64.55%
	2007	4259463	870014	228646	6553	634815	72.97%
	2008	4278995	950496	150197	6579	793720	83.51%

注：[5]列=[2]列-[3]列-[4]列，[6]列=[5]/[2]×100%。

七、废轮胎和废橡胶回收利用情况

据欧洲轮胎和橡胶生产者协会统计，在1994年，欧洲废橡胶回收率仅为17%，62%的废橡胶以填埋的方式处理。在接下来的16年内，该数据发生很大变化：2006年，欧盟产生废轮胎2.5亿条，其中41%用作燃料，43%用作工程项目，其余的16%通过填埋等方式处理。在接下来几年之内，废橡胶回收量和废橡胶产生量以相同的速度增长，2009年废橡胶产生262.1万吨，2010年增至269.9万吨；回收量从2009年的249.4万吨增至2010年的256.3万吨。2009年和2010年，废橡胶回收率都达到95%。与世界上其余的发达国家相比，欧洲29国废橡胶总回收率相对较高。例如，最新数据显示，美国和日本的废橡胶回收率大约为90%。欧洲轮胎和橡胶生产者协会报告称，在2010年，回收的废橡胶的82%用作以下用途：运动场地和儿童娱乐场地修建，铺路砖，屋面材料，码头护舷等。剩余的18%用作土木工程，公共建设工程，路基和堤坝修建等。在所有的应用中，共消耗掉131.5万吨废橡胶。

根据ETRMA（欧洲轮胎循环利用管理协会）2011/2012年度报告，2011年欧洲29国废旧轮胎产生量与回收利用情况见表63。

表63　　2011年欧洲废旧轮胎回收利用情况　　单位：万吨

序号	国家	废旧轮胎产生量	旧轮胎			废轮胎				回收利用量	回收率（%）
			直接装车	出口	翻新	产生量	材料利用	能源利用	填埋/未知		
1	比利时	8.7	0	0.8	0.5	7.4	6	1.4	0	8.7	100
2	爱沙尼亚	1	0	0	0	1	0.6	0.3	0.1	0.9	90
3	芬兰	5.3	0	0	0.1	5.2	5	0.2	0	5.3	100
4	法国	41.6	4.5	0	4.8	32.3	16.5	15.8	0	41.6	100
5	德国	67	1	9.2	8.5	48.3	22	26.3	0	67	100
6	希腊	4.4	0	0.2	0.2	4	2.3	1.1	0.6	3.8	86
7	意大利	43.3	2.7	2.1	3.4	35.1	7	18	10	33.2	77
8	荷兰	6.5	0	1.6	0.2	4.7	3.7	1	0	6.5	100
9	波兰	19	0.5	0	2	16.5	5.5	11	0	19	100
10	葡萄牙	9	0.1	0	1.7	7.2	4.7	2.5	0	9	100
11	罗马尼亚	5.7	0	0	0	5.7	1.4	4.3	0	5.7	100
12	斯洛文尼亚	1.1	0	0	0	1.1	0.6	0.5	0	1.1	100
13	西班牙	28.3	1	2.4	3.5	21.4	10.6	10.8	0	28.3	100

续　表

序号	国家	废旧轮胎产生量	旧轮胎			废轮胎				回收利用量	回收率（%）
			直接装车	出口	翻新	产生量	材料利用	能源利用	填埋/未知		
14	瑞典	7.3	0	0.1	0	7.2	2.9	4.3	0	7.3	100
15	挪威	4.5	0	0.2	0	4.3	3.5	0.8	0	4.5	100
16	土耳其	24.6	N/A	N/A	N/A	24.6	4.9	4.3	10.3	9.2	37
17	奥地利	6.3	0	0	0.3	6	2.4	3.6	0	6.3	100
18	保加利亚	2.5	0	0	0.3	2.2	0.8	0.5	0.9	1.6	64
19	塞浦路斯	0.4	0	0	0	0.4	0	0	0.4	0	0
20	捷克	6.3	0	0	0.2	6.1	1	3.2	1.9	4.4	70
21	丹麦	4.4	0	0.1	0	4.3	4.3	0	0	4.4	100
22	匈牙利	4.3	0	0	0	4.3	2.2	2.1	0	4.3	100
23	爱尔兰	2.8	0.3	0.1	0.2	2.2	2	0	0.2	2.6	93
24	拉脱维亚	1	0	0	0	1	0.5	0.4	0.1	0.9	90
25	立陶宛	1.1	0	0	0	1.1	0.5	0.4	0.2	0.9	82
26	马耳他	0.1	0	0.1	0	0	0	0	0	0.1	100
27	斯洛伐克	2.5	0	0	0.1	2.4	2.3	0.1	0	2.5	100
28	英国	36.9	2.7	2.4	3.2	28.6	16.6	11.3	0.7	36.2	98
29	瑞士	5.3	0.3	0	0.5	4.5	1.3	3.2	0	5.3	100
	合计	351.2	13.1	19.3	29.7	289.1	131.1	127.4	25.4	320.6	91.3

（1）到2011年，表63中前16个国家实行了生产者责任制。

（2）轮胎生产商联合设立的ETRMA，2012年批准成立了14家废轮胎回收利用管理公司。

（3）土耳其2011年废轮胎产生量为估计数。2011年该国对轮胎生产者实行有限责任，承担50%的回收利用，到2014年提高到100%的责任。2011年土耳其的废轮胎回收率有所下降，因为非LASDER成员的生产者仅完成了他们回收义务的10%，而ASDER成员的生产者则100%完成了他们的义务。

（4）废旧轮胎产生量计算方法：更换市场新胎+翻新轮胎+进口二手轮胎。

从2010年开始，扩大了的欧盟国家面临对废轮胎环境无害化处理方式和管理方面的挑战。从ETRMA的废旧轮胎年度报告中可以看出，他们的旧轮胎基本100%翻新或装车再利用（旧轮胎出口其他国家也基本用于直接装车或翻新）。除少数国家外，大多数国家的废轮胎年回收率都比较高。

与美国废轮胎回收利用管理采用消费者责任制不同的是，轮胎生产厂家承担废轮胎的回收、加工处理的成本和管理，实行的是生产者责任制。这一原则是由德国首先倡导的，通过生产者责任制有效制约其重经济效益轻环境的价值观，用法律的手段强制生产经营企业回收其产品。生产者可以建立渠道自行回收，也可以委托第三方回收公司回收，同时法律也规定：零售商有义务回收再利用产品并交给制造商，而消费者也有义务将废弃产品交给零售商。这样由零售商、消费者共同承担和参与的回收体系，才能使生产者责任制切实有效的实施，也促进了生产者不断改进产品设计、生产，采用更易于回收的原材料，并尽可能地延长产品使用寿命。

由轮胎生产商联合组成的 ETRMA 承担欧洲范围内法定的回收处理再利用责任，同时，法律又赋予了他们负责废轮胎回收处理企业的行业准入审批权，允许将废轮胎回收处理费用摊入成本。在欧洲，废轮胎回收、加工处理企业的设立实行严格的审批制度。轮胎生产者责任延伸制在欧洲的发展趋势，有望在未来几年里向欧洲其他国家进一步扩大。这也是欧洲废轮胎回收利用率较大幅度提高的重要原因。下图为欧洲 29 国废轮胎回收利用率发展趋势图。

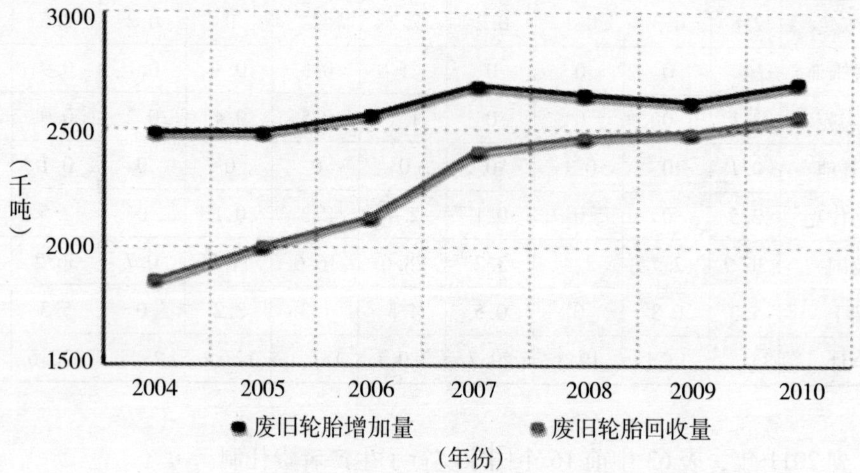

图 50　欧洲 29 国废旧轮胎回收利用率发展趋势

注：图 50 是剔除翻新旧轮胎和出口废旧轮胎数后的数据，可以看出，欧洲 29 国废轮胎回收利用量快速接近其年产生量。

从 ETRMA 的 2011/2012 年度报告中得知，从 1996 年到 2010 年，欧洲 29 国废轮胎三种处理利用方式中，垃圾填埋的比例从 61% 下降到 4.8%；热能利用从 25% 提高到 46.3%；橡胶材料利用从 13.6% 提高到 48.8%，是增长速度最快的资源利用方法。

欧洲各国实行生产者责任管理制度以来，提高了废轮胎回收和无害化利用的管理效率，同时，随着越来越多的国家禁止填埋废轮胎，以及无害化处理再利用技术的快速发展，废轮胎原料利用的比例超过了热能利用，ETRMA 报告中指出：废轮胎是一种宝贵的二次原料，为欧洲找到了他们紧缺的橡胶替代原料。

第二十九章 日本再生资源回收利用概况

日本是目前世界上循环经济立法最为完善的国家之一。其法律体系可以分为三个层次：一是基本法，即《促进循环社会建设基本法》；二是综合性法律，包括《资源有效利用促进法》和《废物处理法》；三是专项法规，包括《容器包装物循环法》、《家电循环法》、《食品循环法》、《建筑材料循环法》以及《绿色采购法》等。这三个层次的法律都与再生资源产业息息相关，特别是其中的专项法规更是直接相关。如《促进循环社会建设基本法》中规定对那些没有考虑其价值而被称为“垃圾”的物质定义为“可循环资源”并促进其回收。《资源有效利用促进法》是以废物为中心的法律，强制企业对各自的废物进行再利用。在专门法中，对制造商、进口商和消费者的回收责任做了明确的规定。同时，这些法律是不断加以完善的。如《资源有效利用促进法》原来称《促进再生资源利用法》，于1991年生效，分别于1993年、1999年、2000年修订，2001年4月修订后改名为《资源有效利用促进法》。

一、废钢铁回收利用情况

2011年，日本粗钢产量达1.076亿吨，同比下降1.8%，但仍是世界第二钢铁生产大国，仅次于中国。与此同时，日本消耗废钢铁3720万吨，同比下降3.1%，近5年来废钢消耗量大体呈现下降趋势。

表64　　2007—2011年日本废钢铁利用量　　单位：万吨

年份	2007	2008	2009	2010	2011	2011比2010增减
废钢铁消耗量	4440	4480	2980	3840	3720	-3.1%

日本是废钢铁出口大国，出口量仅次于美国和欧盟，2011年，日本废钢铁出口544.2万吨，主要出口面向韩国（286.4万吨），中国大陆（244.5万吨），中国台湾（3.8万吨），越南（3.8万吨）。

表65　　2007—2011年日本废钢铁出口量　　单位：万吨

年份	2007	2008	2009	2010	2011	2011比2010增减
废钢铁出口量	644.9	534.4	939.8	647.2	544.2	-15.9%

二、废有色金属回收利用情况

日本的铜、铝消费量均排全球第四位，铅消费量位于全球第七位，精铜产量位于全球第三位，精铅产量位于全球第七位。日本的废旧金属回收利用量很大，再生精铜和再生铝产量分别位于全球第三位和第四位，再生铅产量位于全球第七位。

日本不生产原铝，再生铝产量占原铝消费量的39%，其余均为进口，日本的再生铅产量均超过精铅产量的50%。

表66 日本近年有色金属生产及消费情况 单位：万吨

名称	2009年	2010年	2011年
精铜产量	143.98	154.87	132.83
精铜消费量	87.54	106.03	100.89
再生铜产量	24.4	26.0	27.0
直接应用的废铜量	74.3	90.4	81.7
原铝消费量	152.29	202.50	194.58
再生铝产量	65.91	80.92	75.95
精铅产量	24.77	26.72	24.86
精铅消费量	18.96	22.38	23.21
再生铅产量	15.09	16.56	14.85

三、废塑料回收利用情况

日本在废塑料回收利用方面处于世界领先水平，从1997年开始，日本政府通过了几条关于废塑料处理处置的法律以缓解全国1.27亿人口的压力，以及填埋空间日趋紧缺的问题。根据日本废塑料管理研究所提供的资料显示，2006年，全国回收利用废塑料210万吨，另有480万吨废塑料通过热回收进行处理。废塑料回收率从1996年的39%提高到2006年的73%，2010年，日本废塑料回收率为77%，全国PET塑料瓶的72%被回收利用，欧洲的PET塑料瓶回收率只有48%，美国只有29%。日本废塑料经回收利用后，用于纺织品制造、薄板制造、工业原料和日用品，并大量出口到中国大陆，中国香港以及亚洲其他国家。

四、废纸回收利用情况

2011 年日本的纸和纸板的生产量为 2660.9 万吨（仅次于中国和美国，列世界第 3 位）。其中，报纸、印刷用纸、包装用纸、卫生用纸等合计为 1544.6 万吨（占 58.0%）；纸箱原纸、白纸板、黄纸板、由色纸板等纸板的产量为 1116.3 万吨（占 42.0%）。

日本废纸的来源主要有 4 种，这与世界其他国家基本相同：

（1）居民家庭住宅。

（2）商业网点。

（3）造纸厂。

（4）办公用纸。

从上述来源产生的废纸被专业回收者回收之后，作为造纸原料送到造纸企业，也有的被直接回收者直接回收。从这些产生源通过各种各样的渠道收集到的废纸，被送到直接回收者手里，经过计量，打包机压缩成一定尺寸的捆包（重量为 1 吨）之后送到造纸工厂。日本废纸的主要回收流通途径如图 51 所示。

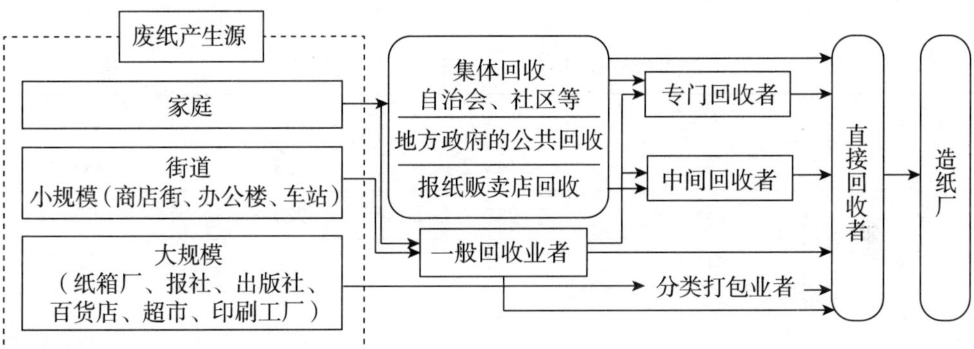

图 51 日本废纸主要回收、流通途径

2011 年，废纸回收量 2155.3 万吨，回收率为 77.9%，废纸利用量 1694.9 万吨。废纸回收率的公式如下所示：

$$\text{废纸回收率}=\frac{\text{国内废纸回收量(企业的废纸进货量 + 废纸出口量 - 废纸进口量)}}{\text{纸和纸板的国内消费量(企业的纸和纸板出货量 - 纸和纸板出口量 + 纸和纸板进口量)}}$$

日本废纸用经济产业省的统计分类可以分为 9 类（废纸统计分类和主要品种共 25 种）。但是，在实际的交易中印刷和书籍装订工厂等产生的废纸可以更细地分类。（资料来源：《废纸的统计分类和主要品种》）

报纸，杂志和瓦楞纸箱 3 个品种占废纸消费量的 80% 以上。其他主要是印刷和装订工厂，切边工厂，报社等产出的产业类废纸。其中，没有印刷的白色上档以及中档纸被称为“上白・卡纸”（硬质白纸边以及卡纸），“特白・中白”（高档白色含磨木浆纸边）

等，也有含有印刷的“模造·上色”（白色印刷不含有磨木浆）等品种。

根据2011年的统计结果，回收的报纸废纸里含有40%左右的广告纸，所以，只计算报纸回收率的话，大约在87%。其中含有广告纸的印刷用纸的回收率为62%。瓦楞纸箱的回收率大约在93%。废纸·纸板的利用率在63.0%。其中，纸为39.6%，报纸为92.8%。2006—2011年日本废纸回收率和废纸利用率如表67所示。2008—2011年日本废纸和木浆消费量如表68所示。

表67　　2006—2011年日本废纸回收率和废纸利用率

年份	废纸回收率（%）	废纸利用率（%）
2006	72.4	60.6
2007	74.5	61.4
2008	75.1	61.8
2009	79.7	63.1
2010	78.2	62.5
2011	77.9	63.0

表68　　2008—2011年日本废纸和木浆消费量　　单位：万吨

品种	2008年	2009年	2010年	2011年
报纸	494.8	446.2	438.6	397.3
杂纸	255.9	232.7	229.8	223.4
纸箱	847.9	734.1	790.3	805.2
其他废纸	302.6	284	270.5	269
废纸合计	1901.2	1679	1729.2	1694.9
木浆合计	1177.8	985.5	1040.7	1000.8

日本废纸出口在2001年达到100万吨以后处于上升趋势，2011年的出口已经达到443.2万吨。2008—2011年日本废纸进口量如表69所示。

表69　　2008—2011年日本废纸进口量　　单位：万吨

品种	2008年	2009年	2010年	2011年
瓦楞纸箱	3.7	3	2.9	2.4
报纸	0.6	0	0	0
其他种类	1.8	1.4	1.4	1.8
合计	6.1	4.4	4.4	4.2

表 70　　2006—2011 年日本废纸出口量以及与国内纸和纸板消耗量比例

年份	废纸出口量（万吨）	占日本国内纸·纸板消耗量的比例（%）
2006	388.7	12.3
2007	388.4	12.3
2008	339.1	11.5
2009	491.4	18.1
2010	437.4	15.7
2011	443.2	16.0

将废纸再生加工成纸浆的基本流程主要有分离，除尘，分散，脱墨，漂白，清洗·脱水等。但是，在制造纸板的工厂中不需要将纸浆漂白，因而通常没有分散，脱墨，漂白等工艺。各个处理过程如下：

（1）分离：将废纸投入水中加以搅拌，溶解，使废纸变成纤维状得以分离，同时将大的异物除掉。这种设备称作打浆机。

（2）除尘：除去废纸中异物设备有除尘机和拦污栅等。除尘机是利用离心力将比纸浆纤维比重大的石块、沙砾、金属类等分离出去。拦污栅是利用间隙或孔洞过滤比纤维大的异物并将之除掉。

（3）分散：将废纸浆强力地搅拌粉碎之后，将粘连的墨以及异物等从废纸上剥掉之后，同时将其粉碎到肉眼不能判别的尺寸。

（4）脱墨：向废纸浆中添加洗涤剂和气泡，使得气泡能够吸附残墨之后浮到上部，随着将气泡除掉，残墨也被除去。

（5）漂白：用过氧化氢等将废纸浆漂白。

（6）清洗和脱水：通过反复的清洗和脱水将微小异物除掉。

五、废弃电器电子产品回收利用情况

日本在推进建立循环型社会方面采取了一系列卓有成效的措施，建立了配套的机制，经过实践检验，取得了明显成绩。日本运用把“电子废弃物处理厂”看做生产新资源的“再生原料生产厂”的全新理念，电子废物处理厂把生产再生原料作为办厂的宗旨，通过开发各种适用技术，在满足技术上可行，经济上合理，防止环境风险物质扩散的前提下，不断开拓生产再生原料的新途径，最大限度地生产再生原料，实现了高质量的再生利用，并成功地实现了“从家电到家电”的封闭式再生利用。

为了提高电子电器的再生利用率和再资源化率，日本在电子电器产品的整个生命周期中，积极推进减量化、再使用、再生利用（称为 3R）的技术措施，旨在构建资源循环型、零排放的经济社会。

（一）《家电回收利用法》

该法于1998年6月公布，2001年4月实施。该法明确了从家庭废弃的家电产品，消费者、零售商、家电生产商等应分担的责任，并应促使其减量化和再生利用。家电生产商、进口商的责任是从零售商处回收4种废家电，并对回收的废家电进行再生利用。家电零售商的责任是从废弃者处回收4种废家电；"以旧换新"回收废家电；履行"家电再商品化券"手续。消费者（废弃者）的责任是交付废家电；支付废家电的收集、搬运、再生利用费用。处理商的责任是接受委托，对4种废家电进行再生利用。市镇村的责任是向家电生产商、处理商交付收集到的废家电，也可自行对其再生利用。

2009年日本修订家电再商品化法，对4种家电的再商品化率作了调整。空调器从60%调整到70%，电视机55%不变，电冰箱从50%调整到65%，洗衣机从50%调整到65%。此外，新增加衣服干燥机、液晶和等离子电视机，其再商品化率分别为65%，50%和50%。

（二）《促进废弃小型电子机器回收利用法案》

2012年3月9日，日本政府内阁会议通过《促进废弃小型电子机器回收利用法案》，并于2013年4月1日正式实施。该法案旨在推进从废手机、数码相机等电子产品中回收贵金属和稀有金属，促进资源的再利用。

法案规定，由环境省与经济产业省制定回收目标量等基本方针，并规定消费者和普通企业有义务在废弃电子产品时配合分类回收。对于产品制造商，法案要求进行产品生态设计，降低回收成本，并积极推进稀有金属再利用。

（三）家电回收处理最新实施情况

该法实施后，在日本建成48个处理厂，380个回收站。2011年，日本4种废家电的处理量比2010年下降了24%，CRT电视机下降最为显著，约为32%，处理量为1062.2万台；空调器237.2万台，下降22%；液晶电视64.8万台，较2010年增长15%；电冰箱、冰柜283.6万台，下降16%；洗衣机、干衣机309.5万台，下降2%。图52为2006—2011年日本废家电的处理量，图53为2006—2011年日本废家电再生利用材料总重量。

2011年，日本在废家电再生利用率方面，除CRT电视机有所下降外，其余产品的再生利用率均有提高，空调为89%、CRT电视为79%、液晶及等离子电视为83%、冰箱和冰柜为79%、洗衣机和烘干机为87%，均大幅超过了法定标准。图54为2006—2011年日本废家电再生利用率。

六、报废汽车回收利用情况

在日本，汽车使用者必须为报废汽车回收支付一定费用。日本在2005年之前，由于

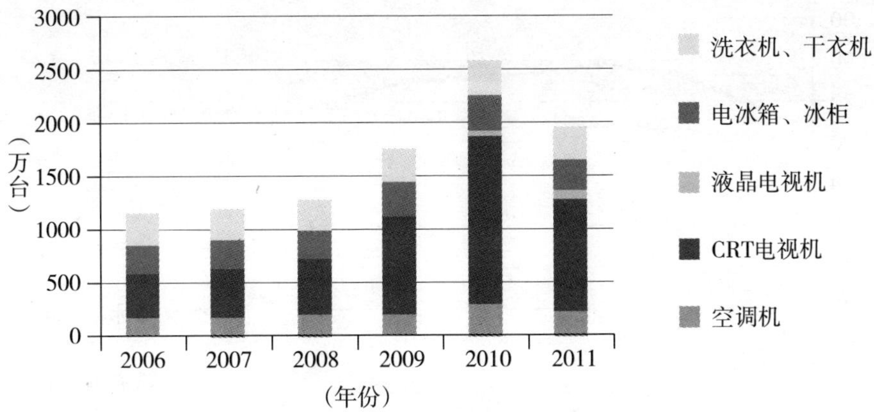

图 52　2006—2011 年日本废家电的再生利用量

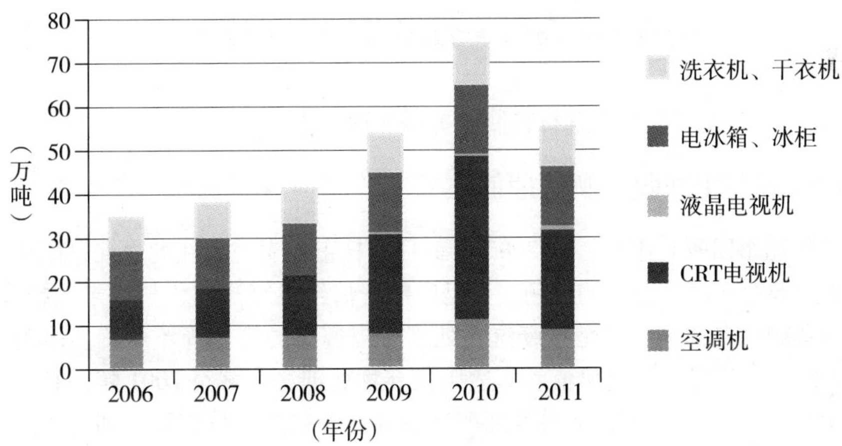

图 53　2006—2011 年日本废家电再生利用材料总重量

缺乏行之有效的法律，每年有十几万辆旧车被非法丢弃。鉴于此，2005 年颁布实施的《机动车回收利用法》规定，日本消费者要在购买新车时缴纳回收再利用费，并要求在用车辆在法律实施后 3 年内全部缴纳回收再利用费。这些费用包括 5 项：ASR（汽车破碎残渣）、安全气囊、氟利昂处理费、资金管理费和信息管理费。缴费后车主会获得盖章的证明。如果没有这个证明，车辆不能通过年检。回收处理费用由汽车生产企业和基金管理机构联合设定，消费者在购买汽车时必须支付这项费用。

（一）报废汽车回收拆解基本情况

目前日本汽车保有量为 7600 万辆左右，乘用车平均报废年限为 10 年，年注销量 550 万辆左右，与新车销售量基本持平。其中回收处理的报废汽车为 350 万辆，出口近 110 万辆左右，注销后的库存报废汽车在 50 万辆左右。

全国报废汽车回收企业约有 53000 家，氟利昂处理企业 15000 家，拆解企业 5800 家，

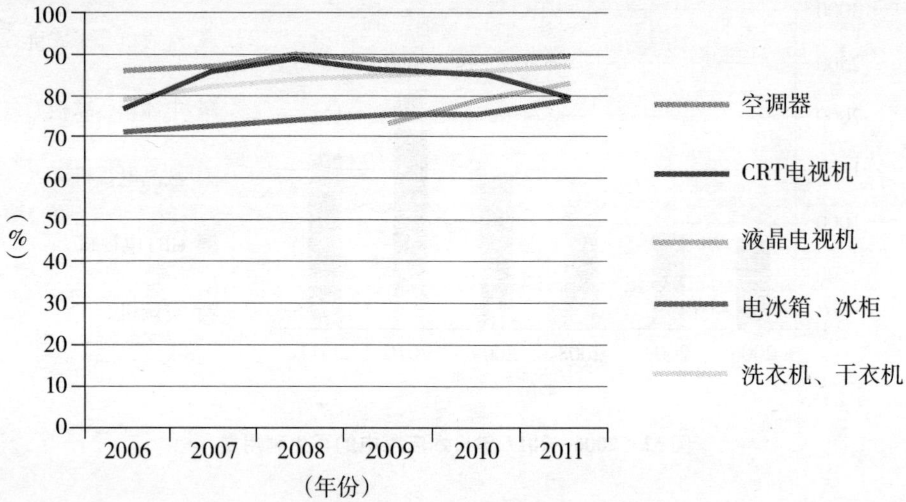

图 54　2001—2011 年日本 4 种废家电的再生利用率

破碎企业 1200 家。报废汽车拆解材料回收拆解率达到了 85% 以上。

（二）报废汽车回收拆解管理体系

日本《机动车回收利用法》于 2005 年 1 月 1 日正式实施。在此之前，围绕报废汽车的回收拆解主要存在两个方面的问题。一是废铁行情给报废汽车价值带来大幅度的变动，影响相关业者的收支状况。二是报废汽车处理时应遵守的规范尚不明确。因为报废汽车虽然是一种垃圾，但存在一定价值就不适用废弃物处理法。截至 2001 年，日本全国至少有 12. 6 万辆非法丢弃的车辆，如果处理厂反驳说这些车是有价资源，则无法指责该厂违反废弃物处理法。

与前两个方面的问题相比，日本在报废汽车管理方面面临更加严重的新问题，即汽车粉碎残渣、安全气囊和氟利昂的处理问题。日本国土面积有限，粉碎残渣填埋量增加后，面临处理费迅速上升的问题；安全气囊类装置数量日益增加，如侧安全气囊、帘式气囊等，在报废时需要专业处理；用于汽车空调内制冷剂的氟利昂如不经处理直接排放到大气，会加剧破坏臭氧层，是造成全球变暖问题的原因之一。

为了解决上述问题，日本经济产业省和环境省与汽车生产企业、回收拆解企业、协会等各方面充分沟通，共同向国会提交了《机动车回收利用法》，该法于 2002 年 7 月末得到国会审议通过，并于 2005 年开始实施。《汽车回收拆解法》的实施使政府对报废汽车回收拆解的管理更加规范。日本报废汽车产业（2008—2011）发展状况见表 71。

表 71　　　　　　　日本报废汽车（2008—2011 年）状况

日本各年度累计时段：当年 4 月初—翌年 3 月底

		2008 年	2009 年	2010 年	2011 年
企业数量	回收业者	77697	56819	53758	53390
	氟利昂类回收业者	17644	15933	15933	15359
	车辆拆解业者	6691	5973	5871	5829
	破碎业者	1300	1215	1216	1210
全国汽车保有量（万辆）		7562.52	7592.52	7578.00	7608.8
注销量（万辆）		488	484	467	408
注销比例（%）		6.45	6.37	6.16	5.36
报废车辆拆解（万辆）		358	392	365	296
回收拆解比例（%）		73.36	80.99	78.16	72.55
出口数量（万辆）		130	92	102	112
非法丢弃数量		22280	14983	11465	9635
平均使用年限（年）		13	13.5	13.2	13.7
预收基金	车辆	5223358	5220233	4867870	4935352
	金额（万日元）	5530828.6	5692258.6	5354983.3	5338440.7
	平均收费（¥）	10589	10904	11001	10817

数据来源：日本汽车工业会。

《机动车回收利用法》的主导思想是：

（1）以原有的相关企业的业务分工为前提，针对粉碎后的废渣、氟利昂和气囊类采取相应的解决措施。

针对报废机动车的回收利用和正确处理，形成一个基于市场原理并能持续发挥作用的社会环境，同时适当发挥市场竞争原理的作用。

（2）力争使因报废机动车引起的最终填埋处理量实现最小化。

对生产厂家规定了回收报废车粉碎废渣、氟利昂及气囊类的循环利用义务。

（3）措施应有助于非法丢弃现象的消除。

①相关企业实行在都道府县进行登记并获准经营的制度。

②报废车辆处理费等在购买新车（验车）时预缴。

③引进电子清单（移交报告）制度。

④修改机动车登记制度，引进二手车出口登记制度。

⑤车辆重量税的退税等。

（4）与现有制度实现稳步衔接。

①废弃物处理法（机动车回收利用法作为废弃物处理法的特别法规）。

②氟利昂回收销毁法（与2002年10月先期实施的氟利昂法合并）。

日本《机动车回收利用法》对报废汽车相关规定的内容如下：

1. 生产企业负责接收和处理废弃物

《机动车回收利用法》要求汽车生产者承担回收或处置由他们生产和进口的汽车所带来的破碎残余物（ASR）、氟利昂和安全气囊。汽车生产者在接到来自氟利昂类回收拆解企业、拆解企业或破碎企业关于本企业生产汽车的这类废弃物的接收要求后，如无主管省令所规定的正当理由，必须在该汽车生产者事先指定的废弃物接收场所（以下称“指定接收场所”）接收该废弃物。而且必须按照要求支付指定的回收费。

汽车生产者在设置指定接收场所时，须考虑地理条件、交通环境、自身生产的汽车主要使用地点的分布状态等条件，进行合理部署，以保证特定废弃物的回收拆解等能得到有效实施，并保证氟利昂类回收业者、拆解业者或破碎业者能够将特定废弃物顺利移交给该汽车生产者。汽车生产者在确定了指定接收场所后，须遵照主管省令的规定，及时公布该指定接收场所的位置。该指定接收场所的位置发生变更时，亦须同样执行。

汽车生产者为确保特定废弃物的接收工作得到恰当、切实的实施，可以根据主管省令中规定的标准，就特定废弃物接收时的该特定废弃物的性状、接收方法以及其他主管省令所规定的事项，制定特定废弃物的接收标准（以下称“接收标准”）。汽车生产者制定了接收标准后，须立即予以公布。该接收标准发生变更时，亦须同样执行。

汽车生产者在接收特定废弃物后，须立即实施该废弃物的回收拆解。该类回收拆解活动必须根据不同的废弃物类型，分别遵照主管省令所规定的回收拆解的标准执行。

2. 建立回收账簿

汽车生产者须根据主管省令的规定建立账簿（包括以磁盘（含可按类似方法切实记录一定事项之物）方式制作的账簿），就特定废弃物的回收拆解情况等记载或记录主管省令所规定的事项并进行保存。汽车生产者还须根据主管省令的规定，对特定废弃物的回收拆解情况予以公布。

3. 公布废弃物处理收费标准

汽车生产者在汽车销售前，须明确下列各项所述费用的收费标准并进行公布。

（1）汽车破碎残渣的回收拆解时涉及的费用；

（2）指定回收物品的回收拆解（包括该指定回收物品的指定回收费的支付）时涉及的费用；

（3）汽车上的特定空调器中所充填的氟利昂类实施破坏时（包括该氟利昂类回收费的支付）所涉及的费用。

以上公布的收费标准须不高于有效实施该特定废弃物的回收拆解所发生的合理成本，亦不得明显低于该合理成本。

具体流程为：车主预交的回收处理费→机动车回收利用促进中心→回收拆解企业。日本报废汽车回收处理流程见图55。

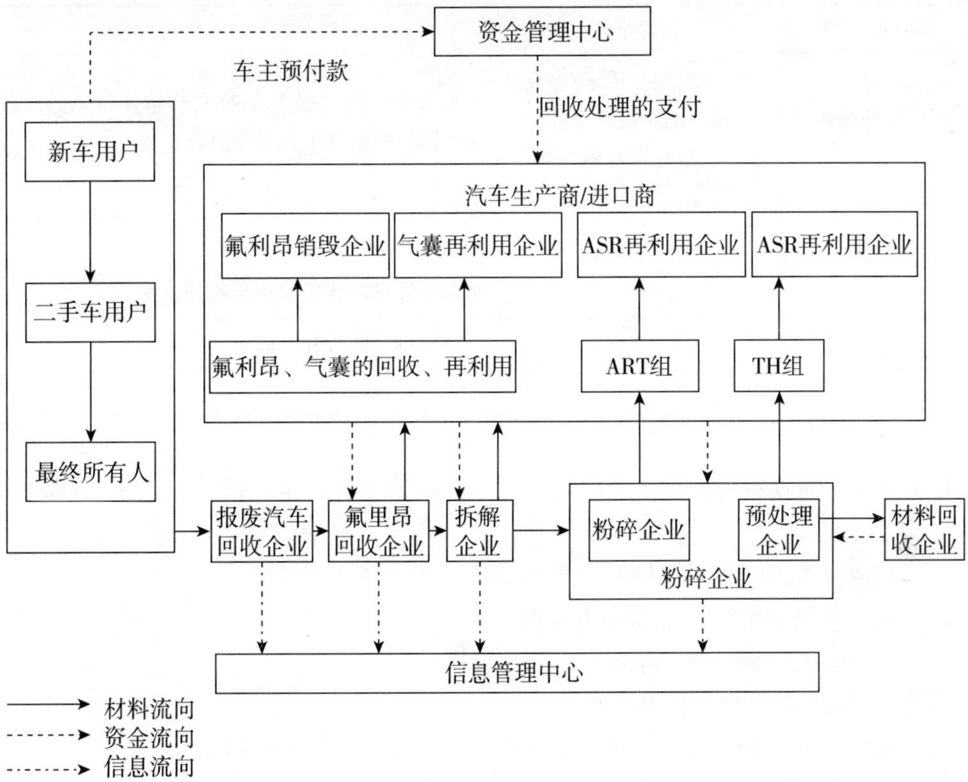

图 55　日本报废汽车回收处理流程

机动车回收利用促进中心（JARC）的组织机构于 2000 年 11 月成立，由日本经济产业省主管，职员约 100 名。主要职责是：

（1）对机动车回收拆解及处理的调查、信息提供、普及教育；

（2）依据《机动车回收利用法》规定负责全国回收处理费的管理等法人业务。

图中：ART 组：由五十铃汽车（株）、日产汽车（株）等 15 家汽车制造商及财团法人机动车回收利用促进中心再资源化支援部组成。TH 组：由丰田汽车（株）、大众集团日本（株）等 8 家汽车制造商组成。

相关企业的主要职责和义务见表 72。

表 72　相关企业的主要职责和义务

企业	主营业务	主要职责义务
回收企业	新车/二手车/ 车辆维护保养企业 报废车拆解	判断车辆应该报废还是可以作为二手车交易 向车主征收报废车处理费 收回车主的报废车辆并移交给氟利昂处理企业

续 表

企业	主营业务	主要职责义务
氟利昂处理企业	新车/二手车/ 车辆维护保养企业 报废车拆解	回收带有空调的报废车的氟利昂并将其移交给厂家，同时将报废车移交给拆解企业
拆解企业	报废车拆解	拆下尚可使用的零部件，拆下气囊或将气囊引爆，然后交给汽车生产厂家 对车身轧成块状后移交给粉碎企业
粉碎企业	报废车的轧固和粉碎	粉碎车辆，回收其中的金属，然后将废渣移交给汽车生产厂家

日本报废车回收费由汽车生产厂家和进口商根据以下因素，按不同厂家/不同车型分别确定收费标准：

（1）粉碎废渣的产生量及回收处理的方法（填埋或热能回收）。

（2）安全气囊的个数及拆卸的难易程度。

（3）是否带有空调等具体情况。

报废车回收费的预缴时间及缴费券：

（1）报废车回收费采取预缴方式，由车主在购买新车时预先缴纳。

在《机动车回收利用法》实施前已经购买的车辆在验车或车辆报废时缴纳。

（2）作为已缴费证明，车主在缴费后会领到一张报废车回收费缴费券。

七、废轮胎回收利用情况

据来自日本 JATMA 的轮胎循环利用报告，2011 年日本废轮胎产生量为 9200 万条，总重 99.8 万吨。其中：轮胎更换产生的废轮胎 8000 万条，比上年增加了 400 万条，合计重量 88.2 万吨，比上年增加了 4.7 万吨；报废汽车产生的废轮胎 1200 万条，比上年减少了 600 万条，合计重量 11.7 万吨，比上年减少了 0.45 万吨。可能是由于政府对环保型汽车减税和补助金政策的结束，而引起了汽车报废量的减少。2011 年，日本废轮胎回收利用量为 90 万吨，回收利用率比上年度减少 1 个百分点，为 90%。在日本，废轮胎回收法定流程如图 56 所示。

可以看出，日本设有专业的废轮胎收集运输商负责废轮胎的集中与转运。对于回收后的废轮胎如何利用，日本 JATMA 的 2011 年轮胎循环利用报告做了如图 57 描述的利用情况。

可以看出：2011 年日本废轮胎回收利用主要为：热能利用 57%，原料利用 16%，出口 16%，其他用途 10%，填埋 1%。

随着国际原油价格和煤炭价格上涨，日本作为一个能源匮乏的国家，寻求燃料替代

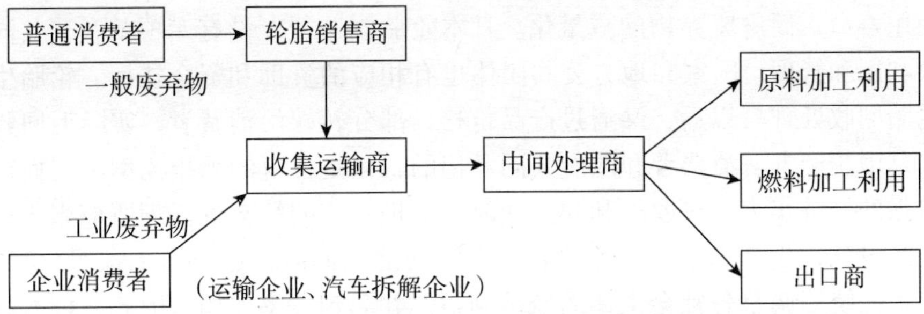

图 56　日本废轮胎法定回收流程

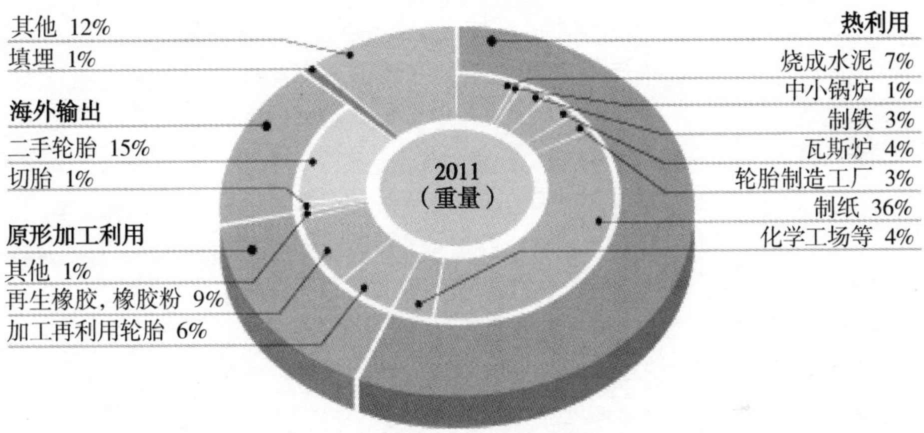

图 57　日本 2011 年轮胎循环利用情况

品的需求十分旺盛，在各行业废轮胎热能利用中，日本造纸业所用比例 36% 为最高，其次为水泥窑炉占 7%，化工、钢铁约各占 3%，还有其他锅炉比例较小。这些利用废轮胎碎片做燃料的数量有逐年增加的趋势，依然出现了国内废轮胎不足的状况。然而，2012 年由于大地震，造成造纸业、水泥业被迫停产等影响，废轮胎燃料使用量比上年度有所下降。

日本 JATMA 的轮胎循环利用报告中有三个方面值得注意，一是废轮胎填埋量从 2007 年的 11 万吨下降到 2011 年的 1 万吨；二是废轮胎胶粉产量基本稳定在年产 10 万吨左右，日本没有再生胶生产；三是日本的废轮胎中包含有可翻新旧轮胎，且 5% 的废轮胎被用于翻新，15% 被出口，这可能与日本废轮胎的定义为被消费者丢弃的轮胎有关，或汽车拆解企业拆解汽车中含有可翻新旧轮胎，而被翻新或作为二手轮胎出口。

2001 年，日本实施了《循环型社会形成促进基本法》，有两部下位法十分重要，即《资源有效利用促进法》和《废弃物处理法》，明确在日本推行生产者责任制，成为废旧轮胎回收处理再利用遵循的法律。前者要求生产企业对产品设计、生产和原材料的可回收再利用更加合理，使用寿命更长，后者则规定了产品寿命终结后生产者应对其产品产生的废弃物回收处理负有责任，这样就促进生产者在产品设计和生产环节考虑到如何延长产品使用寿命，促进废弃物的减量化。日本轮胎制造行业设有专项基金，共同承担废轮胎回收利用和管理，国家和地方公共团体也有相应的资助和资金扶持。轮胎生产者支付了废轮胎回收处理费以后，又通过产品价格，部分转嫁给消费者，实际上回收和管理的费用，是由生产者、消费者和政府共同承担的，只是各自的承担比例不同而已。生产者具有较强的经济实力，在取得利润的同时，承担主要的社会责任理所应当，还能反过来促进产品设计、生产和管理。消费者在享受便捷的同时，也应当承担部分社会责任。政府更有责任统筹调整各社会主体的经济利益，并起到表率作用。因此，日本政府专门出台了《绿色产品采购法》，要求政府优先采购资源再利用产品。其实这是一个好的制度设计，各个社会主体共同参与废旧轮胎的回收再利用，才能在此行业内实现循环经济及社会经济的可持续发展。

第三十章 加拿大再生资源回收利用概况

一、废钢铁回收利用情况

2011年，加拿大粗钢产量与前一年基本相同，为1300万吨，列世界第17位。近些年来，加拿大废钢铁回收率一直保持60%以上的水平，每年大约回收废钢铁700万吨，由于产生大量废钢铁，加拿大也是世界主要废钢铁出口国之一，出口量仅次于美国、欧盟、日本。2011年，加拿大出口废钢铁483.2万吨，主要出口面向美国（325.9万吨）、土耳其（71.8万吨）、埃及（35.9万吨）和意大利（10.1万吨）。

表73　　2007—2011年加拿大废钢铁出口量　　单位：万吨

	2007年	2008年	2009年	2010年	2011年	2011年比2010年增减（%）
废钢铁出口量	410	408.4	479.2	515.4	483.2	-6.2

二、废有色金属回收利用情况

加拿大的铜产量和消费量均不大，但原铝产量仅次于中国和俄罗斯，位于全球第三位，再生铝产量位于全球第十位，但铝的消费量并不大，2011年铝消费量不到63万吨，仅占中国铝消费量的3%。加拿大的精铅年消费量不到2万吨，但精铅产量位于全球第四位，再生铅产量位于全球第六位，再生铅产量均超过精铅产量的50%。

表74　　加拿大近年有色金属生产及消费情况　　单位：万吨

名称	2009年	2010年	2011年
精铜产量	33.51	31.92	27.38
精铜消费量	14.21	14.86	14.40
再生铜产量	3.0	3.2	2.5
原铝产量	303.03	296.32	298.31
原铝消费量	57.11	57.66	62.87

续 表

名称	2009 年	2010 年	2011 年
再生铅产量	18.50	18.50	18.50
精铅产量	25.59	27.29	28.23
精铅消费量	3.70	2.40	1.34
再生铅产量	15.74	16.70	16.97

三、废塑料回收利用情况

根据加拿大塑料工业协会（CPIA）的数据显示，2011 年加拿大回收废塑料 29.5 万吨，同比增长 24%。其中，塑料瓶回收量增加了 19%，塑料瓶之外的硬塑料回收量增加了 70%，塑料袋和胶片回收量增加了 1%。全国大约有 2/3 的废塑料得到回收利用，并用于制作新的塑料瓶、管道、托盘、画框、箱子、地面等。

四、废纸回收利用情况

加拿大是世界第五大造纸国，纸张产量仅次于中国，美国，日本，德国，并且每年也产生大量废纸。近三十年来，加拿大纸和纸板产量变化基本处于平稳状态，但是废纸利用率大体上呈逐年上升趋势，2006 年，废纸回收率已达 26.5%。

表 75　　加拿大历年废纸利用情况　　单位：万吨

年份	废纸利用量	纸和纸板产量	废纸利用率（%）
1980	112.6	1346.8	8.4
1985	142.1	1442.5	9.9
1990	184.5	1654.7	11.2
1991	210.1	1656.8	12.7
1992	276.1	1659.4	16.6
1993	352.7	1757.1	20.1
1994	399.7	1833.7	21.8
1995	408.7	1871.3	21.8
1996	437.9	1845.5	23.7
1997	451.8	1896.8	23.8
1998	468.6	1872.2	25.0

续　表

年份	废纸利用量	纸和纸板产量	废纸利用率（%）
1999	495.3	2016.8	24.6
2000	501.8	2076.2	24.2
2001	489.1	1963.2	24.9
2002	505.3	2007.3	25.2
2003	494.6	1996.9	24.8
2004	486.3	2046.3	23.8
2005	478.5	1953.9	24.5
2006	483.1	1822.8	26.5

五、废灯管回收利用情况

2004 年，加拿大回收了 427.93 万支含汞废灯管，占含汞灯管总数的 7%。在回收的含汞灯管中的 3%，大约 12.84 万支是紧凑型荧光灯。在 2007 年 4 月，加拿大联邦政府宣布，在 2012 年之前，禁止出售低效白炽灯泡，这一举措有效地减少了温室气体的排放以及大气污染，同时也使得含汞灯管销量大幅增加。

第六篇

案例篇

第三十一章　废钢铁回收典型企业

一、丰立集团

丰立集团，中国500强企业之一，是一家在国家改革开放政策鼓励下迅速成长起来的大型民营企业。总部坐落于江苏省张家港保税区，位于张家港市沿江经济带的中心位置，滨江而踞，占地1100多亩。在交通方面，丰立集团有着明显的区位优势。各子公司分布在上海、徐州、靖江、张家港、湖北鄂州等国内诸多地域，日本、澳大利亚、中国香港等国家和地区亦有丰立集团的子公司驻足。

丰立集团共有各类员工3000余人，平均年龄34岁。其中，各类管理人员200余人，技术人员780余人。大专及以上学历员工1500余人。

丰立集团拥有自营进出口经营权。经营的主要业务有：矿产资源开发，钢铁国际贸易，精密钢管制造，金属材料批发，煤炭购销，废钢购销加工，港务码头装卸，物流运输配送，保税仓储，远洋运输，海外投资。涉足产业众多，抗市场风险能力强。地域覆盖范围广，业务发展稳定，颇具行业优势，在行业发展领域位居前列。

该企业实行“母子”公司管理模式，总公司统筹规划，各子公司齐头并进。该企业产品包括：各种标准的精密钢管、焊管；各种规格的废钢铁（炉料、切头、压块、冷却块、中型废钢、重型废钢、轧钢条料、废钢粉碎料、热压铁块）；铁矿砂；生铁；中板、圆钢、钢坯、螺纹钢、线材、带钢等钢材；各类利用钢材（利用钢板、利用钢管、钢轨、螺旋管）。

丰立集团凭借一流的诚信度，与十几个国家和地区保持良好的贸易往来。美国、日本、澳大利亚、俄罗斯、南非、意大利、比利时、荷兰、法国、德国、韩国、新西兰、新加坡、菲律宾、中国香港、中国台湾等国家和地区都有“丰立”的长期合作客户。宝钢、沙钢、永钢、苏钢、武钢、莱钢、锡钢、南钢等国内大型钢厂都与丰立集团保持着多年的友好合作，丰立集团在各大钢厂都设有办事处以便联络工作。

近年来，丰立集团年销售收入均超250亿元，各项经营指标均保持较好增长，连续四年跻身中国企业500强榜单。丰立集团在实现目标任务的同时，不断加大对经营产业的投入，始终保持着强势的发展后劲。

二、湖北兴业钢铁炉料有限公司

湖北兴业钢铁炉料有限责任公司成立于1993年5月，是由周迎春先生创办的大型民营企业，主要从事废旧钢铁收购、加工和配送业务。公司注册资本6000万元，总资产8亿元。现有员工800余人，拥有抓钢机、打包机、剪切机、破碎机等专用废钢加工设备300多台（套），铁路专用线13000米，年加工量达200万吨。公司是麻城市“十大纳税大户”之一，2009年进入省100强企业，2010年被评为“湖北省经济建设领军企业”、“中国废钢铁加工配送中心示范基地”、“中国工业行业排头兵企业”，2011年公司被评为“湖北省优秀企业”，公司党总支被评为“全省非公有制企业双强百佳党组织”。

目前，公司下辖有麻城中周兴业物资有限公司、武汉中周钢铁炉料有限公司、运城市兴业再生资源回收有限公司、山西中周兴业物资有限公司、湖北兴业钢铁炉料有限责任公司郑州分公司、商城县中周物资有限公司、孝感易达钢铁炉料有限公司等7个分（子）公司，以及参股的山东兴业钢铁炉料有限公司。资源网络辐射全国各地，主要收购网点遍及中西部15省50多个县市，废钢资源充足稳定。从2003年11月开始，就先后与武钢、鄂钢、新冶钢和舞阳钢铁公司建立了长期战略合作伙伴关系，销售渠道宽阔畅通。

三、苏州日益升公司

苏州日益升公司成立于2004年11月，注册资金1.2亿元，总资产10亿元，年销售收入20亿元。是一家主营国内及国外进口废钢、金属材料、自营和代理各类进出口业务的大型综合性企业。公司坐落在经济飞速发展的苏州国家高新技术开发区通安镇，地理位置得天独厚，东临京杭大运河，西连312国道，毗邻沪宁高速和绕城高速公路，京杭大运河与该公司专用码头衔接，铁路专用线直达，水陆交通十分便捷。

公司所拥有的码头港池可容纳1000吨级船只停靠作业，现具有当今国际先进水平的废钢粉碎生产线全套设备，同时还拥有数量可观的液压抓钢机、装载机、剪切机、打包机、龙门吊等专业设备，年废钢铁、水渣、钢渣加工能力100万吨。

公司秉承公平、公正和诚信经营的理念，致力于打造以废钢铁加工、冶金固体废料综合利用为主的社会资源综合利用基地。

四、宝钢资源有限公司

宝钢资源有限公司（简称宝钢资源）是宝钢集团的全资子公司，前身是宝钢贸易有限公司，成立于2006年7月21日，是宝钢集团六大业务板块之一，注册资本金为人民币24亿元。公司追求国际化合作共赢，着眼于矿产资源的全球化配置，致力于为客户提供矿石、煤炭、合金及有色金属、不锈钢原料、废钢铁、物流等优质产品和增值服务。

宝钢资源与澳大利亚、巴西、印度、智利和南非等国家的知名供应商建立了铁矿石长期战略合作关系；与国内外多家大型煤炭生产企业建立了煤炭战略合作关系，并合资，合作成立了4家子公司、参股了6家煤炭企业；在国内建立了镍铁生产基地，在印度参股成立了宝威资源有限公司进行铬铁加工；在上海、浙江、江苏等省市建有废钢加工生产基地。宝钢资源经营的废钢品种有：剪切料、打包块、纯净废钢等。

宝钢资源追求国际化的合作共赢，着眼于矿产资源的全球化配置，致力于为客户提供优质产品和增值服务，实现矿石、煤炭、合金及有色金属、不锈钢原料、废钢铁和物流等业务的跨越式发展。

宝钢资源拥有与国内外主要原燃料供应商长期稳定战略合作的资源优势，拥有依托宝钢集团大平台进行资本运作的规模优势，拥有一支高素质、精干高效的人才队伍，拥有船运、铁路和仓储为一体的物流服务体系。公司将按产业化经营发展原则，不断完善勘探、设计、采选、加工、运输、贸易等经营运作功能，构建更为成熟的产业结构，不断提升核心能力，努力成为世界一流的矿产资源综合供应商。

五、华成金属资源（马鞍山）有限公司

马鞍山华成金属资源有限公司成立于2009年8月11日，是由新加坡华成投资有限公司全资控股的，由安徽省人民政府批准成立的外商独资企业，公司注册资本1500万美元，是马鞍山慈湖经济开发区重点招商引资的一家大型废钢加工企业。主要从事废钢的收购、切割、加工及销售。

公司已被市商务局认定为再生资源回收企业，享受财政部再生资源回收企业增值税优惠政策。公司被中共马鞍山慈湖经济开发区工作委员会、马鞍山慈湖开发区管委会评为2009年度突出贡献企业和优秀企业，还被马鞍山市国税局和地税局列为重点税源企业。

公司自2009年8月成立至12月底，在短短的4个月内，利用已有的营销网络，发挥自身的优势，已销售各类废钢11万吨，实现销售收入2.6亿元人民币，净利润289万元。

六、安徽双赢再生资源集团有限公司

安徽双赢再生资源集团（简称安徽双赢集团）由安徽省供销商业总公司控股，安徽双赢再生资源集团有限公司为母公司，拥有14个控股子公司和首批加盟的8个成员单位。总注册资本3.443亿元，现有总资产30亿元。集团以再生资源回收利用为主，拍卖、融资担保、小额贷款、房地产置业营销、物流、文化传媒等多业并举。年销售额近百亿元，年购销以废钢为主的各类再生资源数百万吨。为国家定点报废汽车回收拆解企业、国家进口废七类定点企业、安徽省家电以旧换新旧家电回收中标企业。承担国家项目，在合肥市开展再生资源回收体系建设试点，是省再生资源回收利用协会的会长单位和省再生资源管理办公室的常设办事机构。

该集团通过ISO 9001：2008国际质量管理体系、ISO 14001：2004国际环境管理体系认证和GB/T 28001—2001职业健康安全管理体系。该集团是中国废钢铁应用协会废钢铁

加工配送中心示范基地，并取得过2011年、2012年全国实施卓越绩效模式先进企业、安徽省文明单位等荣誉。

七、山东玉玺集团

山东玉玺集团有限公司是一家以废钢回收、加工、配送为主的综合性企业，是中国废钢铁应用协会“理事单位”、市级“文明诚信文明企业”和“守合同重信用企业”、农业银行“AAA”级信用单位，2012年3月通过了质量、环境和职业健康安全三个管理体系的认证。

公司从事废钢回收、加工、配送已有近30年的历史，2008年注册为“山东玉玺集团有限公司”，注册资金1亿元。现拥有PSX－88104四千马力及PSX－6080一千马力废钢破碎生产线、Y81－1000A打包机生产线和Q91Y－1000A门式剪切机生产线各一条，以及剪切机、抓钢机、装载机、起重机械等40余台套，年加工能力达100万吨。同时可回收有色金属、橡胶、塑料、铁粉等近2万吨，有利于清洁生产和排废减量化。

该公司在2009年和2011年分别投资1000万元和4500万元与湖北力帝机床股份有限公司共同研发了年产30万吨Y81－1000A金属液压打包机和年产40万吨PSX－88104四千马力废钢破碎生产线。打包机采用X、Y、Z三向挤压方式，使废钢包块密度达到2200～3200千克/立方米，将钢屑、铁丝、钢筋等一次打包成型，缩短了炼钢工艺流程，降低能耗且大幅度提高单炉产量。该机目前为全国最大压力的打包机，填补了我国钢屑利用领域的一项空白。破碎生产线采用该企业提议设计的日本关键技术和电捕、旋风、水膜三级除尘技术，彻底解决了废钢破碎过程中的粉尘污染，实现了清洁生产。

该公司在废钢铁循环利用方面大打品牌战略，把资源优势、技术优势和设备加工优势转化为特色品牌优势，凭借现代化的管理制度、可靠的产品质量、优质的服务，赢得了顾客、占领了市场，形成了产业化、规模化经营，已经成为山东省最大的、唯一一家全国废钢回收、加工、配送示范基地。

八、张家港容利再生资源有限公司

张家港容利再生资源有限公司于2006年12月成立，注册资本2666.7万元，主营废钢铁的收购、加工、物流和销售。公司地处张家港保税区南侧的交通要塞，地理位置得天独厚，物流交通便捷八方。

容利公司所有货场共占地538亩，加工生产厂房近5000平方米，办公用房近2000平方米，下设31个分货场。目前公司所有货场共有员工758名，其中持有特种设备操作证的32人，生产现场配备各类剪切机118台，抓钢机8台，叉车34台，装载机32台，带吸盘吊机26台，生产冷却块配套设备28台，打包机52台，电子磅34台，其中100吨22台，物流配送汽车共计32辆，2千吨物流装卸码头一座，目前废钢年加工配送能力达50万吨以上。

该公司于2008年通过“ISO 9001”质量认证及“14001”环境认证体系，行业信用等级AAA级，同年获得进口废物原料国内收货人登记证书（编号B32090196）。张家港容利再生资源有限公司2007年获“苏州市循环经济试点”企业称号，是中国物资再生协会和中国废钢铁应用协会常务理事单位，2010年全国服务业500强排名第456名。2010年11月被中国废钢铁应用协会评为“中国废钢铁应用协会废钢铁加工配送中心”。

公司配备有专职质量管理人员和较完善的质量管理制度，注重厂区清洁卫生，货物生产及堆放有序，地面整洁。废钢质量达到国家技术标准，公司利用独创最新的废钢加工流程，同时废钢干净整洁，坚决杜绝垃圾掺入和渗入，获得宝钢、沙钢、兴澄钢厂等用户单位的一致好评。与此同时，公司具有完善的生产管理、劳动保护制度及相应的安全防护措施和专兼职安全管理人员，防患于未然，确保职工劳动安全和身心健康。

张家港容利再生资源有限公司同宝钢、本钢、沙钢、江阴兴澄钢厂有着长期稳定的定向配送的友好合作关系，守诚信重合同，保质保量按时完成合同订单，屡次受到钢企的好评和表彰，是沙钢的“表扬单位”，宝钢和江阴兴澄钢厂的“优秀供货商”。

“有容乃大，诚信趋利”是公司企业文化的最好体现，公司在董事长吴岳兴先生的领导下，勇创“铁老三”的品牌，带领一支高素质高品位的再生资源队伍以“发展循环经济，构建和谐社会，营造美好家园”为目标。顾全大局，严于自律，自觉维护市场秩序及行业共同利益，为积极响应国家发展低碳经济、发展循环经济的号召作出应有的贡献。

九、江苏融达再生资源集团

江苏融达再生资源集团（简称融达集团）以江苏融达再生资源加工配送有限公司为母公司，下辖4个控股子公司，总注册资本8.2亿元。业务范围涉及生废旧金属等再生资源的回收和加工利用，冶金渣利用，热轧带肋钢筋（钢坯）、特种铸钢、线材生产、销售，港口仓储物流，农业技术研究、农业生态开发等多个品种的经营和行业领域。整合以后的集团公司，不仅继续保持原有行业和产品的经营活力，而且还加速提升了新兴产业的整体份额，逐步增强了产品的技术含量，迈开了集中优势资源、加快产业转型、促进科技转化的发展战略。

该集团计划通过3~5年的努力，打造成国家级的集废钢分拣加工，废钢渣加工处理，报废汽车、家电回收拆解为一体的“国内最具特色的循环经济综合利用示范基地”，将新材料公司打造成国家级“冶金渣综合利用示范基地”，国内第一家集废钢加工配送与冶金渣加工处理的大型专业化再生资源配送中心。融达集团力争成为国内第一家集废钢原料、钢铁熔炼、钢渣利用、物流、配送为一体的行业特色明显、功能相对独立、产业链相互衔接的标准化、规模化、集约化、现代化的集团企业。

十、安庆市吉宽再生资源有限公司

安庆市吉宽再生资源有限公司成立于2003年3月，是从事集废旧物资回收、分拣加工、销售配送为一体的再生资源企业。主营废钢铁回收加工等业务，拥有皖西南最大的废钢铁加工配送中心，是国家商务部、财政部“安庆市区域性大型再生资源回收利用基地”项目承建单位。

公司现有员工200余人，总资产1.2亿元，占地面积6万平方米，拥有大型废金属加工设备54台套，设有市场经营部、生产部、财务部、综合管理部、项目发展部、信息中心6个职能部门和1个子公司。公司遵循“办健康企业，走可持续发展之路”的方针，在省内同行率先通过ISO 9001质量管理体系、ISO 14001环境管理体系、GB/T 28001—2011职业健康安全管理体系认证。

公司肩负着“把资源留给子孙，把蓝天留给后代”的使命，坚持“诚信、规范、务实、创新”的理念，获得社会各界的充分肯定和大力支持，先后获得安徽省守合同重信用单位、安徽省循环经济示范单位、安徽省优秀民营企业、2012年安庆市纳税二十强第七名等荣誉。现为中国废钢铁行业AAA级信用企业、中国废钢铁应用协会常务理事单位、安徽省物资再生协会副会长单位、安庆市再生资源行业协会会长单位，是国内同行业中实体经济规模较大、管理较为规范、网络覆盖较广、信誉度较高的再生资源回收企业。

第三十二章　废有色金属回收典型企业

中国从事再生铜生产的规模以上企业约有300家，其中规模最大的是江西铜业集团公司，每年利用再生铜原料使用量超过20万吨，约占其原料构成的30%。此外，山东金升有色金属集团、宁波金田铜业（集团）股份有限公司等企业再生铜年产量也超过10万吨。

中国从事再生铝生产的规模以上企业300家左右，其中年产量在5万吨以上的企业15家，上海新格有色金属公司规模最大，再生铝实际年产量达到40万吨。再生铝年产量超过10万吨的企业还有江苏太仓怡球公司、浙江万泰集团、重庆顺博铝合金公司、重庆新桥华福铝业公司、广州金邦有色合金公司等。

中国从事再生铅生产的规模以上企业约300家，其中规模较大的有湖北金洋冶金公司、安徽华鑫铅业集团公司、江苏春兴合金集团等。

一、江西铜业集团公司

成立于1979年的江西铜业集团公司，为目前中国最大的阴极铜生产商，产能位居世界前三。公司在铜以及相关有色金属领域，拥有集勘探、采矿、冶炼、加工为一体的完整产业链，并通过对贸易、金融、物流等相关资源的有效整合，构成领先于国内同行的发展优势。江铜为国内铜精矿自给率最高的公司，是国内最大、最现代化的铜生产和加工基地，也是金、银、硒、碲、铼等稀贵金属和硫化工的重要生产基地。公司拥有8家矿山（含权益），5家冶炼厂，5家铜加工企业，3家稀散金属生产单位，1家稀土公司，以及财务公司、金瑞期货公司、国际贸易公司、物流公司等增值服务体系。2008年，实现了主要资产的整体上市，并建立了以事业部制为基本框架的现代管理体制和运行机制。

2011年，公司全年完成阴极铜产量105万吨，黄金26吨，白银707吨，实现销售收入1355亿元，利税127亿元。2012年，江铜再生资源公司30万吨/年第七类废旧物资拆解一期工程在鹰潭正式建成投入试生产。该工程产能10万吨/年，具有工艺先进、环保水平高等特点。拆解工艺设备均按照环保高标准引进，工艺用水实现循环使用，场面水及雨水采用明沟引入三级沉降池，做到清污分流，并且内部建立废水处理站，做到废水零排放。截至2012年年底，该公司共拆解第七类废旧物资实物量约7961吨，下一步要发展到30万吨铜拆解规模。

按照公司"十二五"规划，至2015年，公司废杂铜使用量将达到71.4万吨。为保障废杂铜供应，江铜将第七类物资拆解作为"十二五"资源战略的重要保障措施。

二、宁波金田铜业（集团）股份有限公司

宁波金田铜业（集团）股份有限公司始建于1986年10月，是一家以铜加工为主的中国500强企业，也是国内产品系列最为齐全、综合加工量最大的铜加工企业。

公司占地2000多亩，员工5000多人，产业涵盖铜加工、高新材料、有色金属贸易等领域，下辖十几家生产型及贸易型分子公司，主要产品有阴极铜、铜线、铜棒、铜管、铜带、漆包线、铜阀门、管接件、水表等，产品产量均居行业前列。

公司建立了国家级工程技术研发中心和博士后工作站，通过了ISO 9001：2008质量体系认证，阴极铜、铜管、铜棒、铜线为浙江省名牌产品，其他产品为宁波市名牌产品，金田注册商标被评为“中国驰名商标”。公司以“绿色金田”为环境目标，投入大量资金用于环境保护和生态建设，通过了浙江省清洁生产审核和ISO 14001：2004环境体系认证，并多次被评为省绿色企业（清洁生产先进企业），荣获“宁波市环境友好特别奖”，被列为“全国循环经济”试点单位、“全国工业旅游示范点”和全国首批7个“城市矿产”示范基地之一。公司以“团队、学习、诚信、责任”为核心价值观，通过实施人性化管理，推行OHSAS 18001职业健康安全体系，营造花园式的厂区及舒适的生活、工作环境，努力创建和谐的劳动关系，荣获“全国模范劳动关系和谐企业”。

另外，公司还先后获得中国优秀民营企业、全国“守合同，重信用”单位、浙江省百强企业、资信AAA级企业、浙商社会责任大奖、首届宁波市市长质量奖、全国实施卓越绩效模式先进企业等荣誉。

三、山东金升有色集团

山东金升有色集团有限公司始建于1993年，1998年改制为股份制民营企业，是以再生铜生产加工为主，地产商贸、现代物流、金融投资为辅的综合性大型企业集团，再生铜生产加工规模居全国前列。公司生产的“沂蒙”牌高纯阴极铜产品于2004年在上海期货交易所注册，是我国首家以高纯铜标准注册的民营企业。“沂蒙”牌商标荣获“山东省著名商标”和“中国驰名商标”，“沂蒙”牌高纯阴极铜分别被评为“山东名牌”产品和“国家免检”产品。

集团公司已通过质量、环境和职业健康安全管理体系认证，取得了国家六类、七类固体废物进口许可，是《铜及铜合金废料》、《电工圆铜线》及《再生有色金属工业污染物排放标准——铜》国家标准参与制定单位。集团公司先后被批准列为全国第二批循环经济试点单位和山东省重点培育的循环经济型园区，临沂金升有色金属产业基地被批准列为国家“城市矿产”示范基地。

近年来，集团公司坚持以科学发展观为指导，以再生铜产业化新项目建设为重点，以国家级循环经济试点单位和国家级“城市矿产”示范基地为平台，紧紧围绕转方式、调结构的发展主题，借助鲁中南商贸中心的地域优势，着力打造完整的有色金属产业链，

实现了企业的可持续健康快速发展。特别是“十一五”以来，公司发展驶入了快车道，实现了跨越式发展，连续6年纳税过亿元，先后荣获国家火炬计划重点高新技术企业、全国守合同重信用企业、全国有色金属行业先进集体、中国再生有色金属行业工艺创新奖、中国大企业集团竞争力500强、中国民营企业500强、全国全面质量管理达标单位、全国诚信守法企业、山东省循环经济示范单位、山东省节能突出贡献企业、山东省节能环保产业示范企业、山东省诚信企业、山东省百强工业企业、省级环境友好企业、省级文明单位、临沂市十佳企业等荣誉称号。2012年1～11月，完成工业总产值112亿元，实现利税7.47亿元。

四、上海新格有色金属有限公司

新格集团创立于1978年，主要致力于二次铝合金、锌合金的生产及废金属贸易，在高雄、上海、漳州分别建立了规模型厂区，目前拥有员工2500名，年营业额8亿美元。新格高雄厂于1987年创立，月产量6000吨。新格上海厂于1993年成立，月产能铝合金锭25000吨、锌合金锭3600吨，是中国最大的二次铝合金熔炼厂。新格漳州厂是在新格集团成功收购灿坤熔铝厂的基础上改造兴建，2007年3月正式投产，月产能15000吨。至2007年3月，新格集团总年产能达到56万吨，至2009年达到65万吨，成为全球最大的再生铝工厂之一。新格高雄厂以SBI品牌，新格上海厂以SIGMA品牌分别于1992年及1996年在伦敦金属交易所（LME）注册，成为台湾和中国大陆首家在LME挂牌交易的二次铝合金生产厂。新格严格产品质量控管，已通过ISO 9001、ISO 14001、OHSAS 18001体系认证，也是中国首批循环经济试点单位。新格集团产品面向汽车、电器等高端用户，出口量占中国出口量的40%。随着中国国内汽车业的发展，新格在中国国内市场迅速成长，内销量居同行首位。

五、怡球金属资源再生（中国）股份有限公司

怡球金属资源再生（中国）股份有限公司隶属于1984年成立于马来西亚的怡球集团，专业致力于高品质、环保型铝合金锭的生产与销售。2001年3月，怡球集团在中国太仓成立怡球金属资源再生（中国）股份有限公司，2003年正式投产。怡球金属中国公司的成立快速带动了怡球产品进入中国市场，并且怡球的品牌已成为中国铝合金锭同行业中的佼佼者。目前怡球金属在中国以年产能30万吨铝合金锭的规模，稳居中国最大的铝合金锭生产商，并且以其固有的品质、服务在铝合金行业、压铸行业享有较高的知名度。

怡球金属资源再生（中国）股份有限公司注册资本：人民币4.1亿元，员工1200人，占地面积518亩。主要产品：高品质、环保型铝合金锭。产量：月产量2.5万吨，年产量30万吨。通过证书：ISO 9001：2008、ISO/TS 16949：2009、ISO 14001：2004。公司荣誉：江苏省高新技术企业、江苏省循环经济试点企业、江苏省名牌产品、苏州市企业

技术中心、苏州市外资研发机构。2011 年中国对外贸易 500 强排名第 346 位；2012 年黄崇胜董事长获五一劳动奖章、杰出华人企业家称号。

集团在长期经营管理中，凭着自身优良的信誉，与世界各地企业建立了良好的合作伙伴关系，进出口额也得到了快速的增长。怡球在发展的同时，也非常注重产业的环保。集团先后加入国际回收局（BIR）和美国废料回收工业协会（ISRI），与各成员国企业携手共进，共同保护环境。

六、浙江万泰铝业有限公司

浙江万泰铝业有限公司创办于 1987 年，集科研、生产、经营为一体，专业生产铸造铝合金锭，为国内最大的铸造铝合金锭生产企业之一。2000 年万泰铝业进入铝材加工行业，并与重庆长江电工集团合资，充分发挥机制和设备优势，生产以热轧开坯的铝板带箔（铝板、铝带、铝箔）产品。具备生产 1 系、3 系、5 系、8 系等有良好深冲性能，又有表面氧化处理效果的热轧板、冷轧板、铝带、铝卷、铝箔材、厚板及圆片等高质量铝材的强大实力，迅速成为铝板带箔（铝板、铝带、铝箔）行业的龙头企业。

在发展过程中，公司坚持“以市场为导向，以质量为生命”的原则，先后引进国外先进熔炼控制系统与质量检测设备，使生产过程和产品质量得以有效控制。生产经营系统均采用计算机网络管理，质量管理体系先后通过 ISO 9002、QS 9000 认证。自创办以来，公司连续多年被评为永康市纳税大户，AAA 级资信企业。曾荣获浙江省非公有制经济双文明单位、浙江省工商联民营会员百强企业、浙江重点民营企业等多种称号，是全国民营企业 500 强之一。

七、齐合天地集团有限公司

齐合天地集团有限公司是一家从事混合废金属回收、拆解加工处理及资源循环再利用的企业。按环保部门批准的混合废金属进口总量与混合废金属实际进口量计算，该集团是中国最大的混合废金属再生商，亦为将混合废金属进口、循环再用及加工用途之最大进口商。根据中国海关的资料，该集团数年来一直是中国最大铜混合废料进口商。集团的主要业务是将各类废马达、废电机以及废电线和电缆等混合金属进行分解、拆解加工并归集成规格单一、可重复利用的再生金属，这样既提高了资源的利用率，又减少了对环境的破坏。

回顾发展历程，集团秉承信誉至上的经营理念，凭借审时度势的战略规划，建构出完善的国际采购网络，通过这个优势，使集团保持在混合废金属回收处理行业的领先地位。

为进一步提升再生金属产品的价值，该集团亦从事铸造业务，运用再生金属产品，生产供销售的铝锭与铜杆及铜线（即“铸造产品”）。除再生金属产品及铸造产品外，该集团也采购及销售其他采购后的未进一步加工的废金属（即“批发产品”）。

该集团混合废金属回收、利用及处理业务主要包括：将混合废金属，诸如废电机、废电线电缆等进行拆分、拆解、分离等处理，将之变为可使用的废铜、废铝、废钢及废铁等，这些产品将被分类并将其销售给冶金、机械、电子等各行各业。

八、湖北金洋冶金股份有限公司

湖北金洋冶金股份有限公司成立于1985年，位于历史文化名城襄阳和道教圣地武当山之间的千年古镇——石花，是一家专业从事废铅酸蓄电池综合利用、废铝回收利用、铅基合金及铝合金研制与生产的高新技术企业，已发展成为国内最大的再生铅及铅基合金生产企业之一，在湖北和江西拥有两个再生铅合金和一个再生铝合金生产基地，已形成年处理废铅酸蓄电池20万吨、铅合金25万吨、铝合金10万吨的生产能力。

该企业是国家循环经济试点单位、第七类进口废物利用定点加工单位、湖北省循环经济试点单位、湖北省高新技术企业，先后荣获全国有色金属行业先进集体、全国守合同重信用企业、湖北省十大节能减排行动环保创新单位等称号，通过了TS 16949质量体系认证及ISO 14000环境管理体系认证。

该企业主要生产免维护蓄电池板栅低锑、铅钙系列合金、铅锑系列合金、铅镉合金、电解铅、精铅、核屏蔽铅构件、铅零件、ADC10、ADC12、A356铝合金锭及1系列铝合金、6061、6063铝合金型材等产品。

该企业利用回收的含铅废料和废铅酸蓄电池，深加工后制成铅合金，供应到骆驼蓄电池等国内外知名的蓄电池生产企业。骆驼蓄电池推出以旧换新，回收的废铅酸蓄电池又销售到了金洋公司再利用。

从废电池中来，到新电池中去。两家企业强强联合，形成了“废铅回收—废铅资源综合利用—铅深加工”的铅资源循环利用产业链。金洋公司每年“吃”进5500万只废旧蓄电池，“吐”出20多万吨铅合金，相当于节约250万吨原生铅矿。

废旧蓄电池中的铅、锑、铜等金属成分，被提炼成再生铅、锑、铜，深加工后制成铅合金，回供给蓄电池生产企业；废硫酸被提炼加工成硫酸钠，成为造纸、玻璃制造企业的重要原料；外壳、隔板被分别提炼成PPC、PVC塑料，又可用作制造蓄电池的外壳、加工塑料制品。

据了解，2012年金洋公司实现年产值28.75亿元，再生铅占全国市场份额的四成。

九、安徽省华鑫铅业集团有限公司

安徽省华鑫铅业集团有限公司是国家“城市矿产基地”——界首市田营循环经济工业区的支柱企业，以废旧蓄电池回收、加工为主导产业，主要产品有还原铅、电解铅、合金铅和氧化铅。公司占地1平方千米，固定资产投资3亿多元，已建成标准钢构厂房8万平方米、办公楼10幢，现有职工1869人（其中技术人员32人）。公司年回收废旧电瓶、含铅废物约45万吨，年产再生铅能力达33万吨，已成为全国生产规模最大的再生铅加工企业之一。

公司2006年被国家标准化委员会指定为国家《再生铅及合金铅标准》制定单位，制定的标准于2008年6月1日正式向全国颁布执行；公司的再生铅项目于2005年12月被列入省“861”行动计划及阜阳市“6611”工程；公司是全省最早持有《危险废物经营许可证》的集团企业。在集团公司的带动下，公司所在的界首市田营工业园区涌入了12家再生塑料企业和15家铅酸蓄电池深加工企业，形成了从废旧蓄电池→再生粗铅→精铅、合金铅→极板→蓄电池的闭合式循环产业链，实现了“进来一只旧电瓶、出去一只新电瓶”的循环目标。2006年3月被列为安徽省首批循环经济试点园区，2007年11月又被国家发展改革委、环保总局等六部委列为全国第二批循环经济试点园区，更于2010年8月成为了国家发展改革委和财政部首批选择开展“城市矿产”的示范基地，2011年被安徽省经信委、安徽省教育厅授予“产学研示范基地”。

公司坚持走技术创新之路，已与合肥工业大学、安徽省冶金科学技术研究所、中科院过程化学研究所等全国知名专家所在的科研单位建立了责、权、利分明，利益双赢的技术创新联盟，并于2008年与合肥工业大学、安徽省冶金科学技术研究所共同合作省级科技项目“再生铅及其在蓄电池板栅中的开发应用”，该项目研究汽车、化工等行业的铅酸蓄电池铅再生技术，通过铅再生工艺获得粗铅、精铅；研究拉网板栅生产工艺，优化成分设计，复合添加合金元素；研究溶配合金铅生产技术，开发出高性能蓄电池板栅材料，其综合技术达到国内领先水平。目前该科研成果已经广泛应用于再生铅的生产中。项目的成功对于规模化的使用再生铅，提高废旧畜电池的综合利用水平，促进循环经济可持续发展有着极其重要的意义。截至2012年，公司已申报国家发明专利3项，授权实用新型专利8项。2011年公司总产值达到61.7亿元，实现销售收入60.75亿元，利税6.78亿元。

十、江苏春兴合金集团有限公司

江苏春兴合金集团有限公司是国内最大的铅再生企业之一，主要从事废铅酸电池等含铅废料研究开发和综合利用。具备年产铅及铅合金10万吨的能力。主要产品有精铅、蓄电池板栅合金、电缆护套铅、三氧化二锑等四大类六十多个品种，拥有资产1.5亿元。公司通过了ISO 9002国际质量体系认证。同时正在进行ISO 14000国际环保体系认证，连续多年位居邳州市私人企业纳税第一大户和徐州市五十强企业，是邳州市和徐州市人民政府重点扶持企业。江苏春兴集团以邳州为基地，在徐州和邳州市委市政府的重点扶持下，得到快速发展，创造出具有中国特色的无污染冶炼废铅酸蓄电池新技术，获得原国家科委和科技部确认的专有技术拥有权，是我国铅冶炼行业唯一一家以技术优势在国外成功办厂的企业，被国家列为“八五”无污染再生铅攻关项目示范厂。年产10万吨无污染再生铅生产线被国家列为2002年重技术改造项目，并享受国家第六批国债贴息，这也是国债项目首次落户再生有色金属行业。江苏春兴集团不仅拥有企业专有的熔炼炉、精炼炉、合金炉等国内先进的关键设备，而且还从美国引进世界先进水平的废铅蓄电池破碎转化设备，从德国引进国际一流的高级直读光谱仪检测设备，并且从实践中培养一批高级技术和管理人才。凭借独立的知识产权和自成体系的专有技术，集团先后在国内广东顺德、福建厦门、天津、重庆和国外泰国、印尼等地建立了全资或控股企业。其中，泰国分厂被我国驻泰王国大使赞誉为中泰伟业友好合作之典范，享受泰国政府授予免税权，成为我国领导人方泰必观的企业。公司 2002 年 7 月开发成功的搓化精炼锑白新工艺，开拓了我国工业化处理铅锑渣的新路，解决了多年困扰再生铅行业锑渣难以利用的难题，填补了国内空白，具有高效、节能、无污染、综合利用高等优点。江苏春兴集团以技术优势为依托，致力于推动中国铅再生行业的健康发展，立足国内，走向世界，整体推进，正朝着更高的目标迈进。

第三十三章 废塑料回收典型企业

一、临沂市再生资源生态工业园

临沂市再生资源生态工业园由中国德力西集团全资子公司山东德利再生资源置业有限公司投资建设和管理运营。园区位于山东省临沂市河东区相公街道，总体规划2000亩，总投资8亿元，园区先后被列为国家商务部再生资源回收体系建设试点单位（国家级再生资源园区）、环保部中日技术合作“推进循环经济”项目试点园区、国家淮河海河流域水污染防治“十一五”规划项目、山东省循环经济试点单位、山东省再生资源利用示范企业、山东省再生塑料生态工业示范园区、山东省循环经济科学管理十佳示范企业和临沂市政府重点项目，通过了ISO 14001环境管理体系认证和OHSAS 18001职业健康安全管理体系认证，被山东省环保厅指定为《再生塑料行业污染物排放标准》、《再生塑料资源化技术规范》、《再生塑料资源化行业环保准入标准》三项山东省地方环境保护标准编制单位，成为无害化、清洁化、环保型的再生资源综合利用生态园区。2009年11月，为进一步加快园区建设，形成再生资源产业集群，经临沂市政府研究决定，在山东德力西再生塑料生态工业园的基础上成立临沂市再生资源生态工业园，享受市级开发区优惠政策，设立园区管理委员会，按照“政府主导、企业经营、市场运作、多元投入”的思路，整合资源，统一规划，集中布局，打造国家级再生资源及关联产业生态工业示范园区。

目前，再生塑料产业区基本建设完毕，已建成“五区二中心一网络”，即商品交易区、分拣加工区、仓储配送区、商品展示区、配套服务区、科研中心、废水废气污泥无害化处理中心和临沂市再生资源分拣回收网络。

再生塑料产业区坚持“清洁生产”方式，生产运行的全过程采用密闭式流程，无害化处理，无污染作业的工艺技术和环保设施，保证做到污染物排放达标的要求。产业区现入驻经营业户169家，实现年加工利用废塑料15万吨，主要生产产品有：聚乙烯、聚丙烯、聚氯乙烯。年总交易量30万吨，交易额15亿元，基本形成了以再生塑料交易及加工为主的生态工业园区。

二、常州金洋塑料制品有限公司

常州金洋塑料制品有限公司成立于2001年2月，公司坐落于经济发达、外商荟萃、交通便利的国家级高新技术经济开发区，占地面积17848平方米。该公司专业从事吸塑

(塑料真空成型）制品设计、制造、销售。吸塑成型工艺在中国经过十几年的快速发展，现在已经广泛应用于电子产品、五金工具、汽车配件、医药卫生、食品、化妆品、精美饰品和文化用品等行业。该公司通过差异化战略定位，引进专业技术人才和一流的成型及配套设备，选用多种普通和特殊要求（抗静电、导电、植绒等）的塑料（PET、PE、PS、PP、BOPS 等）片材，以满足客户对于形状、外观、精度、环保、冲击防护等的需求。公司采用 6S（整理、整顿、清扫、清洁、素养、安全）的管理方法，坚持质量、安全、顾客、信誉的四个第一，强化全员参与管理、全过程管理、全面质量管理的 PDCA 循环全质管理要求，公司 2007 年 5 月正式通过了国家 ISO 14001：2004 环境质量认证体系，2010 年 7 月通过了国家 ISO 9001：2008 质量管理认证体系。

三、江苏联冠科技发展有限公司

江苏联冠科技有限公司地处长江三角洲地区新兴的港口工业城市——张家港市，地理位置优越，水陆交通便利。公司是国内专业从事集塑料机械、环保设备、饮料机械、超高分子量聚乙烯制品及其他高分子新材料制品的研发、生产、销售于一体的知名企业，江苏省 2008 年认定的高新技术企业，中国轻机协会副会长单位，中国塑料加工协会副会长单位。

公司主导产品有：系列混合机及自动配混生产系统，塑木型材生产设备，废旧塑料回收设备，环保设备，中小型饮料机械，超高分子量聚乙烯，其他高分子新材料制品及塑木复合型材等，产品销往全国各地并出口俄、美、欧以及东南亚等几十个国家和地区。

公司前身为张家港市轻工机械厂，始建于 1958 年。改革开放以来，特别是企业改制 10 年来，公司坚持以“市场为导向，科技为先导”的发展思路，“三个文明”建设取得了令人欣慰的业绩。公司现有总资产近亿元，占地总面积 10 万多平方米，建筑总面积 5 万多平方米。员工 300 多名，其中大专以上员工 62 名，高级职称人员 12 名，中级以上职称人员 21 名。公司于 1999 年率先推行并通过 ISO 9000 认证。2005 年起，“联冠”商标连续两次被认定为江苏省著名商标，2008 年公司又经批准成立了苏州市联冠机械工程技术中心。

自 1998 年改制以来，公司先后承担了国家火炬计划项目两项，国家创新基金项目两项，国家重点新产品项目两项，省科技攻关项目两项，省星火计划项目一项。公司于 2007 年被列为苏州市知识产权战略推进重点企业。共拥有各项专利 25 项，其中发明专利 11 项，实用新型专利 7 项。累计获省市科技进步奖 12 项。特别是近年来与中科院化学所合作的“挤出法超高分子量聚乙烯项目”技术水平达国际先进水平，填补了国内空白，为企业创新和发展打下了坚实的基础。

该公司主营产品包括：塑料机械，系列混合机及自动配混生产系统，塑料回收造粒成套生产线，塑木复合制品及成套生产设备，UHMWPE 管材、板材及其生产线，系列挤出机及管材、型材成套辅机，饮料及包装机械。

四、河北文安东都嘉诚再生资源有限公司

文安东都嘉诚再生资源有限公司是经国家环保部批准，由文安东都再生资源环保产业基地管理有限公司投资建设从事废旧塑料的再生资源环保企业，该公司成立于2007年，坐落于河北省廊坊市文安县文安东都环保产业园。地理位置优越，交通便利，嘉诚公司总投资2.3亿元，主要从事废旧塑料（PET瓶砖，ABS/PS、ABS/PC电子废旧塑料，PE，PS，PES等）进口，加工和销售业务。

嘉诚公司从国内外引进先进的废旧塑料处理设备，包括2条PET全自动化生产线，1条废旧泛用塑料生产线，6条硬杂料生产线，2台德国进口的静电分离机，1台意大利进口色选机，1台铜米机。公司使用这些机械装备每年可进口并加工废旧塑料7.5万吨。该公司在资源再生、节能降耗的同时，非常注重环境保护，为此嘉诚公司建立了独立的污水处理系统，更好地保护环境。

嘉诚公司拥有废旧塑料进口所需要的全部资质，也是少数几个拥有PET瓶砖进口资质的企业之一。

五、福建华闽再生资源有限公司

福建华闽再生资源有限公司于2007年7月在福建省福州市注册成立，是从事循环经济再生资源产业开发、新技术研发、投资服务、园区建设的科工贸一体的环保企业。公司总投资15亿元，在福清市江阴工业集中区内建设一个占地面积3500亩的再生资源产业园区，并在紧邻的江阴港配套建设一个专用码头泊位。产业园主要开展电子、电器、通信、家电等及相关产品的配件、零部件、元器件的拆解、维修及再制造；无害化处理生产者责任延伸制所涉及的出口授权产品（废电脑、电子电器、显示器等产品）的进口回收处置；进口可用作原料的废塑料、废五金电器、废电线电缆、废电机、废钢铁、废有色金属、拆解和加工；进口再生资源物流配送；进出口货物报关报检；物业管理。

根据《福建省“十一五”循环经济发展专项规划》的要求，园区规划高起点，标准化、规范化、产业化，不产生二次污染。与一些高等院校，以及国际知名的环保公司荷兰“中欧科技公司”结成紧密的合作伙伴，利用再生资源开发科技含量高、拥有知识产权、国内领先并达到国际先进水平的技术和产品。发挥科技与产业结合的优势，重点建设环保工业生态链、物流供应链。全面导入ISO 9001：2000质量管理体系、ISO 14001：2004环境管理体系、OHSAS 18001职业安全卫生管理体系以及5S现场管理体系，推行清洁生产，紧紧围绕环境保护、生态园区建设和资源循环再利用的主题，遵循“减量化、再利用、资源化”原则，大力发展再生资源产业，社会效益与经济效益并举。福建华闽再生资源产业园将建设成为具有示范作用的再生资源生态园区。

六、广东顺德废塑料集散地

据统计，广东省废塑料进口企业约 236 家，废五金进口企业 185 家，2011 年进口“两废”合计达 124.6 亿美元。而围绕这数百家再生资源进口企业，又衍生出上下游产业链上大大小小的加工企业，形成一个规模庞大的“江湖”。

顺德区杏坛镇被称为“废塑料的华尔街”、“世界最大的进口废塑料集散地”。改革开放三十多年来，这里聚集了上千家家庭作坊式的加工厂，最盛时有 1500 多家与此相关的企业。他们长年从事着相同的工作：将进口的废塑料分拣，经过简单加工后出售。

佛山海关顺德办事处下辖的勒流口岸，曾经是全国最大的进口废料的单独口岸，其每年固体废物的进口量占到全国的 1/6。

由海关总署、环保部等五部委联合制定的《固体废物进口管理办法》于 2011 年 8 月 1 日起正式实施，2011 年 8 月之后，顺德办事处辖下各口岸月均进口废塑料从 2011 年上半年的 1592 个自然柜猛降至 68 个自然柜，锐减了 95.7%。

一直以来，国家对固体废物的进口实行的都是许可证管理制度。也就是说，符合环保要求，拥有固体废物进口许可证，企业才具备了进入这一行业的“准生证”。

但由于国家对进口固体废物加工利用的企业设有技术及环保排放门槛要求，即使其他证照齐全的企业，如果达不到门槛要求，也没有资格领证，因此实际拥有废塑料进口资质的企业寥寥无几。

七、浙江慈溪废塑料集散地

浙江省慈溪市废塑料回收利用行业已有 20 多年历史，据统计，2006 年废塑料加工经营户超过 3000 户。2007 年，慈溪市政府整改，取缔了一些污染严重的加工户，到 2007 年年底尚有 2400 余户，主要集中在桥头镇、观海卫镇、宗汉街道、横河镇和坎墩街道，其他乡镇也有零散分布。目前慈溪市废塑料加工主要是分散经营，缺乏规范管理和政策导向，经营主体以农民个体和城市下岗职工为主，加工企业和经营户普遍经营规模小，加工技术水平低，经营方式粗放，由此，造成了环境污染和安全隐患，并存在无照经营和违章搭建等问题。慈溪市政府下大力度进行整治工作，取得一定成效，但由于监管力量有限，还存在遗留问题。

目前慈溪市再生利用的废塑料有 PET（聚对苯二甲酸乙二醇酯）、PC（聚碳酸酯）、PP（聚丙烯）、PS（聚苯乙烯）、ABS（丙烯腈 - 丁二烯 - 苯乙烯共聚物）、PE（聚乙烯）和 PVC（聚氯乙烯）。

第三十四章 废纸回收典型企业

一、江苏省纸联再生资源有限公司

江苏省纸联再生资源有限公司于2007年4月成立，由大型国有企业江苏汇鸿国际集团有限公司（中国企业500强）等共同投资组建，并由江苏汇鸿国际集团有限公司控股，注册资金3000万元。2007年回收废纸7万吨，2008年回收废纸26万吨，2009年回收废纸48万吨，2010年回收废纸109万吨，实现销售额15亿元，上缴税金2.7亿元。目前江苏纸联已成为中国特大型废纸回收专业公司之一。

江苏纸联接受了原江苏省造纸印刷包装工业总公司的全部造纸专业技术骨干，现有技术人员15人，其中高级职称3人，具有丰富的造纸生产和管理方面的经验。公司成立的宗旨是：对废纸回收工作通过大型专业化废纸回收公司的规范化管理与指导，以进一步提高废纸回收质量、回收率和利用率，进一步深入贯彻落实国家发展循环经济和建设资源节约型社会的精神，从而进一步促进造纸工业持续、健康发展。

江苏纸联在废纸回收过程中，从造纸工艺要求出发，把质量控制放在第一位，努力打造“江苏纸联”优质品牌。目前，江苏纸联已形成以自己的社区回收网点、印刷包装厂工业废纸和超市废纸三大废纸回收为主渠道。根据废纸资源分布情况，设立了40个废纸回收分拣打包站对回收的废纸进一步分类打包，根据造纸厂对废纸种类的不同要求配送各造纸企业。现在已形成废纸源头回收控制质量，专业分拣打包，配送造纸厂的一条龙专业回收体系，从而使废纸质量得到有效提升。

为进一步提高、稳定废纸质量，利用高科技促进内部管理上台阶，公司对40个打包站实施远程质量监控，并投入巨资上马ERP系统，实现管理现代化。通过不断努力，回收、销售的废纸质量稳定，价格合理，深受用户好评，有效地促进了江苏废纸回收质量的整体提升。到2010年年末，公司已和国内80%以上用废纸的、上市的大型造纸公司结成战略合作伙伴关系，销售渠道畅通，从而一举确立全国废纸回收公司龙头企业的地位和影响力。

为鼓励、扶持江苏纸联做大做强，国家发改委批复下达“江苏纸联公司年产100万吨造纸用废纸回收加工项目”，这是新中国成立以来国家下达的第一个废纸回收项目，在造纸行业引起了巨大反响。

二、西安中环再生资源开发有限公司

西安中环再生资源开发有限公司成立于2007年9月，是西安市供销合作联社直属的股份制企业，是西北地区最大的专业性从事废纸类再生资源回收及再利用，致力于环境保护事业的企业，是全国第二批循环经济试点单位，西安市节能减排示范企业，西北最大的废旧纸品交易基地。

中环公司位于西安市南二环广丰国际大厦1901室，主要从事再生资源废纸的回收、处理及利用。随着业务的不断发展和壮大，中环公司在国内同行业中拥有良好的商誉及广阔的发展前景。公司经营废旧纸品八大类三十余个品种，业务遍及陕西、河南、山东、河北、安徽、江苏、四川、山西、湖南、宁夏、浙江等省市。中环公司按照现代企业模式的要求，建立了一整套企业对外宣传和运营的规范文件及标准，为企业发展打下了坚实的基础。同时，按照“科技领先，诚信合作，能源节约利用”的原则，实现政府、企业、社会三元共进的发展策略，使经济建设发展与生态环境优化相辅相成，为我国经济可持续发展和生态环境保护提供了先进和谐的发展模式。中环公司秉承“节约与环保、诚信合作、服务无界”的原则，在西北市场树立了良好的声誉和企业形象，同多家上市公司如晨鸣纸业、银鸽纸业、山鹰纸业、阳光纸业等以及西安比亚迪汽车制造有限公司都建立了良好的合作关系。

中环公司还将以废纸为主导产业，建立废纸行业标准化分拣模式，树立中环自己的品牌。作为西北地区最大的专业废旧纸品经营企业，中环公司计划3~5年内建立废纸研发中心，不断积极探索国内外同行业国废的先进处理技术，使国废得以充分的利用。公司不断地积极探索与国内外同行业的先进处理技术和设备的合作模式，按现代企业模式的要求，建立了一整套企业对外宣传和运营的规范文件及标准，为企业发展打下了坚实的基础。同时，按照“科技领先，诚信合作，能源节约利用”的原则，实现政府、企业、社会三元共进，积极为西安市资源再利用、经济可持续发展和环境保护作出自己的点滴贡献。

西安市中环再生资源大力开展资源回收再利用，建立资源节约型、环境友好型社会，促进国民经济的可持续发展是我国的一项长远发展战略，将为西安建设“人文西安，活力西安，和谐西安”的目标作出自己的贡献。

三、岳阳华泰资源开发利用有限责任公司

岳阳华泰资源开发利用有限责任公司（简称岳阳华泰）为泰格林纸集团全资子公司，亦即泰格林纸集团为其控股上市公司——岳阳林纸股份有限公司打造的废纸纤维供应平台和工业废物综合利用平台。该公司在国内废纸经营方面，经过近年的不懈努力，已与1200多个经销网点建立供销关系，并通过自营、联营和合作等方式，在华东、华中、华南、中南、西南等30多个大中城市设立打包厂20多个，其中自营打包厂10个，形成年

回收、分拣、配送废纸 50 万吨的能力。主要经营的废纸品种以废旧文化纸为主，包括废书刊纸、铜版纸、报纸等。该公司除为岳阳林纸股份有限公司提供废纸原料外，对外经营，在国废回收领域具有一定的市场影响力。与此同时，该公司还具有进口废纸经营许可证，年可分拣进口废纸 20 万吨，是海关总署认定的进口废纸 A 类企业。

四、惠州福和纸业有限公司

惠州福和纸业有限公司（简称广东福和）是一家港资企业，1996 年在广东省惠州市成立，占地面积 243 亩，约 16 万平方米。厂房占地面积达 20 多万平方米，全厂生产人员约 2000 人，注册资本 34000 万港元，2009 年在新加坡上市。

年产生活用纸、工业用纸等各类纸品 9 万余吨，年分选处理各类废纸 20 余万吨，已成为广东省最大的废纸分选中心及生活用纸的重要生产企业之一。该司生产及销售各类木浆卫生纸、纸巾、纸、原纸及制品；环保再生卫纸原纸及制品；销售大小盘纸、餐巾、擦手纸、厨房用纸、迷你巾、盒装巾、荷包巾等各类生活用纸。产品 70% 远销美国、菲律宾、澳洲、牙买加等地，内销的知名连锁超市如沃尔玛、大润发、麦德龙等。在推行可持续发展战略时，公司十分注重环境保护，投巨资建设污水处理中心，按 ISO 14000 环境管理体系规范企业行为，本公司先后获得了 FSC、PEFC、ISO 9001、惠州“讲诚信、守规则”企业，被博罗县政府授予“重合同守信用企业”等殊荣。

五、天津市青山纸业有限公司

天津市青山纸业有限公司成立于 1999 年，坐落于海滨城市天津，位于滨海高速公路西端。该公司应国内造纸行业市场需求，每年大量进口欧洲，北美和日韩的废纸，特种纸等纸浆原料。目前与美国、日本、加拿大、意大利、荷兰、澳大利亚及东南亚等许多国家打包厂建立良好的合作关系。同时，经过多年努力，该公司在国内市场拥有了广泛的物流网络和营销渠道，长年为山东、河南、山西、广州、河北、东北等地区的众多造纸企业提供优质、稳定的货源，并积极协助客户开拓国内外市场、代理进出口及货运服务。又由于诚信为本，客户至上的营销理念，产品和服务在中国北方地区以至整个中国的造纸业内得到了一致好评。目前，该公司经过近 3 年的企业规范化管理，正逐渐由进口替代型向出口导向型贸易方式转轨，进而更加优化产业结构和资源互补，努力吸引投资，进一步扩大国内市场占有率，并拓宽国外市场，该公司将采取各种措施，在不久的将来，建设成为更加专业化、现代化的进出口贸易企业，并将以全新的面貌接受业内和社会的考核。

该公司目前经营的产品均已获得国际商品检验检疫合格证书，主要包括以下内容：

第一类：乱码纸（废纸轴、乱码纸、乱码牛皮纸、带 PE 铝膜卷筒纸、印刷过的纸筒、印刷过的标签纸）。

第二类：代替本色浆生产的箱板纸（覆膜牛皮纸、啤酒箱切边、冰激凌纸、13#A

级、13#B 级、13#C 级、打包牛皮纸、油纸、美废 11#、湿强牛皮纸、1#牛皮纸、手提无把牛皮纸）。

第三类：代替漂白浆生产卫生纸（照相纸、彩色卫生纸巾、大白纸、带 PE 白卡切边、牛奶卡纸、口杯纸切边、五彩纸、饮料盒）。

第四类：塑料切边（冰激凌切边、纸 + PE）。

第五类：箱板纸底浆（纸盒板切边、日废 11#、啤酒箱）。

第六类：灰底白板纸、新闻纸（美废 6#、美废 37#、美废 3#、日废 3#）。

第七类：塑料（杂塑料、LDPE）。

六、安徽山鹰纸业股份有限公司

安徽山鹰纸业股份有限公司是安徽省最大的包装纸板生产企业和国家大型一档造纸工业企业，同时是国家火炬计划重点高新技术企业和科技部技术创新重点联系企业，生产规模持续扩大。

公司主营“山鹰牌”各类包装纸板、纸箱、新闻纸及其他纸制品的生产和销售，主导产品为箱纸板、瓦楞纸、瓦楞箱板纸箱等包装纸和新闻纸、胶印书刊纸等文化纸，“山鹰”牌被评为“中国著名品牌”，“山鹰牌”箱纸板为国家免检产品。公司产品以质优价廉享誉市场，被广泛用于家电、纺织、医药、电子、水果饮料等多种商品的外包装和报纸书刊，市场前景广阔。

目前，公司已形成近百万吨的造纸年生产能力和 6 亿平方米的瓦楞纸板纸箱年生产能力。近年来，公司在发展造纸的同时持续扩大纸箱经营规模，积极向下游产业链延伸，先后在马鞍山、苏州、扬州、杭州等地设立了多家子公司，大力发展瓦楞箱板纸箱业务，并且已建立了覆盖十余个城市的原料回收网络和铁路专用线、水运专用码头及自备电站等一系列配套设施体系，为公司的进一步持续发展奠定了良好基础。

公司经营理念为：发展生态纸业，走循环经济之路，大力倡导“绿色消费”，以股东利益最大化为目标，以振兴民族生态纸业为己任。

公司发展战略为：充分利用比较优势，以高档包装纸板为主，发展规模经济，并向纸箱等下游产业链延伸，实现互助互动式发展；突出技术和创新在企业发展中的重要作用，积极采用高新技术改造传统产业；强化管理，坚持以市场为导向，以经济效益为龙头，以产品质量为保证，以技术创新为手段，促企业实现持续、快速、全面发展目标；坚持发展循环经济，走可持续发展的道路，逐步把公司建设成为具有国际竞争能力的现代化环保型造纸企业。

2008 年公司废纸用量为 73 万吨，相当于节约 18000 公顷林木。由于该公司生产的主要原料是废纸，不自制化学浆，因此不存在黑液污染和漂白污染问题。公司坚持清洁生产发展生态纸业，公司 2000 年顺利通过省、市环保部门组织的工业企业污染源达标排放验收，2001 年被安徽省环保局授予“全省环保先进单位”称号。2005 年公司建成的污水处理和水封闭循环使用系统改造工程项目，进一步提高了公司废水循环回用率，降低了排污量，并采用了加拿大 ADI 公司的 SBR 生物池为主体的二级生物处理技术，实现了废水物化和生化二级处理，使公司环保治理达到国内领先水平。

七、东莞理文造纸厂有限公司

东莞理文造纸厂有限公司是理文造纸（香港）有限公司在中国内地的子公司，注册资金 15648 万美元。该公司占地面积约 24 万平方米，员工约 1300 人，是国内乃至亚洲包装用纸生产最具规模及实力的造纸企业之一。理文造纸始创于 1994 年，是以生产包装用牛卡纸、牛皮箱板纸及瓦楞芯纸为经营主业的国际大型企业。公司于 2003 年在香港联合交易所成功上市，是目前世界十大造纸企业之一。

该公司大量采用回收废纸作为产品的原料，对废纸的利用率超过 90%，是目前国际上废纸利用率最高的企业。同时，该公司的生产过程亦严格按照国际公认的管理体系要求执行，优化质量，节约能源，清洁环保，安全生产，并顺利通过 ISO 9001：2000、ISO 14001：2004、QC 080000：2005、OHSAS 18001：2001 认证，取得了证书，是国内同行首家获得质量、环境、有害物质、职业健康与安全生产管理体系认证的企业。

公司整个生产程序皆由最先进的中央计算器控制，令生产过程更为顺畅，亦能更有效地处理订单。公司对每个生产程序的质素要求甚为严谨，每个生产程序均需要通过不同的质量检定，包括：评估供货商、测试原料样本、控制原料的用量、计算器处理和监察生产流程及所有制成品进行质量检定。

理文集团现有全球雇员 1 万多人。截至目前，集团分别在中国广东、江苏、重庆、江西及越南后江省建有五家大型现代化造纸及原木制浆工厂。并在中国香港、美国、日本等多个国家设有废纸回收点和办事处。各工厂均建有完善的设施，包括世界先进的造纸、制浆生产线、自备码头、电站、水厂、污水处理站、大型废纸堆场、成品仓库及庞大的运输车队等，并设有现代化的办公大楼。

第三十五章　废弃电器电子产品回收典型企业

目前，在废弃电器电子产品回收行业还未建立废弃电器电子产品回收数量统计制度。在基金补贴政策的支持下，我国废弃电器电子产品回收行业获得了较大的发展，其中典型的回收处理企业有深圳格林美高新技术股份有限公司等。

一、深圳市格林美高新技术股份有限公司

深圳市格林美高新技术股份有限公司于 2001 年 12 月 28 日在深圳注册成立，2006 年 12 月改制为股份制企业，2010 年 1 月登陆深圳证券交易所中小企业板，股票代码为 002340，是中国开采城市矿山资源第一只股票、再生资源行业和电子废物回收利用行业的第一只股票，注册资金 5.8 亿元，净资产 21 亿元，在册员工 2500 余人。2011 年度销售收入达到 9.18 亿元，净利润为 1.2 亿元，纳税总额达到 5000 万元。

格林美在国内率先提出“开采城市矿山”的思想以及“资源有限、循环无限”的产业理念（2011 年 1 月 12 日，被国家版权局授予版权），并以废旧电池、电子废物等废弃资源为例，积极探索中国“城市矿山”的开采模式，致力于电子废物、废旧电池、报废汽车、废旧灯管等“城市矿产”报废资源的循环利用与循环再造产品的研究与产业化，构建了废旧电池、电子废物、稀有与稀贵金属废料、报废汽车、废塑料与农业废物、工业废渣废泥等六大废物循环产业链，年处理废物总量 100 万吨，循环再造钴镍、铜钨、金银、钯铑等十多种稀缺资源以及新能源材料、塑木型材等多种高技术产品，被先后授予国家循环经济试点企业、国家创新型企业，成为国内一流、具有国际先进水平的国家城市矿山资源循环利用示范基地。2011 年 11 月，格林美以“建设有效的回收体系，对电子废物和废旧电池等进行深度资源化为特征的循环经济发展模式”，入选国家 60 个循环经济典型模式案例；2012 年 2 月格林美被国家授予国家循环经济教育示范基地，为中国政府首批向世界开放的 9 家循环经济企业之一，奠定了格林美中国循环经济与低碳制造领域的领军地位。

2011 年 11 月 13 日，公司董事长许开华教授被评为 2011 年中国低碳时代年度人物；2012 年 6 月 8 日，公司董事长许开华教授被评为 2012 年中国再生资源年度人物（首届）。

格林美成为社会各界认识中国循环经济的一张亮丽名片，成为世界认识中国环保产业的标志。

自主创新，行业的技术领导者格林美对中国的主要贡献为：成功解决了中国废旧电

池、废旧灯管和电子废物等突出污染物的绿色回收利用技术难题与产业难题。格林美突破废旧电池、电子废物等废物绿色循环利用的关键技术，获得近300项专利，牵头制定70余项国家及行业标准，其中十多项专利在欧洲、美国等二十多个国家获得授权，是中国再生资源行业第一个在国外拥有专利业、第一个获国家科技进步奖的企业。

格林美已组建发改委城市矿产资源循环利用国家地方联合工程研究中心和商务部循环经济研究基地；已建成湖北省城市矿产资源循环利用工程技术研究中心、广东省电子废物资源化工程技术研究中心和深圳市环境友好金属材料工程技术研究开发中心三个省级工程技术研究中心；牵头成立湖北省电子废物整体资源化产业技术创新战略联盟，是中国再生资源产业技术创新战略联盟的理事单位，形成了从技术开发、资源回收到资源化利用的城市矿产资源循环利用完整的工程技术研究体系，强大的创新能力，使格林美成为行业的技术领导者。

勇敢实践，创立中国开采城市矿山的格林美模式。发动中国最大规模的废旧电池与电子废物回收活动，格林美使中国的废旧电池回收率由2006年的不到1%提升到目前的10%以上，成为让中国城市迈向循环性社会的勇敢实践者。

多年来，格林美通过废旧电池回收箱、电子废物回收超市、3R循环消费社区连锁超市等多层次回收体系，建成15000多个回收网点，覆盖广东、江西、湖北等省100多个县市，每年，商业、学校、社区、机关团体累计3000多万人积极参与格林美废旧电池的回收活动。

绿色循环、变废为宝。在广东、江西、湖北、江苏和河南建成五大世界先进的循环产业园，总占地面积5000余亩，形成以中部为中心，连接南北、东西的城市矿产资源循环产业布局。

格林美建成的四个电子废物处理基地，把中国电子废物的环保处理水平与世界先进水平完全接轨。年回收处理废旧家电200万台以上，占中国总量的5%以上，成为中国政府报废家电定点处理的主流企业。

格林美利用电子废物中的废塑料和稻糠、秸秆等农业废物循环再造塑木型材，可替代木材，减少森林砍伐，广泛用于国内外园林景观工程，成为市场青睐的低碳产品。

格林美采用废旧电池与钴镍金属废料循环再造的超细钴镍粉末，打破国外公司长期垄断技术的局面，成功支撑中国50%以上的市场供应，成为力拓、霍尼韦尔等世界知名企业的战略供应商。

在循环再造过程中，对废水、废渣、废气进行整体回收利用；同时，采用物联网技术，对废物回收处置的全过程进行全面感知的实时监控；园区最大限度地采用风能、太阳能、LED照明和循环材料，绿色和循环的理念贯穿格林美废物处理的全过程，完全杜绝了二次污染，成为世界先进的废物处理的旅游基地。

消除污染，造福人类，得道多助。过去十年，格林美大胆实践开采城市矿山资源的试验，把循环从一种理念变成了现实的产业，把低碳从一种号召转变为切实行动，构建了从废旧电池回收开始，到电子废物回收体系建设再到循环产业园建设，成功完成了从“资源有限、循环无限”理念到产业链的实践。

格林美是中国节能减排的杰出代表。2011 年，格林美公司处理了 50 万余吨废旧电池、电子废物和各种含镍、钴、锌等金属的危险废物，回收和处理金属 10000 余吨，相当于使 33 亿吨水或 5880 平方千米土壤免遭污染，节能 30 万余吨标准煤，节约石油 28 万桶，减少森林砍伐 1040 公顷，减排二氧化碳 2 万余吨。

多年来，苹果、力拓、宝马、优美科、长虹等一批世界知名企业前来观摩交流；中央和各部委领导及相关省市领导纷纷来格林美调研指导工作。

2012 年 7 月 13 日，国务院副总理李克强在武汉听取了公司发展汇报；全国人大常委会副委员长路甬祥、全国政协副主席张榕明、环保部常务副部长张力军、商务部部长助理房爱卿、国家发改委副秘书长赵家荣等各部委领导先后前来公司视察指导；深圳市委书记王荣、市委常委张思平、副市长陈彪先后听取公司发展汇报和来公司调研；湖北省委书记李鸿忠、湖北省省长王国生、江西省省长鹿心社、湖北省政府副省长郭生练和田承忠均到格林美视察并支持格林美发展。

人民日报、中央电视台等中央新闻媒体以及南方日报、深圳特区报、湖北日报、长江日报等省市媒体对中国循环经济的贡献高度肯定。

行业地位：

中国循环经济与低碳制造领域的领军企业之一；

世界领先的废旧电池与废弃钴镍资源循环利用企业；

世界先进的电子废物与废旧灯管循环利用基地；

世界第三大、中国最大超细钴镍粉末制造企业；

中国发展最快的塑木型材制造企业。

二、青岛新天地静脉产业园管理有限公司

青岛新天地静脉产业园是我国首个国家级静脉产业类生态工业示范园区，该园区是我国首批“城市矿产”示范基地。新天地承担了国家发改委批复立项的全国两个试点示范工程之一废旧家电及电子产品回收拆解与资源化利用试点、国家科技部 863 项目和国家、山东省、青岛市第一批循环经济试点，荣获丰田环境保护奖家电教育示范基地。项目建设规模 180 万台套/年，回收对象主要包括：电冰箱、空调、电视机、计算机显示屏、洗衣机、小家电、废电线电缆、贵重金属处理、硬板等。

为推进我国废弃电器电子产品的环保无害化、资源高效化处理处置，该企业一直致力于电子废物处置工艺及成套装备的研发工作。集合各种研发优势和企业的不断创新精神，公司在考察欧洲、日本、中国台湾等国内外先进经验基础上，研发制造了适合我国国情的废弃电器电子产品处置系统，并率先在国内同行业获得了相关专利，新天地有着一流的电子废物处置技术和全国规模最大的电子废物处置工厂。2010 年 5 月，全国的废旧家电以旧换新现场会议在青岛召开，众多与会企业和领导对该公司的废弃电器电子产品处置系统给予了好评，并快速在山西、陕西、吉林、济南等地得到了推广。以废家电处置技术为龙头代表的新天地静脉产业园被发改委评为循环经济典型模式案例中十个园

区案例之一。

在多年从事再生资源回收利用行业的过程中，新天地获得废电视、废冰箱处置技术等多项专利，并在山东、陕西、吉林、湖北、安徽、辽宁、湖南、广西等十余省市建设废弃电器电子产品资源化项目，年处理能力达1200万台。对“四机一脑”及办公设备、手机等各类废弃电器电子产品进行绿色拆解、高效破碎分选，项目产生的塑料、铜、铝、铁、橡胶等资源，利用率达到93%。

该企业配备高精度成分检测实验室，确保再生原料符合ROHS指令。该企业的降噪设施和持续运转的除尘净化设备保证健康、安全的工作环境。

除此之外，新天地参与了有关再生资源行业国家标准、规范的制定，包括《废弃电子电气产品再使用及再生利用体系评价导则》、《废弃电子电器产品处理工程设计规范》、《废弃电子产品拆解处理要求》、《旧电子电气产品质量评价标准体系》等。

三、大连环嘉集团

大连环嘉集团是在国家倡导节能减排、低碳环保、发展循环经济的前提下成立的。集团现位于大连市甘井子区，有20多年的再生资源行业的从业经验，总投资30亿元，2011年上缴税收5亿元。现有职工3000余人，市场从业人员5万余人，带动就业10万余人，集团现已通过ISO 9001、ISO 14001、OHSAS 18001体系认证。

该集团完善的现代化管理团队、先进的自动化流水线、花园式的再生资源回收基地及封闭式的分拣中心使其成为全国性大型再生资源产业集团。在政府近年来相关政策的大力扶持下，大连环嘉集团已形成东北地区最大的再生资源行业龙头企业，拥有良好的行业口碑及稳定的上下游客户关系。

大连环嘉集团下属的大连金嘉物资回收有限公司是大连市商业局、财政局指定的家电回收中标企业。该家电回收网络遍布全国80余个城市，合作伙伴有大商、苏宁、国美、乐购等。目前大连市废旧家电的90%都回收到该公司。

由环嘉集团投资建设的大连市废旧家电回收拆解中心项目总投资6亿元人民币，经营面积200亩，年拆解量可达100万台。

2011年5月10日，环嘉集团与日立公司正式签订技术合作合同，环嘉废旧家电回收拆解中心项目建成后，将成为全国首家国际标准的拆解示范工厂。

四、上海新金桥环保有限公司

上海新金桥环保有限公司成立于2000年2月，是上海金桥（集团）有限公司投资组建的全资子公司。公司位于国家级开发区——金桥开发区内，占地面积60亩，是上海最大的电子废物处置基地和浦东新区固体废物综合处置中心。

作为集工业废物和电子废物收集、分类、包装、标识、清运、储存、处理、处置和再循环利用一体化的综合专业环保服务公司，新金桥环保在“专业、安全、环保”标准和个性化解决方案支持下，实现废物减量化、无害化、资源化，实现环境友好和可持续发展目标。形成了以上海为核心，覆盖长三角，面向全国的运营网络。

公司是上海循环经济试点单位及浦东新区推进循环经济的重要平台，经过十余年的发展，已经成为了资质齐全、工业废物年处理能力及研发能力行业领先、环境服务产业链集聚效应明显的综合环保型的高新技术企业。

五、山东中绿资源再生有限公司

山东中绿资源再生有限公司（简称山东中绿）是中国再生资源开发有限公司在山东临沂设立的一家专业回收处理废弃电器电子产品的合资企业，注册资金3000万元，现有员工300余人，占地150亩，建筑面积25000平方米。现有废弃电器电子产品拆解线10条，年拆解处理能力200万台。引进的电视机（电脑）荧光屏玻璃切割分离及干式清洗涂层设备，大幅度提高了荧光屏玻璃的再生利用率和荧光粉无害化处置效率；国内第一条德国进口的全自动电冰箱拆解处理线，居国际领先水平。“废冰箱、电脑、手机资源化、无害化回收处理生产线项目”被确定为省、市资源再生利用重点建设项目，建立了废弃电器电子产品回收处理信息管理及远程监控中心。废印刷电路板处理线，从根本上解决了废弃电子产品对环境造成的污染，真正实现了“电子废物”变为“城市矿山”的目的。目前，公司废弃电器电子产品的处理规模、处理工艺和处理技术居国内领先地位。

山东中绿扎实的工作赢得各级领导的充分肯定和社会各界的赞誉，被国务院机关事务管理局确定为中央国家机关办公电子产品废弃处置定点单位，被列入临沂市电子废物拆解利用处置单位名录。通过山东省清洁生产审核验收，先后荣获“国家科技支撑计划项目示范基地”、“山东省资源再生利用示范企业”、“山东省循环经济示范单位”、“山东省废旧家电及电子产品回收处理企业”、“山东省家电以旧换新废旧家电回收拆解企业”、“山东省环保产业骨干企业”、“山东省双爱双评先进企业”、“振兴沂蒙劳动奖状”等资质荣誉，被中华全国供销合作总社评为“优秀集体”，荣获中国再生资源开发有限公司“优秀团队”称号。

山东中绿以“节约资源、保护环境、和谐发展、造福人类”为使命，秉承“有限资源，无限再生”的发展理念，遵循“网络、资源、环保、品牌”的经营方针，倾力建设和打造废弃电子物处理基地，实现再生资源的产业化经营、资源化利用与无害化处理，努力推动经济与社会协调发展，实现人与自然和谐统一，为发展循环经济和建设两型社会作出应有贡献。

六、南京凯燕电子有限公司

南京凯燕电子有限公司成立于1995年11月，总投资1300万元，是南京市大中型高新技术企业。

1995年公司全套引进飞利浦设备，专业从事彩色显示、显像器件的玻屏、玻锥和金属零件再生和处置。公司的主要产品为14″、15″、17″、21″、25″、29″、34″彩色显示、显像器件的玻屏、玻锥及金属零部件包括电子枪回收，年加工再生显像管、显示管能力达100万只。

2006年该公司与南京大学环境工程系合作成立了电子固体废物回收试验基地，进一步在电子废物特别是显像管环保处理领域发挥优势，取得经济和社会效益双赢。

2009年8月12日，江苏省以旧换新拆解处置单位投标工作全面揭晓，南京凯燕电子有限公司是江苏省五家中标企业之一，该公司将对回收的废旧家电采取及时处置、集中处置、环保处置的原则，保证不再有一台废旧家电流入市场。截至2011年8月25日该公司共接收、处置五大类家电334.8万台。凯燕电子有限公司有严密而有效的质量运行体系，于2001年8月通过ISO 9001：2000质量认证。公司始终坚持“质量第一、绿色高效、诚信服务、持续改善、用户满意”的质量方针和“遵纪守法、绿色环保、循环利用、持续发展”的环境方针。“诚信服务、绿色环保”是公司经营和管理的重要理念。“以客户为关注的焦点”，该公司始终坚持以顾客显在的和隐含的要求作为改善目标。

七、惠州市鼎晨实业发展有限公司

惠州市鼎晨实业发展有限公司成立于2005年9月，位于惠州市再生资源产业基地第一园区，规划用地13.3万平方米，下设有工程研发中心、企业技术中心、北京大学循环经济与再生资源研究所废旧家电研究基地，从事技术研发并为产业基地及珠三角再生资源行业提供技术人才支撑。公司承担了国家火炬计划项目——废旧家电资源化处理成套设备产业化项目（项目编号：2009GH060174）、中央预算内投资计划项目（粤发改经〔2009〕1063）、广东省2009年重点建设项目（粤发改资〔2009〕202号）。该公司是“家电以旧换新”广东省拆解处理定点单位。

公司秉承“保护环境和资源就是保护生产力，改善环境和资源就是发展生产力”的经营宗旨，积极为我国的再生资源循环经济产业的发展作出贡献。

八、苏州伟翔电子废弃物处理技术有限公司

苏州伟翔电子废弃物处理技术有限公司是由一组拥有丰富的环境保护及废物回收处理经验的专家所设立的集团公司。苏州伟翔电子废弃物处理技术有限公司是伟翔集团旗下一家专业从事电子废物及其他相关废物回收、处置和管理的高科技企业。苏州伟翔电子废弃物处理技术有限公司与苏州市循环经济推广中心、清华大学环境与工程系合作，共同开展废LCD、废CRT和废锂电池无害化回收处理的技术和设备的研发工作，并推动成果产业化。

2006年，苏州伟翔电子废弃物处理技术有限公司和清华大学环境科学与工程系共同承担了江苏省科技厅下达的社会发展科技项目“电子废弃物资源化利用示范”。其中，在电脑线路板深度拆解、汞蒸汽的回收再利用、液晶显示器的液晶回收等关键技术上首获

国家专利，其研发成功为我国电子废物的处理处置提供了模板。

该项目分别是从电子废物回收管理体系和循环利用技术及示范工程建设两方面开展相关工作，建立了电子行业有毒有害数据库，完成了苏州电子废物回收管理办法草案，编制了内容翔实、图文并茂的项目研发技术报告，建成了示范工程，实现了废计算机主机拆解、CRT 显示器和小型部件拆解流水线建设，完成了 CRT 显示器干法无损分离设备的研发，实现了锥屏的高效快速分离。此外，针对电子废物领域的新课题和难题——废锂电池和 LCD 显示器，分别提出了一套完整的无害化和资源化处理工艺，技术方法较为新颖，具有推广应用价值。

目前，苏州伟翔公司一方面依靠其母公司雄厚的实力，另一方面和国内在处理固废方面经验丰富的清华大学环境工程系取得了紧密合作，专攻电脑主机、LCD（液晶显示器）、锂电池和 CRT（阴极放射线管）等四大类固体废物的处理。目前，公司已建成电脑主机、CRT 固废处理、LCD、锂电池的固废处理线等 4 条生产流水线。其中，CRT 切割线运用了清华大学自主研发的专利技术，电脑主机拆解这一项目也申报了国家“十一五”科技攻关项目。整个过程几乎不产生噪声、灰尘和污水。此外，还建立了电子废物跟踪系统，可从回收到废物之时跟踪持续到最终处置结束。目前，公司的年处理电子废物能力按照国家规定为 5000 吨，处理能力达 10 多万台电脑。

九、扬州宁达贵金属有限公司

扬州宁达贵金属有限公司成立于 2004 年，公司位于江都市宜陵镇工业集中区，北距 328 国道 200 米，西距京沪高速 5 千米，交通十分便利。占地面积 37000 平方米，其中建筑面积 20000 平方米，注册资金 500 万元，拥有员工 130 余人，其中工程技术人员 24 人。该公司具有江苏省环保厅颁发的危险废物经营许可证，公司的主导产品有金属锗、金属铟等。2006 年公司重点实施了电镀废物（包括含铬污泥、含铬废液、金铜污泥、含镍污泥、废镍水、表面处理废物等）综合利用处置项目，正逐步形成盐基性硫酸铬、硫酸铜、硫酸镍、锡酸钠、碳酸锌等系列化工产品。其中电镀污泥资源化示范技术研究项目通过了国家环保验收，曾获得国家级火炬计划项目证书和国家“八五”科技攻关项目重大科技成果证书。

公司于 2006 年 6 月通过 ISO 9001 质量体系和 ISO 14001 环境体系认证。公司通过几年来的快速发展，在废物资源化综合利用处置方面具有较强的技术优势和市场优势。

对于电视、电脑拆解生产线，采用智能物流输送、人工辅助拆解的工艺，将废旧电脑、电视机、打印机、传真机、电话等电器电子设备进行整机拆解。拆解产物有五金、塑料、线缆、电路板等元器件，利于后续处理。处理能力：>90 台/小时。

在空调、冰箱无害化处置及资源回收生产线方面，先采用制冷剂回收装置安全抽取并处置各种类型制冷剂，再对电器进行整体破碎、磁选、电选等工序，处理过程可达到安全、防爆、无尘的要求，并可分类回收铜、铝、铁、ABS 塑料、聚氨酯等资源。处理能力：>40 台/小时。

对工商、金融、机关、学校、企业等单位收集的电脑，其中涉密数据存储在硬盘、光盘、U 盘等介质上，一旦泄露将造成严重后果。采用国外先进的高效消磁设备，可使涉密介质彻底消磁，使之丧失数据存储功能。再将其彻底粉碎处理和磁选分离。回收铜、铝、铁、塑料等资源。处理能力：0.3～0.5 吨/小时。

对于阴极射线管无害化处置及资源回收生产线，采用先进处理技术将 CRT 通过切除防爆带、分离屏玻璃和锥玻璃、收集荧光粉等工序，实现安全、环保回收的目的。处理后可得到玻璃和金属等资源。处理能力：>60 台/小时。

对于废线路板资源利用生产线，应用物理分离和化学分离方法进行高效绿色分离，得到铜、铅锡合金和贵金属（金、银、铂、钯）等资源。处理能力：1 万吨/年。

十、华星集团环保产业发展有限公司

华星集团环保产业发展有限公司成立于 2006 年，是一家总部位于北京的电子废物处理机构，专业为电子垃圾做环保无害化处理。华星环保的主要处理范围包括办公电子设备、废边角料、涉密介质消磁销毁、制造厂商报废生产设备、居民废旧家电、回收废塑料、废金属等，在环保领域为北京以及全国各地的客户提供电子废物的最佳环保处置和解决方案。

华星集团环保产业发展有限公司是集环保技术研发创新、环保设备开发制造、环保系统集成供应、环保项目投资营运、循环物流体系建设和相关技术服务为一体的综合性高科技环保企业。

该公司在北京市中关村科技园区通州园金桥产业基地建设北京废旧家电及电子废物回收处置基地，该项目是国家发改委确定的废旧家电回收处理利用全国示范工程，是北京市重点建设项目。该项目在实施过程中，得到了国家及北京市各有关部门的大力支持，以及社会各界的密切关注和热情帮助。华星环保立足北京，依托首都良好的产业资源和强大的科研实力，以促进自然与社会、环境与经济的协调发展为己任，按照“减量化、资源化、无害化”的 3R 原则，坚持以人为本，走引进、消化、吸收和自主创新相结合的发展道路，努力实现电子废物的资源化和循环利用。

第三十六章 报废汽车回收拆解典型企业

一、上海机动车回收服务中心

上海机动车回收服务中心，是原上海市经委为落实国务院关于《报废汽车回收管理办法》（国务院307号令）的精神，根据国家经贸委《关于确定上海市为国家报废汽车回收拆解管理改革试点的函》（资源〔2001〕027号）的要求，于2002年9月批准，同年10月挂牌成立的上海市唯一一家报废机动车回收单位。

原市经委在组建回收中心的同时，确定了“收拆破碎分离、综合利用集中、信息网络管理、政府联手监管”的原则，形成回收中心与4家拆车公司和1家破碎公司组成的报废汽车回收、拆解、破碎、综合利用的长效管理运作新模式，简称为“1+4+1”模式。

回收中心的职能是专业收购报废机动车及代理相关办证业务；协助政府相关部门监管报废机动车回收、拆解、破碎、综合利用的规范运作；定期向政府相关部门作报废机动车回收工作汇报。

回收中心集中受理全市各类机动车报废业务，同时在10个区县设立了报废回收受理点，为广大客户提供方便。另外，回收中心设有网站（www.smrs.com.cn），接受车主网上报废申请。

二、成都兴原再生资源投资有限公司

成都兴原再生资源投资有限公司是按照市委、市政府建设世界现代田园城市的要求，通过产业资源优化整合，国有资本引导投资，整合成都地区报废汽车回收拆解企业承包及网站成立的成都地区具有报废汽车回收拆解资质、经国家相关部门批准的重点企业。由成都成乡商贸物流发展投资（集团）有限公司与成都市金回再生利用有限公司、四川省物资再生利用有限公司为主要股东投资成立的，唯一具有合法报废汽车回收、拆解、销售的经营主体。

该汽车循环经济项目以建设国内一流、西部领先、国家示范项目为总目标，项目总用地50亩，总投资8.2亿元，设计拆解能力6万台/年，废金属破碎生产分选加工12万吨/年，建立集信息综合利用、网上监销和电子商务为一体的信息平台，建设汽车零部件再利用研发中心和再生资源技能培训基地。

三、武汉鑫汇报废汽车回收有限公司

武汉鑫汇报废汽车回收有限公司是于2002年经原武汉市经委审核，报请原湖北省经贸委批准，原国家经贸委备案，武汉市工商行政管理局注册登记成立的报废汽车回收企业，注册资本600万元。该公司是面向全社会的报废汽车回收拆解专营公司，是国家指定报废汽车回收专业单位，具有汽车报废、黄标车以旧换新办理资质。公司成立以来，通过合法途径回收报废汽车，维护了车主的合法权益，遏制了报废汽车回流社会，为消除报废汽车造成的交通安全隐患和尾气污染起到了积极的推动作用，在业内业外都深受好评。

该公司经营范围包括拆解各类废旧物质、拆解报废汽车、废旧机电设备及军队退役装备及其他相关业务。公司拆解设备齐全，场地宽阔，交通方便，设备完善，是武汉报废汽车回收拆解的龙头企业。

四、天津市国联报废机动车回收拆解有限公司

2009年5月，天津市国联报废机动车回收拆解有限公司（简称国联公司）按照政府主导和市场化相结合的原则，经天津市政府批准，在对原有七家不同所有制报废机动车回收企业整合的基础上正式注册成立，为在静海子牙环保产业区建设报废机动车回收拆解基地，实现天津市报废机动车回收拆解行业的规范性运作，规范化管理，有序化经营，网络化回收，现代化拆解，无害化处理，为天津市报废机动车回收拆解行业向产业化发展奠定了基础。

公司主要从事报废机动车回收拆解销售的经营活动，现有在册员工100余人。公司的组织架构由六大系统组成：一是回收系统，通过六个报废机动车回收分公司和一个报废机动车回收服务中心形成对全市报废机动车回收、注销手续等服务的网络全覆盖；二是仓储系统，对进入拆解工厂的报废机动车以及经过拆解后产生的产成品进行系统管理；三是拆解系统，按照国家相关规定和市场需要对回收的报废机动车进行无害化拆解；四是销售系统，根据市场情况，对拆解后的产成品采取公开招标的方式进行销售；五是物流系统，通过第三方物流完成报废机动车回收后的运输工作；六是公司总部，对公司业务运营实施总控。

五、北京市汽车解体厂有限公司

北京市汽车解体厂有限公司开行业之先河，成立于1984年，是北京市第一家也是同行业中规模最大、设备最完备的报废汽车拆解企业，具有20多年的报废汽车业务工作经验和先进的现代化的管理经营模式，是北京市报废汽车拆解企业定点项目四家中标单位之一，北京市商务局、北京市交通管理局认定的北京市报废汽车拆解六家定点企业之一，

也为外籍机动车报废指定解体厂。该公司注册资本1000万元，正式员工53人，在该市汽车拆解行业中是资本最雄厚、注册员工最多的国营企业。该公司一贯遵循国家政策法规至上的原则，连续9年被北京市工商行政管理局认定为重合同守信誉单位，多次被首都精神文明建设领导小组评为北京市文明单位。

该公司提供免费咨询，免费拖车，免费办理报废手续等服务，收车服务网点遍及全市，提供全程服务。现已形成一批由熟悉业务、勇于吃苦奉献的职工组成的业务团队，并配备有一支较强的专业拖车队伍。

北京市汽车解体厂有限公司始终致力于服务客户、服务社会、积极推进再生资源的利用与发展，不断探索报废汽车拆解及零配件再利用的经验，建立起一整套报废汽车拆解操作规程及流转环节规章制度，努力探索报废汽车拆解工艺的更新、改造，并在行业中率先建立客户投诉和客户满意度调查制度，从管理要效益，不断降低成本，让利于客户。

六、沈阳秋实报废汽车回收有限公司

沈阳秋实报废汽车回收有限公司成立于2004年7月，占地面积9万平方米，注册资本300万元人民币，是由沈阳秋实再生资源有限公司、东北物资再生利用沈阳公司及自然人共同出资组建的投资主体多元化的有限责任公司，是省、市政府依据国家报废汽车回收利用产业布局在沈阳市设立的唯一一家从事报废汽车回收、拆解的专营机构。

公司成立至今，一直把引进高素质人才、构建现代报废汽车回收拆解及再利用系统作为公司发展的主要目标。近年来，面对市场新形势，公司从提升企业生产环境保护水平和促进资源综合利用目的出发，加大技术改造力度，对企业经营场地、厂房和设备进行标准化改造、建设和更新。先后进行了服务大厅装修改造、报废车辆审验车间建设、南北厂区70000平方米地面硬化建设、服务网点建设、厂房标准化建设、设备更新等建设项目，使职工劳动环境得到显著改善，拆解过程中的环保状况得到大幅改观，资源综合利用能力得到了加强，企业经营能力得到明显提高。

与此同时，公司对报废车报审程序、拆解流程进行了科学系统的分析并制定出一套科学流程，提升了对外服务水平、提高了拆解效率。公司采取“接单→回收→拖运→注销→送达→拆解→再利用”一站式服务模式，赢得了社会各界的广泛认同。公司根据《报废汽车回收拆解企业技术规范》（GB 22128—2008）的要求，设立预审验区、仓储区、拆解区、成品区、坯料存放区、废物处置区。各功能区布局合理，基础设备、设施及物流配送系统一应俱全。随着企业生产条件的改善，企业经营渠道也不断得到拓展。2011年开始，在继续做好地方报废车回收拆解基础上，公司开拓了军用车辆的回收渠道，企业经营发生了历史性突破。

该公司近三年来连续实现年回收、拆解报废车辆万台以上，在东北同行业中综合实力首屈一指，在国内同行业综合评比中名列前茅。

七、重庆市物华报废汽车回收拆解公司

重庆物华汽车回收有限公司专注于回收各种报废汽车、二手小轿车、面包车、商务车、越野车等中高档二手车，对一些排气不合格、噪声大、车况差的车辆，进行回收并且拆解、对五大总成（车大架、发送机、前后桥、变速箱、方向机）彻底进行拆解，并对空调制冷系统的报废车里氟利昂制冷剂进行回收分类储存。另外，该公司长期从各地厂矿工业、企事业单位回收废旧金属、废旧设备、二手设备、库存积压闲置物品等废旧物资。

作为专业的商务厅指定的回收公司，凭借自身对回收行业的独特理解，该公司致力于回收服务和应用的未来发展，不断为客户提供现代化高品质服务及本行业的相关咨询。公司在多年发展过程中，始终和客户保持良好的合作关系，并且提供最便捷的上门服务措施。

八、温州浙南汽车设备回收有限公司

温州浙南汽车设备回收有限公司是经省商务厅认定，报国家商务部备案、温州市工商局注册登记，负责温州市报废机动车回收拆解的唯一一家专业公司。公司地理位置优越，交通便利。经营范围：报废汽车、机动车、拖拉机、旧设备的回收；汽车配件的销售；废旧金属回收、非机动车回收；车辆停放保管、车辆中介服务等。为方便车主就近交售报废机动车，公司在温州市鹿城、瓯海、龙湾等 3 个区及 8 个县（市）设立了报废汽车回收分公司与回收网点，配有拖车、运输车、铲车以及车辆回收拆解设备等，具备了年回收拆解报废汽车 1 万辆，报废摩托车 3.5 万辆的能力。

公司成立以来，在各级领导的关怀和支持下，严格贯彻执行《报废汽车回收管理办法》（国务院 307 号令）以及省、市有关报废汽车回收政策与规定，以“立足市场、致力服务、规范诚信、和谐发展”为宗旨，转变经营理念，开展服务上门。经过几年的努力，公司制定了健全的报废机动车回收拆解制度，实行了计算机管理，做到规范经营，科学管理，安全生产。该公司还建立了温州汽车回收网站（http：//www.wzqchs.com/），为车主提供政策宣传与机动车报废办理流程，实行了机动车报废、注销一站式服务，使温州市的报废机动车回收拆解工作走向规范化、制度化，得到了有关管理部门与广大车主的肯定与好评。公司先后被温州市人民政府评为温州市诚信先进单位，省国家、地方税务局 AAA 级纳税信用企业，省工商局 AA 级重合同守信用单位，是浙江省物资再生协会副会长与温州市资源综合利用协会副会长单位。

为实现资源循环利用与创建资源节约型社会，公司开展深入学习实践科学发展观活动，进一步提高再生资源利用率，促进公司发展。

九、北京市联合汽车解体厂

北京市联合汽车解体厂（现改名为北京博瑞联通汽车循环利用科技有限公司）是北京市汽车修理公司二厂下属的厂家之一，成立以来，能够认证贯彻落实和执行国家的方针政策、法令、法规，不断完善企业的经营体制，建立一整套合理的管理体系，制定了一整套规章制度，保证了企业良好的发展趋势。是专业从事报废汽车（含军队退役报废汽车）回收拆解的全民所有制企业。

该厂是中国物资再生协会报废汽车专业委员会单位，是北京市节能和资源综合利用协会理事单位，是联合国环保组织和国家环保局确认的氧里昂北京回收中心，拥有特种行业资格认证证书和报废汽车回收拆解企业资格认证书。在北京市市级行政事业单位公务用车报废车解体定点机构招标中，该厂连续四年成功中标。继北京市财政局中标后，该厂成功地与北京市朝阳区财政局就朝阳区行政事业单位报废车解体定点机构签订了接收合同。目前，北京市交管局、北京市执法总队、北京焊管、北京市运输管理局也与该厂签署了通州汽车报废车辆接收协议。

十、广东省金属回收公司

广东省金属回收公司成立于 1988 年，是广东物资集团公司下属的大型国有企业，是中国物资再生协会、中国拆船协会及广东省金属材料流通协会的副会长单位，是国家商务部认定具有报废汽车回收资格和广东省经信委评为“广东省优势传统产业转型升级示范企业”。

公司秉承“创新经营，持续发展”的经营理念，以科学发展观和集团“12366 战略工程”及集团陈董事长的“增强信心、居危寻机、集聚创新、谋定后动、稳中求进”的精神为指导，实施“再生资源综合利用为主，多元化发展”的经营战略，以报废汽车回收拆解加工、报废船只购销拆解、再生资源利用、新造船业务、钢材贸易、矿产资源进口贸易、设备及技术进出口等多种贸易于一体，以再生资源为核心，致力于供应链整合营销，延伸上下游产业链，坚持“四个着力两促两保”，即：着力抓业态转型，促方式转变；着力抓规模效益，促快速发展；着力抓风险管控，保运营稳健；着力抓人文关怀，保和谐幸福。实行“三联动二结合一转变”，即：再生资源与钢材业务及进出口业务三者之间的联动，原材料供应与产成品销售的联动，内外贸易的联动，逐步由传统贸易型向技工贸结合型的现代产业发展方式转变，走产业化、实业化的发展之路，做长产业链，提升价值链。在稳健中谋发展，在发展中求转型，综合实力显著提高，年销售额达 50 亿元。先后获得 2011 年度裕丰钢厂最佳代理商、中国金属材料流通行业影响力企业、拆船基地被授予“绿色拆船 AAA 企业”、被多家银行授予贸易金融战略客户等荣誉，显示出强大的活力和发展潜力。

第三十七章　报废船舶回收拆解典型企业

一、江阴市长江拆船厂

江阴市长江拆船厂，位于长江三角洲发达地区，江阴长江大桥上游五千米，西靠常州，南临无锡，北枕长江，地理环境优越，水陆交通便利。长江拆船厂占地面积约1平方千米，拥有3个10万吨级大型船坞，其中水面面积425000平方米，厂房面积10000平方米。主要设备80吨电子磅3台，40吨龙门吊4台，150吨浮吊1台，40吨浮吊4台，30吨浮吊2台，8吨浮吊3台，5吨液压铲车18辆，50吨自卸车3辆，20吨自卸车9辆，5吨自卸车2辆，8吨轮胎吊2辆，氧气罐装站1个，20立方储罐2只，30立方储罐1只。形成了8个作业区，能停靠2万~4万轻吨以上10~12艘船舶同时开展拆解。另外，有长江岸线3200米，能停靠2万吨以上船舶10艘同时开展拆解，主要产品：舵角指示仪、水位报警器、柴油机监测仪、转速表、金属材料非金属材料等，由于具有优越的港口优势，熟练的拆解技术，大量的优秀人才，严密的内部管理，雄厚的资金实力，广阔的销售网络，该厂已成为中国最大的拆船基地。

长江拆船厂的正式人员和临时用工均具有多年的拆船经验，最长的已有十五年的拆船历史。人员配置中，起重、气割、装卸、安全防污等各类人员齐全，特种作业人员均经专业部门考核合格，持证上岗。该厂的拆船技术负责人是中国拆船协会专门推荐的，拆船技术、业务均过硬，曾组织、指挥拆解我国第一艘超级油轮，有多年的拆船实践和管理经验。

该厂积极实行现代化企业管理，建立了比较完善的环境和职业健康安全管理体系，于2004年3月成功通过ISO 14001体系认证，成为首批获得ISO 14001和OHSMS 18001认证的拆船企业之一。是国内首批的AAAA级绿色拆船企业之一。

该厂重视环境保护，视“安全、环保与健康”为企业的生命线，配有完备的污染防治设施，努力创建国际一流的绿色拆船基地。环境保护部、中国海事局、中国拆船协会、环境资源管理公司、荷兰铁行渣华船务公司、丹麦马士基航运公司、英国Shell公司、法国Total公司、美国海事署和环境委员会等国内外众多政府部门/行业组织多次来厂考察，对本厂的安全环保工作都给予了充分肯定。

该厂技术力量过硬。正式人员和临时用工均具有多年的拆船经验，最长的已有二十年的拆船历史。人员配置中，起重、气割、装卸、安全防污等各类人员齐全，特种作业人员均经专业部门考核合格，持证上岗。拆船能力很强：自1998年成立以来，认真制订详细拆解方案，成绩显著。1998 年拆解 1 万轻吨，1999 年拆解 11 万轻吨，2000 年拆解 22 万轻吨，2001 年拆解 30.5 万轻吨，2002 年拆解 40 万轻吨，2003 年拆解 48 万轻吨，2004 年拆解 20 万轻吨，2005 年拆解 2 万轻吨，2006 年拆解 9 万轻吨，2007 年拆解 10 万轻吨，2008 年拆解 11 万轻吨。现使用的拆船码头和吊装、运输等主要设备，在世界已处于领先水平，年拆解废船舶能力达百万轻吨。

该厂积极开展对外交流，扩大对外合作，倡导绿色环保拆船。先后与荷兰、丹麦、美国、英国、法国、德国、日本、韩国、中国香港等国家和地区的航运公司建立了广泛的、密切的业务合作关系。自 2002 年起，与荷兰 P&O Nedlloyd 航运公司进行环保拆船项目合作，创建了“拆船预清洁”理念，开创了国际国内“绿色环保拆船”的先河。2006 年起，与世界上最大的航运公司丹麦 MAERSK LINE 开展新型的环保拆船项目合作。

二、江门市新会双水拆船钢铁有限公司

江门市新会双水拆船钢铁有限公司成立于 1984 年 8 月，是国家重点拆船企业，专门从事拆解世界各地报废各类船只，加工及出售各种船用旧设备、旧机械服务。占地面积 32 万平方米，厂房建筑面积 6 万平方米。目前，拥有 5 个拆解码头和 4 个岸上拆解场地，主要设备有：50 吨电子地磅 3 台，100 吨电子地磅 1 台，5 吨龙门吊 8 台，5 ~ 30 吨起重浮吊作业船 18 艘，大小运输车辆 25 辆，18 ~ 40mm 剪床 25 台。另外，公司有良好的港口条件，能同时拆解 6 条 1 万 ~ 6 万轻吨的废船。每年可拆解超级油轮、货轮达 60 万轻吨以上，年产值 8 亿多元，是中国目前拆船行业规模最大、拆解速度最快、拆解量最大的一家大型拆船企业之一，是国内首批的 AAAA 级绿色拆船企业之一。

该公司拆解速度在全国范围处于领先地位，在全国乃至国际上有极高声誉，长期同 BP、雪佛龙、美孚、埃索、蚬壳等公司有合作关系。长期以来得到他们好评。公司拥有二十年拆船经验，技术过硬，管理得当。为了更加减少或杜绝事故发生，通过 OSHMS 18000 学习和培训，认识危险源、控制风险，通过 ISO 14000 环境管理体系的学习，使企业员工上下认识保护环境，爱护大自然的意识，创造绿色拆船企业，使企业更上一层楼。

三、靖江市敦丰拆船有限公司

靖江市敦丰拆船有限公司是江苏扬子江船业集团下属子公司。公司地处靖江市经济开发区新港园区，是靖江市东部重要窗口，是联结苏南、苏北的重要通道，长江三角洲、上海经济区不可分割的重要组成部分。距上海长江入海口约 100 千米，紧邻京沪、沪宁高速、沿江高速公路，地理环境优越，水陆交通便利，具有得天独厚的区位优势。

公司自创建以来，经过十多年的拼搏，得到长足发展；现已达到超亿元固定资产、600 多名员工（其中工程专业人员近百名）的企业规模。目前厂区面积近 30 万平方米，其中拆解区、二次拆解区面积为 20 万平方米，储存区、废物处置设施区以及办公及应急设施区约 5 万平方米。拥有长江岸线近 1000 米，配建 800 米岸壁式深水码头一座，深水

拆船坞一座（长420米，宽186米，坞底标高为－9米），已具备同时容纳8艘1万轻吨以上的废钢船靠泊并进行拆解的条件，并相应配置足够数量的各式起吊、运输、切割设备，对拆解区域均采用管道式集中供应切割气源方式；固体废物焚烧炉、油污水分离池、废油储存设施等环保装备一应俱全。公司现占地800多亩，总投资6亿元人民币，年拆解能力100万轻吨，公司秉承着“规范拆船、科技拆船、环保拆船”的理念；更符合了《拆船公约》所提倡的绿色环保拆船之要求，使公司成为国际一流、更具现代化的拆船企业。

公司在不断发展的同时，积极推行现代化企业管理模式，建立了一套比较完善的环境和职业健康安全管理体系，并获得ISO 14001、OHSMS 18001管理体系认证证书，而且始终将“安全、环保与健康”视为企业的生命线，常抓不懈。并配有较为完善的污染防治设施。随着通过不断的技术改造、拆解能力逐年递增，已先后成功拆解各类废船近百艘，约80万轻吨。通过严格的科学管理，从未发生过环境污染及重大工伤事故，较好地实现了绿色拆船的目标。经国家、省、市环保局、海事局、中国拆船协会、船东及相关国际行业组织多次来厂检查，考察对公司的安全环保工作都给予了充分的肯定与认可。

四、靖江市新民拆船有限公司

靖江市新民拆船有限公司，位于长江下游黄金水道北岸、苏北的南大门靖江市，是一家专业从事拆解进口废旧船舶和销售相关物资等业务的规模企业。近年来，遵照执行国家为倡导“绿色拆船”所制定的一系列法律法规，在拆解规模、机械装备、工艺技术、安全生产、环境保护和工人健康等方面取得了显著的成绩，同时促进了公司业务的飞跃发展，创造了骄人的业绩，为靖江经济的发展书写着崭新的篇章。靖江临江近海，地处中国沿海、沿江经济开发带以及长江甲乙级航道的交汇点，是中国东部地区水、陆、铁交通枢纽。它位于上海与南京的中间，和苏州、无锡、常州毗邻，沪宁高速公路、宁通高速公路、广靖高速公路、新长铁路等国家重点交通干线从境内贯穿，举世闻名的江阴长江公路大桥，在此飞架南北，把靖江与苏、锡、常、南京及上海连成一体，距南京或上海均约2小时车程，铁路、空运极为方便，显示了靖江得天独厚的地理优势。

坐落在风水宝地靖江东部长江岸边的靖江市新民拆船有限公司，与张家港隔江相望，距南通港不到40千米，到沿江开发高等级公路仅有1.2千米路程。所处水域江面开阔，地理环境优越，水陆交通便利。

公司创建于1998年，具备国际废旧船舶贸易进口批准证书。目前，已发展成为拆船设备设施齐全、拆解技术力量过硬、拆解操作流程科学合理，具有现代化专业拆船技术水平的企业。公司拥有固定资产1.5亿元，占地面积10.42万平方米，岸线514米，拥有深水船坞2个，25吨起重门坐式吊机7台和10吨龙门吊13台。拆解作业以机械化为主，工作节奏快、生产成本低、效益高，同时办公条件、生活设施、计量设备、仓库储存、货运码头、环保污水等设施样样具备。公司年拆解废钢能力达到30万轻吨，几年来已拆解进口船舶160多艘。同时经销各种规格的拆船板、剪条、优质废钢、有色金属（如螺旋桨铜、电缆线铜、铜合金），以及非金属材料、机械设备及仪器仪表，如起货机、绞缆机、起重机、机修设备、主机、发电机组、通信导航仪器等。

公司高度重视人力资源投入及人才的培养和引进，使企业的技术实力日益增强。公司现有职工 280 人，其中具有初、中级以上技术职称 20 人，人员配置中，起重、气割、装卸、安全防污等各类人员齐全，特种作业人员均经专业部门考核合格，持证上岗。公司通过 ISO 14001 环境管理体系及 OHSMS 18001 职业健康安全管理体系认证和 ISO 9001 质量管理体系的认证。近年来，公司先后荣获“市百优企业”、“市三十强企业”、“绿色拆船 AAA 企业”、“最具社会责任感企业”、“创安全先进集体”、“技改先进单位”、“港口安全先进企业”等荣誉称号。

公司深刻认识到拆船业是对报废船舶进行拆解加工的资源环保型产业特点，坚持“以人为本、科学严谨”的经营理念和管理作风，充分认识到“保护环境、注重安全、关心职工健康”是企业领导者的责任，高度重视环境保护和安全生产工作，视“安全、环保与健康”为企业的生命线，首先制定科学、合理拆解的工艺流程（拆船工艺流程：废船靠泊码头→检验、消毒→拆解准备→清油、拆旧→拆除上层建筑→拆解船主体→拆解船底→小拆解→清理拆解场地），做到文明生产、规范管理，保护水域和陆地环境；同时对安全、卫生方面潜在危险因素进行评估，制订计划，明确防范、保护措施和应急预案，尽量消除或控制工作中的有害环境因素；公司还积极实行现代化企业管理，建立了比较完善的环境和职业健康安全管理体系，于 2006 年成功通过 ISO 14001 环境管理体系及 OHSMS 18001 职业健康安全管理体系的认证、2009 年成功通过 ISO 9001：2008 质量管理体系。国家经贸委、环保总局、安监局、中国海事局、中国拆船协会、舟山政府考察团等众多政府部门、行业组织多次来公司考察，对公司的安全环保工作都给予了充分肯定。近年来，公司先后荣获“2005 年度创安先进集体”、“2006 年度先进企业”、“2006 年度技改先进单位”、“2009 年度市先进单位”等荣誉称号。

五、江门市中新拆船钢铁有限公司

江门市中新拆船钢铁有限公司（简称中新）始建于 1984 年，从事拆解报废船舶生产经营活动 20 多年，拆解世界各国退役报废船舶总数量超过 500 多艘，“中新”是中国的重点拆船企业，也是中国的一家绿色拆船企业，被中国拆船协会评定为国内 AAAA 级绿色拆船企业，近年来每年拆船的总量持续位于中国拆船企业的前列。“中新”位于中国广东省江门市新会港的对外开放水域——银洲湖港区的东岸，距香港 98 海里，距澳门 47 海里，是珠江水系的江海转运的枢纽，并与世界各大洲的海运航道相连，水陆交通极为便利。

“中新”拆船作业厂区总占地面积 40 多万平方米，厂房面积约 20000 平方米。“中新”采用码头拆解法的拆船工艺，并使用天然气切割代替电石，使用岸线 1600 米，拆解码头 6 个，泊位 4 个，码头可同时靠泊拆解 6 艘 2.5 万轻吨的废钢船，年拆解废船能力达到 50 万吨。

“中新”综合实力较强，有一批优秀的管理人才和专业技术人才：公司高层领导共5人，全部是大学毕业生，其中2名是船舶专业的毕业生；有一支安全环保管理团队，安全环保部主要负责船舶拆解的安全环保管理工作，他们当中，既有经验丰富的老同志参加现场管理，严格控制安全环保事故发生；也有院校毕业的大学生，敢于理论与实践相结合，努力地寻找适合“中新”拆船的路子；有一支熟练的拆船专业队伍，他们拥有丰富的现场拆船作业经验；有较好的拆船机械设备，“中新”现有浮吊12艘、克令吊23台、汽车吊（12~60吨）15台、龙门吊5台、桥吊8台、装卸车18台、铲车3台，用于拆船生产的机械作业中，有主尺度长102米×宽44米、举力2200吨的浮船坞一座，主要用于拆解船底，有效防止污油水及重金属氧化物污染江河；有配套的拆船码头和硬地化场地，使绿色拆船得到基本的保障。

在实际拆船作业中，把“环保、安全、健康、循环使用”的理念贯彻落实到每一项拆船过程中，同时严格遵守国家和国际上的各种安全环境法规、标准、政策，如IMO、ILO、《巴塞尔公约》等。

近年来，“中新”投入了大量的资金和人力，进行了环境改造和环境保护设施的建设，使“中新”已经迈入了绿色拆船企业的行列。其中在2005年投资300多万元人民币建设一座设备工艺先进，国家环保机构认可的油污水处理中心，日处理油污水能力150吨。并于2007年完成抛丸除漆处理中心，现可投入使用，该中心采用抛丸——喷砂设备来去除金属表面油漆，该中心的建立可减少船上明火拆解过程中表面油漆层燃烧引起的健康与环保问题。该企业环保项目包括石棉二次处理中心，投资300万元人民币，采用“封闭式”拆解工艺，2011年投入使用。该中心有六个功能，分别为：

密封拆解——整个车间全密封拆解；供气排气——装有供气排气系统；清洗（石棉尘）——高压枪清洗石棉尘；吊运——设有25米跨度5吨桥吊；排水——设有“日”字排水沟和沉淀池；储存——设有石棉储存仓库。另外，该中心还设有配套的休息室、冲洗室、更衣室、洗衣间、工具房，这个中心的建成，将大大减少石棉对环境的影响，操作人员的健康得到有效保护。

在安全、健康方面，坚持贯彻执行“安全第一，预防为主”和“以人为本”的方针，由于严格管理，措施落实，做到多年来没有发生过重大的环保和安全事故。

近几年“中新”积极推行ISO标准化管理，将安全、环保意识作为企业文化和理念来做，不断提高公司的安全生产和环境保护的管理水平。2004年7月该企业通过了北京世界标准中心的ISO 14001环境管理体系和OHAS 18001安全管理体系的认证，2010年又通过了ISO 9001认证，这三个管理体系实施促进了该企业的管理上了一个台阶。

“中新”拥有值得客户信赖和支持的商业信用和经济实力，得到了有关部门的认可，被银行评定为A级银行信誉企业；被国家税局评定为A级纳税人；被工商局评定为“重合同守信誉”企业等。“中新”具有一次性购入10万轻吨退役废钢船进行拆解的经济实力和生产能力，多年来从没发生过买卖废船过程中因该企业责任而拖延支付船款的事情，因而得到广大船东的肯定。

六、江门市银湖拆船有限公司

江门市银湖拆船有限公司位于中国广东省江门市新会区沙堆镇，建于1989年，公司占地面积450000平方米，岸线2000米，年拆解量50万轻吨。目前，公司拆船设备设施齐全、拆解操作流程科学合理，拆解技术力量过硬。拆解作业以机械化为主，工作节奏快、生产成本低、效益高，同时办公设施、生活设施、计量检验设备、仓库储存、应急设施设备、货运码头、油污水处理等设施一应俱全。

公司重视安全环保拆船，强化管理机制和队伍业务素质建设。先后通过ISO 14001环境管理体系、OHSMS 18001职业健康安全管理体系认证和ISO 9001质量管理体系的认证，是国内首批AAA级绿色拆船企业，是世界拆船协会的A级会员是国内唯一一家拥有一类港口码头（直接对外论开放）的拆船企业。

七、泰州市伟业拆船轧钢有限公司

泰州市伟业拆船轧钢有限公司是江苏宝船投资有限公司控股子公司，现为中国拆船协会理事单位。公司已取得江苏省《进口废物原料国内收货人注册登记证》，拥有自主进口国外废钢船资质许可证。2009年通过ISO 14001和OHSAS 18001认证，取得环境/职业健康安全双体系证书。

公司地处长江下游北岸，位于江苏省泰州市高港区永安船舶工业园。紧傍国家一级开放港口泰州港、京沪高速、宁通高速、泰州长江大桥，距宁启铁路泰州站和苏中江都机场30千米，交通便利，地理位置得天独厚。

公司注册资本2亿元，占地面积17.8万平方米，长江岸线和夹江岸线1400米，固定资产4亿多元，年拆解能力80万轻吨，拥有驳岸码头750米，能同时停靠万吨级废钢船6余艘。有氧气罐站1座，4个拆解场地，4个材料堆场，以及有色金属仓库、危险品仓库、石棉库、污水污油处理站、垃圾焚烧炉等先进的环保设施。主要设备有M3060门座式起重机3台，建筑塔吊3台，各种运输车十多辆。

公司现有员工600多名，各类专业技术管理人员100多名，所有员工具有多年的拆船经验。人员配备中起重、气割、装卸、安全防污等各类人员齐全，特种作业人员均经专业部门考核合格，持证上岗。

公司坚持绿色环保拆船理念，视“安全、环保和健康”为企业的生命线，公司的绿色拆船基地污染防治设备设施配备齐全，率先提出改进拆解工艺新思路，实行有色金属冷切割，废船拆解先熏蒸后清油和清洗油舱程序化，拆解前清除船上所有危险废物，实行无害化处理。在中国拆船协会对进口废船拆解企业环境保护考核中，公司各项考核指标均达到领先水平。国家环保部、中国海事局、锥形螺带混合机中国拆船协会、环境资源管理公司、市区政府及有关行业多次来公司考察，对公司的安全环保工作给予充分肯定和广泛赞许。

公司积极拓展对外交流和合作，先后与挪威、希腊、美国和中国台湾、中国香港地区的航运公司建立了广泛密切的业务合作关系。

八、张家港市五友拆船再生利用有限公司

张家港市五友拆船再生利用有限公司位于长江30#锚地南岸，西靠张家港保税区，南接长江沿江公路，地理条件优越，在全面开放的经济开发区，水陆交通十分便利。该公司创建于1984年，经过多年不懈地努力，现已发展成为一个初具规模的企业，公司占地面积达8万多平方米，固定资产投资1500万元，职工300多名。该公司拥有大型船坞、汽车、卡车、叉车、浮吊、污水分离器、油水分离器、围油栏等多种先进设备，并聘请多名专业工程及技术人员指导生产，技术力量雄厚，年产值达亿元以上。该公司专业承接国内外各类拆船业务，规格不限，年生产能力达15万吨。拆下的钢板、有色金属、生活用品等多种再生利用品销往江苏、上海、青岛、浙江等地。该公司从1997—2001年连续5年被评为AAA级企业，并成为享受国家财政部、税务总局、中国海关总署废船进口环节增值税先征后返的企业。

九、江苏苏恒海洋工程装备有限公司

江苏苏恒海洋工程装备有限公司成立于2009年12月，注册资金2亿元人民币。总建设项目分三期规划，总投资约10.2亿元人民币。公司位于靖江经济开发区新桥园区，下游距江阴长江大桥8千米，上游紧邻夹港汽渡，地理环境优越，水陆交通便利。

公司首期船舶拆解加工项目总投资5000多万元人民币，占用长江岸线500米，内港池码头长265米，宽120米；占地65000平方米，其中生产加工区面积48070平方米，建筑总面积2508平方米。公司现有职工206人，其中管理人员32人，从事安全、环保管理人员均经过专业培训，特种设备操作人员持证上岗，船舶拆解专业人员150多人。

公司各项环保设备配备齐全，具有船舶拆解年加工能力达到20万吨以上。

附　录

附录 1：2012 年部分再生资源相关标准

废玻璃分类

前 言

本标准按 GB/T 1.1—2009 给出的规则起草。

本标准是由中华人民共和国商务部提出并归口。

本标准起草单位：中国物资再生协会、上海燕龙基环保企业（集团）有限公司。

本标准主要起草人：刘强、崔燕、王清华、刘卫国。

1 范围

本标准规定了废玻璃的分类原则、类别及其要求。

本标准适用于废玻璃的回收和分拣活动。

2 术语和定义

下列术语和定义适用于本标准。

2.1 再生资源 recycled resources

在社会生产和生活消费过程中产生的，已经失去原有全部或部分使用价值，经过回收、加工处理，能够使其重新获得使用价值的各种废物。

注：再生资源包括废旧金属、报废电子产品、报废机电设备及其零部件、废造纸原料（如废纸、废棉等）、废轻化工原料（如橡胶、塑料、农药包装物、动物杂骨、毛发等）、废玻璃等。

2.2 废玻璃 scrap glass

在社会生产和生活过程中产生的，已经失去原有全部或部分使用价值，经过回收、加工处理，能够作为原料被循环利用的玻璃及其制品。

2.3 废平板玻璃 scrap flat glass

废弃的板状玻璃制品。

2.4 废日用玻璃 scrap domestic glass

废弃的玻璃包装、玻璃容器、玻璃工艺品等的统称。

2.5　废玻璃净料 net material of scrap glass

经过加工处理后的废玻璃。

2.6　废玻璃毛料 gross material of scrap glass

未经过加工处理，且含有杂质的废玻璃。

3　分类原则

3.1　最大限度地利用废玻璃，减少废玻璃的最终处置，对生产、流通、消费过程产生的废玻璃能进行回收利用。

3.2　根据废玻璃再生利用企业的实际生产需求进行分类。

4　分类与要求

废玻璃按照其状态性质和存在方式分为三大类（见表1）。

表1　　废玻璃的分类

编号	类别	组别	名称	颜色	品质要求
01	平板废玻璃	平板废玻璃净料	超白片	特白	主要是超白压花玻璃，厚度为3mm～8mm，块度为30mm～50mm，细粉含量低于5%，无杂色玻璃，钢化玻璃含量低于20%
02			白片	白色	主要是浮法玻璃和格法玻璃，厚度为3mm～19mm，块度为30mm～50mm，不含镍、镉等有害金属玻璃和难熔玻璃
03			镜片	银色	主要是浮法玻璃，厚度为2mm～8mm，块度为30mm～50mm，无钢化玻璃，杂色玻璃含量低于1%，细粉含量低于5%，非玻璃杂物低于0.1%，无含镍、镉等有害金属玻璃和难熔玻璃
04			绿片	绿色	主要是浮法玻璃，厚度为2mm～19mm，块度为30mm～50mm，钢化玻璃含量低于40%，杂色玻璃含量低于5%，细粉含量低于5%，非玻璃杂物低于0.1%，无含镍、镉等有害金属玻璃和难熔玻璃
05			杂片	杂色	主要是浮法玻璃和格法玻璃，厚度为3mm～19mm，钢化玻璃含量低于20%，细粉含量低于5%，非玻璃杂物低于0.15%，无含镍、镉等有害金属玻璃和难熔玻璃
06		平板废玻璃毛料	超白片	特白	未经过加工处理的工厂边角料，块度为30mm～50mm，杂色玻璃含量低于3%，其他杂质含量低于1%，钢化玻璃含量低于25%，非玻璃杂物低于0.1%，无含镍、镉等有害金属玻璃和难熔玻璃
07			白片	白色	主要是浮法玻璃和格法玻璃，厚度为3mm～19mm，块度为30mm～50mm
08			镜片	银色	主要是浮法玻璃，厚度为2mm～8mm，块度为30mm～50mm，无钢化玻璃，杂色玻璃含量低于5%，细粉含量低于5%，其他杂质含量低于5%
09			绿片	绿色	主要是浮法玻璃，厚度为2mm～19mm，块度为30mm～50mm，钢化玻璃含量低于40%，杂色玻璃含量低15%，细粉含量低于10%，其他杂质含量低于5%

续 表

编号	类别	组别	名称	颜色	品质要求
10	平板废玻璃	平板废玻璃毛料	杂片	杂色	主要是浮法玻璃和格法玻璃，厚度为 3mm ~ 19mm，块度为 30mm ~ 50mm，钢化玻璃含量低于 20%，杂色玻璃含量低于 75%，细粉含量低于 5%，其他杂质含量低于 10%
11	用废玻璃	日用废玻璃净料	白料	白色	主要是破碎的各类玻璃容器，厚度为 2mm ~ 50mm，块度为 30mm ~ 50mm，其他颜色玻璃含量低于 1%，细粉含量低于 5%，非玻璃杂物低于 0.1%，无含镍、镉等有害金属玻璃和难熔玻璃
12			绿料	绿色	主要是破碎的各类玻璃容器，厚度为 2mm ~ 50mm，块度为 30mm ~ 50mm，棕色玻璃含量低于 10%，白色玻璃含量低于 1%，细粉含量低于 5%，非玻璃杂物低于 0.2%，无含镍、镉等有害金属玻璃和难熔玻璃
13			棕料	棕色	主要是破碎的各类玻璃容器，厚度为 2mm ~ 50mm，块度为 30mm ~ 50mm，绿色玻璃含量低于 10%，白色玻璃含量低于 1%，细粉含量低于 5%，非玻璃杂物低于 0.2%，无含镍、镉等有害金属玻璃和难熔玻璃
14			杂料	杂色	主要是破碎的各类玻璃容器，厚度为 2mm ~ 50mm，块度为 30mm ~ 50mm，细粉含量低于 5%，非玻璃杂物低于 0.3%，无含镍、镉等有害金属玻璃和难熔玻璃
15		日用废玻璃毛料	白料	白色	主要是破碎的各类玻璃容器，厚度为 2mm ~ 50mm，块度为 30mm ~ 50mm，其他颜色玻璃含量低于 1%，细粉含量低于 5%，杂质含量低于 10%
16			绿料	绿色	主要是破碎的各类玻璃容器，厚度为 2mm ~ 50mm，块度为 30mm ~ 50mm，棕色玻璃含量低于 10%，白色玻璃含量低于 1%，细粉含量低于 5%，杂质含量低于 10%
17			棕料	棕色	主要是破碎的各类玻璃容器，厚度为 2mm ~ 50mm，块度为 30mm ~ 50mm，绿色玻璃含量低于 10%，白色玻璃含量低于 1%，细粉含量低于 5%，杂质含量低于 10%
18			杂料	杂色	主要是破碎的各类玻璃容器，厚度为 2mm ~ 50mm，块度为 30mm ~ 50mm，细粉含量低于 5%，杂质含量低于 10%
19	特种废玻璃	特种废玻璃净料	灯饰类玻璃		主要是破碎的各类灯饰玻璃，厚度为 2mm ~ 50mm，块度为 30mm ~ 50mm，细粉含量低于 5%，非玻璃杂物低于 0.5%
20			电子类玻璃		主要是破碎的各类电子产品玻璃，厚度为 2mm ~ 50mm，块度为 30mm ~ 50mm，细粉含量低于 5%，非玻璃杂物低于 0.5%
21			其他废玻璃		其他类型废玻璃，厚度为 2mm ~ 50mm，块度为 30mm ~ 50mm，细粉含量低于 5%，非玻璃杂物低于 0.5%

续 表

编号	类别	组别	名称	颜色	品质要求
22	特种废玻璃	特种废玻璃毛料	灯饰类玻璃		主要是破碎的各类灯饰玻璃，厚度为 2mm～50mm，块度为 30mm～50mm，细粉含量低于 5%，其他类型玻璃含量低于 10%，杂质含量低于 10%
23			电子类玻璃		主要是破碎的各类电子产品玻璃，厚度为 2mm～50mm，块度为 30mm～50mm，细粉含量低于 5%，其他类型玻璃含量低于 10%，杂质含量低于 10%
24			其他废玻璃		其他类型废玻璃，厚度为 2mm～50mm，块度为 30mm～50mm，细粉含量低于 5%，杂质含量低于 10%

参考文献

商务部令〔2007〕第 8 号《再生资源回收管理办法》

废电池分类

前　言

本标准按照 GB/T 1.1—2009 给出的规则起草。

本标准由中华人民共和国商务部提出并归口。

本标准主要起草单位：中国物资再生协会、武汉格林美资源循环有限公司。

本标准主要起草人：刘强、崔燕、许开华、张翔、谭翠丽、闫梨、杨雪娟。

1　范围

本标准规定了废电池的分类原则、类别以及要求。

本标准适用于各生产工序中产生的电池废料废件，使用过程、流通及回收处理领域产生的废电池。

2　规范性引用文件

下列文件对于本标准的应用是必不可少的。凡是注日期的引用文件，仅注日期的版本适用于本标准。凡是不注日期的引用文件，其最新版本（包括所有的修改单）适用于本标准。

GB/T 5124.3　硬质合金化学分析方法　电位滴定法测定钴量

GB/T 8654.7　金属锰化学分析方法 电位滴定锰量

GB/T 15555.2　固体废物 铜、锌、铅、镉的测定 原子吸收分光光度法

GB/T 15555.9　固体废物 镍的测定 直接吸入火焰原子吸收分光光度法

GB/T 15555.10　固体废物 镍的测定 丁二酮肟分光光度法

GB/T 15679.1　钐钴永磁合金粉化学分析方法钐、钴量的测定

GB/T 20155　电池中汞、镉、铅含量的测定

GB/T 26724　一次电池废料

GB/T 26932　充电电池废料废件

3　术语和定义

GB/T 26724 和 GB/T 26932 界定的以及下列术语和定义适用于本标准。

3.1　废电池 used batteries

失去使用价值的电池及其废元（器）件、零（部）件和废原材料。包括工业生产过程中产生的报废电池、报废的半成品、废元（器）件、零（部）件和废原材料，以及工业用途、日常生活或者流通领域中产生的失去使用价值的电池。

3.2　废料废件 scrap material

电池生产过程中边角料、废零（部）件、废原料以及不合格产品。

4 分类原则

4.1 最大限度地利用废电池，减少废电池的最终处置，对生产、流通、消费过程产生的废电池能进行回收利用。

4.2 根据废电池再生利用企业的实际生产需求进行分类。

5 分类与要求

5.1 使用过程、流通及回收处理领域产生的废电池分类详见表2。

表2　　使用过程、流通及回收处理领域产生的废电池分类

编号	类别	举例	备注
01	含锌锰废电池	废普通锌锰电池、碱性锌锰电池、锌空气电池、废锌锰蓄电池等	
02	含锂废电池	废锂－氟化碳电池、锂－二氧化锰电池、锂－硫化铜电池、锂－二氧化硫电池、锂－亚硫酰氯电池、废锂离子电池、聚合物锂离子电池等	储存和运输过程须做好防火和防短路措施
03	含锌银废电池	废锌银电池、废锌银蓄电池等	
04	含汞废电池	废锌汞电池等	储存和运输过程须防止汞泄漏
05	废铅蓄电池	废铅蓄电池等	收集、运输过程中应保持外壳完整，并采取必要措施防止酸液外泄
06	含镍电池	废镍氢电池、废锌镍蓄电池、废铁镍蓄电池等	
07	含镉电池	镍镉电池、极板含镉的废电池等	
08	其他废电池	废镁锰电池、铝锰电池等	

注：属于危险废物的废电池应按照现行危险废物管理制度执行。

5.2 生产工序产生的电池废料废件分类详见表3。

表3　　生产工序产生的电池废料废件分类

编号	类别	要　求
01	废极片料	包括电池废正极片（或阳极）、负极片（或阴极）等
02	边角料	包括正极边角料、负极边角料、冲边料等
03	废外壳	包括电池废钢壳、铝壳、塑料外壳、帽等及其废碎料
04	废隔膜	由电池废隔膜构成
05	废钴盐	包括废钴酸锂、废镍钴酸锂等

续 表

编号	类别	要 求
06	废镍盐	包括废镍粉、废氢氧化镍等
07	废镍材	包括废多孔镍（泡沫镍）、废镀镍钢带（镍带）、废镍网等
08	废镉	废氧化镉（海绵镉）
09	其他废料废件	其他废原材料和废件

注：属于危险废物的废电池应按照现行危险废物管理制度执行。

5.3 废电池可按照本标准规定的类别进行回收和贸易，不同类别的废电池不宜相互混合。经供需双方商定，可供应表2和表3中未列出的其他废电池，本标准未列入的其他废电池可归入相近的类别中。

5.4 废电池不宜混有密封容器。

5.5 废电池不应混有医疗废物、带有放射性物品等夹杂物。

6 检验方法

6.1 废电池的类别用目视检验。

6.2 废电池的化学成分可进行分析，分析方法由供需双方协商确定，并在合同中注明。未确定分析方法时，可参照GB/T 5124.3、GB/T 8654.7、GB/T 15555.2、GB/T 15555.9、GB/T 15555.10、GB/T 15679.1、GB/T 20155 等相关规定进行。

废电视机回收技术规范

前　言

本标准规定了废电视机回收、分类、运输、储存等过程中操作技术要求。

本标准按照 GB/T 1.1—2009 给出的规则起草。

本标准由中华人民共和国商务部提出并归口。

本标准为首次发布。

本标准主要起草单位：中国物资再生协会、惠州市鼎晨实业发展有限公司。

标准起草人：刘强、崔燕、刘汉儒、林春涛、夏天

1　范围

本标准规定了废电视机及其零（部）件收集、运输、储存和分拣的技术规范。

本标准适用于废电视机及其零（部）件回收全过程，并可用于废电视机回收经营者和回收集散地的监督和管理工作。

2　规范性引用文件

本标准内容引用了下列文件中的条款。凡是不注日期的引用文件，其有效版本适用于本标准。

GB 18599　一般工业固体废物储存、处置场污染控制标准

GB/T 20861　废弃产品回收利用术语

GB/T 23685　废电器电子产品回收利用技术要求

3　术语和定义

GB/T 20861 和 GB/T 23685 界定的以及下列术语和定义适用于本标准。

3.1　废电视机 waste televisions

不再使用且已经丢弃或放弃的电视信号接收机（包括构成其产品的所有零（部）件、元（器）件和材料等），以及生产、运输、销售过程中产生的不合格、报废或过期的电视信号接收机。

3.2　回收 collection

废电视机（3.1）的收集、分类和整理活动。

3.3　储存 storage

为收集、运输、处理和处置的目的，在符合要求的特定场所暂时性存放废电视机（3.1）的活动。

4 总体要求

4.1 从事废电视机回收经营者应符合《再生资源回收管理办法》的要求，在取得营业执照后30日内，按属地管理原则，向登记注册地工商行政管理部门的同级商务主管部门或者其授权机构备案。

4.2 符合二手货标准的废电视机中的零（部）件应优先实现再使用。

4.3 鼓励回收经营者建立废电视机回收信息管理系统，并保存有关信息，提供有关信息给商务主管部门或商务主管部门委托的相关机构。

4.4 鼓励电视机生产和销售单位利用其销售渠道，推进生产者责任延伸，对废电视机统一集中回收后送有资质的拆解企业进行处置。对电视机生产单位，其产品应有回收、再利用标志说明，以确保使用后能够采用有利于环境保护的方式利用或处置。

4.5 回收后的废电视机应交给有资质的处理企业，不得擅自丢弃和拆解。

4.6 严禁将废电视机直接填埋或焚烧。

4.7 回收经营者宜建立突发事件应急预案，有完整的防护装备和措施，操作应遵守国家相关的职业安全卫生法规或标准。

5 废电视机收集和分类技术要求

5.1 废电视机收集时应按废普通电子管（CRT）电视、液晶显示（LCD）电视和等离电（PDP）电视进行分类回收。

5.2 收集废电视机时，应有设置防护措施，避免溢散、泄漏、脱落、污染环境或危害人体健康。

5.3 显示器破损的电视机应妥善保管，单独分类，不得将普通电子管（CRT）玻璃、液晶显示（LCD）显示屏混放，不得将破损的CRT锥玻璃混入生活垃圾中。

5.4 收集废电视机拆解产物CRT锥玻璃和印刷电路板，应具有相应的危险废物经营许可证。

6 废电视机运输技术要求

6.1 运输车辆应设置防护措施，并避免发生碰撞、溢散、泄漏、掉落、污染环境或危害人体健康。

6.2 运输废电视机过程中不得随意丢弃。

6.3 废电视机运输时应有破损防护措施。D6.4 废电视机不与易燃、易爆或腐蚀性物质混合运输。

6.5 废电视机在搬运过程中应轻拿轻放，避免损坏显示屏。

6.6 严禁运输过程中擅自对废电视机采取任何形式的拆解、处理。

7 废电视机储存技术要求

7.1 废电视机应分类储存，并在显著位置设立标识其种类名称。

7.2　废电视机储存应有专用场地，场地应符合 GB 18599 的相关要求。储存场地地面、储存容器及其设施应经常保持清洁完整，不得发生溢散、泄漏、飞散、散发恶臭、污染地面、积水或冷媒、荧光粉、液晶逸散或泄漏等。

7.3　破损的废电视机应及时回收到容器内，密闭并单独存放。

7.4　显示屏单位面积储存密度不宜过大，需要分层储存时应设有专用储存格架。

7.5　废电视机的堆置高度不宜过高，鼓励使用固定钢架、支架、挡桩及栈板等进行堆置，各区域间宜有适当宽度的走道。

7.6　储存场地应有防雨、防渗、遮盖措施。

8　管理要求

8.1　回收经营者应建立信息管理制度，统计记录回收废电视机的类型、数量、重量等相关内容。记录至少保存 3 年以上，并接受商务主管部门的检查。

8.2　回收经营者应建立废水废气处理系统并定期检测排放的废水废气中污染物浓度。

8.3　回收经营者应设有专职质量管理人员和完善的质量管理制度。

8.4　回收人员回收废旧电视机前，应进行岗前培训，或在技术部门人员的指导下进行操作。

废钢铁加工配送中心建设规范

前 言

本标准按照 GB/T 1. 1—2009 给出的规则起草。

本标准由中华人民共和国商务部提出并归口。

本标准起草单位：中国物资再生协会、安庆市吉宽再生资源有限公司。

本标准起草人：刘强、崔燕、许吉宽、祖方跃、余灿、赵启明、徐冉。

本标准首次发布。

1 范围

本标准规定了废钢铁加工配送中心的类型、建设要求和经营管理要求。

本标准适用于废钢铁加工配送中心的建设和经营管理活动。

2 规范性引用文件

下列文件对于本文件的应用是必不可少的。凡是注日期的引用文件，仅注日期的版本适用于本文件。凡是不注日期的引用文件，其最新版本（包括所有的修改单）适用于本文件。

GB 4223 废钢铁

GB 5085. 1—7 危险废物鉴别标准

GB 8978 污水综合排放标准

GB 12348 工业企业厂界噪声标准

GB 16297 大气污染物综合排放标准

GB 18597 危险废物储存污染控制标准

GB 18599 一般工业固体废物储存、处置场污染控制标准

GB J16 建筑设计防火规范

GB/T 19001 质量管理体系要求

GB/T 24001 环境管理体系要求及使用指南

GB/T 28001 职业健康安全管理体系规范

GP 50057 建筑物防雷设计规范

JJG 539 数字指示秤

SN 0570 进口废金属放射性污染检验规程

3 术语和定义

GB 4223 界定的以及下列术语和定义适用于本文件。

3.1　再生资源 recycled resources

在社会生产和生活消费过程中产生的，已经失去原有全部或部分使用价值，经过回收、加工处理，能够使其重新获得使用价值的各种废物。

注：再生资源包括废旧金属、报废电子产品、报废机电设备及其零部件、废造纸原料（如废纸、废棉等）、废轻化工原料（如橡胶、塑料、农药包装物、动物杂骨、毛发等）、废玻璃等。

3.2　废钢铁 scrap steel

失去原有用途并可以回收使用的钢铁碎料及钢铁制品。

3.3　废钢铁加工配送中心 scrap steel processing and distribution center

以再生资源加工企业为主体，通过接受并处理废钢铁用户的订货信息，对废钢铁进行分拣，根据用户订货要求进行拣选、加工、组配等作业，并进行配送的经营实体，在其配送作业流程中，储存作业和加工作业居主导地位。

按其规模可分为小、中、大三种类型。

4　基本要求

4.1　基本条件

废钢铁加工配送中心建设应符合城市总体规划，符合国家产业政策，合理规划布局，严格按照建设指标要求进行设计、建设，按功能分区、分块布置，规范加工配送流程，规范商品交易制度，规范环境保护要求。

4.2　选址

废钢铁加工配送中心选址宜考虑根据全国大中型钢厂分布、产废水平、交通情况等因素。原则上按照辐射半径 200 千米建设一个废钢铁加工配送中心，建设周期不超过 3 年。

4.3　类型产能

废钢铁加工配送中心建筑面积应以分拣加工面积为主，并辅以适度比例的商品交易、仓储配送、配套服务等面积，绿化面积不低于总面积的 10%。按规模可分为小型、中型、大型三类。

4.3.1　小型废钢铁加工配送中心

占地面积在 20000 平方米 ~ 35000 平方米，建成后年加工配送能力达到 5 万 ~ 10 万吨。

4.3.2　中型废钢铁加工配送中心

占地面积在 35000 平方米 ~ 70000 平方米，建成后年加工配送能力达到 10 万 ~ 30 万吨。

4.3.3　大型废钢铁加工配送中心

占地面积在 70000 平方米以上，建成后年加工配送能力达到 30 万吨以上。

5 建设要求

5.1 基本要求

5.1.1 废钢铁加工配送中心基本建设内容：商品交易区、仓储配送区、分拣加工区、配套服务区（含信息处理中心）。

5.1.2 供电电源由当地电网供给，供电应采用三级负荷、电器设施应按照 GP 50057 等有关规定设避雷接地装置。

5.1.3 消防设施应符合 GB J16 要求，并满足货场、经营、生产、生活要求。

5.1.4 应对废钢铁加工配送中心建成投产后可能对环境产生的影响进行评价，并提出污染防止对策和措施。

5.2 具体要求

5.2.1 商品交易区

该区主要职能是废钢铁的交易、质检、司磅、财务结算等。应配备符合 JJG 539 要求的汽车衡等设备。

5.2.2 仓储配送区

该区主要对废钢铁进行统一装卸、配送、运输、仓储等。宜配备配套的装卸、运输设备。废钢铁储存应有专用场地，场地应符合 GB 18599 的相关要求。需设置危险废物临时存放区，主要对回收、加工过程中发现的危险废物临时存放，设置危险废物标志，并将危险废物及时送至有相关危险废物处理资质的单位处理，该区场地应符合 GB 18597。

5.2.3 分拣加工区

该区是废钢铁加工配送中心的主体部分，对废钢铁进行分类拣选及初步处理，配备废钢剪切机、液压打包机、抓钢机、废钢破碎生产线等设备，主要包括废钢铁分拣加工区、废有色金属分拣加工区。其中，废有色金属分拣加工区属于辅助区，主要处理废钢铁分拣中剥离出的废有色金属。

5.2.4 配套服务区

该区主要包括办公管理、信息处理、污水处理、生活配套设施。其中，办公区主要包括行政管理、保安、通信等功能；信息处理中心主要是对废钢铁加工配送提供整体信息系统支持；污水处理区主要是对雨水及废钢铁回收、加工过程中产生的废水进行处理；生活配套主要包括食宿、商店等相关配套服务设施。

6 环保要求

6.1 基本要求

废钢铁加工配送中心应符合环境保护要求，配备粉尘收集、降低噪声、液体截流、收集、泄水等设施，以及具有防止地面污染及影响周边环境的环保措施。

6.2 地面

建设标准应符合国家建筑标准；地面硬化使用 C25 以上混凝土，厚度不低于 0.24 米，个别区域应作防腐蚀处理。

6.3　噪声

采用低噪声设施，并采用屏蔽、隔声减震等处理措施，确保厂界噪声符合 GB 12348 的要求。

6.4　大气

大气污染应符合 GB 16297 的要求。

6.5　污水

污水排放应符合 GB 8978 的要求。

6.6　危险废物

6.6.1　废钢铁加工配送作业中危险废物的鉴别应符合 GB 5085.1—7 相关要求。对废旧武器、危险化学品、剧毒物品、放射源、易爆品等危险物品必须具备相应的应急处理预案。

6.6.2　废钢铁回收、加工过程中产生的废油等废物应具备分离设施。

6.6.3　废钢铁加工配送中心应配备放射性检测装置，检测操作应符合 SN 0570。

6.6.4　危险废物处理应符合环境保护部门要求。

7　管理要求

7.1　管理

废钢铁加工配送中心的实施企业宜按照 GB/T 19001、GB/T 24001、GB/T 28001 等标准进行管理。

7.2　人员

从业人员上岗前应经过废钢铁相关法律、岗位责任、专业技能和劳动保护等相关知识培训。

7.3　制度

具有与生产规模相适应的岗位设置和制度规范。建立健全各项工作制度，包括安全生产责任制度、安全检查制度、环境管理制度、设施设备检修和维护制度、突发事件应急预案等。

参考文献

［1］国办发〔2011〕49 号《国务院办公厅关于建立完整的先进的废旧商品回收体系的意见》

［2］商商贸发〔2009〕142 号《商务部 财政部关于加快推进再生资源回收体系建设的通知》

［3］商务部令〔2007〕8 号《再生资源回收管理办法》

［4］商商贸发〔2010〕187 号《商务部关于进一步推进再生资源回收行业发展的指导意见》

附录2：2012年主要再生资源回收利用相关文件汇编

目 录

国务院办公厅关于印发建立完整的先进的废旧商品回收体系重点工作部门分工方案的通知

【发布单位】中华人民共和国国务院办公厅

【发布文号】国办函〔2012〕82号

【发布日期】2012－04－26

国务院有关部门：

《建立完整的先进的废旧商品回收体系重点工作部门分工方案》（以下简称《分工方案》）已经国务院同意，现印发给你们，请认真落实。

各有关部门要认真贯彻落实《国务院办公厅关于建立完整的先进的废旧商品回收体系的意见》（国办发〔2011〕49号）精神，按照《分工方案》要求，明确责任，加强协调，密切配合，抓紧制定具体措施并尽快组织实施。商务部要会同有关部门做好协调指导、统筹推进和督促检查工作，确保各项重点任务和政策措施落到实处。

国务院办公厅

2012年4月26日

建立完整的先进的废旧商品回收体系重点工作部门分工方案

一、抓好重点废旧商品回收

（一）充分发挥市场机制作用，提高主要品种废旧商品回收率。（商务部、工业和信息化部、环境保护部按职责分工负责）

（二）加强政策引导和支持力度，进一步明确生产者、销售者、消费者责任。（发展改革委牵头，工业和信息化部、商务部、环境保护部、供销总社等部门和单位配合）

（三）通过垃圾分类回收等途径，切实做好重点废旧商品的有效回收。（住房城乡建设部牵头，商务部、环境保护部、供销总社等部门和单位配合）

（四）加强报废汽车回收拆解管理，加快回收拆解企业升级改造，提高回收拆解水平。（商务部牵头，公安部、环境保护部、工商总局等部门配合）

二、提高分拣水平

（五）加快废旧商品分拣处理企业技术升级改造，鼓励采用现代分拣分选设备，提升废旧商品分拣处理能力。建设符合环保要求的专业分拣中心，实现精细化分拣处理。（商务部牵头，科技部、环境保护部、供销总社配合）

（六）不断完善废旧商品集散市场的分拣和集散功能，提高专业分拣能力，促进产需有效衔接，促进废旧商品回收加工一体化发展。（商务部牵头，发展改革委、供销总社配合）

三、强化科技支撑

（七）在国家相关科技计划中进一步加大对废旧商品回收分拣处理技术研发的支持力度。建立健全产、学、研衔接互动机制，加强废旧商品回收分拣处理技术攻关，集中力量开发大宗废弃物、易污染环境的重点废旧商品回收分拣处理技术。鼓励研发先进的废旧商品回收分拣处理设备，提高回收分拣处理企业的技术装备水平。（科技部牵头，商务部、财政部配合）

（八）通过推广应用新技术、新工艺、新设备，加快提高废旧商品回收的现代化水平。加强国际合作与交流，借鉴国外废旧商品回收分拣处理的管理经验，积极引进国外先进技术设备，提高消化、吸收和创新能力。（商务部牵头，发展改革委、教育部、科技部、工业和信息化部、环境保护部、供销总社配合）

四、发挥大型企业带动作用

（九）加大政策引导和支持力度，鼓励废旧商品回收企业联合、重组，做大做强，逐步培育形成一批组织规模大、经济效益好、研发能力强、技术装备先进的大型企业。（商务部牵头，人民银行、税务总局、银监会、供销总社配合）

（十）充分发挥大型企业的示范和带动效应，提高废旧商品回收企业的组织化和规模化程度，鼓励外资参与废旧商品回收体系建设。（商务部牵头，发展改革委、工业和信息化部、供销总社配合）

五、推进废旧商品回收分拣集约化、规模化发展

（十一）按照布局合理、产业集聚、土地集约、生态环保的原则，在基础较好、需求迫切的地区先行试点，建设分拣技术先进、环保处理设施完备、劳动保护措施健全的废旧商品回收分拣集聚区，促进回收分拣集聚区与国家“城市矿产”示范基地等规模化利用基地的有效衔接。（商务部牵头，国土资源部、发展改革委、科技部、财政部、人力资源社会保障部、供销总社配合）

六、完善回收处理网络

（十二）鼓励各类投资主体积极参与建设、改造标准化居民固定或流动式废旧商品回

收网点，发挥中小企业的优势，整合提升传统回收网络，对拾荒人员实行规范化管理。（商务部牵头，发展改革委、住房城乡建设部、供销总社配合）

（十三）结合城市生活垃圾收运体系建设，加快建立居民废旧商品分类收集制度。（住房城乡建设部牵头，商务部配合）

（十四）畅通生产企业间直接回收大宗废旧商品和边角余料的渠道。鼓励生产企业、流通企业积极参与废旧商品回收，逐步实行生产者、销售者责任延伸制。明确生产企业回收废旧商品的责任，督促企业在设计和制造环节充分考虑产品废旧回收时的便利性和可回收率。（发展改革委、工业和信息化部、商务部等部门负责）

（十五）鼓励党政机关、企事业单位以及居民社区与回收企业建立废旧商品定点定期回收机制。支持利用多种方式开展预约回收和交易，鼓励尝试押金回收、以旧换新、设置自动有偿回收机等灵活多样的回收方式，实现回收途径多元化。进一步做好废旧商品回收体系建设试点工作。（商务部牵头，住房城乡建设部、国管局、供销总社配合）

七、加强行业监管

（十六）加强对回收企业站点、回收加工经营行为和市场秩序的监督管理，进一步健全行业管理制度和监督机制，营造统一规范、竞争有序的市场环境，建立和维护良好的废旧商品回收秩序。完善废旧商品回收经营者登记管理相关制度，加强对废旧商品交易市场经营行为的监管。（商务部牵头，工商总局配合）

（十七）强化对回收站点的治安管理，依法查处收购国家禁止收购物品、收赃销赃等违法犯罪行为。（公安部牵头，商务部、工商总局配合）

（十八）严厉打击利用废旧商品制假、造假行为，规范市场秩序。（商务部牵头，工商总局、质检总局配合）

（十九）保护废旧商品回收和加工劳动者的合法权益，严格落实国家关于劳动保障的有关法规和制度。（人力资源社会保障部牵头，商务部配合）

（二十）落实国家固体废物进口管理有关规定，加大预防和打击废物非法进口力度，加强对进口固体废物和旧商品的监管，鼓励进口再利用价值高、对原生资源替代性强、可直接用作原料的固体废物。（环境保护部牵头，商务部、发展改革委、海关总署、质检总局配合）

八、加强环境保护

（二十一）强化废旧商品回收各环节的污染防治工作，完善污染防治设施，对废水、废气和固体废物实行严格收集和处理，严禁产生二次污染。制定和完善相应的环保法规、标准，加强回收、运输、处理、利用各环节的环境监管，加大环保执法力度，依法查处污染环境的企业并向社会公布。建立以环保指标为主要依据之一的市场准入和退出机制。积极推动企业开展质量管理体系和环境管理体系认证及清洁生产审核。对未达到质量和环保要求的废旧商品回收、运输、处理、利用企业，要切实加强督查、限期整改。（环境保护部牵头，商务部、发展改革委等部门配合）

九、加大财税金融支持力度

（二十二）进一步研究完善支持废旧商品回收体系建设的财政政策。建立废弃电器电子产品处理基金，用于废弃电器电子产品回收处理费用补贴。通过国家科技计划（基金）等渠道，加强废旧商品回收处理有关技术设备的研发与示范。（财政部牵头，发展改革委、商务部、科技部、环境保护部等配合）

（二十三）研究制定并完善促进废旧商品回收体系建设的税收政策。（财政部、税务总局牵头，商务部、发展改革委配合）

（二十四）创新金融产品和服务方式，加大金融机构支持废旧商品回收体系建设的服务力度。鼓励并引导社会资金参与废旧商品回收体系建设。（中国人民银行牵头，商务部、银监会、证监会配合）

十、完善土地支持政策

（二十五）在提高土地节约集约利用水平的基础上，加大对废旧商品回收体系项目的土地政策支持。对列入各地废旧商品回收体系建设规划的重点项目，在符合土地利用总体规划前提下布局和选址，需要进行土地征收和农用地转用的，在土地利用年度计划内优先安排。积极支持利用工业企业存量土地建设废旧商品回收体系项目。（国土资源部牵头，商务部、发展改革委配合）

十一、修订完善相关制度和标准

（二十六）加快废旧商品回收法规建设，将废旧商品回收处理纳入法制化轨道，明确相关主体责任。（商务部牵头，法制办配合）

（二十七）完善促进和规范废旧商品回收的相关制度，建立废旧商品回收统计体系，加强考核和评价。（商务部牵头，发展改革委、统计局配合）

（二十八）加快废旧商品回收行业标准和规范的制修订工作，制定相关技术规范和重点废旧商品回收目录。（商务部牵头，发展改革委、质检总局配合）

（二十九）修订《报废汽车回收管理办法》。（法制办牵头，商务部、发展改革委、公安部、环境保护部、工商总局等部门配合）

十二、编制规划

（三十）编制“十二五”废旧商品回收体系建设规划并纳入国家“十二五”发展规划和循环经济发展规划。各地区在编制和调整城市规划、土地利用总体规划、基础设施规划、村镇规划时，应充分考虑废旧商品回收体系建设的需要，合理布局回收网点、分拣中心和区域性回收分拣基地。（商务部牵头，发展改革委、国土资源部、住房城乡建设部、供销总社等部门和单位配合）

十三、建立统筹协调指导机制

（三十一）成立由商务部牵头、有关部门参与的废旧商品回收体系建设部际协调机制，指导废旧商品回收体系建设工作，协调解决工作中的重大问题，研究提出政策建议和工作思路，促进废旧商品回收体系建设工作制度化。（商务部牵头，发展改革委、财政部、环境保护部、税务总局、供销总社等部门和单位配合）

（三十二）充分发挥行业协会作用，强化企业与政府沟通，提高行业自律和组织水平。（商务部牵头，中国再生资源回收利用协会、中国物资再生协会等行业协会配合）

十四、深入开展宣传教育

（三十三）利用多种形式，广泛进行废旧商品回收利用宣传教育，积极倡导环保健康、循环利用的生产生活方式，在全社会推动形成加强环境保护、注重资源回收的良好氛围，树立全民节约环保意识。（商务部牵头，中央宣传部、广电总局、教育部、环境保护部等部门配合）

（三十四）在中小学教育和职业技能培训中，加强勤俭节约品德和废旧商品回收知识普及教育。（教育部、人力资源社会保障部牵头，商务部配合）

商务部办公厅关于确定第三批再生资源回收体系建设试点城市的通知

各省、自治区、直辖市、计划单列市商务主管部门：

根据《国务院办公厅关于建立完整的先进的废旧商品回收体系的意见》（国办发〔2011〕49号）和《商务部办公厅关于开展第三批再生资源回收体系建设试点工作的通知》（商办流通函〔2011〕693号）要求，我部组织专家对各地上报的第三批再生资源回收体系建设试点城市实施方案进行了评审，并经过网上公示。现将有关事宜通知如下：

一、同意河北承德等35个城市作为第三批再生资源回收体系建设试点城市。

二、请有关省（自治区、直辖市）商务主管部门加强对试点城市再生资源回收体系建设工作的督导，指导试点城市细化实施方案，编制年度计划，完善相关政策，确保试点工作有序推进，早见成效。

三、商务部将加强对试点城市再生资源回收体系建设工作的指导，对试点工作进展情况开展年度评估。

联系人：李嘉建 仇亚童

电　话：010－85093766　85093754

传　真：010－85093765

邮　箱：ltwuliu@mofcom.gov.cn

附件：第三批再生资源回收体系建设试点城市名单

商务部办公厅

2012年2月5日

附件

第三批再生资源回收体系建设试点城市名单

（按地方排序）

序号	省份	推荐城市
1	河北省	承德市
2	山西省	晋城市
3	辽宁省	鞍山市
4		营口市
5	吉林省	白山市
6	黑龙江省	牡丹江市
7		齐齐哈尔市
8	江苏省	淮安市
9		徐州市
10	浙江省	金华市
11		台州市
12	安徽省	黄山市
13		芜湖市
14	厦门市	厦门市
15	江西省	上饶市
16	山东省	威海市
17		菏泽市
18	河南省	商丘市
19	湖北省	荆门市
20		宜昌市
21	湖南省	衡阳市
22		娄底市
23	广东省	佛山市
24		江门市
25	广西区	钦州市
26		梧州市

续 表

序号	省份	推荐城市
27	海南省	三亚市
28	云南省	曲靖市
29	四川省	绵阳市
30		达州市
31	贵州省	安顺市
32	陕西省	宝鸡市
33	甘肃省	武威市
34	宁夏回族自治区	石嘴山市
35	新疆自治区	吐鲁番市

商务部办公厅关于开展再生资源回收体系建设项目督查工作的通知

各省、自治区、直辖市、计划单列市及新疆生产建设兵团商务主管部门：

为加强对再生资源回收体系建设项目监管，确保试点项目顺利推进并达到预期成效，我部决定自2012年4月中旬起，组织对再生资源回收体系建设项目进行督查，现就有关事项通知如下：

一、切实提高认识

开展再生资源回收体系建设项目督查，是贯彻落实《国务院办公厅关于建立完整的先进的废旧商品回收体系的意见》（国办发〔2011〕49号）要求，加快建立网络完善、分拣技术先进、管理规范的再生资源回收体系的重要举措。各地商务主管部门要高度重视，认真组织，严格督查项目内容，完善督查方式，提高督查效果，切实把工作抓紧抓实。

二、开展项目自查

各省级商务主管部门在4月中旬按督查方案（见附件）要求组织项目自查，并于5月20日前向我部（流通发展司）提交自查报告和项目实施效果情况表。

三、组织第三方督查

在做好自查的基础上，各地商务主管部门要建立第三方督查制度，委托具有资质的机构，组织专业人员开展项目督查。第三方督查机构名单和督查报告请于6月30日前报我部（流通发展司）。同时，我部将委托流通产业促进中心进行抽查。

四、建立定期督查制度

各地商务主管部门要在总结本次督查经验的基础上，建立定期督查制度，每半年报送一次督查报告，督查中的经验和做法也请及时报送。各地项目进展及督查情况将作为下一年度项目安排的重要依据。

项目督查中如有问题，请及时与我部（流通发展司）联系。

联系人：流通发展司　仇亚童　矫旭东

电　话：010－85093754　85093788（传真）

电子邮箱：qiuyatong@ mofcom. gov. cn

附件：再生资源回收体系建设项目督查方案

商务部办公厅

2012 年 4 月 11 日

附件

再生资源回收体系建设项目督查方案

一、督查目的

为全面了解中央财政支持项目的进展情况，加强对再生资源回收体系建设项目监管，及时总结经验，研究问题，确保试点项目顺利推进并达到预期成效，及时发挥试点项目的带动作用。

二、检查内容

2009—2012 年列入中央财政支持的再生资源回收体系试点城市建设、再生资源回收基地建设两类项目，包括项目立项、执行情况、资金管理和使用情况、项目实施效果等。检查对象包括各级商务主管部门和企业。具体内容：

（一）检查地方商务主管部门工作

1. 项目组织情况

（1）项目决策情况。项目确定是否民主、公开、科学，是否经过招标程序，是否经过集体研究，是否通过适当的渠道向社会公示；相关事项是否建立文件档案。

（2）工作制度情况。是否制订详细的工作计划，建立相关管理和监督机制，组织和人员是否落实，有关工作是否按进度进行并达到相关要求。

（3）项目实施和验收。是否制定详细的项目实施、验收工作方案，并认真组织实施。

（4）绩效考核。是否制定绩效考核和奖惩办法，充分调动相关单位和人员积极性。

2. 资金使用管理情况

（1）资金管理制度。是否制定资金使用管理办法及相关制度，是否建立相关监督检查机制，确保资金使用安全。

（2）资金使用方向。是否按照资金管理规定操作使用，资金是否在规定的项目和环节使用。

（3）资金拨付情况。检查补贴资金是否按时、足额下拨到承办企业，是否存在滞留、截留、挤占、挪用、虚报冒领、贪污私分等违纪违法行为。

3. 各项目实施的效果。

（二）检查承担企业情况

1. 企业资质方面

是否具有相关资质，是否符合相关项目承办主体要求。是否具备土地、环评、立项等方面资质。

2. 资金使用管理方面

（1）资金申领情况。检查项目承担企业是否如实提供申领资金材料；对同一建设项目是否存在多头申领资金情况。

（2）资金使用情况。检查项目承担企业资金使用方向是否符合财政部、商务部有关文件要求；是否按照资金管理规定操作使用；是否存在挪用、虚报冒领、贪污私分等违纪违法行为。

3. 企业项目实施进展情况及效果。

三、检查方式

项目督查采取自查、第三方督查与商务部抽查相结合的方式，共分三个阶段。

（一）第一阶段（4～5月中旬）：各地商务主管部门对督查范围内的所有项目，按督查的内容要求进行全面自查，指导帮助项目单位建立规范的项目档案，填写项目实施效果进展表（见附表1、附表2），并对督查情况进行书面总结。总结材料主要包括以下内容：

1. 项目实施总体情况。主要包括项目总体进展情况、投资完成总体情况、中央和省级财政投资到位情况、地方配套及项目自筹资金落实到位情况等。

2. 采取的主要措施及效果等情况。主要包括项目的组织实施、项目的监管措施、取得的具体成效（数字描述）等。

3. 项目存在的主要问题及整改意见。按照项目督查的内容、逐项对照核查，对于项目存在不合规、不合法的问题和行为，立即作出整改；不能立即整改的，要实事求是的加以认定，并提出整改意见及建议，问题认定要客观准确，整改措施应具体可行。

自查报告及项目实施进展情况表于2012年5月20日前上报商务部。

（二）第二阶段（5月下旬～6月底）：由省级商务主管部门委托第三方督查机构，对本地项目进行督查，并提交书面督查报告，报告应包括：项目实施的总体情况、存在的主要问题及原因、相关建议等。第三方督查机构名单及报告于2012年6月30日前上报商务部。

（三）第三阶段（7～10月）：商务部委托流通产业促进中心对各省项目进行抽查，形成项目评估报告。

四、督查要求

（一）督查工作要本着务实、高效、廉洁的原则进行，轻车简从，要发扬求真务实的工作作风，深入调查，不走过场，切实保证督查效果。

（二）各省级商务主管部门在督查中要及时总结经验，抓好典型，发现问题，研究对策，加强指导，推进工作。

附表：1. 再生资源回收体系试点城市项目进展情况及实施效果统计表

2. 再生资源回收利用基地项目进展情况及实施效果统计表

附表 1

再生资源回收体系试点城市项目进展情况及实施效果统计表

城市名称：　　市　　项目下达时间：　　年　　填报单位（公章）：　　　　填表时间：　　年　月　日

项目	进展情况			投资情况（万元）			中央财政资金拨付情况（万元）	2011年带动就业人数（人）	同比增长（%）	2011年回收（交易）量（万吨）	同比增长（%）	2011年回收（交易）额（万元）	同比增长（%）	2011年上缴税收
	计划数（个）	已完成数（个）	完成率（%）	项目投资总额	其中：中央财政支持金额	地方财政投入金额								
回收网点情况														
分拣中心情况														
集散市场情况														
总计														
城市平均回收率（%）														

注：中央财政资金拨付情况，是指截至目前中央财政支持资金拨付到实施企业的金额。

附表 2

再生资源回收利用基地项目进展情况及实施效果统计表

基地名称：　　　　项目下达时间：　年　　填报单位（公章）：　　　　填表时间：　年　月　日

序号	所在地	实施企业	项目进展情况（五区一中心建设情况）	投资情况(万元)			中央财政资金拨付情况（万元）	2011年带动就业人数（人）	同比增长（%）	2011年回收（交易）量（万吨）	同比增长（%）	2011年回收（交易）额（万元）	同比增长（%）	2011年上缴税收（万元）
				项目投资总额	其中：中央财政支持金额	地方财政投入金额								

注：1. 项目进展情况，指五区一中心建设进度情况。

2. 中央财政资金拨付情况，指截至目前中央财政支持资金拨付到实施企业的金额。

商务部办公厅关于开展再生资源回收行业调查通知

【发布单位】商务部办公厅
【发布文号】商办流通函〔2012〕316 号
【发布日期】2012－05－08

各省、自治区、直辖市、计划单列市及新疆建设兵团商务主管部门：

为贯彻落实《国务院办公厅关于建立完整的先进的废旧商品回收体系的意见》（国办发〔2011〕49 号），全面掌握行业发展情况，深入了解企业政策需求，推动再生资源回收行业持续、健康、协调发展，商务部决定开展再生资源回收行业情况摸底调查工作，现将有关事项通知如下：

一、调查内容

（一）行业管理情况

本省（区、市）及试点城市再生资源回收立法、规划和政策情况，行业管理部门的机构设置、制度建设情况（附件 1）。

（二）行业发展情况

本省（区、市）及试点城市再生资源总体规模、情况和各主要回收品种的规模、情况（附件 2）。

（三）企业发展情况

本省（区、市）年销售额在 5000 万元以上的大中型企业基本情况（附件 3）。

（四）政策建议

当前制约行业、企业发展的突出体制机制障碍、矛盾和问题，从法律、规划以及税收、土地政策等方面改善行业发展环境的意见建议；增强行业规范化、专业化、组织化、规模化、产业化程度的政策建议。

二、工作要求

（一）填报要求

各地商务主管部门要认真组织部署，充分发挥政府、协会、企业等各方面优势，确保摸底调查工作及时完成。其中，附件 1 调查表及相关政策建议由省级商务主管部门负责汇总填写；附件 2 的调查表由省级商务主管部门和试点城市商务主管部门分别填写，省级商务主管部门收集上报；附件 3 的调查表由各地商务主管部门负责督促本地区全部的大、中型企业在再生资源电子备案系统中填报（网上填报流程见附件 4）。上述调查表可在商务部网站流通发展司网站子网下载。

（二）时间要求

各地省级商务主管部门于2012年5月25日前将附件1、附件2的调查表及政策建议的书面材料和电子版报送商务部（流通发展司）；大、中型企业调查表于2012年6月15日前在网上填报完毕。

各地上报的文件材料将作为商务部考核各地再生资源体系建设开展情况的重要依据，今后再生资源体系建设支持对象将从调查企业信息库中择优选取。

联系人：流通发展司　仇亚童　矫旭东

电　话：010－85093754　85093788（兼传真）

网上报送技术支持：010－85093775　85093134

附件：1. 再生资源回收行业管理调查表

2. 再生资源回收行业发展调查表

3. 再生资源回收企业基本情况表

4. 网上填报流程

商务部　办公厅

2012年5月8日

附件 1

再生资源回收行业管理调查表

填报单位：

机构设置					
	厅（委、局）业务负责人	工作处室	处室联系人	联系方式	地址
______（省级主管部门）					
______（试点城市）					
______（试点城市）					
______（试点城市）					

制度建设			
	名称及文号	发布时间	制订单位
地方性法律法规			
发展规划（省、市两级）			
本地鼓励再生资源回收行业发展的政策措施			

填报人：　　　　　　　　　　　　　　　　　　填报时间：

注：由省级商务主管部门汇总填写。

附件 2

______省（市）再生资源回收行业发展调查表

2011 年再生资源行业情况	回收量（万吨）	销售量（万吨）	销售额（万元）	纳税额（万元）	就业人数（万人）
废钢铁					
废有色金属					
其中：废铜					
废铝					
废锌					
废家电					
废塑料					
废纸					
废轮胎（橡胶）					
废玻璃					
其他（小计）					
合计					
2011 年本地大型再生资源企业名单（　家）					
2011 年本地中型再生资源企业名单（　家）					

填报人：　　　　　　　　　　　　　　　　　　　　　　填报时间：

注：1. 由省级商务主管部门汇总全省数据后填写该表。

2. 试点城市单独填报，由省级商务主管部门收集后统一上报。

3. 年销售额在 5 亿元人民币以上的为大型企业，0.5 亿 ~5 亿元的为中型企业，0.5 亿元以下的为小型企业。请在表中列出所有本地大中型再生资源回收企业名单，可另附纸。

附件 3

再生资源回收企业基本情况表

<table>
<tr><td>企业（集团）名称</td><td colspan="3"></td><td>法定代表人</td><td></td></tr>
<tr><td>企业地址</td><td colspan="3"></td><td>成立时间</td><td></td></tr>
<tr><td>联系人</td><td colspan="3"></td><td>联系电话</td><td></td></tr>
<tr><td>企业登记
注册类型</td><td colspan="3">□国有或国有控股；□股份制；□民营；
□港澳合资；□外商投资企业</td><td>职工人数（人）</td><td></td></tr>
<tr><td>营业收入（万元）</td><td colspan="3"></td><td>利润率（%）</td><td></td></tr>
<tr><td>纳税额（万元）</td><td colspan="3"></td><td>资产负债率（%）</td><td></td></tr>
<tr><td>2011 年再生资源分
品种经营情况</td><td>单位</td><td>年初库存</td><td>回收量</td><td>销售量</td><td>销售额（万元）</td></tr>
<tr><td>废钢铁</td><td>万吨</td><td></td><td></td><td></td><td></td></tr>
<tr><td>废有色金属</td><td>万吨</td><td></td><td></td><td></td><td></td></tr>
<tr><td>其中：废铜</td><td>万吨</td><td></td><td></td><td></td><td></td></tr>
<tr><td>废铝</td><td>万吨</td><td></td><td></td><td></td><td></td></tr>
<tr><td>废锌</td><td>万吨</td><td></td><td></td><td></td><td></td></tr>
<tr><td rowspan="2">废家电</td><td>台</td><td></td><td></td><td></td><td></td></tr>
<tr><td>万吨</td><td></td><td></td><td></td><td></td></tr>
<tr><td>废塑料</td><td>万吨</td><td></td><td></td><td></td><td></td></tr>
<tr><td>废纸</td><td>万吨</td><td></td><td></td><td></td><td></td></tr>
<tr><td>废轮胎（橡胶）</td><td>万吨</td><td></td><td></td><td></td><td></td></tr>
<tr><td rowspan="2">报废机动车</td><td>辆</td><td></td><td></td><td></td><td></td></tr>
<tr><td>万吨</td><td></td><td></td><td></td><td></td></tr>
<tr><td>废玻璃</td><td>万吨</td><td></td><td></td><td></td><td></td></tr>
<tr><td>废木材（家具）</td><td>万吨</td><td></td><td></td><td></td><td></td></tr>
<tr><td>其他（小计）</td><td>万吨</td><td></td><td></td><td></td><td></td></tr>
<tr><td>合计</td><td>万吨</td><td></td><td></td><td></td><td></td></tr>
</table>

注：1. 该表由商务主管部门督促企业于 6 月 15 日前在商务部再生资源电子备案系统中填报。

2. 再生资源回收企业是指在中华人民共和国境内从事再生资源回收经营活动的企业。

附件 4

网上填报流程

一、企业用户登录

企业用户点击 http：//zszy. syggs. mofcom. gov. cn，进入“再生资源电子备案系统”，点击“经营者登录”按键登录。

首次登录的用户在“用户名”一栏中输入企业营业执照上完整的中文名称，在“密码”一栏中输入 888888。登录后按照系统提示把用户名改成企业组织机构代码证号，修改密码。第二次及以后登录，在“用户名”一栏中输入企业组织机构代码证号，密码为首次登录后修改过的密码。

二、企业用户填写调查表

企业登录再生资源后点击页面左侧“企业基本信息”按键，填写《再生资源回收企业基本情况表》，填写完成后点击“上报”按键即可。

三、各级商务主管部门查询调查表和填写《再生资源回收行业管理调查表》

主管部门点击 http：//zszy. syggs. mofcom. gov. cn，进入“再生资源电子备案系统”，点击“管理部门登录”按键输入用户名和密码登录。

登录系统以后，点击页面左侧的“企业基本情况表”栏目，点击“报送情况查询”可以查询辖区内所有再生资源回收企业“企业基本情况表”的报送情况；点击“企业基本情况表查询”可以通过企业名称搜索、报送日期搜索等多种方式查询辖区内已报送的“再生资源回收企业基本情况”详情。

点击系统左侧的“填写调查表”栏目，填写辖区内的《再生资源回收行业管理调查表》，填写完成后点击“上报”即可。

关于请协助开展再生资源回收分拣中心和回收利用基地规划调查的函

各省、自治区、直辖市、计划单列市及新疆建设兵团商务主管部门：

为贯彻落实《国务院办公厅关于建立完整的先进的废旧商品回收体系的意见》（国办发〔2011〕49号），做好全国再生资源回收体系建设中长期规划，进一步提高中央财政资金使用效果，我司将对全国再生资源回收分拣中心和回收利用基地建设的规划情况进行调查，现将有关事项通知如下：

一、调查内容

各省（自治区、直辖市、计划单列市、新疆兵团）已建和2012—2020年计划建设再生资源回收分拣中心和区域性大型再生资源回收利用基地情况。

二、报送要求

各地上报的规划情况将作为今后商务部开展再生资源体系建设规划布局的重要依据，请认真填报并于2012年7月10日前将调查表（见附件，可在商务部流通发展司网站下载）以传真或电子邮件形式报送我司。

联系人：流通发展司 仇亚童 矫旭东

电　话：010－85093754　85093788（兼传真）

附件：1. 再生资源回收分拣中心调查表

2. 区域性再生资源回收利用基地规划调查表

3. 分拣中心、区域性大型回收基地参考标准

商务部流通发展司

2012年7月2日

附件 1

＿＿＿再生资源回收分拣中心调查表

品种	已建数量（个）	总年交易量（万吨）	拟建数量（个）	预计总年交易量（万吨）	重点规划地区（地级市）	备注
废钢						
废有色金属						
废纸						
废塑料						
废橡胶、轮胎						
废弃电器电子产品						
废玻璃						
其他（废纺织品、木材等）						
综合性						

填报人：　　　　　　　　　　　　　　　　填报日期：

注：其他类和综合类请在备注中注明品种，表格可下载、复制。

附件2

______区域性再生资源回收利用基地规划调查表

品种	已建数量（个）	总年交易量（万吨）	拟建数量（个）	预计总年交易量（万吨）	重点规划地区（地级市）	备注
废钢						
废有色金属						
废纸						
废塑料						
报废汽车及废旧机电设备						
废橡胶、轮胎						
废弃电器电子产品						
废玻璃						
废铅酸电池						
其他（废纺织品、木材等）						
综合性						

填报人：　　　　　　　　　　　　　　　　　　　　　填报时间：

注：其他类和综合类请在备注中注明品种，表格可下载、复制。

附件 3

分拣中心、区域性大型回收基地参考标准

（再生资源回收网点、分拣中心、区域性大型回收基地的标准将于近期发布。标准发布前，请以本文建设要求作为规划调查参考标准。）

区域性大型再生资源回收利用基地建设要求（参考）

一、符合所在城市总体规划、土地利用规划和固体废物污染防治规划，并具备相应证明性文件。

二、通过环保部门环境评估和生产技术标准的资质认定，具备相关废弃物的处理资质。

三、用地规模根据国家产业政策、城市规划要求和当地再生资源总量确定，原则上不少于 200 亩，年再生资源处理量 20 万吨以上。

四、市场规划、设计符合环保、市容和消防安全等标准，具备隔离围墙、硬化防渗漏地面、园区绿化等条件。

五、场区具备商品交易、分拣加工区、仓储配送区、商品展示区、配套服务区和信息中心等分区设置。

六、场区具有相应治污减排处理设施，并与再生资源综合利用配套。

再生资源回收分拣中心建设要求（参考）

一、建设要求

（一）建设规模

废钢铁年加工处理能力应达到 10 万吨以上。

废有色金属加工、分拣、处理生产线（成套）年加工能力应达到 1 万吨以上。

废纸原料（废纸）分拣、加工、打包生产线（成套）年打包生产能力应达到 5 万吨以上。

废塑料分类加工处理生产线，年处理废塑料应达到 3 万吨以上。

（二）占地面积要求

在符合当地土地建设规划的条件下，废钢铁分拣中心占地面积应不低于 50 亩；废有色金属分拣中心占地面积应不低于 20 亩；废造纸原料分拣中心占地面积应不低于 50 亩；废塑料分拣中心占地面积应不低于 50 亩。

（三）设施设备要求

废钢分拣中心应具备与处理能力相适应的破碎生产线、剪切生产线并配备剪切机、抓钢机、打包机、装载机、行车等。

废有色金属分拣中心应具备与处理能力相适应的拆解设备、剥皮机、铜米机、摇床、传送带等。

废纸分拣中心应具备与处理能力相适应的挤压机、打包机等。

废塑料分拣中心应具备与处理能力相适应的磁选分类设备、破碎机、清洗机、螺旋脱水机、机械干燥器、传送设备等。

（四）符合环保、规划、土地、工商等相关政策要求

商务部办公厅关于进一步做好废旧商品回收体系建设工作的通知

【发布单位】中华人民共和国商务部
【发布文号】商办流通函〔2012〕831号
【发布日期】2012－07－27

各省、自治区、直辖市、计划单列市及新疆生产建设兵团商务主管部门：

为深入贯彻落实《国务院办公厅关于建立完整的先进的废旧商品回收体系的意见》（国办发〔2011〕49号，以下简称《意见》）、《国务院办公厅关于印发建立完整的先进的废旧商品回收体系重点工作部门分工方案的通知》（国办函〔2012〕82号）等文件精神，进一步做好废旧商品回收体系建设工作，现就有关事项通知如下：

一、充分认识废旧商品回收体系建设的重要性

“十二五”时期是我国全面建设小康社会的关键时期，是深化改革开放、加快转变经济发展方式的攻坚时期，也是废旧商品回收行业发展再上新台阶的重要机遇期。《意见》的发布，体现了党中央、国务院对废旧商品回收体系建设工作的高度重视，各地商务主管部门要从深入贯彻落实科学发展观、加快转变经济发展方式、建设“两型社会”的高度，充分认识这项工作的重要性，进一步增强紧迫感、责任感和使命感，结合实际，认真落实各项工作，促进完整的先进的废旧商品回收体系早日建立。

二、建立健全组织机构

经国务院批准，建立由商务部牵头，22个部门组成的废旧商品回收体系部际联席会议制度。部际联席第一次会议明确，将完善政策环境、开展公共机构回收试点、组织绿色回收进校园和开展宣传周系列活动作为2012年下半年工作重点。各地商务主管部门要按照《意见》的要求，在当地人民政府的统一领导下，建立由商务主管部门牵头、有关部门参与的工作机制，明确各部门任务分工；结合本地实际，提出工作重点，加强工作的动态考核，确保各项工作落到实处。

三、建立重点企业联系制度

培育龙头企业是加快废旧商品回收体系建设的重中之重。各地商务主管部门要按照《商务部办公厅关于开展再生资源回收行业调查的通知》（商办流通函〔2012〕316号）要求，结合废旧商品的重点品种，遴选10～20家具有代表性的龙头企业，建立省级重点

企业联系制度，并及时向我部推荐。商务部将在各地推荐的基础上，建立全国重点企业联系制度。

四、开展废旧商品回收体系示范工作

根据国家“十二五”规划纲要关于建设80个网点布局合理、管理规范、回收方式多元、重点品种回收率高的废旧商品回收体系示范城市的要求，商务部将在省级试点工作的基础上，确定全国废旧商品回收体系试点城市，并适时开展废旧商品回收体系示范城市评价工作。各地商务主管部门要按照试点城市建设规范的要求，认真做好省级废旧商品回收体系建设试点，结合城市建设发展规划，合理布局，规范建设，逐步形成以龙头企业为主导、以回收站点为基础、以分拣加工集聚区为核心、以信息平台为支撑的废旧商品回收体系。

五、加强基础性工作

各地商务主管部门要尽快制订符合当地实际的废旧商品回收体系发展规划，根据人口规模、经济发展水平、资源产生量等因素，做好重点品种回收站点、分拣中心及回收利用基地的规划布局，促进回收与利用产业的有效融合。同时，要按照商务部统一部署，切实做好回收行业统计和标准制订工作，以回收网点、分拣中心、劳动者保护等标准为重点，加大地方性标准制修订和贯彻实施力度。

六、加强项目监管

各地商务主管部门要按照《商务部办公厅关于开展再生资源回收体系建设项目督查工作的通知》（商办流通函〔2012〕258号）要求，制定项目资金管理办法，严格项目申报程序，认真组织项目评审及验收，加强跟踪问效，切实管好、用好资金，确保中央财政资金安全和项目建设实效。

请各地商务主管部门按照本通知要求，积极落实各项工作任务。其中第二、第三项工作落实情况请于2012年8月31日前报商务部（流通发展司）。

联系人：流通发展司　仇亚童　矫旭东

电　话：010－85093754　85093788（传真）

邮　箱：qiuyatong@ mofcom. gov. cn

商务部办公厅

2012年7月27日

关于举行部分省市公共机构废旧商品回收签约仪式的通知

为贯彻落实《国务院办公厅关于建立完整的先进的废旧商品回收体系的意见》（国办发〔2011〕49号），推动各地政府机关、事业单位、团体组织等公共机构开展废旧商品回收利用工作，建立网络完善、处理良好、管理规范的公共机构废旧商品回收体系，根据国务院领导批示和《国管局 商务部关于加强公共机构废旧商品回收利用工作的通知》（国管节能〔2012〕91号）文件要求，商务部、国管局拟组织部分省市开展回收企业和机关服务管理部门签约合作回收。现将相关事项通知如下：

一、时间和地点

时间：8月15日~16日，其中15日报到，16日上午举行签约仪式，下午召开商务主管部门和企业座谈会。

地点：河北省石家庄市

二、参加代表

（一）河北省人民政府有关领导；

（二）商务部、国管局相关司局同志；

（三）河北省、辽宁省、吉林省、安徽省、江西省、山东省、湖北省、重庆市机关服务管理部门负责同志，商务主管部门处长各1人；

（四）签约代表企业负责人1人。

三、会议费用

各地参会代表交通费用自理。食宿安排由会议负责。

四、相关要求

请各地商务主管部门及时确定本地负责公共机构回收的回收企业，认真做好准备工作。如本地签约回收企业超过一家，请指派一家企业作为签约代表参会，并确保企业参会人有签字权。

商务主管部门和签约企业参会名单请于8月13日前报商务部流通发展司及河北省商务厅。

商务部联系人：流通发展司　李泽平　周银武

电　话：010-85093775　85093134

传　真：010－85093788

河北省商务厅联系人：吴宏博　鹿砚强

电　话：0311－87909179　87909713（兼传真）　15830166730

酒店联系电话：0311－85266666

附件：1. 会议日程安排（略）

　　　2. 签约仪式报名表（略）

商务部流通发展司

2012 年 8 月 8 日

商务部等九部门关于开展2012年全国废旧商品回收利用宣传活动的通知

【发布单位】商务部办公厅　中宣部办公厅　发展改革委办公厅　教育部办公厅　工业和信息化部办公厅　环境保护部办公厅　住房城乡建设部办公厅　广电总局办公厅　国管局办公室

【发布文号】商办流通函〔2012〕1007号

【发布日期】2012－10－09

各省、自治区、直辖市、计划单列市及新疆生产建设兵团商务主管部门、党委宣传部、发展改革、教育、工业和信息化、环境保护、住房城乡建设、广播影视、机关事务管理主管部门：

为贯彻落实国务院办公厅《关于建立完整的先进的废旧商品回收体系的意见》（国办发〔2011〕49号，以下简称《意见》），推动循环经济发展，加快建设资源节约型和环境友好型社会，根据全国废旧商品回收体系建设部际联席会议2012年重点工作安排，决定由商务部等9部门联合开展2012年全国废旧商品回收利用宣传活动。现将有关事项通知如下：

一、宣传内容

（一）近年来促进废旧商品回收利用、再生资源回收体系建设、国家“城市矿产”示范基地及污染防治的主要工作及成效。

（二）流通领域节能减排和发展循环经济的政策措施及工作成效。

（三）国内外关于废旧商品回收利用、流通领域节能减排、发展循环经济及污染防治的先进技术、理念和经验做法。

（四）废旧商品回收利用、生活垃圾分类、节能减排、循环经济及污染防治的知识普及和教育。

二、时间安排

宣传活动分准备、实施和总结三个阶段进行。其中：

准备阶段（2012年8月～10月）：进行相关筹备和前期宣传工作；

实施阶段（2012年11月10日～16日）：各地、各部门按计划组织开展活动和宣传。其中，2012年11月10日在中国国际绿色创新展期间举办宣传活动的启动仪式。

总结阶段（2012年11月下旬～12月）：表扬先进个人和集体，总结活动成果。

三、宣传主题与方式

充分借助广播、电视、报纸、网站、博客、微博客、户外广告等各种媒体，通过举办公共展览展示、先进模式和技术示范、现场交流互动、志愿者服务、论坛讲座等多种形式，大力宣传我国废旧商品回收利用、循环经济发展和生活垃圾分类现状和趋势，强化公众的资源节约意识，引导广大群众理解支持、积极参与，推动全社会进一步把绿色回收和发展循环经济的理念转化为全民实际行动。本次宣传活动围绕下列主题开展：

（一）绿色回收进高校。在高校较集中的地区，组织骨干回收企业进入高校开展绿色回收，在高校内开展绿色回收和循环利用系列宣传活动。此项工作由北京市、上海市、江苏省、广东省相关部门重点开展。

（二）绿色回收进社区。在全国再生资源回收体系试点城市的社区内，开展绿色回收系列宣传活动，宣传绿色回收和循环利用的意义。此项工作由天津市、安徽省、湖北省、青岛市相关部门重点开展。

（三）绿色回收进机关。在全国公共机构推广中央国家机关好的做法，组织回收龙头企业与公共机构按程序对接，并组织相关的宣传活动。此项工作由河北省、辽宁省、吉林省、江西省相关部门重点开展。

（四）绿色回收进商场。开展流通领域节能减排“百城千店示范工程”，在零售等流通企业经营场所举办废电器电子产品回收活动和宣传教育。此项工作由四川省、山东省、重庆市、宁波市相关部门重点开展。

未列入重点开展主题宣传活动的省市，可自主决定宣传重点；列入重点开展主题宣传活动的省市，可在开展重点主题宣传活动以外自主增加宣传主题。

四、相关要求

（一）落实任务分工，加强协调配合。

全国废旧商品回收利用宣传活动是贯彻落实《意见》要求，加快建立完整的先进的废旧商品回收体系的重要措施，此项工作在全国废旧商品回收体系建设联席会议制度统一领导下开展，各部门分工如下：

1. 宣传活动的整体组织协调，包括制定工作方案、制作宣传材料、开展总结表扬等工作由商务部负责，相关部门配合。

2. 联络新闻媒体、播放相关宣传片、刊登宣传文章由中宣部、广电总局负责协调，商务部、环境保护部等部门配合。

3. 绿色回收进高校活动由教育部负责，发展改革委、商务部、环境保护部、国管局等部门配合。

4. 绿色回收进社区活动由商务部、住房城乡建设部负责，发展改革委、环境保护部等部门配合。

5. 绿色回收进机关活动由国管局负责，发展改革委、商务部、环境保护部、住房城乡建设部等部门配合。

6. 绿色回收进商场活动由商务部负责，发展改革委、工业和信息化部、环境保护部等部门配合。

各省、自治区、直辖市、计划单列市及新疆生产建设兵团可参照上述分工安排，部署本地宣传活动。

（二）成立组织机构，制定实施方案。

各地要高度重视此项工作，充分发挥各级废旧商品回收体系建设协调机制作用，注重上下互动，部门互动，建立相应的工作机构，因地制宜开展各项宣传活动。要认真选择宣传活动承办单位，制定社会影响力大、预期效果好的实施方案。要做好组织保障，落实工作经费，确保各项活动顺利实施。

各地开展活动要注重“三个结合”，即把开展本次宣传活动和贯彻落实《意见》相结合；开展宣传活动要和改善环境、服务民生相结合，注重解决实际问题；开展宣传活动要和积极发挥企业社会责任相结合，充分发挥再生资源回收体系建设试点城市和相关再生资源回收利用、循环经济龙头企业的作用。

（三）建立长效机制，做好总结工作。

活动结束后，各地要及时对宣传活动情况和效果进行总结，并于2012年12月15日前将书面总结材料及全国废旧商品回收利用宣传活动开展情况汇总表（见附件）报送全国废旧商品回收体系建设部际联席会议办公室（商务部流通发展司）。全国废旧商品回收体系建设部际联席会议将对各地开展活动的效果进行考核，并对宣传活动中涌现的先进集体和个人进行表扬。同时在总结活动经验的基础上，推动建立废旧商品回收利用宣传长效机制，形成全社会理解、支持和参与废旧商品回收工作的良好氛围。

请各地商务主管部门牵头制定开展宣传活动的方案（包括机构设置情况，拟举办的各类活动的组织安排、参加人数、时间安排、媒体安排、预期影响等），于2012年10月20日前报商务部（流通发展司）。

联系人：流通发展司　矫旭东　李泽平

电　话：010－85093788　85093775

传　真：010－85093788

邮　箱：lthuishou@mofcom.gov.cn

附件：全国废旧商品回收利用宣传活动开展情况汇总表

商务部办公厅
中宣部办公厅
发展改革委办公厅
教育部办公厅
工业和信息化部办公厅
环境保护部办公厅
住房城乡建设部办公厅
广电总局办公厅
国管局办公室
2012年10月9日

附件

全国废旧商品回收利用宣传活动开展情况汇总表

<table>
<tr><td colspan="4">本地宣传活动开展情况</td></tr>
<tr><td>参与部门（个）</td><td colspan="3">（列出省级部门名称）</td></tr>
<tr><td>组织活动次数（次）</td><td colspan="3"></td></tr>
<tr><td>群众参加人次（人）</td><td colspan="3"></td></tr>
<tr><td>企业参加数量（个）</td><td colspan="3"></td></tr>
<tr><td colspan="4">本地媒体新闻报道情况</td></tr>
<tr><td colspan="3">报纸、杂志、网站等媒体发表专题文章或新闻报道总数（篇）</td><td></td></tr>
<tr><td>在广播电视等媒体播放专题节目及新闻报道总数（次）</td><td></td><td>总时长（分钟）</td><td></td></tr>
<tr><td colspan="2">在广播电视等媒体播放各类公益广告（次）</td><td colspan="2"></td></tr>
<tr><td colspan="2">在公交地铁等移动媒体播放各类公益广告（次）</td><td colspan="2"></td></tr>
<tr><td>举办专题论坛或研讨会（次）</td><td></td><td>参加总人数</td><td></td></tr>
<tr><td colspan="2">制作张贴宣传海报（张）</td><td colspan="2"></td></tr>
<tr><td colspan="2">制作发放宣传资料（份）</td><td colspan="2"></td></tr>
<tr><td colspan="2">制作宣传展板（个）</td><td colspan="2"></td></tr>
<tr><td colspan="2">发送宣传短信（条）</td><td colspan="2"></td></tr>
<tr><td colspan="4">其他宣传方式（可自行补充）</td></tr>
</table>

填报单位：　　　（盖章）　　　　　　　　　　填报人：

填报日期：

商务部办公厅关于举办废旧商品回收利用宣传暨流通领域“百城千店”示范工程启动活动的通知

为贯彻落实《国务院办公厅关于建立完整的先进的废旧商品回收体系的意见》（国办发〔2011〕49号）和商务部、中宣部等9部门《关于开展2012年全国废旧商品回收利用宣传活动的通知》（商办流通函〔2012〕1007号），我部定于2012年11月8～10日在中国绿色创新展期间举办废旧商品回收利用宣传暨流通领域“百城千店”示范工程启动活动。现将有关事项通知如下：

一、活动安排

（一）举行废旧商品回收利用宣传活动、流通领域“百城千店”示范工程启动仪式及《2012年零售业节能环保绿皮书》发布会。

（二）组织参加流通领域节能减排“百城千店”示范企业与合同能源管理公司对接会。

二、参加人员

（一）中宣部新闻局、发展改革委环资司、教育部基础教育一司、工业和信息化部节能司、环境保护部污染防治司、住房城乡建设部城建司、广电总局宣传司、国管局公共机构节能司等部门司局负责同志各1人。

（二）各省、自治区、直辖市、计划单列市及新疆生产建设兵团商务主管部门负责废旧商品回收及流通领域节能减排工作的厅局级负责同志及处长各1人。请广东省经信委代为邀请广东省、广州市及深圳市党委宣传、发展改革、教育、工业和信息化、环境保护、住房城乡建设、广播影视及机关事务管理部门负责同志各1人。

（三）中国物资再生协会、中国再生资源回收利用协会、中国商业联合会、中国连锁经营协会代表各1人。各地企业代表2人（请各地商务主管部门代为邀请），其中，1家废旧商品回收企业代表，1家零售企业代表。

（四）有关新闻媒体记者。

活动日程及参加人员详见附件1。

三、时间、地点

时间：2012年11月8～10日（8日下午～9日上午报到）

地点：广东省广州市威斯汀酒店宴会厅C（海珠区凤浦中路广州国际会议展览中心C区）

各地商务主管部门及企业参会代表入住酒店：鼎龙国际大酒店（广州市天河区广州大道北63号，大堂电话：020－87748999），其他参会代表入住酒店：华金盾大酒店（广州市天河中山大道中368号，大堂电话：020－82308838，酒店联系人：曹丽13929522905）。

四、费用及其他事项

（一）费用。

政府部门、行业协会及新闻媒体代表食宿费用由会议承担，交通费用自理；企业代表全部费用自理。

（二）报名。

请各地商务主管部门按本通知要求组织企业参会，报名回执（见附件2）请于2012年10月31日17:00前传真至商务部（流通发展司）。

（三）联系方式。

联系人：流通发展司　郭昕　矫旭东

电　话：010－85093756，85093788

传　真：010－85093788

附件：1. 活动日程及参加人员

2. 废旧商品回收利用宣传暨流通领域节能减排推介会报名回执

商务部办公厅

2012年10月19日

附件 1

活动日程及参加人员

日期	时间		内容	地点	参会人员
11 月 8 日	下午		报到	华金盾酒店大堂、鼎龙国际大酒店	全体人员
11 月 9 日	上午				
11 月 9 日	下午	14:00 ~ 15:30	废旧商品回收利用宣传活动启动仪式	威斯汀酒店宴会厅 C	全体人员
			流通领域“百城千店”示范工程启动仪式		
			《2012 年零售业节能环保绿皮书》发布会		
		15:30 ~ 17:00	参观中国绿色创新展		全体人员
11 月 10 日	下午	14:00 ~ 17:00	流通领域节能减排“百城千店”示范企业与合同能源管理公司对接会	中国进出口商品交易会展馆 B 区 8 号会议室	各省、自治区、直辖市、计划单列市及新疆生产建设兵团商务主管部门负责流通领域节能减排工作的处长。中国商业联合会、中国连锁经营协会代表。各地零售企业代表。有关新闻媒体记者

附件2

废旧商品回收利用宣传暨流通领域节能减排推介会报名回执

（2012年11月8~10日　广州市）

序号	姓名	性别	单位	职务	联系方式（手机）

商务部流通发展司关于请报送再生资源回收体系建设项目有关情况的通知

各省、自治区、直辖市、计划单列市及新疆生产建设兵团商务主管部门：

及时了解各地再生资源回收体系建设项目进展情况，及时总结试点情况，为2013年项目做准备，现拟对各地再生资源回收体系项目建设进展和成效进行调查，有关事宜如下：

一、调查内容

本次调查范围为列入中央财政资金2011年和2012年支持范围的项目（2010年及以前下达的项目无须报送），包括再生资源回收体系试点城市（见附表1）和再生资源回收利用基地（见附表2）两类项目。

二、填报要求

（一）2011和2012年度的项目请分开填报，并在表格“项目下达时间”处注明具体年份；

（二）项目情况截止时间为2012年10月底，即：截至2012年10月底各项目的进展情况；

（三）表格中所有项目须填写明确数字，如没有，须填写“0”，不应有空项；

（四）表格须加盖公盖，由省级商务主管部门确认后统一报送。

请各地商务主管部门根据上述要求认真组织填报，调查表（表1和表2）请于2012年11月8日前反馈，各地再生资源回收体系建设的年度工作总结（包括开展的工作、存在问题及建议）请于2012年11月25日前报我司（节能环保与回收促进处）。

联系人：周银武　仇亚童

电　话：（010）85093134　85093754

传　真：（010）85093134　85093788

附件：1. 再生资源回收体系试点城市情况统计表

2. 再生资源区域性回收利用基地情况统计表

商务部流通发展司

2012年10月22日

附件 1

______年再生资源回收体系试点城市情况统计表

城市名称：　　市　　项目下达时间：　年　　填报单位（公章）：　　　　　填表时间：　年　月　日

项目	进展情况			投资情况(万元)			中央财政资金拨付企业情况（万元）	累计带动就业人数（人）	年回收（交易）量（万吨）	同比增长（%）	年回收（交易）额（万元）	同比增长（%）
	计划数（个）	已完成数(个)	完成率(%)	项目投资总额	其中：中央财政支持金额	地方财政支持金额						
回收网点情况												
分拣中心情况												
集散市场情况												
总计												
城市平均回收率（%）												

注：1. 2011 和 2012 年度的项目请分开填报，并在表格“项目下达时间”处注明具体年份。

2. 项目情况截止时间为 2012 年 10 月底，即：截至 2012 年 10 月底各项目的进展情况。

3. 表格中所有项目须填写明确数字，如没有，须填写“0”，不应有空项。

附件 2

______年再生资源区域性回收利用基地情况统计表

基地名称：　　　　项目下达时间：　　年　　报单位（公章）：　　　　　填表时间：　年　月　日

序号	所在地	实施企业	项目完工率（%）	投资情况(万元)			中央财政资金拨付企业情况（万元）	累计年带动就业人数（人）	年回收（交易）量（万吨）	同比增长（%）	年回收（交易）额（万元）	同比增长（%）
				项目投资总额	其中：中央财政支持金额	地方财政投入金额						

注：1. 2011 和 2012 年度的项目请分开填报，并在表格“项目下达时间”处注明具体年份。

2. 项目情况截止时间为 2012 年 10 月底，即：截至 2012 年 10 月底各项目的进展情况。

3. 表格中所有项目须填写明确数字，如没有，须填写“0”，不应有空项。

财政部、商务部公告2012年第27号 2012年老旧汽车报废更新补贴车辆范围及补贴标准

【发布单位】财政部、商务部

【发布文号】2012年第27号公告

【发布日期】2012－06－01

根据《财政部 国家经贸委关于发布〈老旧汽车报废更新补贴资金管理暂行办法〉的通知》（财建〔2002〕742号）等有关规定，现将2012年老旧汽车报废更新补贴车辆范围及补贴标准公告如下：

一、2012年1月1日~12月31日期间交售给报废汽车回收企业的，使用6年以上（含6年）且不到15年，车长大于4.8米（含4.8米）、小于7.5米，并于当年更新的农村客运车辆，补贴标准为每辆车11000元人民币。

二、2012年1月1日~12月31日期间交售给报废汽车回收企业的，使用8年以上（含8年）且不到15年，车长大于6米（含6米）或者乘坐人数大于20人（含20人），并于当年更新的城市公交车，补贴标准为每辆车18000元人民币；车长小于6米且乘坐人数为10~19人，并于当年更新的城市公交车，补贴标准为每辆车11000元人民币。

三、2012年1月1日~12月31日期间交售给报废汽车回收企业的，使用10年以上（含10年）且不到15年的半挂牵引车和总质量大于12000千克（含12000千克）的重型载货汽车（含普通货车、厢式货车、仓栅式货车、封闭货车、罐式货车、平板货车、集装箱车、自卸货车、特殊结构货车等车型，不含全挂车和半挂车），补贴标准为每辆车18000元人民币。

符合上述补贴范围的老旧汽车车主，可按有关规定，凭《老旧汽车报废更新补贴资金申请表》（在所在地老旧汽车报废更新补贴联合服务窗口领取，或从商务部网站下载）、《报废汽车回收证明》（三联）原件、《机动车注销证明》原件及复印件、更新车辆购车发票原件及复印件、有效身份证明原件及复印件、与车主同名的个人银行账户存折或单位账户开户证复印件等凭证申请补贴资金。申请农村客运车辆报废更新补贴的车主，还需同时提供中华人民共和国道路运输证、运输管理部门出具的意见等凭证。

中华人民共和国财政部

中华人民共和国商务部

2012年6月1日

财政部　商务部关于加大老旧汽车报废更新补贴工作力度的通知

【发布单位】中华人民共和国财政部　商务部
【发布文号】财建〔2012〕295号
【发布日期】2012－06－11

各省、自治区、直辖市、计划单列市财政厅（局）、商务主管部门，新疆生产建设兵团财务局、商务主管部门：

按照国务院工作部署，为推进老旧汽车报废更新，扩大政策效应，2012年财政部、商务部将加大老旧汽车报废更新补贴工作力度。各省（区、市）财政、商务部门要抓紧工作部署，加强组织管理，确保中央财政补贴资金及时、快速落实到位。现就有关事项通知如下：

一、加快2012年补贴资金申请受理和发放

符合财政部、商务部公告（2012年第27号，以下简称公告）规定的老旧汽车报废更新补贴资金申请受理时间为2012年7月1日至2013年1月31日。各级商务、财政部门应做好受理补贴资金申请的一站式联合服务窗口管理工作，并通过电视、网络、报纸等媒体，加强政策宣传，使车主及时准确了解老旧汽车报废更新补贴范围、标准、资金申领流程，以及车籍所在市（州）的一站式联合服务窗口地点、办公时间、联系方式等信息，方便其及时申领补贴资金。一站式联合服务窗口应提高服务意识，及时受理申请材料，并通过老旧汽车报废更新信息管理系统（以下简称信息管理系统）核对和录入有关信息。对符合条件的，财政部门自受理申请之日起15个工作日内将补贴资金发放到车主指定账户。

二、抓紧申报2012年中央财政预拨资金

2012年中央财政老旧汽车报废更新补贴资金于7月底前预拨各省，下年清算。各省（区、市）财政、商务部门要根据公告规定的补贴范围和标准，结合上年度本省（区、市）老旧汽车报废更新补贴资金发放情况，汇总测算2012年补贴资金需求，抓紧报送财政部、商务部。

三、规范报废更新补贴车辆的回收拆解

承担老旧汽车报废更新补贴车辆回收拆解工作的企业应为依法设立、具备信息管理

系统录入条件、能够出具省（区、市）商务部门印发的《报废汽车回收证明》的报废汽车回收拆解企业。各地商务部门应督促企业如实录入车辆报废回收有关信息，按相关规定及时对车辆进行解体，向车主出具《报废汽车回收证明》，并自收到车辆之日起 10 个工作日内到公安机关办理注销登记，向车主交付《机动车注销证明》。

四、限期上报补贴资金发放的总结清算

2011 年、2012 年老旧汽车报废更新补贴总结清算分别限于 2012 年 6 月 30 日、2013 年 3 月 31 日前报送财政部、商务部，并保证清算结果与信息管理系统数据一致。报送材料包括老旧汽车报废更新补贴资金清算表（2012 年清算表见附件）和老旧汽车报废更新补贴资金发放总结报告。中央财政将加快拨付清算资金。逾期未上报的省（区、市），财政部、商务部将在全国范围内通报，中央财政将暂缓安排该省（区、市）补贴资金。

附件：2012 年老旧汽车报废更新补贴资金清算表

2012 年 6 月 11 日

附件

2012 年老旧汽车报废更新补贴资金清算表

填表单位：　　　省（区、市、兵团）财政、商务主管部门

<table>
<tr><th rowspan="4">省份</th><th rowspan="4">上年结余资金(万元)</th><th colspan="11">2012 年资金发放情况</th><th rowspan="4">资金缺口(万元)</th><th rowspan="4">结余资金(万元)</th></tr>
<tr><th>预拨资金(万元)</th><th colspan="5">补贴车辆数(辆)</th><th colspan="5">发放补贴资金(万元)</th></tr>
<tr><th rowspan="2">合计</th><th rowspan="2">合计</th><th rowspan="2">农村客运</th><th colspan="2">城市公交</th><th rowspan="2">重型货车</th><th rowspan="2">合计</th><th rowspan="2">农村客运</th><th colspan="2">城市公交</th><th rowspan="2">重型货车</th></tr>
<tr><th>大型</th><th>中型</th><th>大型</th><th>中型</th></tr>
<tr><td>合计</td><td></td><td></td><td></td><td></td><td></td><td></td><td></td><td></td><td></td><td></td><td></td><td></td><td></td><td></td></tr>
<tr><td></td><td></td><td></td><td></td><td></td><td></td><td></td><td></td><td></td><td></td><td></td><td></td><td></td><td></td><td></td></tr>
<tr><td></td><td></td><td></td><td></td><td></td><td></td><td></td><td></td><td></td><td></td><td></td><td></td><td></td><td></td><td></td></tr>
<tr><td></td><td></td><td></td><td></td><td></td><td></td><td></td><td></td><td></td><td></td><td></td><td></td><td></td><td></td><td></td></tr>
<tr><td></td><td></td><td></td><td></td><td></td><td></td><td></td><td></td><td></td><td></td><td></td><td></td><td></td><td></td><td></td></tr>
<tr><td></td><td></td><td></td><td></td><td></td><td></td><td></td><td></td><td></td><td></td><td></td><td></td><td></td><td></td><td></td></tr>
<tr><td></td><td></td><td></td><td></td><td></td><td></td><td></td><td></td><td></td><td></td><td></td><td></td><td></td><td></td><td></td></tr>
</table>

注：1. 本表重型货车含半挂牵引车。

2. 本表所有数据均以信息管理系统为准。

3. 本表需加盖公章。

商务部　工业和信息化部　公安部
交通运输部　工商总局　质检总局
关于开展报废汽车回收拆解专项整治的通知

当前，一些地方非法回收拆解报废汽车、利用报废汽车“五大总成”拼装车的活动有所抬头，报废汽车、拼装车上路行驶问题日益突出，严重威胁道路交通和人民群众生命财产安全，并造成环境污染。为整顿和规范报废汽车回收拆解秩序，切实加强报废汽车管理，严厉打击非法回收拆解和倒卖报废汽车、拼装车等违法行为，商务部、工业和信息化部、公安部、交通运输部、工商总局、质检总局决定于2012年9月至2013年2月，在全国集中开展报废汽车专项整治工作。现将有关事项通知如下：

一、总体目标

依据《中华人民共和国道路交通安全法》及其实施条例、《报废汽车回收管理办法》、《中华人民共和国道路运输条例》等法律法规，坚持“立足源头、依法严管，标本兼治、长效治理”的原则，依法严厉查处非法回收拆解和倒卖报废汽车、利用报废汽车总成拼装车、驾驶报废汽车或拼装车上路行驶等违法行为，整顿违法违规的报废汽车回收拆解企业、二手车交易市场、汽车维修企业，曝光违法违规经营的企业和市场，力争使非法回收拆解和倒卖报废汽车、拼装车等违法行为得到遏制。同时，不断完善相关管理制度措施，探索长效监管机制，促进报废汽车回收拆解秩序根本好转。

二、主要任务

（一）全面整顿报废汽车回收拆解企业

商务主管部门要对行政区域内报废汽车回收拆解企业进行全面清理和检查，对不符合《报废汽车回收拆解企业技术规范》（GB 22128—2008）的强制条款要求、不按其强制条款规定作业和回收车辆没有逐车登记的，要责令限期整改，并暂停发放《报废汽车回收证明》；要推广应用视频监控、数据联网等手段，强化对回收拆解企业及其回收网点的监管，督促企业完善制度，规范回收拆解行为，并在公安部门监督下解体回收大型客货车及其他营运车辆；要会同公安、工商行政管理等部门对报废汽车回收、存储、运输、拆解、注销等环节，严格程序、堵塞漏洞，坚决杜绝回收的报废汽车及其“五大总成”流向市场。

公安部门要对报废汽车回收拆解企业的治安状况加强监督，对明知或应知有盗抢或其他犯罪嫌疑的汽车、“五大总成”，未向公安机关报告，擅自拆解、改装、拼装、倒卖的，要依法严厉查处，并由工商行政管理部门吊销营业执照；构成犯罪的，依法追究刑事责任。

工商行政管理部门要加大对报废汽车回收拆解企业经营活动的监督力度，依法查处出售不能继续使用的报废汽车零配件、未标明“报废汽车回用件”零配件的违法行为；对利用报废汽车“五大总成”及其他零部件拼装汽车或者出售报废汽车整车、“五大总成”、拼装车的，要依法严惩，吊销营业执照。

商务主管部门要加强《报废汽车回收证明》的管理，对报废汽车回收拆解企业买卖或伪造、变造《报废汽车回收证明》的，一经查实，暂停发放《报废汽车回收证明》，提请公安部门依法惩处；情节严重的，由工商行政管理部门吊销营业执照。

（二）大力整治报废汽车回收拆解市场

工商行政管理部门要严厉打击和惩处利用报废汽车“五大总成”及其他零配件拼装汽车、出售报废汽车整车、“五大总成”、拼装车等违法行为，依法查处取缔无照经营行为，对涉嫌构成犯罪的，依法移送公安机关。

商务、工商行政管理部门要加大对二手车交易市场监管力度，督促企业严查交易车辆有关证件，防止报废汽车、拼装车通过二手车交易市场流入社会；发现交易报废汽车、拼装车的，一律由工商行政管理部门收缴车辆，并依法予以处罚。

交通运输部门要加强对汽车维修企业（个体工商户）的监管，严格执行有关规定，坚决打击承修报废汽车、擅自改装汽车的违法行为，一经查实，要依法对违法维修企业（个体工商户）实施处罚；情节严重的，要依法责令其停业整改。

公安部门要依据有关规定对汽车维修企业（个体工商户）擅自更改车辆识别代号/车架号、发动机号，坚决予以查处，并将其法人代表（经营者）列入重点监管对象。构成犯罪的，依法追究刑事责任。

工业和信息化部门要进一步加强《车辆生产企业及产品公告》内车辆生产企业及产品合格证的监管，督促车辆生产企业加强诚信体系建设，加大对车辆生产企业违法违规行为的惩处力度，防止其涉足报废汽车非法拼装领域，坚决杜绝汽车产品合格证流入非法拼装市场。

质量技术监督部门要进一步加强对获得强制性产品认证车辆生产企业的监管，强制性产品认证指定认证机构要严格认证一致性检查，杜绝已获得强制性产品认证企业利用报废汽车“五大总成”及其他零部件拼装汽车。同时要严格机动车安全技术检验机构资格管理和计量认证管理，对执行国家机动车安全技术检验标准的情况进行监督。一旦发现机动车安全技术检验机构不按照国家安全技术标准进行检验，出具虚假检验结果的，依法移交公安部门予以处罚。

（三）严厉打击报废和拼装车辆上路行驶行为

公安部门要加强对机动车报废登记管理，对达到强制报废标准的汽车，要按规定通知机动车所有人办理注销登记；商务主管部门要会同公安部门建立报废汽车回收证明信息共享、核查机制，公安部门要严格审查报废汽车回收拆解企业出具的报废汽车回收证明，按规定要求出具注销证明。

公安部门要结合开展机动车涉牌涉证违法行为专项整治，加大路面查处力度，对驾驶拼装车或已达到报废标准的机动车上路行驶的违法行为，要依法收缴车辆、强制报废，并对驾驶人依法处以罚款并吊销机动车驾驶证。交通运输部门要严格营运车辆准入和退出，对已达到强制报废标准的，应依法收回车辆营运证。

（四）积极建立报废汽车管理长效机制

商务部要会同有关部门积极研究完善报废汽车管理制度，强化监管措施，抓紧出台《机动车强制报废标准规定》，加快推动《报废汽车回收管理办法》修订工作。各地商务主管部门要会同有关部门认真总结整治活动中好的经验和做法，健全规章制度，落实管理责任，堵塞管理漏洞。推动建立车辆登记、注销、回收拆解等信息共享平台，形成部门联动监管机制。引导企业加快建立诚实守信、合法经营的自律机制。加强回收拆解行业统筹规划、合理布局，完善回收服务网络，推动车辆收购合理定价。同时，积极探索通过地方立法等途径，强化对二手车交易市场的监管。

三、工作安排

（一）动员部署阶段（2012 年 9 月）

各地商务主管部门会同工业和信息化、公安、交通运输、工商行政管理、质量技术监督等部门，结合实际情况，制订报废汽车专项整治具体实施方案，细化治理目标和任务，明确整治重点和要求，做好前期准备和动员部署工作。

（二）集中整治阶段（2012 年 10 月～2013 年 1 月）

各地有关部门按照确定的工作目标、要求和进度，全面开展专项检查和整治。对行政区域内非法从事报废汽车回收拆解、拼装车、倒卖报废汽车和拼装车的“黑作坊”、“黑窝点”以及报废汽车、拼装车上路等违法行为进行拉网式排查，对报废汽车回收拆解企业、二手车交易市场、汽车维修企业和个体工商户等经营主体进行认真检查，对发现的问题，予以督促整改，对违法违规行为，坚决依法查处。

（三）督查总结阶段（2013 年 2 月）

各地对照整治目标，认真做好检查总结。商务部会同有关部门组成联合督查组，对重点地区和重点目标进行督查，形成总结报告上报国务院。

四、工作要求

（一）加强组织领导，落实整治责任

商务部会同工业和信息化部、公安部、交通运输部、工商总局、质检总局在各自的职责范围内组织指导、督促、检查各地开展报废汽车专项整治工作。各地商务主管部门要牵头会同有关部门切实加强组织领导，强化工作保障，督促落实整治任务，统筹推进各项工作，确保专项整治落到实处。

（二）加强部门协作，形成监管合力

商务主管部门要在当地人民政府领导下，抓紧牵头建立报废汽车专项整治部门协作机制，及时通报信息，强化协作配合关系，形成部门监管合力，实现对报废汽车的注销登记、回收拆解、路面巡查等环节的全过程监管。有关部门要从大局出发，各司其职、各尽其责、通力合作，密切配合，做好地区间、部门间联动，务求整治工作取得实效。

（三）加强舆论宣传，强化社会监督

要通过电视、广播、报刊、网络等媒体多层面、全方位地宣传专项整治情况。及时曝光查处的违法案件，跟踪报道大案要案，及时公布经清理整顿依法取缔的企业名单，大力宣传诚实守信、规范经营的典型企业，综合报道阶段性整治情况。同时，要设立举报电话和电子邮箱，发动社会监督，引导和鼓励公众对非法回收拆解和倒卖报废汽车、拼装车等违法行为进行举报。

（四）加强信息报送，及时沟通情况

各地商务主管部门要会同有关部门做好本地专项整治工作的信息报送工作，从2012年10月起，每月10日前汇总上月专项整治工作情况报商务部，重大情况和问题及时报告。2013年2月20日前，汇总上报专项整治工作总结报告。

商务部
工业和信息化部
公安部
交通运输部
工商总局
质检总局
2012年8月30日

商务部市场建设司关于做好报废汽车回收拆解企业和二手车交易市场有关信息统计工作的通知

特　急

【发布单位】商务部 市场建设司

【发布文号】商建工函〔2012〕902 号

【实施日期】2012 年 12 月 6 日

各省、自治区、直辖市、计划单列市及新疆生产建设兵团商务主管部门：

为做好报废汽车回收拆解企业和二手车交易市场经营情况统计工作，根据《商务部办公厅关于进一步做好商贸流通业统计工作的通知》（商办流通函〔2012〕30 号）要求，请各地商务主管部门组织有关企业认真填写报废汽车回收拆解企业回收经营情况统计报表和二手车交易市场经营情况统计表，现将有关事项通知如下：

一、填报企业和内容

填报企业：各地报商务部备案的报废汽车回收拆解企业、商贸流通业典型企业名录中的二手车交易市场。

填报内容：企业 2010 年度和 2011 年度有关数据。

二、填报方法

报废汽车回收拆解企业和二手车交易市场经营情况统计均采用网上在线填报的方式，具体方法如下：

1. 报废汽车回收拆解企业填报方法：登录商务部网站，进入市场建设司子站，点击右侧在线办事栏目的“老旧汽车报废更新信息管理系统”（http://bfqc. scjss. mofcom. gov. cn），输入账号、密码登录进入，打开左侧“数据报表系统”中“经营情况统计表”，点击“添加”选择“2011 年度”进入统计表填报页面，按照填报说明认真填报表格的相关内容，填完后选择保存，检查确认无误后点击“确认上传”。2010 年度数据填报流程同上。

2. 二手车交易市场填报方法：登录商务部网站，进入市场建设司子站，点击右侧在线办事栏目的“汽车流通信息统计报送系统”（http://www. cacm. com. cn/cada），输入账号、密码登录进入（首次登录需按系统提示依次修改用户密码，填报企业相关信息），点击左侧“交易市场情况统计（年报）”，按要求填报二手车交易市场情况统计表（2010

年、2011 年统计年报)，点击“保存”、“提交”，完成填报。

“汽车流通信息统计报送系统”企业账号，为填报商贸流通业典型企业名录时各地报送的企业中文全称。

“汽车流通信息统计报送系统”商务主管部门账号，省级商务主管部门的账号为不带行政区划的所在地名称，如吉林省商务厅的账号为“吉林”，地级市商务主管部门账号为带行政区划的所在地名称，如吉林省吉林市商务局的账号为“吉林市”。

企业和商务主管部门账号的初始密码均为 12345678，请各用户初次登录时务必修改密码。

三、填报时间

报废汽车回收拆解企业和二手车交易市场经营情况统计填报开始时间为 12 月 6 日，结束时间为 12 月 14 日。企业用户 12 月 6 日即可登录填写，省级商务主管部门账号预计 12 月 10 日可登录使用，地级商务主管部门账号及统计功能正在调试，开通时间请见系统通知。

为确保报表能及时填报，准确、全面反映报废汽车回收拆解企业和二手车交易市场经营情况，各地商务主管部门要高度重视，采取措施，积极组织辖区内相关企业按照规定和要求认真填报，并督促其按时完成填报。

联系人：孙浩　陈海磊

联系电话：85093681，85093687

商务部　市场建设司

2012 年 12 月 5 日

机动车强制报废标准规定

【发布单位】商务部、发改委、公安部、环境保护部

【发布文号】商务部、发改委、公安部、环境保护部令2012年第12号

【发布日期】2012－12－27

【实施日期】2013－05－01

《机动车强制报废标准规定》已经2012年8月24日商务部第68次部务会议审议通过，并经发展改革委、公安部、环境保护部同意，现予发布，自2013年5月1日起施行。《关于发布〈汽车报废标准〉的通知》（国经贸经〔1997〕456号）、《关于调整轻型载货汽车报废标准的通知》（国经贸经〔1998〕407号）、《关于调整汽车报废标准若干规定的通知》（国经贸资源〔2000〕1202号）、《关于印发〈农用运输车报废标准〉的通知》（国经贸资源〔2001〕234号）、《摩托车报废标准暂行规定》（国家经贸委、发展计划委、公安部、环保总局令〔2002〕33号）同时废止。

部 长：陈德铭

主 任：张 平

部 长：孟建柱

部 长：周生贤

2012年12月27日

机动车强制报废标准规定

第一条 为保障道路交通安全、鼓励技术进步、加快建设资源节约型、环境友好型社会，根据《中华人民共和国道路交通安全法》及其实施条例、《中华人民共和国大气污染防治法》、《中华人民共和国噪声污染防治法》，制定本规定。

第二条 根据机动车使用和安全技术、排放检验状况，国家对达到报废标准的机动车实施强制报废。

第三条 商务、公安、环境保护、发展改革等部门依据各自职责，负责报废机动车回收拆解监督管理、机动车强制报废标准执行有关工作。

第四条 已注册机动车有下列情形之一的应当强制报废，其所有人应当将机动车交售给报废机动车回收拆解企业，由报废机动车回收拆解企业按规定进行登记、拆解、销

毁等处理，并将报废机动车登记证书、号牌、行驶证交公安机关交通管理部门注销：

（一）达到本规定第五条规定使用年限的；

（二）经修理和调整仍不符合机动车安全技术国家标准对在用车有关要求的；

（三）经修理和调整或者采用控制技术后，向大气排放污染物或者噪声仍不符合国家标准对在用车有关要求的；

（四）在检验有效期届满后连续 3 个机动车检验周期内未取得机动车检验合格标志的。

第五条　各类机动车使用年限分别如下：

（一）小、微型出租客运汽车使用 8 年，中型出租客运汽车使用 10 年，大型出租客运汽车使用 12 年；

（二）租赁载客汽车使用 15 年；

（三）小型教练载客汽车使用 10 年，中型教练载客汽车使用 12 年，大型教练载客汽车使用 15 年；

（四）公交客运汽车使用 13 年；

（五）其他小、微型营运载客汽车使用 10 年，大、中型营运载客汽车使用 15 年；

（六）专用校车使用 15 年；

（七）大、中型非营运载客汽车（大型轿车除外）使用 20 年；

（八）三轮汽车、装用单缸发动机的低速货车使用 9 年，装用多缸发动机的低速货车以及微型载货汽车使用 12 年，危险品运输载货汽车使用 10 年，其他载货汽车（包括半挂牵引车和全挂牵引车）使用 15 年；

（九）有载货功能的专项作业车使用 15 年，无载货功能的专项作业车使用 30 年；

（十）全挂车、危险品运输半挂车使用 10 年，集装箱半挂车 20 年，其他半挂车使用 15 年；

（十一）正三轮摩托车使用 12 年，其他摩托车使用 13 年。

对小、微型出租客运汽车（纯电动汽车除外）和摩托车，省、自治区、直辖市人民政府有关部门可结合本地实际情况，制定严于上述使用年限的规定，但小、微型出租客运汽车不得低于 6 年，正三轮摩托车不得低于 10 年，其他摩托车不得低于 11 年。

小、微型非营运载客汽车、大型非营运轿车、轮式专用机械车无使用年限限制。

机动车使用年限起始日期按照注册登记日期计算，但自出厂之日起超过 2 年未办理注册登记手续的，按照出厂日期计算。

第六条　变更使用性质或者转移登记的机动车应当按照下列有关要求确定使用年限和报废：

（一）营运载客汽车与非营运载客汽车相互转换的，按照营运载客汽车的规定报废，但小、微型非营运载客汽车和大型非营运轿车转为营运载客汽车的，应按照本规定附件 1 所列公式核算累计使用年限，且不得超过 15 年；

（二）不同类型的营运载客汽车相互转换，按照使用年限较严的规定报废；

（三）小、微型出租客运汽车和摩托车需要转出登记所属地省、自治区、直辖市范围的，按照使用年限较严的规定报废；

（四）危险品运输载货汽车、半挂车与其他载货汽车、半挂车相互转换的，按照危险品运输载货车、半挂车的规定报废。

距本规定要求使用年限 1 年以内（含 1 年）的机动车，不得变更使用性质、转移所有权或者转出登记地所属地市级行政区域。

第七条 国家对达到一定行驶里程的机动车引导报废。

达到下列行驶里程的机动车，其所有人可以将机动车交售给报废机动车回收拆解企业，由报废机动车回收拆解企业按规定进行登记、拆解、销毁等处理，并将报废的机动车登记证书、号牌、行驶证交公安机关交通管理部门注销：

（一）小、微型出租客运汽车行驶 60 万千米，中型出租客运汽车行驶 50 万千米，大型出租客运汽车行驶 60 万千米；

（二）租赁载客汽车行驶 60 万千米；

（三）小型和中型教练载客汽车行驶 50 万千米，大型教练载客汽车行驶 60 万千米；

（四）公交客运汽车行驶 40 万千米；

（五）其他小、微型营运载客汽车行驶 60 万千米，中型营运载客汽车行驶 50 万千米，大型营运载客汽车行驶 80 万千米；

（六）专用校车行驶 40 万千米；

（七）小、微型非营运载客汽车和大型非营运轿车行驶 60 万千米，中型非营运载客汽车行驶 50 万千米，大型非营运载客汽车行驶 60 万千米；

（八）微型载货汽车行驶 50 万千米，中、轻型载货汽车行驶 60 万千米，重型载货汽车（包括半挂牵引车和全挂牵引车）行驶 70 万千米，危险品运输载货汽车行驶 40 万千米，装用多缸发动机的低速货车行驶 30 万千米；

（九）专项作业车、轮式专用机械车行驶 50 万千米；

（十）正三轮摩托车行驶 10 万千米，其他摩托车行驶 12 万千米。

第八条 本规定所称机动车是指上道路行驶的汽车、挂车、摩托车和轮式专用机械车；非营运载客汽车是指个人或者单位不以获取利润为目的的自用载客汽车；危险品运输载货汽车是指专门用于运输剧毒化学品、爆炸品、放射性物品、腐蚀性物品等危险品的车辆；变更使用性质是指使用性质由营运转为非营运或者由非营运转为营运，小、微型出租、租赁、教练等不同类型的营运载客汽车之间的相互转换，以及危险品运输载货汽车转为其他载货汽车。本规定所称检验周期是指《中华人民共和国道路交通安全法实施条例》规定的机动车安全技术检验周期。

第九条 省、自治区、直辖市人民政府有关部门依据本规定第五条制定的小、微型出租客运汽车或者摩托车使用年限标准，应当及时向社会公布，并报国务院商务、公安、环境保护等部门备案。

第十条 上道路行驶拖拉机的报废标准规定另行制定。

第十一条 本规定自 2013 年 5 月 1 日起施行。2013 年 5 月 1 日前已达到本规定所列报废标准的，应当在 2014 年 4 月 30 日前予以报废。《关于发布〈汽车报废标准〉的通知》（国经贸经〔1997〕456 号）、《关于调整轻型载货汽车报废标准的通知》（国经贸经〔1998〕407 号）、《关于调整汽车报废标准若干规定的通知》（国经贸资源〔2000〕1202 号）、《关于印发〈农用运输车报废标准〉的通知》（国经贸资源〔2001〕234 号）、《摩托车报废标准暂行规定》（国家经贸委、发展计划委、公安部、环保总局令〔2002〕第 33 号）同时废止。

附件：1. 非营运小微型载客汽车和大型轿车变更使用性质后累计使用年限计算公式

2. 机动车使用年限及行驶里程参考值汇总表

附件 1

非营运小微型载客汽车和大型轿车变更使用性质后累计使用年限计算公式

$$累计使用年限 = 原状态已使用年 + \left(1 - \frac{原状态已使用年}{原状态使用年限}\right) \times 状态改变后年限$$

备注：公式中原状态已使用年中不足一年的按一年计算，例如，已使用 2.5 年按照 3 年计算；原状态使用年限数值取定值为 17；累计使用年限计算结果向下圆整为整数，且不超过 15 年。

附件2

机动车使用年限及行驶里程参考值汇总表

车辆类型与用途					使用年限（年）	行驶里程参考值（万千米）
汽车	载客	营运	出租客运	小、微型	8	60
汽车	载客	营运	出租客运	中型	10	50
汽车	载客	营运	出租客运	大型	12	60
汽车	载客	营运	租赁		15	60
汽车	载客	营运	教练	小型	10	50
汽车	载客	营运	教练	中型	12	50
汽车	载客	营运	教练	大型	15	60
汽车	载客	营运	公交客运		13	40
汽车	载客	营运	其他	小、微型	10	60
汽车	载客	营运	其他	中型	15	50
汽车	载客	营运	其他	大型	15	80
汽车	载客	专用校车			15	40
汽车	载客	非营运	小、微型客车、大型轿车*		无	60
汽车	载客	非营运	中型客车		20	50
汽车	载客	非营运	大型客车		20	60
汽车	载货	微型			12	50
汽车	载货	中、轻型			15	60
汽车	载货	重型			15	70
汽车	载货	危险品运输			10	40
汽车	载货	三轮汽车、装用单缸发动机的低速货车			9	无
汽车	载货	装用多缸发动机的低速货车			12	30
汽车	专项作业	有载货功能			15	50
汽车	专项作业	无载货功能			30	50
挂车	半挂车	集装箱			20	无
挂车	半挂车	危险品运输			10	无
挂车	半挂车	其他			15	无
挂车	全挂车				10	无
摩托车	正三轮				12	10
摩托车	其他				13	12
轮式专用机械车					无	50

注：1. 表中机动车主要依据《机动车类型 术语和定义》（GA 802—2008）进行分类；标注＊车辆为乘用车。

2. 对小、微型出租客运汽车（纯电动汽车除外）和摩托车，省、自治区、直辖市人民政府有关部门可结合本地实际情况，制定严于表中使用年限的规定，但小、微型出租客运汽车不得低于6年，正三轮摩托车不得低于10年，其他摩托车不得低于11年。

国家发展改革委办公厅　财政部办公厅关于组织推荐2012年园区循环化改造示范试点备选园区的通知

发改办环资〔2012〕385号

各省、自治区、直辖市及计划单列市、新疆生产建设兵团发展改革委（经委、经信委、经贸委）、财政厅（局）：

为贯彻落实《循环经济促进法》、国家“十二五”规划纲要和中央经济工作会议精神，推进园区循环经济发展，提高园区综合竞争力，实现持续健康发展，加快转变经济发展方式，建设资源节约型、环境友好型社会，提高生态文明水平，国家发展改革委、财政部决定继续组织实施园区循环化改造示范试点工作，现就申报2012年园区循环化改造示范试点备选园区有关事项通知如下。

一、组织推荐

各省、自治区、直辖市、计划单列市及新疆生产建设兵团循环经济综合管理部门、财政部门组织推荐具备循环化改造基础的列入中国开发区审核公告目录的园区以及再制造示范基地、国家循环经济试点园区、国家循环经济教育示范基地作为备选园区（“城市矿产”类园区除外）。

（一）推荐园区应具备以下条件：

1. 园区已得到国家或省（自治区、直辖市）正式批准；

2. 园区符合土地利用总体规划和城市总体规划；

3. 园区内的产业符合国家产业政策；

4. 具有明确的园区边界以及园区组织管理机构或投资运营主体；

5. 园区具备一定的产业基础和产业规模；

6. 园区土地尚有开发利用空间，发展潜力较大；

7. 园区废弃物产生量大，减量化、再利用、资源化潜力较大，循环化改造潜力较大；

8. 园区基础设施较为完善，具备符合国家标准的各项环保设施，近三年未出现重大环境事故和群体事件；

9. 园区具备循环化改造基础，已开展相关基础工作；

10. 财政部、国家发展改革委确定的节能减排财政政策综合示范城市的园区优先，国家或省级循环经济试点园区或国家生态工业示范园区优先。

（二）推荐材料包括：

1. 省级循环经济发展综合管理部门、财政部门联合推荐文件。

2. 园区基本情况。重点对园区的边界以及现有产业构成、产品、产值、规模、产业链以及资源、环境现状等进行描述，提供具体的园区区位图和空间布局图。

3. 园区循环化改造思路。分析园区发展中存在的问题，论述循环化改造的必要性、紧迫性及重要意义，按照3R（减量化、再利用、资源化）原则阐明下一步循环化改造的基础、总体思路、目标和预期成效。

4. 相关证明文件。包括园区的批复文件，符合土地利用、城市规划、环境保护规划等规划的证明文件，国家发展改革委的审核公告，国土资源部确定的四至范围证明文件，环境保护部门的环保审查报告，以及成立管理机构的证明文件等各类证明文件。

二、程序安排

（一）确定初步名单。国家发展改革委、财政部组织专家进行初审，确定实施园区循环化改造示范试点的初选名单。

（二）编报实施方案。被列入初选名单的园区要结合本地区资源环境、产业发展现状及园区特点，组织编写园区循环化改造示范试点实施方案，并报省循环经济发展综合管理部门、财政部门。省级循环经济发展综合管理部门、财政部门共同组织专家对实施方案联合审核后报国家发展改革委、财政部。

（三）评审实施方案。国家发展改革委、财政部会同有关部门组织专家对实施方案进行评审。方案通过评审的，由国家发展改革委、财政部联合批复。对实施方案获得批复的园区，可在适当位置标示“国家循环化改造示范试点园区”标志。标志式样由国家发展改革委、财政部另行发布。

（四）签订承诺书。园区所在地省级人民政府与国家发展改革委、财政部签订承诺书，确定园区循环化改造的目标任务、重点项目，落实相关配套措施和优惠政策。

（五）拨付资金。财政部、国家发展改革委根据园区循环化改造实施方案，综合考虑园区循环化改造项目投资计划，共同确定给予园区循环化改造的中央财政补助资金额，财政部、国家发展改革委按照补助金额的50%下拨启动资金。中央财政补助资金由地方政府统筹使用，专项用于园区循环化改造。

（六）实施改造。园区按照国家发展改革委、财政部批复的实施方案进行循环化改造，每年年底前将实施进展情况报国家发展改革委、财政部。省级循环经济发展综合管理部门、财政部门加强跟踪，督促落实，帮助协调解决循环化改造中的问题。地方政府根据园区循环化改造实施方案统筹使用补助资金，专项用于园区循环化改造，并于每年底前将资金使用情况报送财政部、国家发展改革委备案。项目建设要严格按照国家项目管理的有关程序和规定执行，项目有调整的要及时报国家发展改革委、财政部批准。

（七）考核验收。实施期内，园区配套基础设施和关键补链项目建设进度完成实施方案设定目标，且资源环境指标达到实施方案预期目标90%以上的，由地方政府提出考核和余款拨付申请，国家发展改革委、财政部组织力量进行考核。考核重点是实施方案是否完成，实施情况是否达到预期效果，园区配套基础设施和关键补链项目建设是否发挥应有作用，其中对关键补链项目建设，主要考核补链后资源节约和环境污染减少是否达到预期目标。考核合格的，财政部、国家发展改革委拨付剩余资金，并命名为“国家循环化改造示范园区”，不合格的不再拨付。3 年内工作无实质性进展的，将已拨付补助资金扣回。具体考核办法由国家发展改革委、财政部另行制定。

三、有关要求

各地要高度重视园区循环化改造工作，加强组织领导，认真做好组织推荐工作，确保申报材料的真实性、准确性，并于2012 年3 月 10 日前，将推荐材料一式两份分别报送国家发展改革委（环资司）、财政部（经建司）。每个省、自治区、直辖市、计划单列市及新疆生产建设兵团限报 1 个备选园区（再制造示范基地有园区循环化改造内容的可另报 1 家）。

国家发展改革委环资司联系人：罗恩华

联系电话：010－68505572，传真：010－68505640

财政部经建司联系人：张楠　刘毅飞

联系电话：010－68552518　传真：010－68552879

国家发展改革委办公厅
财 政 部　办 公 厅
2012 年 2 月 23 日

国家发展改革委办公厅关于开展资源综合利用“双百工程”建设的通知

发改办环资〔2012〕726号

各省、自治区、直辖市及计划单列市、新疆生产建设兵团发展改革委，经贸委（经委、经信委），有关中央企业：

为贯彻落实《国民经济和社会发展第十二个五年规划纲要》提出的“提高资源综合利用水平”和“培育一批资源综合利用示范基地”的总体要求，根据《“十二五”资源综合利用指导意见》和《大宗固体废物综合利用实施方案》等文件部署，我委决定开展资源综合利用“双百工程 ”建设，“十二五”期间将在全国重点培育和扶持百个资源综合利用示范工程（基地）和百家资源综合利用骨干企业，发挥示范引领作用，带动整体水平提升，推动战略性新兴产业发展，加快经济发展方式转变。现就有关事项通知如下：

一、充分认识“双百工程 ”建设的重要意义

（一）有利于增强资源保障能力。我国自然资源禀赋较差，人均占有量少，重要资源自给能力不足、对外依存度逐年提高。建设“双百工程 ”，挖掘各类废弃物中蕴涵的丰富资源，将有效增强资源保障能力。根据相关规划，“十二五”期间我国煤矸石、煤泥等低热值燃料电厂发电装机容量将达到7500万千瓦，仅此一项年可节约原煤超过1.2亿吨。

（二）有利于缓解环境压力。随着工业化、城镇化进程加快，我国经济发展面临的环境压力日趋增大。建设“双百工程 ”是减少废物排放、解决固体废物污染环境的有效途径，如粉煤灰排放量大、占地多，如果得到合理利用将有效减少由于堆存造成对土壤、大气、水质等环境的影响和对人体健康的危害，建筑废物综合利用将有力减轻“垃圾围城”问题。

（三）有利于促进循环经济发展形成较大规模。资源综合利用产业是循环经济的重要组成部分，“十一五”期间年产值超过1万亿元，就业人数超过2000万人。建设“双百工程 ”，发挥示范工程（基地）和骨干企业的技术引领支撑作用，依托优势企业、产业集聚和重大项目，加速资源综合利用产业规模化发展，有利于实现循环经济形成较大规模。

二、建设任务

结合各地资源特点和区域优势等条件，因地制宜培育一批资源利用效率高、自主创

新能力强、经济和社会效益好、企业社会责任意识强的示范工程（基地）和骨干企业，发挥示范和引领作用，扩大利用规模、提高利用效益、提升利用水平，确保实现国家“十二五”规划《纲要》和《“十二五”资源综合利用指导意见》等相关专项规划中提出的各项资源综合利用目标要求。

（一）形成稳定资源综合利用能力。到“十二五”末，“双百工程 ”形成资源综合利用能力超过2亿吨/年，占全国新增利用能力的30%。示范工程（基地）内的矿产资源总回收率与共伴生矿产综合利用率分别达到40%和45%以上。

（二）实现良好资源综合利用效益。到“十二五”末，“双百工程 ”实现资源综合利用产值超过1000亿元，吸纳就业人数超过200万人，培育一批资源综合利用上市企业和具有国际竞争力的大型集团公司。

（三）提升资源综合利用技术水平。通过“双百工程 ”培育扶持一批资源综合利用相关技术研发中心，形成一批具有自主知识产权和核心竞争力的资源综合利用产品，突破共性问题瓶颈，部分关键技术达到国际先进水平。

三、建设领域

（一）矿产资源综合利用

共伴生矿产及尾矿资源综合利用（煤层气发电除外）。

（二）产业废物综合利用

煤矸石、粉煤灰、工业副产石膏、冶炼渣、建筑废物综合利用（煤矸石发电除外）。

（三）废旧资源综合利用

废旧轮胎、废弃包装物、废旧纺织品再生利用。

四、建设条件

（一）示范工程（基地）推荐条件

1. 各类废物年产生量1000万吨以上的市，所辖区域内资源综合利用支撑企业不少于5家，资源综合利用总产值超过10亿元。

2. 已编制或正在编制本地区的资源综合利用相关规划，提出的各项目标高于《“十二五”资源综合利用指导意见》提出的各项全国性目标。

3. 优先推荐《大宗固体废物综合利用实施方案》规划内的各项示范工程（基地）。

4. 前期基础好，已形成一定产业规模，矿产资源总回收率和共伴生矿产综合利用率分别不低于35%和40%，工业固体废物综合利用率不低于70%。

5. 具备一定的技术支撑能力。

（二）骨干企业推荐条件

1. 原则上应为集团公司，下属专业化综合利用子公司不少于3家，企业年利废能力不低于100万吨（含子公司），具有较强的上下游产业带动、辐射示范作用。

2. 应以资源综合利用产品生产、加工利用为主业，综合利用总产值不低于5000万元（含子公司）。

3. 获得《国家鼓励的资源综合利用认定证书》。

4. 企业现有生产能力、工艺和产品符合《国家产业结构调整指导目录（2011 年本）》中鼓励类范围。

5. 企业采用的生产工艺、技术装备以及资源综合利用效率处于全国同行业领先水平。

6. 企业近三年经济效益较好，利润率处于行业领先水平，企业资产负债率一般应低于60%；银行信用等级应在 AA 级以上。

五、建设方案

（一）组织推荐。各地发展改革委、有关中央企业在征求相关部门意见基础上，将废物产生量大、利用能力强、经济和社会效益好、符合相关推荐条件的示范工程（基地）和骨干企业向国家发展改革委推荐。

（二）编制方案。被推荐城市和企业要按照本通知要求，编制示范工程（基地）和骨干企业实施方案，包括基本情况、目标任务、规划项目等及符合推荐条件的相关证明材料，具体编制要点见附件。

（三）评审发布。国家发展改革委将组织有关专家对各地申报材料进行认真论证，并结合现场答辩和实地考察等方式，分批确定“双百工程”示范工程（基地）和骨干企业名单。

（四）组织实施。纳入名单的示范工程（基地）和骨干企业应按照所报实施方案或建设方案认真组织实施，加大投入力度、加强技术研发、切实提高资源综合利用水平，确保方案提出的各项综合利用目标的实现。

（五）加大支持。国家发展改革委将加强对示范工程（基地）建设和骨干企业发展的指导，对示范工程（基地）内的规划项目和骨干企业具体承担的项目建设给予重点支持，并会同有关部门进一步研究完善鼓励和扶持政策。

（六）经验交流。国家发展改革委将适时召开“双百工程”建设现场经验交流会，分领域召开“双百工程”技术研讨会，加强对“双百工程”的技术支撑和对先进模式的宣传报道。

（七）总结推广。“十二五”末，对“双百工程”建设工作进行全面总结和系统梳理，将示范工程（基地）和骨干企业好的经验做法在全国推广。

六、组织申报

各地发展改革委、有关中央企业要高度重视建设“双百工程”的重要意义，深入调研、发掘好的典型，充分发挥经贸委（经委、经信委）及有关部门的作用，切实做好组织申报工作，结合自身优势特点，每个领域中推荐 1 ~ 2 个示范工程（基地）和 2 ~ 3 家骨干企业，于 2012 年 5 月 10 日前将申报材料（包括申报文件以及示范工程（基地）和骨干企业实施方案，一式两份及电子版材料）报送至国家发展改革委（环资司）。

附件:“双百工程 ”示范工程(基地)/骨干企业实施方案编制要点

国家发展改革委办公厅
2012 年 3 月 27 日

附件

“双百工程”示范工程(基地)/骨干企业实施方案编制要点

一、基本情况

二、开展示范工程(基地)/骨干企业建设的紧迫性和必要性

三、指导思想、建设目标、主要任务和实施进度

四、关键技术与装备支撑情况

五、规划项目及投资

六、实施效果分析

七、采取的主要措施

八、相关证明材料

废弃电器电子产品处理基金征收使用管理办法

关于印发《废弃电器电子产品处理基金征收使用管理办法》的通知

财综〔2012〕34 号

各省、自治区、直辖市人民政府，国务院各部委、各直属机构：

《废弃电器电子产品处理基金征收使用管理办法》已经国务院批准，现印发给你们，请遵照执行。

附件：废弃电器电子产品处理基金征收使用管理办法

财政部　环境保护部　国家发展改革委

工业和信息化部　海关总署　国家税务总局

2012 年 5 月 21 日

附件

废弃电器电子产品处理基金征收使用管理办法

第一章　总　则

第一条　为了规范废弃电器电子产品处理基金征收使用管理，根据《废弃电器电子产品回收处理管理条例》（国务院令第 551 号，以下简称《条例》）的规定，制定本办法。

第二条　废弃电器电子产品处理基金（以下简称基金）是国家为促进废弃电器电子产品回收处理而设立的政府性基金。

第三条　基金全额上缴中央国库，纳入中央政府性基金预算管理，实行专款专用，年终结余结转下年度继续使用。

第二章　征收管理

第四条　电器电子产品生产者、进口电器电子产品的收货人或者其代理人应当按照本办法的规定履行基金缴纳义务。

电器电子产品生产者包括自主品牌生产企业和代工生产企业。

第五条　基金分别按照电器电子产品生产者销售、进口电器电子产品的收货人或者其代理人进口的电器电子产品数量定额征收。

第六条　纳入基金征收范围的电器电子产品按照《废弃电器电子产品处理目录》（以下简称《目录》）执行，具体征收范围和标准见附件。

第七条　财政部会同环境保护部、国家发展改革委、工业和信息化部根据废弃电器电子产品回收处理补贴资金的实际需要，在听取有关企业和行业协会意见的基础上，适时调整基金征收标准。

第八条　电器电子产品生产者应缴纳的基金，由国家税务局负责征收。进口电器电子产品的收货人或者其代理人应缴纳的基金，由海关负责征收。

第九条　电器电子产品生产者按季申报缴纳基金。

国家税务局对电器电子产品生产者征收基金，适用税收征收管理的规定。

第十条　进口电器电子产品的收货人或者其代理人在货物申报进口时缴纳基金。

海关对基金的征收缴库管理，按照关税征收缴库管理的规定执行。

第十一条　对采用有利于资源综合利用和无害化处理的设计方案以及使用环保和便于回收利用材料生产的电器电子产品，可以减征基金，具体办法由财政部会同环境保护部、国家发展改革委、工业和信息化部、税务总局、海关总署另行制定。

第十二条　电器电子产品生产者生产用于出口的电器电子产品免征基金，由电器电子产品生产者依据《中华人民共和国海关出口货物报关单》列明的出口产品名称和数量，向国家税务局申请从应缴纳基金的产品销售数量中扣除。

第十三条　电器电子产品生产者进口电器电子产品已缴纳基金的，国内销售时免征基金，由电器电子产品生产者依据《中华人民共和国海关进口货物报关单》和《进口废弃电器电子产品处理基金缴款书》列明的进口产品名称和数量，向国家税务局申请从应缴纳基金的产品销售数量中扣除。

第十四条　基金收入在政府收支分类科目中列103类01款75项“废弃电器电子产品处理基金收入”（新增）下的有关目级科目。

第十五条　未经国务院批准或者授权，任何地方、部门和单位不得擅自减免基金，不得改变基金征收对象、范围和标准。

第十六条　电器电子产品生产者、进口电器电子产品的收货人或者其代理人缴纳的基金计入生产经营成本，准予在计算应纳税所得额时扣除。

第三章　使用管理

第十七条　基金使用范围包括：

（一）废弃电器电子产品回收处理费用补贴；

（二）废弃电器电子产品回收处理和电器电子产品生产销售信息管理系统建设，以及相关信息采集发布支出；

（三）基金征收管理经费支出；

（四）经财政部批准与废弃电器电子产品回收处理相关的其他支出。

第十八条　依照《条例》和《废弃电器电子产品处理资格许可管理办法》（环境保

护部令第13号）的规定取得废弃电器电子产品处理资格的企业（以下简称处理企业），对列入《目录》的废弃电器电子产品进行处理，可以申请基金补贴。

给予基金补贴的处理企业名单，由财政部、环境保护部会同国家发展改革委、工业和信息化部向社会公布。

第十九条 国家鼓励电器电子产品生产者自行回收处理列入《目录》的废弃电器电子产品。各省（区、市）环境保护主管部门在编制本地区废弃电器电子产品处理发展规划时，应当优先支持电器电子产品生产者设立处理企业。

第二十条 对处理企业按照实际完成拆解处理的废弃电器电子产品数量给予定额补贴。

基金补贴标准为：电视机85元/台、电冰箱80元/台、洗衣机35元/台、房间空调器35元/台、微型计算机85元/台。

上述实际完成拆解处理的废弃电器电子产品是指整机，不包括零部件或散件。

财政部会同环境保护部、国家发展改革委、工业和信息化部根据废弃电器电子产品回收处理成本变化情况，在听取有关企业和行业协会意见的基础上，适时调整基金补贴标准。

第二十一条 处理企业拆解处理废弃电器电子产品应当符合国家有关资源综合利用、环境保护的要求和相关技术规范，并按照环境保护部制定的审核办法核定废弃电器电子产品拆解处理数量后，方可获得基金补贴。

第二十二条 处理企业按季对完成拆解处理的废弃电器电子产品种类、数量进行统计，填写《废弃电器电子产品拆解处理情况表》，并在每个季度结束次月的5日前报送各省（区、市）环境保护主管部门。

第二十三条 处理企业报送《废弃电器电子产品拆解处理情况表》时，应当同时提供以下资料：

（一）废弃电器电子产品入库和出库记录报表；

（二）废弃电器电子产品拆解处理作业记录报表；

（三）废弃电器电子产品拆解产物出库和入库记录报表；

（四）废弃电器电子产品拆解产物销售凭证或处理证明。

相关报表和凭证按照环境保护部统一规定的格式报送。

第二十四条 各省（区、市）环境保护主管部门接到处理企业报送的《废弃电器电子产品拆解处理情况表》及相关资料后组织开展审核工作，并在每个季度结束次月的月底前将审核意见连同处理企业填写的《废弃电器电子产品拆解处理情况表》，以书面形式上报环境保护部。

环境保护部负责对各省（区、市）环境保护主管部门上报情况进行核实，确认每个处理企业完成拆解处理的废弃电器电子产品种类、数量，并汇总提交财政部。

财政部按照环境保护部提交的废弃电器电子产品拆解处理种类、数量和基金补贴标准，核定对每个处理企业补贴金额并支付资金。资金支付按照国库集中支付制度有关规定执行。

第二十五条　环境保护部、税务总局、海关总署等有关部门应当按照中央政府性基金预算编制的要求，编制年度基金支出预算，报财政部审核。

财政部应当按照预算管理规定审核基金支出预算并批复下达相关部门。

第二十六条　基金支出在政府收支分类科目中列 211 类 61 款“废弃电器电子产品处理基金支出”（新增）。

第四章　监督管理

第二十七条　电器电子产品生产者、进口电器电子产品的收货人或者其代理人应当分别向国家税务局、海关报送电器电子产品销售和进口的基本数据及情况，并按照规定申报缴纳基金，自觉接受国家税务局、海关的监督检查。

第二十八条　处理企业应当按照规定建立废弃电器电子产品的数据信息管理系统，跟踪记录废弃电器电子产品接收、储存和处理，拆解产物出入库和销售，最终废弃物出入库和处理等信息，全面反映废弃电器电子产品在处理企业内部运转流程，并如实向环境保护等主管部门报送废弃电器电子产品回收和拆解处理的基本数据及情况。

第二十九条　处理企业申请基金补贴相关资料及记录废弃电器电子产品回收和拆解处理情况的原始凭证应当妥善保存备查，保存期限不得少于 5 年。

第三十条　环境保护部和各省（区、市）环境保护主管部门应当建立健全基金补贴审核制度，通过数据系统比对、书面核查、实地检查等方式，加强废弃电器电子产品拆解处理的环保核查和数量审核，防止弄虚作假、虚报冒领补贴资金等行为的发生。

第三十一条　财政部会同环境保护部、国家发展改革委、工业和信息化部建立实时监控废弃电器电子产品回收处理和生产销售的信息管理系统（以下简称监控系统）。

处理企业和电器电子产品生产者应当配合有关部门建立监控系统。处理企业建立的废弃电器电子产品数据信息管理系统应当与监控系统对接。电器电子产品生产者应当按照建立监控系统的要求，登记企业信息并报送电器电子产品生产销售情况。

第三十二条　财政部、审计署、环境保护部、国家发展改革委、工业和信息化部、税务总局、海关总署应当按照职责加强对基金缴纳、使用情况的监督检查，依法对基金违法违规行为进行处理、处罚。

第三十三条　有关行业协会应当协助环境保护主管部门和财政部门做好废弃电器电子产品拆解处理种类、数量的审核工作。

第三十四条　环境保护部和各省（区、市）环境保护主管部门应当分别公开全国和本地区处理企业拆解处理废弃电器电子产品及接受基金补贴情况，接受公众监督。

任何单位和个人有权监督和举报基金缴纳和使用中的违法违规问题。有关部门应当按照职责分工对单位和个人举报投诉的问题进行调查和处理。

第五章　法律责任

第三十五条　单位和个人有下列情形之一的，依照《财政违法行为处罚处分条例》（国务院令第 427 号）和《违反行政事业性收费和罚没收入收支两条线管理规定行政处分暂行规定》（国务院令第281号）等法律法规进行处理、处罚、处分；构成犯罪的，依法追究刑事责任：

（一）未经国务院批准或者授权，擅自减免基金或者改变基金征收范围、对象和标准的；

（二）以虚报、冒领等手段骗取基金补贴的；

（三）滞留、截留、挪用基金的；

（四）其他违反政府性基金管理规定的行为。

处理企业有第一款第（二）项行为的，取消给予基金补贴的资格，并向社会公示。

第三十六条 电器电子产品生产者违反基金征收管理规定的，由国家税务局比照税收违法行为予以行政处罚。进口电器电子产品的收货人或者其代理人违反基金征收管理规定的，由海关比照关税违法行为予以行政处罚。

第三十七条 基金征收、使用管理有关部门的工作人员违反本办法规定，在基金征收和使用管理工作中滥用职权、玩忽职守、徇私舞弊，构成犯罪的，依法追究刑事责任；尚不构成犯罪的，依法给予处分。

第六章 附 则

第三十八条 本办法由财政部、环境保护部、国家发展改革委、工业和信息化部、税务总局、海关总署负责解释。

第三十九条 本办法自2012年7月1日起执行。

附件：1. 对电器电子产品生产者征收基金的产品范围和征收标准

2. 对进口电器电子产品征收基金的产品范围和标准

附件 1

对电器电子产品生产者征收基金的产品范围和征收标准

序号	产品种类	产品范围	征收标准（元/台）
1	电视机	阴极射线管（黑白、彩色）电视机	13
		液晶电视机	13
		等离子电视机	13
		背投电视机	13
		其他用于接收信号并还原出图像及伴音的终端设备	13
2	电冰箱	冷藏冷冻箱（柜）	12
		冷藏箱（柜）	12
		冷冻箱（柜）	12
		其他具有制冷系统、消耗能量以获取冷量的隔热箱体	12
3	洗衣机	波轮式洗衣机	7
		滚筒式洗衣机	7
		搅拌式洗衣机	7
		脱水机	7
		其他依靠机械作用洗涤衣物（含兼有干衣功能）的器具	7
4	房间空调器	整体式空调（窗机、穿墙机等）	7
		分体式空调（分体壁挂、分体柜机等）	7
		一拖多空调器	7
		其他制冷量在 14000W 及以下的房间空气调节器具	7
5	微型计算机	台式微型计算机的显示器	10
		主机、显示器一体形式的台式微型计算机	10
		便携式微型计算机（含平板电脑、掌上电脑）	10
		其他信息事务处理实体	10

注：对电器电子产品生产者销售台式微型计算机整机不征收基金，但台式微型计算机显示器生产者将其生产的显示器组装成计算机整机销售的除外。对台式微型计算机显示器生产者组装的计算机整机按照 10 元/台的标准征收基金。

附件 2

对进口电器电子产品征收基金的产品范围和标准

序号	产品种类	商品名称	税则号列	征收标准（元/台）
1	电视机	其他彩色的模拟电视接收机，带阴极射线显像管的	85287211	13
		其他彩色的数字电视接收机，带阴极射线显像管的	85287212	13
		其他彩色的电视接收机，带阴极射线显像管的	85287219	13
		彩色的液晶显示器的模拟电视接收机	85287221	13
		彩色的液晶显示器的数字电视接收机	85287222	13
		其他彩色的液晶显示器的电视接收机	85287229	13
		彩色的等离子显示器的模拟电视接收机	85287231	13
		彩色的等离子显示器的数字电视接收机	85287232	13
		其他彩色的等离子显示器的电视接收机	85287239	13
		其他彩色的模拟电视接收机	85287291	13
		其他彩色的数字电视接收机	85287292	13
		其他彩色的电视接收机	85287299	13
		黑白或其他单色的电视接收机	85287300	13
2	电冰箱	容积 > 500 升冷藏—冷冻组合机（各自装有单独外门的）	84181010	12
		200 升 < 容积 ≤ 500 升冷藏—冷冻组合机（各自装有单独外门的）	84181020	12
		容积 ≤ 200 升冷藏—冷冻组合机（各自装有单独外门的）	84181030	12
		容积 > 150 升压缩式家用型冷藏箱	84182110	12
		压缩式家用型冷藏箱（50 升 < 容积 ≤ 150 升）	84182120	12
		容积 ≤ 50 升压缩式家用型冷藏箱	84182130	12
		半导体制冷式家用型冷藏箱	84182910	12
		电气吸收式家用型冷藏箱	84182920	12
		其他家用型冷藏箱	84182990	12
		制冷温度 > −40℃小的其他柜式冷冻箱（小的指容积 ≤ 500 升）	84183029	12
		制冷温度 > −40℃小的立式冷冻箱（小的指容积 ≤ 500 升）	84184029	12

续　表

序号	产品种类	商品名称	税则号列	征收标准（元/台）
3	洗衣机	干衣量≤10kg 全自动波轮式洗衣机	84501110	7
		干衣量≤10kg 全自动滚筒式洗衣机	84501120	7
		其他干衣量≤10kg 全自动洗衣机	84501190	7
		装有离心甩干机的非全自动洗衣机（干衣量≤10kg）	84501200	7
		干衣量≤10kg 的其他洗衣机	84501900	7
4	房间空调器	独立窗式或壁式空气调节器（装有电扇及调温、调湿装置，包括不能单独调湿的空调器）	84151010	7
		制冷量≤4000 大卡/时分体式空调，窗式或壁式（装有电扇及调温、调湿装置，包括不能单独调湿的空调器）	84151021	7
		4000 大卡/时＜制冷量≤12046 大卡/时（14000W）分体式空调，窗式或壁式（装有电扇及调温、调湿装置，包括不能单独调湿的空调器）	ex84151022	7
		制冷量≤4000 大卡/时热泵式空调器（装有制冷装置及一个冷热循环换向阀的）	84158110	7
		4000 大卡/时＜制冷量≤12046 大卡/时（14000W）热泵式空调器（装有制冷装置及一个冷热循环换向阀的）	ex84158120	7
		制冷量≤4000 大卡/时的其他空调器（仅装有制冷装置，而无冷热循环装置的）	84158210	7
		4000 大卡/时＜制冷量≤12046 大卡/时（14000W）的其他空调（仅装有制冷装置，而无冷热循环装置的）	ex84158220	7
5	微型计算机	便携式自动数据处理设备（重量≤10kg，至少由一个中央处理器、键盘和显示器组成）	84713000	10
		微型机	84714140	10
		以系统形式报验的微型机	84714940	10
		含显示器的微型机的处理部件	ex84715040	10
		专用或主要用于 84.71 商品的阴极射线管监视器	85284100	10
		专用或主要用于 84.71 商品的液晶监视器	85285110	10
		其他专用或主要用于 84.71 商品的监视器	85285190	10
		其他彩色的监视器	85285910	10
		其他单色的监视器	85285990	10

中华人民共和国国家发展和改革委员会
中华人民共和国环境保护部
中华人民共和国科学技术部
中华人民共和国工业和信息化部
公告2012年　第13号

为贯彻落实《循环经济促进法》，推广先进技术、工艺和设备，提升循环经济发展技术支撑能力和装备水平，提高资源产出率，我们组织编制了《国家鼓励的循环经济技术、工艺和设备名录（第一批）》，现予公布。

本名录涉及减量化、再利用和再制造、资源化、产业共生与链接四个方面、共42项重点循环经济技术、工艺和设备。

附件：国家鼓励的循环经济技术、工艺和设备名录（第一批）

国家发展改革委
环 境 保 护 部
科　　技　　部
工业和信息化部
2012年6月1日

附件

国家鼓励的循环经济技术、工艺和设备名录（第一批）

序号	名称	主要内容	主要指标	适用行业及范围	所处阶段
一	减量化技术、工艺及设备				
1	替代氰化电镀的高密度铜电镀技术	针对传统电镀行业产生大量高毒性含氰电镀废水的问题，采用铜盐和对铜有协同络合作用的有机磷酸盐为多元络合物，加入对铁和锌合金基体有活化作用的活化剂，制备无氰高密度铜电镀液，提高镀液的阴极极化作用，使镀液分散能力和覆盖能力超过传统的氰化镀铜镀液，提高镀层质量，实现剧毒氰化物的源头替代	镀液覆盖能力100%，分散能力≥63%，镀层质量达到相关国家行业优质产品标准，废弃物中无氰化物有毒物质	铜电镀行业	示范
2	丙尔金清洁镀金技术	针对传统镀金行业剧毒氰化物使用量大，废水污染重问题，采用合成的水溶性金盐“一水合柠檬酸一钾二（丙二腈合金（I））”，简称“丙尔金”镀金新材料，替代传统镀金采用的剧毒原料氰化亚金钾（氰化金钾）。实现有毒物质源头替代，大幅减少有毒污染物排放	丙尔金产品中游离氰化物 < 0.02%；镀金废液中总氰含量降低至0.01 mg/L；电镀产品质量优于相关标准要求	镀金行业	推广
3	亚熔盐铬盐清洁工艺与集成技术	针对铬盐工业存在的铬资源转化利用率低、铬渣污染严重等问题，采用亚熔盐高效提取分离技术和气升环流连续多相反应装置处理铬铁矿原料，采用卧螺高效离心分离技术、盐析结晶相分离技术高效分离铬酸钾，铬酸钾氢还原制备氧化铬，采用碳化深度脱铬技术在线无害化处理含铬废渣，处理后的富铁渣用于制备脱硫剂副产品，钙渣用作水泥生产填料。实现铬污染的源头削减和废渣资源化利用	铬铁矿中主元素铬的单程转化率 > 98%，铬工业回收率 > 96%；氧化铬产品生产综合能耗较传统工艺降低15%以上；含铬废弃物中六价铬的含量≤0.003%	铬盐行业、铬化合物生产行业	示范
4	熔盐法钛白生产技术	针对国产钛铁矿钙镁含量高，硫酸法生产过程废物排放量大等问题，以国产钛渣为原料，采用熔盐介质强化分解技术生成钛酸盐，经固相离子交换技术实现碱介质再生与钛的固相分离，再用稀硫酸低温溶解制得高浓度钛液，脱硅后水解制偏钛酸，进一步制得高品质锐钛型或金红石型钛白。实现钛白生产的源头减量与污染物减排	钛转化率 > 98%；与传统硫酸法相比，酸耗降低90%；无酸性废气排放；废酸、废水、废渣量消减80%；吨产品成本降低10%	钛白生产行业	示范

续 表

序号	名称	主要内容	主要指标	适用行业及范围	所处阶段
5	液态高铅渣直接还原技术	针对炼铅过程能耗较大、SO_2 及铅尘排放污染等问题，采用短流程作业，省去铸渣机，淘汰鼓风炉，以天然气替代焦炭、以煤粒作还原剂，利用卧式还原炉将液态高铅渣直接还原炼铅，过程中采用烟尘气体密闭输送装置减少烟灰的逸出及扬尘。实现炼铅过程源头降低能耗，减少铅尘、SO_2 等大气污染物排放	与“氧气底吹—鼓风炉炼铅工艺”相比，能耗降低 25%，CO_2 排放量减少 80%；与传统鼓风炉工艺相比，能耗降低 50%，SO_2 排放量减少 90%；烟尘回收率≥99%；终渣含铅量＜3%	铅冶炼行业	示范
6	矿山尾砂与废石快速充填采空区技术	针对金属矿床开采排放大量废料和破坏地表等问题，通过砂仓集中制浆系统将金属矿山浮选尾砂制成结构流态全尾砂充填料，采用高速搅拌设备将全尾砂与胶凝材料进行活化搅拌，制成结构流全尾砂胶结充填料，通过管道自流或柱塞泵加压输送到井下充填采空区，通过井下废石储存、输送与充填系统，将采掘废石在井下直接充填采空区。实现源头减少矿山开采废物排放	选矿尾砂充填利用率≥90%；采掘废石充填利用率达 100%	矿山开采	推广
7	低硫少灰保毛脱毛制革工艺技术	针对制革行业废水污染问题，在脱毛工序采用基于酶制剂的低硫少灰保毛脱毛技术源头降低废水中硫化物及固体废弃物含量，将浸灰废液循环再利用，铬鞣废液集中处理后制备铬鞣剂回用生产，处理后废水回用生产。实现废水、废物源头减排与循环利用	毛回收率＞70%；与传统毁毛脱毛浸灰工艺相比，硫化钠和石灰粉用量节约 50% 以上；浸灰废液和铬鞣废液回收率＞70%	制革行业	推广
8	节材型超薄陶瓷砖生产技术及设备	针对传统建筑陶瓷砖生产过程中原料消耗大、能耗大、污染重等问题，采用自主研发的陶瓷砖自动液压压砖机、墙地砖布料及模具系统、高效节能辊道窑和陶瓷超大超薄板材冷加工等整线装备生产超大超薄陶瓷砖。实现源头节材，降低能耗，减少三废排放	产品性能符合相关标准，产品合格率≥96%；瓷板规格 900×1800 mm，厚度 3～6mm 可调；节约原材料用量 50% 以上；较传统瓷砖生产节能 30% 以上	陶瓷砖生产行业	推广

续 表

序号	名称	主要内容	主要指标	适用行业及范围	所处阶段
9	低水泥用量堆石混凝土技术	针对常规混凝土水泥用量大、施工能耗高等问题，采用高流动性、抗分离性能好的自密实混凝土浇筑粒径较大的块石堆积体表面，依靠自密实混凝土自重完全充填块石空隙形成完整、密实、低水化热的大体积混凝土，施工过程不需要采取振捣密实和温控措施，既提高浇筑速度也可保证浇筑质量。实现源头减少水泥用量与降低能耗	与传统混凝土工艺相比，每立方米混凝土水泥用量减少 50% 以上；单位体积混凝土比传统混凝土施工能耗降低 35% 以上	大中型建设工程领域混凝土浇筑	推广
二	再利用与再制造技术、工艺及设备				
10	废旧机械零部件自动化高速电弧喷涂再制造技术及设备	针对汽车发动机缸体、曲轴等机械零部件，利用铁基、铝基等金属丝材作为喷涂材料，将雾化后的喷涂材料高速喷射到工件表面形成致密涂层，采用基于先进机器人技术和高速电弧喷涂技术集成的自动化高速电弧喷涂设备，实现数字自动控制，提高再制造质量和效率	铁基涂层的结合强度≥30MPa；锌铝基涂层强度≥20MPa；再制造一台发动机缸体时间为手工喷涂的 30%	发动机缸体、曲轴等关键零部件的再制造	示范
11	废旧机械零部件自动化纳米电刷镀再制造技术及设备	针对损伤尺寸量较小的机械零部件，采用自动化纳米电刷镀技术，在电刷镀镀液中加入纳米颗粒，镀液中金属离子被还原的同时与金属发生共沉积，形成具有特定优异性能的复合镀层，采用该技术及设备可实现多个零件同时刷镀和连续刷镀，与传统电刷镀技术相比，提高了镀层的硬度、耐磨性与组织结构的均匀性，同时提高工作效率	与快速镍镀层相比，镀层硬度提高 20% ~50%；耐磨性是纯镍镀层的 1.5 ~2.5 倍；成品率≥95%；生产效率比传统手工刷镀提高 10 倍	损伤尺寸量较小的机械零部件再制造	推广
12	废旧机械零部件柔性修复技术及设备	针对各种损伤的机械零部件，集成了逆变脉冲电刷镀技术、黏结技术和冷焊等技术对零部件进行再制造修复，采用逆变脉冲电刷镀技术及设备在多种材质或不明材质零件上沉积金属镀层，采用纳米颗粒增强、高强度碳纤维增韧胶粘技术修复连接零部件，采用冷焊技术及设备修复零部件缺陷。技术不受零部件损伤情况、材质等限制，可实现多种复合性损伤零部件的再制造修复	零件修复后性能与质量达到新品标准；节能 60% 以上；节材量≥70%	多种机械零部件的再制造	推广

续 表

序号	名称	主要内容	主要指标	适用行业及范围	所处阶段
13	废旧轧辊感应电渣熔覆包覆层再制造技术及设备	针对废旧轧辊传统堆焊修复存在的修复周期长、成本高、效率低、修复质量差等问题，通过电磁感应加热废旧轧辊，然后将复合外层金属液快速浇入水冷结晶器中，金属液在穿过水冷结晶器内高温融化的熔融渣层过程中受电渣精炼后与废旧轧辊芯棒表面熔合，冷却结晶形成复合材料轧辊	再制造轧辊产品中废旧轧辊占再制造后轧辊总重量的 70% ~ 80% 以上；成本为新轧辊的 50% ~60%；使用寿命比新轧辊提高 30% 以上	轧辊、支撑辊等各种辊类再制造	推广
14	打印耗材再制造技术及设备	针对打印耗材的再制造，对关键零部件进行特性检测、清洁清洗，对磁辊喷砂，感光鼓、充电辊采用重涂修复技术进行再制造，对鼓粉盒和墨盒芯片进行编程及重写，对废旧碳粉再生制造，对五金件进行清洁及机械修复，对废墨水等进行环保处理，提高打印耗材回收利用率及再制造率，延长打印耗材易耗件的使用寿命	再制造产品回收利用次数≥3；再制造产品符合 RoHS 要求；充电辊利用率≥75%；磁辊再生利用率≥85%；碳粉再生循环利用率≥90%；喷墨盒回收再生合格率≥90%	激光及喷墨打印耗材的再制造	推广
15	废金属破碎分选处理技术及大型化设备	针对废旧机械装备及废钢破碎加工过程中技术装备水平低的问题，采用磁阻开关控制的超宽履带输送设备、液压控制自适应预碾压设备、磁力分选设备，实现铁、有色金属及非金属物质的自动分离	主机功率：750 ~ 3000 kW；每小时处理废金属 35 ~ 120 吨；送料宽度达 1500 ~ 2600mm；磁力分选率≥97%；有色金属涡流分选或有色光选分辨率≥98%	废金属、废钢的破碎分选	推广
16	氮肥生产废水超低排放集成技术	针对氮肥生产过程中污水处理和再生利用难问题，集成了造气/脱硫系统冷却、洗涤水的闭路循环技术，锅炉系统除尘水闭路循环技术，栲胶脱硫替代氨水液相催化脱硫技术，含氨废水逐级提浓回用技术，尿素工艺冷凝液深度水解技术，甲醇精馏残液用作造气夹套锅炉补水工艺，含油废水回用技术，“一套三”浅除盐或除盐工艺制脱盐水等技术，对氮肥生产污水综合回收利用，实现了含氨氮污水、含酚氰焦油污水、含硫污水、含煤焦灰渣污水等近零排放，提高冷却水循环率，大幅度减少水资源消耗量	吨氨排水量由 $30m^3/t$ 降低到 3 ~ $5m^3/t$；排水量与排水中污染物总量低于国家标准 50% ~60% 以上	氮肥生产行业	推广

续表

序号	名称	主要内容	主要指标	适用行业及范围	所处阶段
三	废物资源化利用技术、工艺及设备				
17	氰化尾渣制铁精矿联产硫酸、提取金银技术	针对黄金冶炼过程产生的氰化尾渣污染严重的问题，采用氰化渣活化脱氰富集硫铁技术分离出高品位硫精矿，金银在硫精矿中一次富集，然后采用流态化焙烧制酸技术焙烧硫精矿制得硫酸和铁精粉，金银在铁精粉中二次富集，通过选择性分离提取金、银等金属，减少含重金属污染物排放。实现氰化尾渣的资源化、高值化利用	氰化渣中有价组分富集后硫精矿硫品位≥48%；硫回收率≥92%；铁精粉铁品位≥64.5%；金回收率≥90%；银回收率≥80%；外排总氰浓度达标	黄金行业氰化尾渣资源化利用	示范
18	铜尾矿沸腾焙烧制取硫酸技术及设备	针对铜尾矿的综合利用，通过大型沸腾焙烧装置生成 SO_2，同时回收沸腾焙烧高温余热用于发电，采用动力波洗涤净化、两转两吸工艺制取硫酸，焙烧后的铁焙砂用作炼铁优质原料。实现铜尾矿的资源化利用	硫烧出率≥98.7%；烟气 SO_2 净化率≥98%；SO_2 总转化率≥99.8%；水循环率≥96.7%；S回收率≥97%；铁焙砂（烧渣）中 Fe≥65%、S≤0.3%	铜尾矿资源化利用	推广
19	钢铁冶炼尘泥转底炉锌铁回收技术	针对含铁锌尘泥回收利用难、造成污染等问题，将含铁、锌尘泥制成含碳球团，在转底炉内还原为金属化球团，球团中的氧化锌还原成金属锌，金属锌挥发再氧化生成氧化锌，在氧化过程中，采用多节多点温度及气氛控制技术，控制氧化锌粉尘的形态及粒度同时回收氧化锌，剩余含铁球团作为高炉原料。实现钢铁尘泥的资源化利用	铁回收率≥99%；锌回收率≥85%；铁金属化率≥80%；能耗较传统工艺节省 40kg 标准煤/吨产品	钢铁企业含铁锌尘泥综合利用	推广
20	粉煤灰制备高强度陶粒技术	针对粉煤灰资源化利用，通过自主研发的球核生成器，不添加任何粘结剂将粉煤灰制成球形颗粒，在高温作用下，粉煤灰中硅铝等氧化物在颗粒内处于熔融状态，冷却后形成性能稳定的陶粒轻骨料，提高粉煤灰的掺配率，产品优于国家标准。实现粉煤灰高掺配率资源化利用	产品中粉煤灰掺配率≥95%；成品合格率≥95%；产品粒型系数<1.2；筒压强度 2～10MPa；吸水率<20%	粉煤灰资源化利用	推广

续 表

序号	名称	主要内容	主要指标	适用行业及范围	所处阶段
21	煤矸石充填开采置换煤炭技术	针对煤矸石产生量大，堆存污染问题，利用废弃的煤矸石，通过干式、湿式（高水材料）、似膏体等充填方式，充填煤矿采空区或井下巷道，置换出“三下”（水体下、建筑物下、铁路下）压煤，提高煤炭资源回采率同时实现废弃资源的再利用	提高煤炭回采率，工作面原煤回收率≥80%；减少煤矸石排放占用土地以及运输环节能耗，降低能耗15%以上	煤炭开采业	推广
22	氨碱厂白泥用于锅炉烟气湿法脱硫技术	针对氨碱法纯碱生产过程产生的白泥污染问题，采用二级过滤与一级洗涤组合的水洗工艺，将白泥中氯离子洗脱，制成低氯白泥脱硫剂，替代石灰石粉用于烟气中二氧化硫脱除，提高锅炉烟气脱硫效率，脱硫后的脱硫石膏用于水泥生产。实现白泥的资源化利用	氨碱厂白泥利用率达100%；锅炉烟气脱硫效率≥95%；中间产品低氯白泥含氯离子＜1.5%；终端脱硫石膏符合《用于水泥中的工业副产石膏》（GB/T21371—2008）的要求	氨碱法制碱行业	推广
23	氮肥生产废气、废固处理及资源化利用技术	针对氮肥生产领域工业固废、废气排放量大等问题，采用大型全燃式吹风气余热集中回收技术、三废流化混燃余热回收技术，回收造气吹风气及造气炉渣等余热；采用造粒塔尾气洗涤回收技术，回收尿素造粒塔尾气中的尿素粉尘同时溶解回收气氨。实现氮肥生产过程废物的资源化利用，减少了污染物排放	造气炉渣燃烧后残碳降至1%；造气吹风气燃烧后CO含量＜0.3%；尿素造粒塔尾气粉尘＜$30mg/Nm^3$；氨含量＜$10mg/Nm^3$	合成氨及尿素生产行业	推广
24	黄磷尾气高值化利用制甲酸技术	针对黄磷生产过程中产生的尾气综合利用率低问题，采用水洗碱洗及变温、变压吸附气体分离技术提纯CO气体，CO气体通过低温低压羰基合成甲酸甲酯，采用甲酸甲酯水解精馏技术生产高品质甲酸产品。实现黄磷尾气高值化利用	尾气利用率≥90%；提纯后尾气中CO≥95%，O_2≤10ppm，总硫≤5ppm，磷、砷、氟化物杂质含量≤1ppm，H_2O≤10ppm，CO_2≤10ppm；甲酸产品纯度≥98%	磷化工行业黄磷尾气综合利用	示范

续 表

序号	名称	主要内容	主要指标	适用行业及范围	所处阶段
25	白酒酿造废弃酒糟资源化利用技术	针对白酒酿造行业排放大量废酒糟的利用问题，通过糖化与发酵分步进行的“二次发酵”固态酿酒技术，最大化利用丢弃酒糟剩余的淀粉生产复糟酒，酿造复糟酒再次产生的废弃酒糟作为锅炉燃料生产蒸汽并回用于酿酒生产，燃烧后的稻壳灰采用低压液相法生产白炭黑。实现酿酒废弃物的资源化利用	复糟酒产品理化指标符合优级酒标准；复糟酒生产后的废弃酒糟残淀利用率达 42%；废弃酒糟有机质综合利用率≥95%；白炭黑提取率≥80%，纯度≥90%	白酒酒糟资源化利用	推广
26	钴镍废料循环制备超细高纯钴镍粉体材料技术	针对含钴镍废料及废锂电池资源回收利用问题，以废弃钴镍资源为原料，采用酸溶—氧化技术从废料中提取钴镍元素，采用连续液液萃取及反萃技术装备实现钴镍的分离纯化及萃取介质的循环使用，中间体经闪蒸等多套组合设备处理，低温氢气还原设备再造超细高纯钴镍粉体材料，并对粉体结构和形貌的选择性进行控制。实现含镍钴废弃物的资源化利用	钴、镍资源回收率≥99%；钴粉、镍粉纯度均≥99.9%；钴粉粒度≤1.2μm；超细粒度可达 0.7μm 以下；可制备球形、类球形钴粉及大 FSSS 镍粉	含钴镍废料、废锂电池的再生利用	示范
27	废杂铜制备空心异型铜合金材料技术	针对传统废杂铜利用能耗高、污染大的问题，采用熔体净化和精炼一体化技术和装备控制熔体中杂质，采用以等轴晶为主的凝固控制技术提高产品质量和性能；通过分流导液、均温缓冷的石墨结晶器实现薄壁及小孔径异型铜材生产。实现废杂铜的再生利用	废杂铜利用率≥95%；成品率≥99%；产品各项性能符合相关标准	黄杂铜资源化利用	示范
28	废冰箱整体拆解与多组份资源化利用一体化成套设备	针对传统处理废冰箱手工拆解高污染、资源浪费问题，利用冷媒抽取装置自动抽取废冰箱冷媒，将切除冷凝器及压缩机后的剩余箱体进行封闭式破碎分离，提高铁、铜、铝、塑料、聚氨酯泡沫等材料的回收率，过程中产生的废气、粉尘经活性碳纤维吸附和布袋除尘处理后达标排放。实现废冰箱各组份资源的回收利用	有色金属回收率和塑料回收率≥95%；制冷剂回收率≥90%；聚氨酯泡沫回收率≥90%；铁回收率≥98%；设备处理能力≥30台/h；尾气达标排放	废冰箱资源化利用	推广

续　表

序号	名称	主要内容	主要指标	适用行业及范围	所处阶段
29	废印制电路板粉碎分离回收技术及成套设备	针对废印制电路板资源化利用难、污染重的问题，采用物理方法逐级粉碎，再利用高速运转的叶轮在特殊设计的金属腔体内形成高速涡流，将粉碎后的带有金属镀层的线路板粒料解离，经过风选分离将解离后的金属粉末与非金属粉末分离回收。实现废印制电路板各组份资源的回收利用	金属回收率≥95%；回收的铜粉中铜含量≥90%；非金属粉末中金属含量＜1%；设备处理能力≥500kg/h	废印制电路板资源化利用、无害化处理	推广
30	废弃高硫石油焦连续石墨化生产优质石墨材料技术及设备	针对传统石墨增碳剂生产周期长、能耗高、污染大、效率低等问题，以废弃高硫石油焦为原料，利用核心设备高能效新型竖式连续石墨化炉设备，连续化制备石墨增碳剂及石墨负极材料。实现废弃高硫石油焦的利用及石墨增碳剂生产的源头降耗和废气减排	产品石墨增碳剂含碳量达99.5%，含硫量＜0.03%；产品锂离子电池石墨负极材料含碳量达99.96%，含硫量＜40ppm；与传统工艺相比，吨产品能耗降低70%以上，SO_2、CO_2等排放减少95%以上，节水量＞80%，生产效率提高20%	炭素行业	推广
31	硫化橡胶粉常压连续脱硫成套设备	针对压力容器废橡胶传统脱硫法产生大量的废水、废气和不安全因素，开发了常压、变频调速、数显智能温控、连续联动化生产的硫化橡胶粉常压连续脱硫成套设备。硫化橡胶粉活化剂、软化剂等经搅拌输送到脱硫机中，采用在螺旋装置内密封输送状态下加热脱硫及夹套式螺旋冷却工艺完成脱硫。实现常压脱硫，降低能耗，生产过程无废水、废气排放	与传统动态脱硫法相比，节能20%以上；无废水、废气排放；减少操作人员2/3；设备减少钢材使用3/4，减少占地面积2/3	再生胶、硫化橡胶粉塑化行业	推广
32	垃圾塑料生产组合芯模技术	针对垃圾填埋场的垃圾塑料和造纸厂制浆后产生的垃圾塑料难处理、污染重等问题，通过添加多功能复合改性剂进行改性，并在此基础上添加一定比例的秸秆、谷壳、木屑粉等农林副产品废弃物作为填充剂，采用压制成型工艺制成埋地塑料组合芯模产品，该技术允许垃圾塑料中含有细小杂质，无需对垃圾塑料进行水洗。实现垃圾塑料无害化处理	垃圾塑料综合利用率（剔除水分、碎布、泥沙及金属等大型杂质后）≥98%；产品中废塑料比例≥75%；产品中新材料及改性剂的加入量＜1%；三废达标排放；产品质量合格	垃圾塑料资源化利用	推广

续 表

序号	名称	主要内容	主要指标	适用行业及范围	所处阶段
33	废弃纸铝塑复合包装物再生利用技术	针对废纸铝塑复合包装物分离难、利用难等问题，采用转鼓式高浓碎浆机等专用设备将纸铝塑复合包装物分解成纸浆和铝塑膜，纸浆经筛选净化和抄纸工艺制成高强度包装用纸，铝塑膜采用湿法分离与离心净化工艺实现铝塑分离，脱铝塑料破碎、造粒，铝屑经湿法研磨制成铝粉膏。实现废弃纸铝塑复合包装的再生利用和无害化处理	纸浆、塑料和铝的综合回收率≥95%；铝塑分离率达到100%；铝粉中活性铝成分≥85%	废纸铝塑包装资源化利用	示范
34	城市有机废弃物高效率厌氧消化技术及设备	针对市政污泥、餐厨废弃物等城市有机垃圾资源化利用问题，采用高浓度厌氧反应器、自动化搅拌系统实现物料完全混合，通过流程优化控制技术提高物料处理浓度以及系统效率，采用自动防浮渣结盖技术解决了传统大型厌氧消化装置中浮渣结盖问题。实现高浓度、低压厌氧消化，提高有机质降解率和产气率	厌氧消化处理物料浓度提高到8%～15%（干物质浓度）；有机质降解率达70%～80%；产气量达60～120m^3；产气甲烷含量达60%～70%	市政污泥、餐厨废弃物等城市有机废物的厌氧消化	示范
35	城市垃圾填埋气变压吸附制天然气联产二氧化碳技术	针对城市垃圾填埋气中CH_4和CO_2分离难的问题，采用填埋气压缩、脱硫、冷冻干燥、吸附净化等预处理工艺将填埋气中的水分与有害杂质去除，然后利用压力变化下CH_4和CO_2在吸附剂上的吸附量变化将两种气体分离。实现垃圾填埋气中CH_4和CO_2高纯度同步高效回收	沼气中CH_4回收率≥90%；产品气中CH_4浓度≥95%，符合《车用压缩天然气》（GB18047—2000）的要求；另一产品气CO_2回收率≥95%；CO_2浓度≥95%	垃圾填埋气、大中型生物厌氧工程所产沼气提纯	推广
36	秸秆清洁制浆及废液资源化利用技术	针对传统秸秆制浆效率低、质量差、水耗能耗高，污染重等问题，采用新式备料和置换蒸煮技术，使蒸煮工段的热黑液循环利用，降低制浆蒸汽用量和黑液黏度，提高浆料滤水性；采用“高硬度制浆—机械疏解—氧脱木素”组合技术，提高麦草浆得率和强度，制浆废液通过蒸发浓缩、喷浆造粒技术生产木素有机肥。实现秸秆清洁制浆及废液资源化利用	生产的本色浆抗张指数61.5N·m/g；黑液提取率＞90%；黑液固形物浓度13%～15%；有机肥有机质含量≥40%	秸秆清洁制浆造纸、有机肥制造	推广

续 表

序号	名称	主要内容	主要指标	适用行业及范围	所处阶段
37	芦笋废弃物提取皂苷及多糖技术	针对芦笋废弃物（老茎、笋皮等）堆积污染及资源浪费问题，采用乙醇—水超声循环提取皂苷等脂溶性成分，采用水超声循环提取多糖等水溶性成分，然后采用真空低温浓缩，中低温离心喷雾干燥及造粒技术生产芦笋皂苷和多糖产品，剩余残渣采用固态发酵生产生物药肥。实现芦笋废弃物资源化利用	芦笋皂苷和芦笋多糖提取率≥90%；脂溶性成分中芦笋皂苷含量≥15%；水溶性成分中芦笋多糖含量≥35%；生物肥中有机质含量≥35%	芦笋废弃物资源化利用	示范
38	沼液高效制生物有机肥技术	针对大中型沼气池冬季产气量低和沼液污染环境与低效利用问题，以沼气池产生的沼液和沼渣为原料，采用生物工程技术，添加有益微生物菌种，对生物质发酵制得液体高效生物有机肥料，可替代部分化肥和农药，提高农作物产量。实现沼液的资源化利用	液体高效生物有机肥的有效活菌数（乳酸杆菌、酵母菌、枯草芽孢杆菌等）达0.26亿个/mL；总养分（氮、五氧化二磷、氧化钾）达0.6%	新建及已建的沼气工程的沼肥生产配套	示范
39	废石料高值化利用合成优质石材技术	针对石材开采、加工过程中产生的大量废石料问题，采用胶凝材料改进技术、人造大理石胚料改性技术、高档合成石喷色成纹加工技术、真空振压花纹技术、石板预制压片技术、全过程高档合成石养护技术等，利用大体积荒料整体高仿真设备、全过程高效废气生化处理系统和自动化排锯节能减震系统等，生产高档合成石材。实现废石料的规模化优质高效利用，替代天然石材	废石料掺入量≥80%；利用率（成材率）≥98%；生产的高档合成石产品主要性能指标为抗折强度≥20 MPa、压缩强度≥100 MPa、吸水率≤0.1%、耐磨度≤450 mm^3、莫氏硬度≥3、放射性符合《建筑材料放射性核素限量》（GD 6566—2001）A类要求	废石料资源化利用	推广

续 表

序号	名称	主要内容	主要指标	适用行业及范围	所处阶段
四	产业共生与链接技术、工艺及设备				
40	生活垃圾预处理及水泥窑协同处理技术	针对国内生活垃圾混合收集、水分高、热值低、难处理等问题，采用双轴机械破碎方式对生活垃圾进行破碎和生物干化，利用综合分选技术分离可燃部分、无机灰渣部分、金属部分，其中可燃部分制成可燃性垃圾固体燃料（RDF）；采用多点协同喂料工艺和技术，将 RDF 替代部分燃料用于干法水泥生产，无机灰渣用作水泥填料。实现工业与社会间产业链接	生活垃圾预处理后可燃部分低位热值≥2000 kcal/kg，无机灰渣中可燃物（塑料、纸张等）≤15%（干基）；水泥窑处置过程无废渣、废水外排，二噁英/呋喃≤0.1 ngTEQ/Nm^3；水泥熟料质量符合国家标准	城市垃圾水泥窑协同处理与资源化利用	推广
41	高铝粉煤灰多金属梯级提取与资源化利用技术	针对高铝粉煤灰综合利用水平低的问题，以高铝粉煤灰为原料，采用低碱选择性提取与管道化溶出技术提高粉煤灰的铝硅比，采用低温高效转化技术制备活性硅酸钙材料，脱硅后的粉煤灰进一步提取冶金级氧化铝或采用铝硅耦合技术制备莫来石等材料，其母液中含有的镓资源经树脂高效吸附与浓缩技术后再通过电解得到金属镓。实现能源、有色、建材等行业间的产业链接	氧化铝提取率≥85%；非晶态 SiO_2 提取率≥90%；残余硅钙渣中碱含量≤0.6%，满足水泥生产要求；镓提取率>40%	高铝粉煤灰综合利用	示范
42	焦炉煤气制天然气技术	针对焦炉煤气中氢气、CO 和 CO_2 含量高，甲烷含量低，热值小的特点，对焦炉煤气进行净化预处理，在高效甲烷化催化剂作用下进行甲烷化合成甲烷，分离出 H_2，得到合成天然气。实现化工、钢铁、能源等行业间的产业链接	CH_4 选择性≥65%；CO/CO_2 一次转化率≥90%；焦炉气产品达到 SY/T0004—1998 要求	焦化行业煤气综合利用	示范

关于印发国家循环经济教育示范基地有关申报管理规定的通知

发改办环资〔2012〕1762号

各省、自治区、直辖市及计划单列市、新疆生产建设兵团发展改革委（经委、经贸委、经信委），教育厅（教委、局），财政厅（局），旅游局：

为贯彻落实《循环经济促进法》，加强循环经济宣传、教育和科学知识普及，国家发展改革委、教育部、财政部、国家旅游局决定组织开展国家循环经济教育示范基地建设工作，力争在全国建设一批技术先进、管理规范、循环经济特征明显、教育示范作用强的循环经济教育示范基地。日前，国家已确定了第一批国家循环经济教育示范基地名单。为推动这项工作制度化、规范化、长效化，国家发展改革委、教育部、财政部、国家旅游局制定了《国家循环经济教育示范基地申报管理规定（暂行）》等文件，现印发你们，请参照执行。

附件：一、国家循环经济教育示范基地管理规定（暂行）
二、国家循环经济教育示范基地实施方案编制指南
三、国家循环经济教育示范基地评选标准
四、国家循环经济教育示范基地标志及说明

国家发展改革委办公厅
教育部办公厅
财政部办公厅
旅游局办公室
2012年6月27日

附件一

国家循环经济教育示范基地管理规定（暂行）

第一章 总 则

第一条 为规范国家循环经济教育示范基地（以下简称教育示范基地）申报、评审、建设等各项流程，依据《中华人民共和国循环经济促进法》制定本规定。

第二条 本规定所指的教育示范基地是指利用自身生产设施展示本行业、本领域的循环经济链条，向社会公众特别是中小学生宣传循环经济理念，推广循环经济典型模式，由国家发展改革委会同教育部、财政部、国家旅游局（以下简称四部委）联合发文确认为国家循环经济教育示范基地的单位。

第三条 教育示范基地建设应当遵守各项法律法规，遵循自愿申报、因地制宜、特色宣传、高标准高起点、发展与教育相结合的原则。

第四条 教育示范基地的申报、评审、试运行、授牌、监管、考核等适用本规定。

第二章 申 报

第五条 申报成为教育示范基地的单位应当符合以下条件：

（一）被列为国家和省级各类循环经济示范试点或国家循环经济典型模式案例的企业或园区；

（二）循环经济特征明显，具有相对完整的产业链条；

（三）具备一定的教育、参观和展示设施，安全保障措施，有固定的开放时间和预约渠道；

（四）接近大中城市或人口密集区，交通便利，方便参观，上年参观人数不少于3000人（西部地区放宽到1000人）；

（五）社会形象良好，五年内没有重大环保、安全事故。

第六条 申报单位应当同时向省级循环经济发展综合管理部门、教育部门、财政部门、旅游部门提交申请报告。申请报告应当包括循环经济发展基本情况，教育示范基地创建意义和基本思路，教育示范基地建设的现有基础及已开展工作，预期目标和下一步工作计划，建设内容及进度安排等内容。

第七条 省级循环经济发展综合管理部门、教育部门、财政部门、旅游部门应当依据本办法第五条严格审查申报材料，并于每年6月30日前，择优向四部委联合上报符合条件的备选单位。每个省、自治区、直辖市及计划单列市每年推荐单位不得超过两家。

已经被列为国家各类校外教育基地和工业旅游示范点的单位可以附相关证明文件，优先推荐。

第三章　评　审

第八条　四部委依据本规定第五条对各地上报的申请报告进行书面审查，并对通过初审的申报单位名单联合发文确认。

第九条　通过初审的申报单位应当参照《国家循环经济教育示范基地实施方案编制指南》编写教育示范基地实施方案，并于每年9月30日前，向省级循环经济发展综合管理部门、教育部门、财政部门、旅游部门上报。

第十条　省级循环经济发展综合管理部门、教育部门、财政部门、旅游部门应当依据相关评审标准和程序组织对实施方案审查论证，并将通过审查的实施方案联合上报。

第十一条　四部委组织循环经济、教育、旅游等方面的专家对实施方案进行评审。专家应当按照公开、公平、公正的原则，依据《国家循环经济教育示范基地评选标准》对实施方案进行论证。

评审包括听取申报单位汇报、提问和讨论、实地考察等内容。评审程序结束后，专家组应向四部委提交专家评审报告。

第十二条　在收到专家评审结果后的十个工作日内，国家发展改革委将教育示范基地名单进行网上公示，公示期为七日。

公示期内，任何公民、法人、社会团体有权向四部委反映名单内单位违法违纪行为以及不适合创建教育示范基地的其他情况。

公示期满，符合条件的单位经四部委联合发文确认后，进入教育示范基地试运行。试运行期一年，以发文之日为起算日。

第十三条　建设单位应当严格按照经评审的实施方案开展教育示范基地相关工作，实施方案一年期目标为试运行结束时考核目标。实施方案不得随意变更。确需变更的，应将调整后的实施方案报四部委备案，变更后的实施方案经备案生效。

第四章　建设运营

第十四条　建设单位试运行结束后，实现实施方案一年期目标的，可向省级循环经济发展综合管理部门、教育部门、财政部门、旅游部门提出教育示范基地授牌申请，经审查通过后上报四部委。

第十五条　申报单位提出授牌申请时，应提交以下材料：

（一）省级有关部门联合出具的审查意见；

（二）教育示范基地建设试运行总结报告；

（三）地方政府给予的优惠政策和配套措施；

（四）参观人数的相关证明材料。

第十六条　四部委对报送的材料进行审查，并组织专家进行实地考察，对通过审查的单位正式发文确认，并统一授牌。

对未通过审查验收的试运行单位，给予不超过六个月的整改期，整改后四部委组织考核组进行考核并上报考核报告，对仍不能达到要求的，四部委将联合发文取消其教育示范基地资格。

第十七条 教育示范基地应坚持企业主体、政府推动、社会参与的原则，制定相应的管理制度，严格按照实施方案要求组织开展各项工作。

第十八条 五年实施期满，各教育示范基地建设单位逐级提出验收申请，四部委依申请组织人员对教育示范基地进行现场考察验收，验收以实施方案中相关内容为标准，通过验收的，允许其继续使用教育示范基地称号和标识；未通过验收的，四部委联合发文取消其教育示范基地称号。

第五章 支持措施

第十九条 国家对教育示范基地申请的循环经济专项资金和资源节约和环境保护中央预算内投资备选项目，在同等条件下给予优先支持，并优先考虑列为教育、旅游等方面的相关示范、试点。国家将循环经济宣传材料免费提供给各教育示范基地使用。

第二十条 各省级循环经济发展综合管理部门、教育部门、财政部门、旅游部门按照国家统一要求，协调、指导本辖区内的教育示范基地建设，争取出台相关支持措施。教育部门应当协调附近中小学与教育示范基地建立稳定合作关系，组织中小学生进行定期参观；旅游部门应当将教育示范基地作为本地旅游资源，在旅游资源布局中予以充分考虑。

第六章 监督管理

第二十一条 四部委负责对教育示范基地建设工作进行监督和指导，并根据情况委托专门机构负责申报材料的汇总、资料初审、实施方案论证和专家实地考察等环节的工作。

四部委对教育示范基地进行不定期考核、检查，对成绩显著的给予表彰和奖励。

第二十二条 教育示范基地应于每年年终向所在地省级循环经济主管部门、教育部门、财政部门、旅游部门上报年度总结，报告教育示范基地建设和参观教育情况、存在问题等。

第二十三条 对出现以下情况的教育示范基地，四部委责成其限期整改，整改后仍然不符合标准的撤消其命名：

（一）宣传教育情况显著偏离方案目标的；

（二）违反国家法律法规，受到省级以上相关部门严重处罚或造成较大影响的；

（三）不能及时报告发展动态的；

（四）未按实施方案要求推进教育示范基地建设，使教育示范基地建设滞后或成效不明显的；

（五）应当撤销命名的其他情况。

对发生重大环境或安全事故的，直接撤消其命名。

第二十四条 未通过试运行验收的单位及其他单位不得擅自使用国家循环经济教育示范基地标识。

第七章　附　则

第二十五条　本规定由国家发展改革委会同教育部、财政部、国家旅游局负责解释。

第二十六条　本规定自发布之日起施行。

附件二

国家循环经济教育示范基地实施方案编制指南

为全面贯彻落实《循环经济促进法》，加强循环经济宣传、教育和科学知识普及，国家发展改革委、教育部、财政部、国家旅游局决定组织开展国家循环经济教育示范基地建设工作。各申报单位应编制《国家循环经济教育示范基地建设实施方案》。为加强对《方案》编制的宏观指导，提高编制水平，制定《循环经济教育示范基地建设实施方案编制指南》。

一、前言

简述编制方案的背景、意义、实施期限、编制依据、总体思路、主要内容及组织工作等。

实施期可以与企业或园区自身循环经济发展规划相结合和衔接。方案编制应当依据《国家循环经济教育示范基地申报管理暂行规定》，并参考《国务院关于加快发展循环经济的若干意见》、《国务院关于加快旅游业发展的意见》、《教育部科技部中国科学院中国科协关于建立中小学科普教育社会实践基地开展科普教育的通知》等相关文件。

二、企业或园区的基本情况

（一）企业或园区区域概况

1. 所处区域经济社会发展和旅游资源简况；

2. 地理位置和企业或园区布局（附图）；

3. 循环经济教育辐射周边大中城市或人口稠密区（100km 内）的距离及交通状况等。

（二）企业或园区发展概况

1. 企业或园区经济发展情况及主导产业发展概况；

2. 企业或园区主要循环经济特色。

（三）企业或园区循环经济发展基本情况

1. 循环经济试点工作总体情况

介绍企业或园区被列为哪一级循环经济（含再制造）试点示范单位或循环经济试点单位，以及循环经济试点工作的发展目标、主要任务、重点工作和进展情况。

2. 循环经济产业链条

简述企业或园区构建的循环经济产业链条，并附《循环经济产业链示意图》。

企业要介绍如何围绕现有产品结构及“三废”情况，开展与循环经济相关的节能、节水、节材、资源综合利用及清洁生产等方面的工作，形成企业内部或与外部的循环链条。

园区要描述各企业内部及企业间如何建立有效链接，形成合理的产业链，以及园区内再生资源产业建设能源的梯级利用、水的梯级利用和循环利用、废弃物的循环利用等方面的情况。

3. 循环经济发展的初步成效

根据企业或园区资源产出、资源消耗、资源综合利用、废物排放的指标，对企业或园区循环经济试点工作成效进行评价和描述。

介绍企业或园区在试点工作中总结出的独具特色的循环经济模式或具有推广价值的典型做法。

三、开展循环经济教育的必要性、有利条件及制约因素

（一）前期开展循环经济教育的经验及成效

企业或园区可以对以往开展的涉及循环经济的科普教育情况进行回顾和总结。

（二）开展循环经济教育的必要性

结合企业或园区在本行业发展循环经济的整体情况，说明在本企业或园区开展循环经济教育的必要性，对推广循环经济模式和典型经验、提升企业形象、提高社会公众对循环经济认识具有重要意义。

（三）开展循环经济教育的有利条件

可从企业或园区开展循环经济工作及成效，典型的循环经济发展模式和经验，企业或园区领导对开展循环经济教育工作重要意义的认识，以及企业或园区在硬件设施、软件开发、人员配备、安全保障、社会形象以及接待的公众人数等方面论述开展循环经济教育的有利条件和基础。

（四）开展循环经济教育的制约因素

主要论述在开展循环经济教育中可能存在的问题、制约因素和不利条件，以及企业或园区解决问题的初步设想等。

四、指导思想、基本原则和建设目标

（一）指导思想

指导思想是指导规划编制和实施的方向，要明确规划的使命，体现发展方向和工作重点。

（二）基本原则

规划原则是规划的具体指导方针，是对指导思想的进一步深化和具体化。要符合指导思想的要求并面对具体的规划内容，把指导思想的具体要求贯彻到规划的重点领域中。

（三）建设目标

提出通过企业或园区建设教育基地和开展循环经济教育活动，在搭建循环经济的宣传交流平台，开展教育培训，推广循环经济典型模式，宣传循环经济理念，引导社会公众（尤其是青少年）广泛参与循环经济发展等方面要达到的目标。

主要指标：

编制单位应从主要教育点建设情况、年度参观人数目标、成果体现、印制宣传材料等方面设置相应的指标。需制定试运行目标（1 年），中期目标（3 年）和实施期（5 年）

目标。

（四）目标可达性分析

根据现状，结合发展设想，采取定性与定量相结合的方法对主要目标进行可达性分析。

五、开展循环经济教育活动的主要安排

（一）基础条件

从开展循环经济教育活动的展示场地、提供的设施设备、专业讲解和接待人员、交通情况、接待能力以及企业社会形象等方面介绍企业或园区开展循环经济教育的基础条件。

（二）内容设置

介绍结合企业和园区的具体工作和生产任务，根据科普教育特点和要求，分别针对不同的社会公众开发能够体现企业或园区循环经济特色的参观路线（附图）及教育活动方案。

（三）活动形式

说明根据教育内容设置哪些相应的具体活动形式，如：采用专题片、展板和宣传手册等形式讲解循环经济知识；通过多媒体展示技术营造体验感受的环境；设计参与互动或体验的活动引导学生动手实践、提问、讨论和交流感受。

在企业或园区的综合性宣传材料中应体现循环经济相关内容，并附相应的文字或影像宣传材料。

（四）开放时间

企业和园区根据工作和生产特点及安排，通过哪些途径或方式提供对外开放的具体时间，公布预约信息和方式，说明每月对外开放的天数。

（五）教育质量

提出利用企业和园区资源达到教育效果的预期目标，说明实现目标的手段和方式。明确参与教育活动的讲解和接待人员在知识、能力和行为规范方面的要求。制定循环经济教育活动整个过程的细节服务规范。

（六）区域定位

结合本地旅游资源，在本区域旅游业布局中，对教育示范基地作出合理定位。提出通过整合和发挥相关旅游、服务产业优势，扩大教育示范基地辐射力和影响力的方案。

六、开展循环经济教育的保障措施

方案是否能够顺利实施并取得预期效果，建设保障体系是必不可少的组成部分。保障措施要务实，具有可操作性，避免空洞的表述。可从以下几个方面来阐述：

（一）组织保障

简述企业或园区建立管理机构、接待中心或服务窗口方面的情况，说明企业或园区制定循环经济教育示范基地建设方面的情况，以及与企业或园区整体发展规划之间的

关系。

（二）人员经费保障

介绍企业或园区为循环经济教育示范基地建设安排专人讲解、提供运行和维护经费情况，说明经费是否能满足基地实际需要，并做到基地经费专款专用。

（三）制度保障

企业或园区应制定完备的工作制度、培训制度、安全制度等，建立健全基地档案。包括概况、建设规划、申报检查考核记录及相关图片、音像资料。建立工作台账，实时记录参观活动情况，按时报送工作计划、总结和各项统计数据。

（四）安全保障

制定切实可行的安全措施和预案并经常演练，切实保证活动场地、设施、器材的安全性。设置必要的安全警示标志，向参观者说明实践内容相关的操作程序、安全制度。配备安全保护人员，防止意外事故发生。

七、为提升层次所计划开展的项目建设

包括项目名称、建设内容、投资额、实施期限、实施条件（立项、土地、环评、资金）、实施单位和已获得各级财政补助资金情况等。应列项目建设总表及各项目基本情况。

附件三

国家循环经济教育示范基地评选标准

评选指标	指标分解	指标内容
1　循环经济产业特征（20分）	1.1　持续运营能力	1.1.1　主导产业发展良好 1.1.2　社会形象良好，五年内没有重大违法违规记录
	1.2　循环经济特色	★1.2.1　完整清晰的循环经济产业链条 1.2.2　资源产出率和“三废”排放处于行业领先水平
2　区位优势和辐射能力（10分）	2.1　城市规模	★2.1.1　周边100千米以内有中等规模以上的城市
	2.2　交通状况	2.2.1　周边具有便利的城市公路和高速公路网络 2.2.2　铁路、航空交通状况良好
3　教育示范基地建设和运营能力（40分）	3.1　参观设施	★3.1.1　硬件设施：单次接纳50人以上的接待大厅；专门的参观通道和参观车辆；两套以上专用多媒体播放设备、电化教学装置等 3.1.2　宣传材料：宣传影片、宣传画板、宣传彩页等
	3.2　安保设施	★3.2.1　具有相应的安保场地、设施、器材，并设置必要的安全警示标志
	3.3　人员配备	3.3.1　2名以上专职讲解人员 3.3.2　保障参观安全所必要的安保人员
	3.4　活动安排	★3.4.1　固定的参观点和2条以上可供选择的参观线路 ★3.4.2　固定的对外开放时间（每月不少于8天）和保持畅通的预约参观渠道（包括网站预约、电话预约等） 3.4.3　易于参观群体接受的互动活动，以及结合附近旅游资源提供的附加活动 ★3.4.4　一年试运行期参观人数达到3000人，五年建设期满参观人数达到1万人（西部地区不受此限）
4　保障措施（20分）	4.1　组织保障	4.1.1　独立的示范基地管理机构、接待中心、服务窗口等
	4.2　经费保障	★4.2.1　为示范基地建设安排专项经费，并专款专用
	4.3　制度保障	★4.3.1　完备的工作制度、培训制度、安全制度、档案制度等
5　目标与提升（10分）	5.1　目标	★5.1.1　切实可行的一年、三年、五年目标 5.1.2　目标充分发挥了现有的教育示范能力
	5.2　提升	5.2.1　为提升教育示范基地宣传能力而实施的项目建设、人员招募和培训、活动设计等

注：★号为核心指标，在评审中应给予侧重。

附件四

国家循环经济教育示范基地标志及说明

创意说明：

1. 外环是代表循环经济的箭头环状标志，以中英文表示，即代表国家，又凸显国际。

2. 环内的图案是树，以“树人”喻“教育”。

3. 树叶由正反两个“E”构成，一个是经济（Economy），一个是教育（Education），喻“循环经济与宣传教育相辅相成，相得益彰”。

4. 树干拟人化，喻“社会公众和青少年在社会实践中快乐的成长”。

5. 图案以绿为主色调，喻“资源节约、环境保护、循环经济”。

财政部　环境保护部　国家发展改革委 工业和信息化部关于公布第一批废弃电器电子产品处理基金补贴企业名单的通知

财综〔2012〕48号

各省、自治区、直辖市财政厅（局）、环境保护厅（局）、发展改革委、工业和信息化主管部门：

根据《财政部 环境保护部 国家发展改革委 工业和信息化部 海关总署 国家税务总局关于印发〈废弃电器电子产品处理基金征收使用管理办法〉的通知》（财综〔2012〕34号）的规定，现公布第一批纳入废弃电器电子产品处理基金补贴范围的处理企业名单，请遵照执行。

附件：废弃电器电子产品处理基金补贴企业名单

财　政　部
环境保护部
国家发展改革委
工业和信息化部
2012年7月11日

附件

废弃电器电子产品处理基金补贴企业名单

序号	地区	企业名称
1	北京	北京华新绿源环保产业发展有限公司
2	天津	TCL 奥博（天津）环保发展有限公司
3		天津同和绿天使顶峰资源再生有限公司
4		泰鼎（天津）环保科技有限公司
5	山西	阳泉天元废旧电器回收处理有限公司
6		临汾拥军再生资源利用有限公司
7		山西洪洋海鸥废弃电器电子产品回收处理有限公司
8	黑龙江	黑龙江中再生废旧家电拆解有限公司
9	上海	上海新金桥环保有限公司
10		伟翔环保科技发展（上海）有限公司
11	辽宁	辽宁牧昌国际环保产业集团有限公司
12	江苏	南京凯燕电子有限公司
13		苏州同和资源综合利用有限公司
14		苏北废旧汽车家电拆解再生利用有限公司
15		苏州伟翔电子废弃物处理技术有限公司
16		扬州宁达贵金属有限公司
17		南通森蓝环保科技有限公司
18		常州翔宇资源再生科技有限公司
19		南京环务资源再生科技有限公司
20	浙江	浙江玉环县青茂废旧物资有限公司
21		浙江盛唐环保科技有限公司
22		浙江蓝天废旧家电回收处理有限公司
23		台州大峰野金属有限公司
24	福建	厦门绿洲环保产业股份有限公司
25		福建全通资源再生工业园有限公司
26	江西	江西格林美资源循环有限公司
27		江西同和资源综合利用有限公司

续　表

序号	地区	企业名称
28	江西	江西中再生资源开发有限公司
29		赣州巨龙废旧物资调剂市场有限公司
30	河南	中再生洛阳投资开发有限公司
31	湖北	荆门市格林美新材料有限公司
32		湖北金科电器有限公司
33		湖北鑫丰废旧家电拆解有限公司
34		武汉市博旺兴源物业服务有限公司
35	广东	佛山市顺德鑫环宝资源利用有限公司
36		广东赢家环保科技有限公司
37		惠州市鼎晨实业发展有限公司
38	四川	仁新电子废弃物资源再生利用（四川）有限公司
39		四川长虹电器股份有限公司
40		四川中再生资源开发有限公司
41		四川省中明环境治理有限公司
42	贵州	遵义绿环废弃电器电子产品回收处理有限公司
43		贵阳市物资回收公司

财政部　国家发展改革委关于印发《循环经济发展专项资金管理暂行办法》的通知

财建〔2012〕616号

各省、自治区、直辖市、计划单列市财政厅（局）、发展改革委（经贸委、经信委、工信厅）：

为规范循环经济发展专项资金管理，提高财政资金使用效益，根据《中华人民共和国循环经济促进法》、《中华人民共和国预算法》等法律法规，财政部、国家发展改革委联合制定了《循环经济发展专项资金管理暂行办法》。现予印发，请遵照执行。

附件：循环经济发展专项资金管理暂行办法

财　政　部

国家发展改革委

2012年7月20日

附件

循环经济发展专项资金管理暂行办法

第一章 总 则

第一条 为规范循环经济发展专项资金管理，提高财政资金使用效益，根据《中华人民共和国循环经济促进法》、《中华人民共和国预算法》等法律法规，制定本办法。

第二条 本办法所称循环经济发展专项资金（以下简称专项资金），是指为促进循环经济发展，提高资源利用效率，保护和改善环境，实现可持续发展，由中央财政预算安排的，专项用于支持循环经济重点工程和项目的实施、循环经济技术和产品的示范与推广、循环经济基础能力建设等方面的财政专项资金。

第三条 专项资金由财政部会同国务院循环经济发展综合管理等有关主管部门按照职责分工共同管理，各司其职，各负其责。

第二章 专项资金使用安排原则

第四条 专项资金的使用和安排应当坚持以下原则：

（一）坚持充分发挥市场基础性作用与政府引导相结合。尊重市场经济规律，通过引导、示范、培育市场等方式，调动全社会的积极性。

（二）坚持创新财政资金支持方式。找准循环经济发展薄弱环节和突出问题，并根据每个环节的特点，分别采取不同的支持方式。

（三）坚持集中财力，重点突破。通过机制创新，将专项资金的使用和其他专项资金衔接起来，发挥财政资金合力作用。

（四）坚持“科学、公开、公正”，并接受社会监督。

第三章 专项资金支持范围

第五条 专项资金支持的重点工作和范围包括：

（一）国家“城市矿产”示范基地建设。本办法所称“城市矿产”是指工业化和城镇化过程中产生和蕴藏在废旧机电设备、电线电缆、通信工具、汽车、家电、电子产品、金属和塑料包装物以及废料中，可循环利用的钢铁、有色金属、稀贵金属、塑料、橡胶、玻璃等资源，其利用量相当于原生矿产资源。

1. 示范基地的“城市矿产”资源新增加工处理能力（含改造）建设。

2. 示范基地内的基础设施和公共服务平台建设。

3. 示范基地“城市矿产”资源回收体系建设。

（二）餐厨废弃物资源化利用和无害化处理

1. 餐厨废弃物收运体系建设。

2. 资源化利用和无害化处理项目建设。

3. 能力建设。包括电子信息管理平台、监测系统等。

（三）园区循环化改造示范

1. 循环化改造的关键补链项目构建。

2. 公共服务设施建设。

（四）再制造

本办法所称再制造是指对废旧汽车零部件、工程机械、机床等进行专业化修复的批量化生产过程，再制造产品达到与原有产品相同的质量和性能。

重点支持可再制造技术进步、旧件回收体系建设、再制造产品推广及产业化发展等。

（五）清洁生产技术示范推广

1. 技术推广应用。重点支持能够显著提升企业清洁生产水平的成熟、先进、适用清洁生产技术的推广应用。

2. 技术应用示范。重点支持对行业整体清洁生产水平影响较大，具有推广应用前景，但尚未实现突破的共性、关键技术应用示范。

（六）循环经济（含清洁生产，下同）基础能力建设

1. 循环经济法规、规划及政策研究。

2. 循环经济相关标准制定、目录编制。

3. 循环经济发展宣传教育、组织动员等。

4. 循环经济管理信息系统建设。

5. 循环经济发展综合评价与统计体系和规划、方案、项目评审及考核、验收等。

（七）国务院循环经济发展综合管理部门、财政部协商确定的其他重点工作

第六条 对中央基建投资、中央财政节能减排专项资金等已支持的重点工作（工程）或项目，专项资金不再予以支持。

第四章 专项资金的支持方式

第七条 对循环经济的重点工作，专项资金采取不同的方式予以支持。

第八条 支持国家“城市矿产”示范基地建设的专项资金，采取预拨与清算相结合的综合财政补助方式。

（一）地方政府根据国家发展改革委、财政部要求，以及当地“城市矿产”资源情况提出示范基地建设方案（实施期原则上不超过 5 年）。

（二）国家发展改革委、财政部按规定对地方政府提出的方案进行论证并批复。对已批复的方案，地方政府与两部委签订承诺书并具体组织实施。

（三）财政部、国家发展改革委根据方案，以新增“城市矿产”资源集聚利用量为依据，并参考再生资源利用成本及市场售价测算核定补助资金，总额不超过新增投资额的一定比例。补助资金由地方政府按照国家发展改革委、财政部批复的有关实施方案统筹使用，专项用于“城市矿产”示范基地建设，资金使用方案及其调整情况需报两部委备案。

（四）承诺书签订后，中央财政按补助资金的 50% 拨付启动资金，5 年内再生资源利用量已超过建设方案中设定目标 90% 以上的，由地方政府提出考核和余款拨付申请，国

家发展改革委、财政部组织考核，考核合格的拨付余款；不合格的不予拨付余款并扣回部分已拨付补助资金。3 年内工作无实质进展的，将已拨付补助资金全部扣回。

第九条 支持餐厨废弃物资源化利用和无害化处理、园区循环化改造示范的专项资金，支持方式比照国家“城市矿产”示范基地支持方式执行。具体实施方案由国家发展改革委、财政部另行制定。

第十条 支持再制造的专项资金，在构建完善质量保证体系的前提下，主要采取补贴的方式支持旧件回收及再制造产品的推广及产业化发展。具体实施方案由国家发展改革委、财政部另行制定。

第十一条 支持清洁生产技术示范推广的专项资金，对于成熟的先进、适用清洁生产技术，在组织专家论证的基础上，通过政府购买技术的形式，在全行业免费推广。过渡期内，对中西部地区的企业或部分重点企业采用成熟先进的清洁生产技术进行的改造可给予适当奖励。

对于未实现突破的重大共性、关键性技术进行应用示范，并按照项目投资额的一定比例予以补助，应用示范项目成功后可按项目投资额一定倍数进行政府购买，并免费在全行业推广。

具体实施方案由国务院财政部门、清洁生产综合协调部门会同国务院有关部门另行制定。

第十二条 支持循环经济基础能力建设的专项资金，按照部门预算管理规定，纳入国务院有关部门的部门预算。

第十三条 其他重点工作的资金支持方式由财政部会同国务院循环经济发展综合管理等有关主管部门另行确定。

第五章 监督管理

第十四条 财政部会同国务院循环经济发展综合管理等有关主管部门按照职责分工对专项资金使用情况实施监督检查、追踪问效，对专项资金使用管理情况实施专项核查。对达不到要求的，责令限期整改，经整改仍达不到要求的，扣回已拨付资金。

第十五条 相关单位及省级财政部门、循环经济发展综合管理等有关部门对申报材料的合法性、真实性负责，并应加强对本单位、本地区专项资金使用和项目实施情况的监督检查。

第十六条 专项资金应当坚持专款专用，任何单位和个人不得以任何形式、任何理由截留、挤占和挪用。违反本办法规定的，国务院财政部门会同循环经济发展综合管理等有关主管部门将视情节分别给予通报批评、取消申报资格、停止资金拨付或收回已拨付补助资金，并按照《财政违法行为处罚处分条例》（国务院令第 427 号）规定对有关单位和个人予以处罚。

第六章 附 则

第十七条 本办法由财政部、国家发展改革委负责解释。

第十八条 本办法自 2012 年 9 月 1 日施行。

国家发展改革委关于表彰全国循环经济工作先进单位的通报

发改环资〔2012〕3125号

各省、自治区、直辖市及计划单列市、新疆生产建设兵团发展改革委（经贸委、经信委、工信厅），国家循环经济试点单位，有关行业协会和企业：

“十一五”以来，国家有关部门和地方把发展循环经济作为转变经济发展方式，建设资源节约型和环境友好型社会的重要举措，完善法律法规、创新政策机制，推动循环经济从理念变为行动，在全国范围内得到迅速发展。各有关单位开拓创新，践行循环经济理念，涌现出一批发展循环经济的典型企业和园区。为表扬先进，树立典型，进一步推进生产、流通、消费各环节循环经济发展，加快构建覆盖全社会的资源循环利用体系，国家发展改革委决定将北京水泥厂有限责任公司等76个企业和园区确定为全国循环经济工作先进单位，并予以表彰。

各受到表彰的企业和园区要充分发挥示范带动作用，加快循环经济技术创新，提升装备水平，按照循环经济“减量化、再利用、资源化和减量化优先的原则”，延伸产业链条，构建完善的循环经济产业体系，提高资源产出率，继续为全国其他企业和园区的循环经济发展作出表率。各受到表彰的单位可在适当位置标注“全国循环经济工作先进单位”标志（标志式样可从国家发展改革委网站“发展循环经济”栏目下载，网址：www. ndrc. gov. cn）。

各地要通过召开现场经验交流会、组织新闻媒体宣传报道等多种形式，加大对全国循环经济工作先进单位的宣传和推广力度。

附件：全国循环经济工作先进单位名单

国家发展改革委

2012年10月9日

附件

全国循环经济工作先进单位名单

北京市：北京水泥厂有限责任公司、北京德青源农业科技股份有限公司、华新绿源环保产业发展有限公司

天津市：天津子牙循环经济产业区、天津经济技术开发区

河北省：曹妃甸工业区、唐山三友集团有限公司

山西省：同煤塔山工业园、太原钢铁（集团）有限公司

内蒙古自治区：内蒙古庆华集团有限公司

辽宁省：辽宁东港再生资源产业园

大连市：大连经济技术开发区

吉林省：吉林亚泰（集团）股份有限公司、吉林市再生资源有限责任公司

黑龙江省：黑龙江省中再生资源开发有限公司

上海市：上海化学工业区、伟翔环保科技发展（上海）有限公司、上海燕龙基再生资源利用有限公司

江苏省：苏州工业园区、扬州经济技术开发区、盛虹集团有限公司

浙江省：中国化工新材料（嘉兴）园区、巨化集团

宁波市：宁波市北仑重化工业循环经济基地、宁波金田铜业（集团）股份有限公司

安徽省：界首市田营循环经济工业区、安徽鑫港炉料股份有限公司

福建省：厦门钨业股份有限公司

江西省：江西鹰潭（贵溪）铜产业循环经济基地

山东省：新汶矿业集团有限责任公司、山东泉林纸业有限责任公司、菱花集团有限公司

青岛市：青岛新天地静脉产业园、青岛天盾橡胶有限公司、青岛啤酒股份有限公司

河南省：河南天冠企业集团有限公司

湖北省：武汉东西湖工业园区、湖北金洋冶金股份有限公司

湖南省：汨罗工业园、永兴县循环经济工业园

广东省：广州市万绿达集团有限公司

深圳市：深圳市格林美高新技术股份有限公司、深圳南山热电股份有限公司、深圳市嘉达高科产业发展有限公司

广西壮族自治区：北海市合浦东园家酒厂

海南省：昌江华盛天涯水泥有限公司

四川省：四川西南再生资源产业园区、宜宾丝丽雅集团有限公司

重庆市：重庆钢铁（集团）有限责任公司、重庆桂楼实业（集团）股份有限公司

云南省：云南驰宏锌锗股份有限公司、云天化集团、云南祥云飞龙有色金属股份有限公司

贵州省：贵州赤天化纸业股份有限公司

陕西省：神木县锦界工业园区

甘肃省：金川集团有限公司、白银有色集团股份有限公司

宁夏回族自治区：宁夏石嘴山工业园区

青海省：青海省柴达木循环经济试验区、青海洁神环境能源产业有限公司

新疆维吾尔自治区：新疆有色金属工业（集团）稀有金属有限责任公司

新疆生产建设兵团：新疆天业集团有限公司

中央企业所属单位：中国石化扬子石油化工有限公司（隶属中国石油化工集团公司）、华能武汉发电有限责任公司（隶属中国华能集团公司）、国电浙江北仑第一发电有限公司（隶属中国国电集团公司）、天津北疆发电厂（隶属国家开发投资公司）、中电投蒙东能源集团有限公司（隶属中国电力投资集团公司）、神华准格尔能源有限责任公司（隶属神华集团有限责任公司）、中煤平朔煤业有限责任公司（隶属中煤能源集团公司）、鞍钢股份有限公司鲅鱼圈钢铁分公司（隶属鞍钢集团公司）、宝山钢铁股份有限公司（隶属宝钢集团有限公司）、云南铜业（集团）有限公司（隶属中国铝业公司）、河南骏化发展股份有限公司（隶属中国化工集团公司）、宁夏建材集团股份有限公司（隶属中国中材集团有限公司）、北新集团建材股份有限公司（隶属中国建筑材料集团有限公司）、中国有色集团（广西）平桂飞碟股份有限公司（隶属中国有色矿业集团有限公司）

国家发展改革委办公厅、财政部办公厅关于组织推荐2013年园区循环化改造示范点备选园区的通知

发改办环资〔2012〕3002号

各省、自治区、直辖市及计划单列市、新疆生产建设兵团发展改革委（经委、经信委、经贸委）、财政厅（局）：

为贯彻落实《循环经济促进法》、国家“十二五”规划《纲要》，推进园区循环经济发展，提高园区综合竞争力，实现持续健康发展，加快转变经济发展方式，建设资源节约型、环境友好型社会，提高生态文明水平，根据《循环经济发展专项资金管理暂行办法》（财建〔2012〕616号），国家发展改革委、财政部决定继续组织实施园区循环化改造示范试点工作，现就申报2013年园区循环化改造示范试点备选园区有关事项通知如下。

一、组织申报

各省、自治区、直辖市、计划单列市及新疆生产建设兵团循环经济综合管理部门、财政部门组织推荐具备循环化改造基础的列入中国开发区审核公告目录的园区以及再制造示范基地、国家循环经济试点园区、国家循环经济教育示范基地作为备选园区（“城市矿产”类园区除外）。各地限报1个备选园区（再制造示范基地有园区循环化改造内容的可另报1家），对于超报地区，两部门对其报送的园区实施方案不予组织评审。

（一）申报园区应具备以下条件：

1. 园区已得到国家或省（自治区、直辖市）正式批准；

2. 园区符合土地利用总体规划和城市总体规划；

3. 园区内的产业符合国家产业政策；

4. 具有明确的园区边界以及园区组织管理机构或投资运营主体；

5. 园区具备一定的产业基础和产业规模；

6. 园区土地尚有开发利用或集约利用空间，发展潜力较大；

7. 园区废弃物产生量大，减量化、再利用、资源化潜力较大，循环化改造潜力较大；

8. 园区基础设施较为完善，具备符合国家标准的各项环保设施，近三年未出现重大环境事故和群体事件；

9. 园区具备循环化改造基础，已开展相关基础工作；

10. 财政部、国家发展改革委确定的节能减排财政政策综合示范城市的园区、国家或省级循环经济试点园区优先。

（二）申报材料包括：

1. 省级循环经济发展综合管理部门、财政部门联合推荐文件。

2. 园区循环化改造实施方案。结合本地区资源环境、产业发展现状及园区特点，按照《国家发展改革委财政部关于推进园区循环化改造的意见》（发改环资〔2012〕765号）的要求，参照《园区循环化改造实施方案编制指南》（见附件），组织编写园区循环化改造实施方案。实施方案中要围绕园区物质流分析，明确园区循环化改造的主要目标和重点任务，提出拟建设的重点支撑项目。省级循环经济发展综合管理部门、财政部门共同组织专家对园区循环化改造实施方案联合审核后报国家发展改革委、财政部。

3. 相关证明文件。包括园区的批复文件，符合土地利用、城市规划、环境保护规划等规划的证明文件，国家发展改革委等部门的审核公告，国土资源部确定的四至范围证明文件，环境保护部门的环保审查报告，以及成立管理机构的证明文件等各类证明文件。

二、程序安排

（一）地方初审实施方案。各地省级循环经济发展综合管理部门、财政部门共同组织专家对园区循环化改造实施方案进行初审，并将初审意见和评审专家名单随同申报材料一同报送。

（二）评审批复实施方案。国家发展改革委、财政部会同有关部门组织专家对实施方案进行评审。方案通过评审的，由国家发展改革委、财政部联合批复。对实施方案获得批复的园区，可在适当位置标示“国家循环化改造示范试点园区”标志。标志式样由国家发展改革委、财政部另行发布。

（三）签订承诺书。园区所在地省级人民政府与国家发展改革委、财政部签订承诺书，确定园区循环化改造的目标任务、重点项目，落实相关配套措施和优惠政策。

（四）拨付资金。财政部、国家发展改革委根据园区循环化改造实施方案，综合考虑园区循环化改造项目投资计划，共同确定给予园区循环化改造的中央财政补助资金额，财政部、国家发展改革委按照补助金额的50%下拨启动资金。中央财政补助资金由地方政府统筹使用，专项用于园区循环化改造。中央财政补助资金具体支持范围和支持方式按照《循环经济发展专项资金管理暂行办法》执行，主要支持内容包括：

1. 园区循环化改造的关键补链项目。包括循环经济产业链接或延伸的关键项目，资源共享设施建设项目、物料闭路循环利用项目、副产物交换利用、能量梯级利用、水的分类利用和循环使用项目，污染物“零排放”或系统构建项目。

2. 公共服务设施建设。包括园区内污染集中防治设施建设及升级改造项目、废物交换平台项目、循环经济技术研发及孵化器项目、循环经济统计信息化项目及监测体系建设项目、生产型服务业循环改造项目等基础设施和公共服务平台项目。

（五）实施改造。园区按照国家发展改革委、财政部批复的实施方案进行循环化改造，每年年底前将实施进展情况报国家发展改革委、财政部。省级循环经济发展综合管理部门、财政部门加强跟踪，督促落实，帮助协调解决循环化改造中的问题。地方政府根据园区循环化改造实施方案统筹使用补助资金，专项用于园区循环化改造，并于每年年底前将资金使用情况报送财政部、国家发展改革委备案。项目建设要严格按照国家项目管理的有关程序和规定执行，项目有调整的要及时报国家发展改革委、财政部批准。

（六）考核验收。实施期内，园区配套基础设施和关键补链项目建设进度完成实施方案设定目标，且资源环境指标达到实施方案预期目标90%以上的，由地方政府提出考核和余款拨付申请，国家发展改革委、财政部组织力量进行考核。考核重点是实施方案是否完成，实施情况是否达到预期效果，园区配套基础设施和关键补链项目建设是否发挥应有作用，其中对关键补链项目建设，主要考核补链后资源节约和环境污染减少是否达到预期目标。考核合格的，财政部、国家发展改革委拨付剩余资金，并命名为“国家循环化改造示范园区”，不合格的不再拨付。3年内工作无实质性进展的，将已拨付补助资金扣回。具体考核办法由国家发展改革委、财政部另行制定。

三、有关要求

各地要高度重视园区循环化改造工作，加强组织领导，认真做好组织推荐和实施方案初审工作，确保申报材料的真实性、准确性和实施方案的科学性、可行性，并于2013年1月18日前，将申报材料一式两份（附光盘）分别报送国家发展改革委（环资司）、财政部（经建司）。

国家发展改革委环资司联系人：罗恩华

联系电话：010－68505572　传真：010－68505640

财政部经建司联系人：刘毅飞

联系电话：010－68552518　传真：010－68552979

附件：园区循环化改造实施方案编制指南

国家发展改革委办公厅

财政部办公厅

2012年10月29日

附件

园区循环化改造实施方案编制指南

为推动园区循环化改造示范试点工作的顺利开展，指导地方编制园区循环化改造实施方案，制定本编制指南。各地编制实施方案时应与本地区产业发展、资源禀赋、环境状况相结合，在发展目标、发展重点等方面要充分体现本地特色，在主要任务、政策措施等方面要有所创新和突破。

一、总体要求

（一）贯彻落实科学发展观，以循环经济“减量化、再利用、资源化”和“减量化优先”为原则，以转变经济发展方式为主线，把园区改造为“经济持续发展、资源高效利用、环境优美清洁、生态良性循环”的循环化改造示范园区，推进园区绿色发展、循环发展、低碳发展。

（二）紧密结合当地产业基础、资源禀赋和环境状况，统筹规划园区空间布局和产业布局，突出构建清晰的循环经济产业链，具有现实可操作性。

（三）以表格形式细化年度投资计划、具体项目实施期限和达产年限、规模，清晰界定年度实施范围和进度，便于进行年度评价和验收。

（四）清晰列明园区各类污染物的排放和处理情况，便于环境保护部门监督检查。

（五）以 2012 年为实施方案编制的基准年，实施期限原则上不超过 5 年。

二、实施方案的主要内容

（一）园区现状和发展基础

1. 当地经济社会发展情况及本地区资源禀赋、环境状况简述；

2. 园区概况。主要包括园区地理位置、交通条件、占地面积、自然条件、功能区划等内容。要附园区区位图和园区功能区划图。

3. 经济发展和产业基础。描述园区经济、产业发展水平以及园区主导行业、重点企业及其发展状况。

4. 社会发展和基础设施。描述园区内人口状况，科、教、文、卫状况，基础设施状况、道路交通状况等。

5. 园区与周边区域的产业关联、基础设施和服务平台共享等情况。

6. 资源环境现状。园区主要能源和资源的消耗水平及其与国内外的比较；资源产出率情况，“十一五”及 2011 年、2012 年节能减排目标完成情况；污染源数量和分布；主要污染物特征和产生、排放量；重点污染源排放达标情况；潜在的环境风险和应急方案；园区建址的环境敏感性分析；区域环境质量；区域环境容量和环境承载力；环境法律法规的贯彻执行；环保投入；环境管理等。对一些资源环境指标要用表格形式列出“十一五”期间五年及 2011 年、2012 年的指标值。

（二）园区发展面临问题和循环化改造的重要意义

1. 目前园区发展面临的主要问题。

2. 园区循环化改造的意义。从促进产业结构合理调整、园区综合竞争力提高、资源约束改善、资源产出率提高、环境质量改善、区域生态环境优化等方面分析循环化改造对当地经济社会发展和园区的影响和意义。

（三）循环化改造的有利条件和制约因素

1. 有利条件分析。从产业基础、资源环境、基础设施、科技创新、公共服务、人才培养、政策机制、园区管理、周边产业配套等方面分析园区循环化改造的有利条件。

2. 制约因素分析。要深入分析制约园区循环化改造和园区发展的制约因素。

（四）总体思路、原则和目标

1. 总体思路。

2. 基本原则。

3. 主要目标。

（1）总体目标：从园区空间布局、产业结构调整、循环经济产业链构建、资源利用效率提高、环境保护、基础设施、科技创新、管理机制等方面，提出园区改造的总体目标。

（2）主要指标。在开展物质流分析的基础上，合理设定体现园区循环化改造成效、可量化的指标。指标应包括园区经济发展、产业结构调整、产业关联度、能源资源节约与循环利用、污染控制和管理、环境质量改善等方面。国家“十二五”规划纲要中的有关约束性指标要进行科学测算。具体指标体系可参考附表。

（3）目标可达性分析。根据园区发展趋势，结合园区循环化改造中重点支撑项目的引进和保障体系的建设，分析主要目标的可达性。

（五）主要任务

按照可复制、可推广、可借鉴的要求，对园区循环化改造进行总体框架设计，从空间布局优化、产业结构调整、企业清洁生产、公共基础设施建设、环境保护、组织管理创新等方面，提出切实可行的任务，推进循环化改造。要附园区循环化改造总体框架图。

1. 空间布局方面。根据物质流和产业关联性，开展园区布局总体设计或进行布局优化，改造园区内的企业、产业和基础设施的空间布局，体现产业集聚和循环链接效应，实现土地的节约集约高效利用。（要附园区空间优化布局图）

2. 产业结构调整方面。结合本区域的产业和资源的比较优势，考虑园区环境承载力和地方发展需求，围绕提高资源产出率和提高园区综合竞争力，提出传统产业改造升级、培育和发展战略性新兴产业等方面的主要任务。

3. 循环经济产业链构建方面。围绕实现项目间、企业间、产业间首尾相连、环环相扣、物料闭路循环，促进原料投入和废物排放的减量化、再利用和资源化，以及危险废物的资源化和无害化处理，提出产业链招商、补链招商，以及建设和引进产业链接或延伸的关键项目等方面的主要任务。（要附循环经济产业链图和物质循环利用图）

4. 能源资源高效利用方面。按照循环经济减量化优先的原则，推行清洁生产，促进源头减量；开发能源资源的清洁高效利用技术，开展清洁能源替代改造，提高可再生能源利用比例；推动余热余压利用、企业间废物交换利用和水的循环利用；推进水资源替代，沿海地区的园区适当开展海水淡化，减少淡水的使用。

5. 污染集中治理方面。加强污染集中治理设施建设及升级改造。培育专业化废弃物处理服务公司，实行园区污染集中治理。强化园区的环境综合管理，开展企业环境管理体系认证，构建园区、企业和产品等不同层次的环境治理和管理体系，最大限度地降低污染物排放水平。

6. 基础设施方面。围绕园区各类基础设施的共建共享、集成优化，降低基础设施建设和运行成本，提高运行效率，使园区生态环境优美，提出对园区内运输、供水、供电、照明、通信、建筑和环保等基础设施的改造任务。

7. 运行管理方面。要突出管理体制机制创新，明确园区循环化改造管理机构，建设园区废物交换平台，以及循环经济技术研发及孵化中心等公共服务设施，建立园区循环化改造的统计评价和考核制度，制定并实施循环经济相关技术研发和应用的激励政策、招商引资指导目录和监管制度，进行物质流分析和管理，开展宣传教育。

（六）重点支撑项目

针对园区循环化改造的目标和任务，提出拟建设的重点支撑项目：

1. 项目建设总表。将重点支撑项目分列为“拟申请中央财政资金支持的项目”和“没有中央财政资金支持也自主实施的项目”两个表，其中“拟申请中央财政资金支持的项目”表主要筛选和提出循环经济产业链构建体系和公共服务设施保障体系的重点支撑项目，具体见正文中中央财政补助资金支持内容所列的项目种类。

2. 项目基本情况。每个项目建设的背景、必要性以及与园区循环化改造的关系、比较详细的建设内容、产能、工艺流程及先进性分析、主要技术设备及先进性分析、资金筹措方案，效益分析。分年度说明建设安排及投资计划。

3. 项目投资估算及构成。要以表格形式详细列明每个项目的投资估算（不含土地购置费）。估算范围至少应包括厂房建设（建筑面积、总额等）、设备购置（设备名称、台（套）数、价格等）、辅助生产装置和公用工程等。

（七）园区循环化改造效益分析

重点对园区循环化改造的综合效益进行分析评价，对园区循环化改造的各项成本及收益进行初步的全面系统地核算，评估园区循环化改造的成效。

1. 经济效益分析。包括物质减量、循环利用的直接经济效益；污染减排带来的间接经济效益；促进园区本身经济总量稳定增长，同时带动园区所在地区经济增长；增强园区活力，提高园区综合竞争能力等方面。

2. 环境效益分析。园区及周边地区水、大气和土壤环境质量的改善；废弃物资源化利用率的提高；降低对自然资源的需求，减少能源消耗；污染物排放量的减少。

3. 社会效益分析。包括扩大社会就业，促进居民生活质量的全面提高，促进当地社会和谐等方面。

（八）保障措施

围绕目标的实现、主要任务的落实以及重点项目的建设，提出有针对性的保障措施，主要包括：组织保障体系、政策保障体系、技术支撑体系、公共服务平台建设、统计评价考核体系、污染防治监督管理体制、产业链接的风险分担和保障体系、公众参与、宣传教育与交流以及能够保障园区循环化改造顺利开展的其他措施。

附表：一、园区循环化改造参考指标

二、园区循环化改造项目汇总表（略）

附表一

园区循环化改造参考指标

分 类	指标名称	单位	2011 年	2013 年	2015 年
资源产出指标	* 资源产出率	万元/吨			
	* 能源产出率	万元/吨标煤			
	* 土地产出率	万元/公顷			
	水资源产出率	元/立方米			
资源消耗指标	* 单位国内生产总值取水量	立方米/万元			
	* 单位生产总值能耗	吨标煤/万元			
	主要产品 1：单位能耗	吨标煤/吨			
	……				
	主要产品 1：单位水耗	立方米/吨			
	……				
资源综合利用指标	* 工业固体废物综合利用率	%			
	* 工业用水重复利用率	%			
	废旧资源综合利用量（含进口）	万吨			
废物排放指标	* 二氧化硫排放量	万吨			
	* 化学需氧量排放量	万吨			
	* 氨氮排放量	万吨			
	* 氨氮化物排放量	万吨			
	* 单位地区生产总值二氧化碳排放量	吨/万元			
	工业固体废物排放量	万吨			
	工业固体废物处置量	万吨			
	工业废水排放量	万立方米			
其他指标	* 园区循环经济产业链关联度	%			
	* 非化石能源占一次能源消费比重	%			
	可再生能源所占比例	%			
特色指标					

注：1. 标 * 为重点指标；

2. 有关指标说明

（1）$资源产出率 = \frac{国内生产总值（GDP，亿元不变价）}{主要资源消费实物量（DMC，万吨）}$

资源产出率是指主要资源单位消耗量所产出的经济总量（GDP），请各单位结合自身实际选择生产过程中消耗的主要资源，并附详细的资源种类、消耗数据和计算过程。其中，主要资源消费总量指初始资源投入总量，单位为万吨，品种包括：能源资源（煤炭、石油、天然气），矿产资源（铁矿、铜矿、铝土矿、铅矿、锌矿、镍矿、锰矿、石灰石、磷矿、硫铁矿），木材，工业用粮；地区生产总值为 2010 年不变价。

（2）$园区循环经济产业链关联度 = \frac{循环经济产业链上的企业总产值（万元）}{园区总产值（万元）}$

循环经济产业链上的企业增加值和园区增加值均为 2010 年不变价。

国家发展改革委办公厅、财政部办公厅关于组织推荐第四批国家“城市矿产”示范基地备选园区的通知

发改办环资〔2012〕3003 号

有关省、自治区及计划单列市发展改革委（经信委、经贸委）、财政厅（局）：

为落实“十二五”规划《纲要》，推动“城市矿产”规模化、规范化、产业化发展，促进循环经济形成较大规模，加快建设资源节约型和环境友好型社会，根据《国家发展改革委财政部关于组织开展城市矿产示范基地建设的通知》（发改环资〔2010〕977 号）和《循环经济发展专项资金管理暂行办法》（财建〔2012〕616 号），2013 年，国家发展改革委、财政部拟继续选择部分园区开展第四批国家“城市矿产”示范基地（以下简称示范基地）建设。现将有关事项通知如下：

一、组织申报

各省、自治区、直辖市及计划单列市（第一、第二批示范基地所在直辖市、计划单列市和第三批示范基地所在省、区、市除外）循环经济综合管理部门、财政部门要严格按照发改环资〔2010〕977 号文件要求，组织推荐备选园区（限报 1 个，对于超报地区，两部门对其报送的实施方案将不予组织评审）。

（一）申报园区应具备以下条件：

1. 园区已被确立为国家或省级循环经济试点单位。

2. 实行园区化管理（有明确的园区边界，成立了园区管委会或专门管理机构等）。

3. 园区符合土地利用总体规划和城市总体规划。

4. 园区有符合标准的各项环保处理设施，近三年内无重大环保事故。

5. 园区有较为完善的再生资源回收网络体系，能够保障园区原料来源。

6. 园区“城市矿产”品种两种以上，年集聚量不低于 30 万吨，有合理产业链，加工利用量占集聚量的 30% 以上，且加工利用工艺技术水平国内领先。

（二）申报材料包括：

1. 省级循环经济综合管理部门、财政部门的联合申报文件。

2. 建设国家“城市矿产”示范基地实施方案。申报单位要按照发改环资〔2010〕977 号文件要求，按照《国家“城市矿产”示范基地实施方案编报指南》（见附件）认真编制实施方案。实施方案要结合本地区资源循环利用产业发展现状，园区现有资源聚集基础，加工利用情况，科学合理规划示范基地建设目标和指标，提出实现标志性目标指标的支撑项目和具体措施。

3. 相关证明材料：包括园区规划、立项批复、土地证明、环评批复、相关资质证明

以及其他批复性文件和地方出台的支持性政策文件等。

二、程序安排

（一）地方初审。有关省、自治区及计划单列市循环经济发展综合管理部门、财政部门要会同有关部门，组织专家对拟申报园区的示范基地建设实施方案进行联合初审，并将初审意见和专家名单连同申报材料一并报送。

（二）联合评审。国家发展改革委、财政部将会同有关部门组织专家对各地上报的实施方案进行评审，批复通过评审的实施方案，并将该园区确定为国家“城市矿产”示范基地，向社会公布。

（三）签订承诺书。示范基地所在地省级（自治区、直辖市、计划单列市）人民政府要与国家发展改革委、财政部签订《国家“城市矿产”示范基地建设承诺书》，保证完成建设目标，落实相关政策等。

（四）资金拨付。财政部、国家发展改革委安排中央财政专项资金，采取预拨与清算相结合的方式，支持示范基地新增再生资源加工处理能力建设（含升级改造）、基础设施和公共服务平台建设，以及再生资源回收体系建设，并根据示范基地建设实施方案，按照相关标准，共同核定示范基地中央财政补助资金额，并按照补助金额的50%下拨启动资金。中央财政补助资金由地方政府统筹使用，专项用于示范基地建设，各地要于每年年底前将资金使用情况逐级联合上报财政部、国家发展改革委备案。

（五）实施建设任务。地方政府应督促示范基地按照批复的实施方案开展建设，并于每年年底前将建设进度逐级联合上报国家发展改革委、财政部备案。项目有调整的，需报国家发展改革委、财政部批准。

（六）考核验收。国家发展改革委、财政部将根据地方申请，组织考核验收。考核合格的，拨付剩余补助资金，不合格的不再拨付。3年内工作无实质进展或发生重大环境污染等事件的，将扣回已拨付补助资金。

三、有关要求

（一）统筹规划。有关省、自治区及计划单列市循环经济综合管理部门、财政部门要会同有关部门，对辖区内资源循环利用产业进行科学规划，已有国家“城市矿产”示范基地的省（区、市）要统筹好示范基地间的关系，区分特色、合理布局，形成相互促进、共同引领行业升级发展的格局。

（二）严格筛选。有关省、自治区及计划单列市循环经济综合管理部门、财政部门要会同有关部门，结合上述申报条件对拟申报园区的现状进行实地考察和评价，重点是考察园区资源聚集能力、技术装备水平和基础配套设施情况。要选择条件具备、基础较好的园区进一步编制实施方案。

（三）科学论证。有关省、自治区及计划单列市循环经济综合管理部门和财政部门，要组织专家对拟申报园区的实施方案进行联合审核，重点是结合本地区“城市矿产”资源量和分布特点，对实施方案提出的标志性目标（指标）、主要任务、保障措施、重点支撑项目等进行科学论证。

各地要高度重视“城市矿产”示范基地建设，认真做好组织申报和实施方案初审工作，确保申报材料的真实性、准确性和实施方案的科学性、可行性，并于2013年1月18日前，将申报材料一式两份（附光盘）分别报送国家发展改革委（环资司）、财政部（经建司）。

国家发展改革委环资司联系人：张德元

联系电话：010－68505572　传真：010－68505640

财政部经建司联系人：刘毅飞

联系电话：010－68552518（兼传真）

附件：国家“城市矿产”示范基地实施方案编报指南

国家发展改革委办公厅

财政部办公厅

2012年10月29日

附件

国家“城市矿产”示范基地实施方案编报指南

为推动国家“城市矿产”示范基地建设工作的顺利开展，规范各地示范基地实施方案编报工作，根据《国家发展改革委、财政部关于开展城市矿产示范基地建设的通知》（发改环资〔2010〕977 号，以下简称《通知》）要求，制订本编报指南。各地在编制时应与本地区资源循环利用产业发展现状相结合，在发展目标、发展重点等方面要充分体现本地特色，在主要任务、政策措施等方面要有所创新和突破。

一、总体要求

（一）严格按照《通知》中确定的“七化”要求规划建设，推动“城市矿产”规模化、规范化、高值化利用，使“城市矿产”示范基地成为促进经济发展新的增长点和缓解资源环境瓶颈约束的示范点。

（二）详细分析园区现有再生资源来源、品种、数量，详细分析园区新增资源量的来源、品种、数量，并采取合理的预测方法做好可达性分析。

（三）紧密结合当地再生资源集聚情况和产业基础，统筹规划产业布局和空间布局，突出特色，具有现实可操作性；要突出构建清晰的资源循环利用产业链，认真分析示范基地产业与本地产业循环链接的情况。

（四）以表格形式细化年度投资计划、具体项目实施期限和达产年限、规模，清晰界定年度实施范围和进度，便于进行年度评价和考核。

（五）清晰列明园区各类污染物的排放和处置方案，便于环境保护部门监督检查，坚决避免二次污染。

（六）以 2012 年为实施方案编制的基准年，实施期限原则上不超过 5 年。

二、实施方案的主要内容

（一）背景与意义

1. 当地经济社会发展情况及本地区资源循环利用产业发展现状简述；

2. 园区“城市矿产”资源集聚与加工处理、资源化利用情况；

3. 建设国家“城市矿产”示范基地在当地循环经济发展总体布局中的地位，以及对当地经济社会发展的意义。

（二）园区现状及发展基础

1. 园区地理位置、交通条件等（要附园区区位图）；

2. 园区基本情况

（1）园区批准设立时间、范围、面积，现有企业规模、产值、利润、税收等；

（2）目前回收利用的再生资源品种、数量，现有回收网络体系，重点分析新增资源来源渠道及可达性分析；

(3) 目前污染物排放、治理情况；

(4) 核心企业生产工艺技术和装备，生产能力、实际产量和产品种类，职工人数等(资源利用情况)；

(5) 园区管理体制；

(6) 有关资质，拥有的专利技术，获得的荣誉称号等；

(7) 现有公共服务平台（包括已建污水处理、固废处理、研发中心）等配套基础设施情况等。

(三) 建设国家“城市矿产”示范基地的优劣势分析

1. 优势分析：主要包括“城市矿产”资源聚集、本地产业配合、技术、管理、地方政策措施等方面；

2. 存在的主要问题。

(四) 指导思想、原则和目标

1. 指导思想（或总体思路）；

2. 基本原则；

3. 主要目标

(1) 总体目标：包括示范基地未来发展定位、规划布局及功能区划（要附功能区划图）等方面；

(2) 主要指标（编制指标表）

在开展资源来源分析的基础上，合理确定新增资源量目标。

标志性目标：园区新增资源聚集量和深加工利用量。

通用指标：土地产出率、污水深度处理及中水回用率，能源产出率，单位工业增加值用水量，单位生产总值二氧化碳排放量，以及其他主要污染物排放强度等。

特色指标：区域再生资源聚集百分比（主要是指示范基地再生资源聚集量与所在地及周边区域再生资源聚集量比率），深加工百分比，高值化产品百分比，再生资源利用量增加值等体现基地特点的目标。

(3) 可达性分析：对目标实现的可达性进行分析。

目标设定时可以分为两个阶段。

(五) 主要任务

1. 回收体系建设方面，要提出具体的措施，建立形成与示范基地相配套的回收体系，保障示范基地的“城市矿产”资源来源，已有完善回收体系的地方要做好充分衔接。

2. 产业链构建方面，基地内产业链要结合资源特点合理确定、突出特色，实现示范基地产业与本地产业的循环链接。

3. 技术创新方面，要有明确的措施，提升资源循环利用的技术装备水平，提高资源再生利用效率。

4. 基础能力建设方面，要加快建设完善的基础设施，实现“五通一平”，建立物流体系，组织搭建促进资源循环利用的公共服务、信息服务、技术服务等平台。

5. 环保治理方面，要突出三废的排放情况和治理措施，包括管理手段和建设投入。

6. 园区管理方面，要突出管理机制的创新，提高园区规范化水平，吸纳企业入园，提高产业集中度，促进园区内企业（项目）间的共生与耦合，加强公共基础设施和服务平台的建设，实现基础设施和公共服务平台的共享。

（六）重点项目

针对目标和任务，结合园区资源聚集基础和已有项目基础，合理提出拟建设的重点支撑项目：

1. 项目建设总表。分重点工程类项目（包括加工处理、资源化利用和回收体系建设等）和基础设施类项目（包括公共服务平台建设、环保设施建设等），包括项目名称、建设内容、投资额、实施期限、实施条件（立项、环评、土地）、实施单位和已获或将获得中央财政其他补助资金情况等。

2. 各项目情况介绍

（1）各项目建设的基础，加工利用的再生资源种类、数量及主要产品、新增产能，主要建设内容及建设条件，主要技术工艺设备及先进性分析，需分年度说明建设安排及投资计划。

（2）项目投资估算及构成。要以表格形式详细列明每个项目的投资估算（不含土地购置费）。估算范围至少应包括厂房建设（建筑面积、总额等）、设备购置（设备名称、台（套）数、价格等）、辅助生产装置和公用工程等。

（3）其他需进一步说明的内容。

（七）保障措施

围绕目标的实现、主要任务的落实以及重点项目的建设，提出有针对性的保障措施，主要包括：组织保障体系、地方政府支持政策、技术支撑体系、公共服务平台建设、污染防治监督管理体制、基地与现有区域回收体系的链接、统计评价考核体系建设、体制机制创新等方面。

附件：示范基地重点项目建设汇总表（样表）

附件

示范基地重点建设项目汇总表（样表）

项目类别	项目名称	建设内容	再生资源品种	新增资源量（万吨）	新增投资额（万元）	实施期限	实施主体	项目类别
一、已建成项目								
回收体系建设项目	填写项目名称	填写主要建设内容	项目回收、处理的再生资源品种	项目回收处理的再生资源量	项目总投资（不含土地）	细化到月	项目建设主体	
	小计							
加工处理项目								
	小计							
公共基础设施项目								
	小计							
	合计							

续 表

项目类别	项目名称	建设内容	再生资源品种	新增资源量（万吨）	新增投资额（万元）	实施期限	实施主体	项目类别
二、拟建项目（含在建项目）								
回收体系建设项目	填写项目名称	填写主要建设内容	项目回收、处理的再生资源品种	项目回收处理的再生资源量	项目总投资（不含土地）	细化到月	项目建设主体	
	小计							
新增加工处理能力项目								
	小计							
公共基础设施项目								
	小计							
	合计							

注：报废汽车和废电器电子产品拆解资源量要折合成重量计算，并细分出废钢、废塑料等各种资源重量构成。

国家发展改革委办公厅关于印发资源综合利用“双百工程”示范基地和骨干企业名单（第一批）及有关事项的通知

发改办环资〔2012〕3309 号

有关省、自治区、直辖市及计划单列市、新疆生产建设兵团发展改革委、经委（经信委），有关中央管理企业：

今年 3 月，我委印发了《关于开展资源综合利用“双百工程”建设的通知》（发改办环资〔2012〕726 号，以下简称《通知》），提出“十二五”期间在全国重点培育和扶持百个资源综合利用示范基地和百家资源综合利用骨干企业。《通知》下发后，各地高度重视，积极组织申报，在专家评审和实地调研的基础上，我委选出了 50 家单位作为首批资源综合利用“双百工程”示范基地和骨干企业，现将有关事项通知如下：

一、总体情况

（一）首批名单。确定本溪市等 24 个地区和单位为首批资源综合利用“双百工程”示范基地（名单见附件 1）。

确定白银有色金属集团有限公司等 26 家单位为首批资源综合利用“双百工程”骨干企业（名单见附件 2）。

（二）建设内容。建设一批资源综合利用示范项目，培育扶持一批资源综合利用技术研发中心，攻克钒钛磁铁矿综合利用、高铝粉煤灰提取氧化铝等相关领域的关键共性技术，形成一批具有自主知识产权和核心竞争力的资源综合利用技术和产品，研究完善有利于资源综合利用的体制机制和政策体系。

（三）预期效果。通过首批示范基地和骨干企业建设，到 2015 年，形成大宗固体废物综合利用能力 5.5 亿吨/年，其中新增利用能力 1.2 亿吨/年，实现资源综合利用总产值 3000 亿元。

二、建设要求

（一）高度重视，加强领导。各地要高度重视“双百工程”建设对于提高资源综合利用水平、促进循环经济发展的重要意义。示范基地所在市级人民政府要加强对“双百工程”建设的组织领导，成立主要领导牵头、各有关部门分工负责的工作机制。骨干企业要有专人负责“双百工程”建设协调，切实把资源综合利用作为企业发展的内生动力。

（二）精心组织，认真实施。“双百工程”建设承担单位要认真按照修改完善后的实施方案，统筹规划、合理布局，加大投入，有序实施各项重点项目，落实各项保障措施，确保完成实施方案中提出的各项目标。骨干企业要加大技术研发力度，提高产品附加值，培育知名品牌，力争建设成为资源综合利用领域具有国际影响力和竞争力的大型企业集团。

（三）加强督导，及时总结。各省级发展改革部门（经信部门）要加强对“双百工程”建设的跟踪管理，组织示范基地和骨干企业建设承担单位在实施方案基础上，编制年度重点建设项目表，指导“双百工程”建设承担单位认真落实建设任务，确保年度、中期、远期建设目标的实现，及时发现并解决基地建设和企业发展中出现的新情况、新问题，总结推广好的技术、经验，提出有关政策建议。

三、保障措施

（一）我委将会同有关部门研究支持“双百工程”建设的相关政策，利用中央预算内投资优先支持“双百工程”示范基地和骨干企业重点项目建设，及时总结“双百工程”建设中涌现出的重大关键研发类、成果转化类、产业化推广类技术，将先进适用的技术适时修订纳入《中国资源综合利用技术政策大纲》。

（二）各省级发展改革部门（经信部门）要对“双百工程”示范基地和骨干企业申报的资源综合利用技术和产品，在符合条件的前提下优先给予认定，并按照《关于支持循环经济发展的投融资政策措施意见的通知》（发改环资〔2010〕801号），将“双百工程”重点项目作为信贷支持重点，积极协调金融机构给予多元化信贷支持，为示范基地建设做好配套金融服务，鼓励和支持骨干企业上市融资。

（三）示范基地所在市级人民政府要结合“双百工程”建设探索建立有利于资源综合利用的体制机制，深入挖掘废弃资源对原生资源的补充替代作用，落实好国家鼓励资源综合利用的各项优惠政策。有条件的地区要设立“双百工程”建设专项资金，优先保障示范基地和骨干企业建设用地供应。

各省级发展改革部门（经信部门）要承担起监督实施责任，加强与相关部门的沟通协调和对建设单位的监督指导，积极推进本地区“双百工程”建设，并于每年3月底前和9月底前，分别将上一年度和当年上半年本地区示范基地和骨干企业建设进展情况（附年度重点建设项目表）报我委（环资司）。

联系人：马维晨　牛波

附件：1. 资源综合利用“双百工程”示范基地名单（第一批）
　　　2. 资源综合利用“双百工程”骨干企业名单（第一批）

国家发展改革委办公厅

2012年11月26日

附件 1

资源综合利用“双百工程”示范基地名单（第一批）

一、矿产资源综合利用示范基地（6 家）

序号	基地名称	主要利用资源	建设目标	监督实施单位
1	本溪市矿产资源综合利用示范基地	铁尾矿、冶炼渣	到 2015 年，大宗固体废物综合利用率达到 63%，年利用量超过 2000 万吨，其中尾矿综合利用率达到 40%、年利用量 600 万吨，冶炼渣综合利用率达到 97%、年利用量 1500 万吨，实现资源综合利用年产值 160 亿元	辽宁发改委、经信委
2	承德市矿产资源综合利用示范基地	钒钛磁铁矿、尾矿	到 2015 年，矿产资源总回收率达到 57.9%，共伴生矿综合利用率达到 48%，尾矿综合利用率达到 40% 以上，其中铁、钒、钛、磷回收率分别达到 66%、60%、21% 和 46%，年利用尾矿量超过 4000 万吨，实现资源综合利用年产值 136.5 亿元	河北发改委
3	个旧市矿产资源综合利用示范基地	低品位锡矿、尾矿	到 2015 年，大宗固体废物综合利用率提高到 73%，年利用量超过 1300 万吨，其中锡尾矿 890 万吨、冶炼渣 450 万吨，实现资源综合利用年产值 214 亿元	云南发改委
4	洛阳市矿产资源综合利用示范基地	钼钨、铅锌银尾矿	到 2015 年，钼矿伴生金属综合回收率达到 95% 以上，钼尾矿综合利用率达到 40%，年利用量超过 900 万吨，实现资源综合利用年产值超过 19 亿元	河南发改委
5	攀枝花市矿产资源综合利用示范基地	钒钛磁铁矿尾矿、冶炼渣	到 2015 年，共伴生矿产综合利用率达到 50%，其中铁、钒、钛回收率分别提高到 75%、60% 和 20%，工业固体废物综合利用率达到 75% 以上，年利用量超过 2000 万吨，实现资源综合利用年产值 200 亿元	四川发改委
6	商洛市矿产资源综合利用示范基地	共伴生矿、尾矿	到 2015 年，矿产资源总回收率达到 65%，共伴生矿产综合利用率达到 70%，工业固体废物综合利用率达到 76%，年利用尾矿 1700 万吨，实现资源综合利用年产值 102 亿元	陕西发改委

二、产业废物综合利用示范基地（18家）

序号	基地名称	主要利用资源	建设目标	监督实施单位
1	白银市产业废物综合利用示范基地	有色金属尾矿 煤矸石、粉煤灰	到2015年，大宗固体废物综合利用率提高到70%以上，工业固体废物综合利用率达到75%以上，年利用量超过900万吨，实现资源综合利用年产值87亿元	甘肃发改委
2	鄂尔多斯市产业废物综合利用示范基地	煤矸石、粉煤灰、工业副产石膏	到2015年，工业固体废物综合利用率达到90%，其中煤矸石、粉煤灰、脱硫石膏、电石渣综合利用率分别达到82%、88%、80%和100%，年利用量达到4000万吨，实现资源综合利用年产值25亿元以上	内蒙古发改委、经信委
3	阜新市产业废物综合利用示范基地	煤矸石、粉煤灰	到2015年，煤矸石综合利用率达到153%、年利用量达到1000万吨，粉煤灰综合利用率达到80%、年利用量达到360万吨，实现资源综合利用年产值80亿元	辽宁发改委、经信委
4	淮南市产业废物综合利用示范基地	煤矸石、粉煤灰、工业副产石膏	到2015年，大宗固体废物综合利用率达到95%，其中煤矸石、粉煤灰、工业副产石膏综合利用率分别达到100%、85%、100%，年利用各类固体废物3700万吨，实现资源综合利用年产值50亿元	安徽发改委
5	黄冈市产业废物综合利用示范基地	工业副产石膏、粉煤灰、冶炼渣	到2015年，工业固体废物综合利用率达到85%以上，年利用量达到3200万吨，实现资源综合利用年产值150亿元	湖北发改委
6	焦作市产业废物综合利用示范基地	粉煤灰、冶炼渣、煤矸石	到2015年，大宗固体废物综合利用率达到82%，年利用各类固体废物1700万吨，实现资源综合利用年产值42亿元	河南发改委
7	柳州市产业废物综合利用示范基地	冶炼渣、粉煤灰	到2015年，大宗固体废物综合利用率达到95%，年利用各类固体废物超过1500万吨，实现资源综合利用年产值45亿元	广西发改委
8	娄底市产业废物综合利用示范基地	冶炼渣、粉煤灰、煤矸石	到2015年，大宗固体废物综合利用率达到85%以上，工业固体废物综合利用率达到90%，年利用各类固体废物2500万吨，实现资源综合利用年产值70亿元	湖南发改委
9	宁东能源化工基地产业废物综合利用示范基地	粉煤灰、煤矸石、脱硫石膏	到2015年，工业固体废物综合利用率达到73%，其中粉煤灰、煤矸石、脱硫石膏综合利用率分别达到64%、100%、95%，年利用各类固体废物1400万吨，实现资源综合利用年产值31亿元	宁夏发改委

续　表

序号	基地名称	主要利用资源	建设目标	监督实施单位
10	黔南州产业废物综合利用示范基地	工业副产石膏、共伴生氟矿	到2015年，工业固体废物综合利用率达到80%以上，其中磷石膏、共伴生氟资源综合利用率达到70%以上，年利用各类固体废物900万吨，实现资源综合利用年产值40亿元	贵州发改委
11	青岛市产业废物综合利用示范基地	建筑废物	到2015年，建筑废物综合利用率超过50%，年利用量达到1000万吨，实现资源综合利用年产值10亿元	青岛发改委
12	苏州市产业废物综合利用示范基地	冶炼渣、粉煤灰、工业副产石膏	到2015年，大宗固体废物综合利用率达到99%，其中冶炼渣、粉煤灰综合利用率达到100%，年利用各类固体废物2300万吨，实现资源综合利用年产值30亿元	江苏发改委
13	唐山市产业废物综合利用示范基地	冶炼渣、煤矸石、粉煤灰、工业副产石膏	到2015年，大宗固体废物综合利用率达到81%，其中煤矸石、粉煤灰、工业副产石膏实现100%利用，尾矿和冶炼渣综合利用率分别达到76%和83%，年利用各类固体废物超过7000万吨，实现资源综合利用年产值300亿元	河北发改委
14	湘潭高新技术产业开发区产业废物综合利用示范基地	粉煤灰、工业副产石膏、冶炼渣、尾矿	到2015年，大宗固体废物综合利用率提高到83%，其中尾矿、冶炼渣、粉煤灰、脱硫石膏、建筑废物综合利用率分别达到100%、95%、100%、100%和85%，年利用各类固体废物1300万吨，实现资源综合利用年产值40亿元	湖南发改委
15	徐州市产业废物综合利用示范基地	煤矸石、粉煤灰、工业副产石膏、冶炼渣	到2015年，煤矸石、粉煤灰、工业副产石膏和冶炼渣等综合利用率达到100%，存量煤矸石、粉煤灰75%以上得到合理利用，年利用各类固体废物2000万吨，实现资源综合利用年产值200亿元	江苏发改委
16	延边朝鲜族自治州产业废物综合利用示范基地	粉煤灰、煤矸石、油页岩	到2015年，大宗固体废物综合利用率提高到78%，年利用各类固体废物930万吨，实现资源综合利用年产值62亿元	吉林发改委
17	宜昌市产业废物综合利用示范基地	工业副产石膏	到2015年，磷石膏综合利用率提高到55%，年利用量超过1300万吨，实现资源综合利用年产值103亿元	湖北发改委
18	重庆长寿区产业废物综合利用示范基地	煤矸石、粉煤灰、工业副产石膏、建筑废物	到2015年，大宗固体废物综合利用率达到76%，年利用各类固体废物1000万吨，实现资源综合利用年产值20亿元	重庆发改委

附件 2

资源综合利用“双百工程”骨干企业名单（第一批）

一、矿产资源综合利用骨干企业（11 家）

序号	基地名称	主要利用资源	建设目标	监督实施单位
1	白银有色金属集团有限公司	共伴生矿产、尾矿、冶炼渣	到2015年，共伴生矿产综合利用率达到90%，年利用各类固体废物460万吨，年新增铜回收能力5.4万吨、铅锌9万吨，实现资源综合利用年产值50亿元以上	甘肃发改委
2	福建省新创化建科技有限公司	尾矿	到2015年，尾矿综合利用率达到100%，年利用共伴生矿及尾矿520万吨，实现资源综合利用年产值12亿元	福建发改委
3	抚顺矿业集团有限责任公司	油页岩	到2015年，年利用共伴生油页岩资源1190万吨，年产页岩油70万吨，实现资源综合利用年产值5.5亿元	辽宁发改委、经信委
4	河北远通矿业有限公司	尾矿	到2015年，磷回收率由50%提高到70%，钛回收率由20%提高到25%，年利用各类固体废物1130万吨，实现资源综合利用年产值20亿元	河北发改委
5	江西铜业集团公司	共伴生矿产、铜尾矿	到2015年，伴生钼选矿综合回收率由44%提高到50%，年新增钼精矿回收能力3000吨、铜回收能力2000吨，年利用低品位矿石1400万吨，实现资源综合利用年产值20亿元	江西发改委
6	金川集团有限公司	尾矿、冶炼渣	到2015年，镍、铜选矿回收率分别达到81%和74%，共伴生镍铜金属综合利用率达到72%，年利用各类固体废物150万吨，实现资源综合利用年产值超过200亿元	甘肃发改委
7	攀钢集团有限公司	低品位矿、铁尾矿	到2015年，平均采矿回采率达到94%以上，铁资源选矿总回收率达到85%，钛资源利用率达到20%，钒资源利用率达到65%；年利尾矿等固体废物500万吨，实现资源综合利用年产值57亿元	四川发改委
8	青海盐湖工业股份有限公司	钾共伴生矿、废盐	到2015年，钾资源开发回收率提高5%，选矿回收率提高2%～5%，镁盐、钠盐、钾盐综合利用率分别达到5%、50%和15%以上，年利用废盐900万吨，实现资源综合利用年产值138亿元	青海发改委、经委

续 表

序号	基地名称	主要利用资源	建设目标	监督实施单位
9	四川省川威集团有限公司矿产资源综合利用骨干企业	钒钛磁铁矿尾矿、冶炼渣	到2015年，铁回收率提高到65%，钒回收率提高到58%以上，钛回收率提高到30%以上，冶炼渣综合利用率达到75%以上，年利用各类固体废物1250万吨，实现资源综合利用产值53亿元	四川发改委
10	铜陵有色金属集团控股有限公司矿产资源综合利用骨干企业	尾矿、冶炼渣	到2015年，矿产资源总回收率提高到66%，冶炼渣综合利用率达到100%。年回收高硫铁精矿和高硫精矿120万吨，年利用尾矿量超过800万吨、铜冶炼渣210万吨，实现资源综合利用年产值150亿元	安徽发改委
11	云南锡业集团（控股）有限责任公司矿产资源综合利用骨干企业	锡、铜尾矿	到2015年，共伴生矿产综合利用率达到48%，锡回收率提高到68%、铜回收率提高到80%，年利用尾矿200万吨，实现资源综合利用年产值超过20亿元	云南发改委

二、产业废物综合利用骨干企业（15家）

序号	基地名称	主要利用资源	建设目标	监督实施单位
1	宝钢发展有限公司	冶炼渣	到2015年，年利用各类固体废物1200万吨，实现资源综合利用年产值50亿元	宝钢集团有限公司
2	北新集团建材股份有限公司	工业副产石膏	到2015年，利用工业副产石膏生产的纸面石膏板规模达到20亿平方米，年利用工业副产石膏1800万吨，实现资源综合利用年产值100亿元以上	中国建材集团
3	福建省三钢（集团）有限责任公司	钢渣	到2015年，冶炼渣综合利用率达到100%，年利用各类固体废物463万吨，实现资源综合利用年产值21亿元	福建发改委
4	华能再生资源有限公司	粉煤灰、工业副产石膏	到2015年，年利用粉煤灰250万吨，促进当地粉煤灰综合利用率达到90%，实现资源综合利用年产值3.8亿元	江苏发改委

续 表

序号	基地名称	主要利用资源	建设目标	监督实施单位
5	华新水泥有限公司	煤矸石、粉煤灰、工业副产石膏、冶炼渣	到2015年，年利用各类固体废物1600万吨，其中煤矸石100万吨、粉煤灰600万吨、工业副产石膏100万吨、冶炼渣800万吨，实现资源综合利用年产值160亿元	湖北发改委
6	黄石大江集团公司	铜渣、钢渣	到2015年，年利用冶炼渣287万吨，其中铜冶炼炉渣110万吨、钢铁冶炼烟灰75万吨、尾砂100万吨，实现资源综合利用年产值12亿元	湖北发改委
7	酒泉钢铁（集团）公司	尾矿、冶炼渣、粉煤灰、脱硫石膏	到2015年，年利用尾矿、冶炼渣、粉煤灰、脱硫石膏等大宗固体废物超过700万吨，实现资源综合利用年产值15亿元以上	甘肃发改委
8	柳州钢铁（集团）公司	冶炼渣	到2015年，年利用冶炼渣等各类固体废物590万吨，实现资源综合利用年产值9亿元	广西发改委
9	上海建筑材料（集团）总公司	粉煤灰、脱硫石膏	到2015年，年利用各类固体废物230万吨，其中粉煤灰116万吨、钢渣11万吨、城市污泥53万吨、脱硫石膏50万吨，实现资源综合利用年产值12亿元	上海发改委
10	太原钢铁（集团）有限公司	钢渣、粉煤灰	到2015年，钢渣综合利用率达到100%，年利用各类固体废物1380万吨，实现资源综合利用产值70亿元	山西发改委、经信委
11	唐山钢铁集团有限责任公司	冶炼渣	到2015年，冶炼渣综合利用率达到100%，年利用高炉渣、钢渣、含铁尘泥等各类废物450万吨，实现资源综合利用年产值10亿元	河北发改委
12	新疆华强建材集团公司	煤矸石	到2015年，年利用煤矸石217万吨，实现资源综合利用年产值6亿元	新疆发改委
13	新疆天业集团有限公司	粉煤灰、工业副产石膏	到2015年，年利用脱硫石膏、粉煤灰等各类固体废物250万吨，实现资源综合利用年产值7.7亿元	新疆兵团发改委
14	窑街煤电集团有限公司	油页岩、煤矸石、粉煤灰	到2015年，年利用煤系共伴生油页岩130万吨、煤矸石150万吨、粉煤灰100万吨，实现资源综合利用年产值13.5亿元	甘肃发改委
15	浙江天达环保股份有限公司	粉煤灰、工业副产石膏	到2015年，年利用粉煤灰等固体废物1000万吨，实现资源综合利用年产值超过15亿元	浙江发改委

《轮胎翻新行业准入条件》和《废轮胎综合利用行业准入条件》

中华人民共和国工业和信息化部公告

2012 年　第 32 号

为贯彻落实《循环经济促进法》，规范废旧轮胎综合利用行业发展秩序，促进企业优化升级，加强环境保护，提高资源综合利用技术和管理水平，引导行业健康持续发展，制定了《轮胎翻新行业准入条件》和《废轮胎综合利用行业准入条件》，现予公告。

各有关部门和省、自治区、直辖市在项目投资核准（备案）管理、国土资源管理、环境影响评价、信贷融资、安全监管等工作中应以该准入条件为依据。

工业和信息化部

2012 年 7 月 31 日

附件：1. 轮胎翻新行业准入条件

2. 废轮胎综合利用行业准入条件

附件 1

轮胎翻新行业准入条件

一、生产企业的设立和布局

（一）新建、改扩建轮胎翻新加工项目必须符合国家产业政策，新建企业要有较为稳定的旧轮胎供应渠道，包括与轮胎使用单位签订轮胎翻修协议及与有资质的旧轮胎回收企业进行长期合作、加工其回收的可翻新旧轮胎。

（二）轮胎翻新加工企业选址应符合所在地区土地利用总体规划、城乡规划、生态环境规划及用地标准。在国家法律、法规、行政规章及规划确定或经县级以上人民政府批准的自然保护区、生态功能保护区、风景名胜区、森林公园、饮用水水源保护区内，不得新建轮胎翻新企业；已建的轮胎翻新企业要根据该区域规划要求，在一定期限内逐步退出。大中城市、居民集中区、疗养地等区域设立的轮胎翻新企业，不得从事生胶加工、翻胎材料生产活动。

二、生产经营规模

（一）已建轮胎翻新加工企业，轮胎翻新年综合生产能力不得低于20000标准折算条（翻新轮胎折算成9.00－20条数，下同）。新建、改扩建的轮胎翻新加工企业，年综合生产能力不得低于30000标准折算条。

（二）企业应具有符合国家及行业标准翻新轮胎的技术、工艺及配有相符的生产设备、辅助设施，并具有产品质量保证体系和配套的检测设备。

三、资源回收利用及能耗

（一）资源回收利用

对轮胎翻修过程中不能翻新再制造的废轮胎应由有资质的废橡胶综合利用企业进行资源化再利用，对切削打磨下来的橡胶边脚料和橡胶粉必须100%回收。企业自身如不具备橡胶下脚料利用条件，由废橡胶综合利用企业进行加工再利用。废轮胎及边角料、橡胶粉不得擅自丢弃、倾倒、焚烧与填埋。

（二）能源消耗指标

轮胎翻新加工的能源消耗限定为：预硫化法翻新轮胎综合能耗低于15千瓦时/标准折算条；模压法翻新轮胎综合能耗低于18千瓦时/标准折算条。

四、环境保护

（一）新建、改扩建轮胎翻新加工项目要严格执行《中华人民共和国环境影响评价法》，依法向环境保护行政主管部门报批环境评价文件，按照环境保护“三同时”的要求，建设与项目相配套的环境保护设施，并依法申请项目竣工环境保护验收。

（二）废气和粉尘

在生胶加工、翻胎材料加工及轮胎翻新过程中所有产生粉尘的作业区，均应配备除尘及烟气净化装置。各种供热锅炉均应配置先进的除尘装置与烟气净化装置，废气排放应达到《工业炉窑大气污染物排放标准》、《锅炉大气污染物排放标准》和《大气污染物综合排放标准》。凡已有地方排放标准的区域，应执行地方标准。

（三）废水

废水排放应符合《污水综合排放标准》。凡已有地方标准的区域，应执行地方标准。

（四）废渣

新建企业要设有专门的废胶料、废轮胎与橡胶下脚料存放处置场地，并符合《一般工业固体废物储存、处置场污染控制标准》。

（五）噪声

企业生产所产生的噪声应达到《工业企业厂界环境噪声排放标准》。

（六）国家发布行业污染物排放新标准后，按新标准执行。

五、防火安全

企业应严格执行《中华人民共和国消防法》的各项规定。生产厂房、仓库、堆场等场所的防火设计、施工和验收应符合国家现行相关标准的要求，生产与使用溶剂的生产区域应符合相关防火、防爆的要求。

六、产品质量和职业教育

（一）企业应当设立独立的质量检验部门和专职检验人员，质量检验管理制度健全、检验数据完整，具有经过检定合格、符合使用期限的相应检验、检测设备（包括翻前检查和翻后检验）。

（二）产品质量应符合《载重汽车翻新轮胎》、《轿车翻新轮胎》、《工程机械翻新轮胎》等相关标准要求。对翻新后的轮胎应进行充气高压检查，以确保翻新轮胎的出厂质量。

（三）企业应建立可追溯的生产记录和销售记录档案，包括修补、翻新及检验过程中翻新轮胎所使用的原材料与配件、各工序加工过程中的工艺参数和客户翻新轮胎产品及翻新轮胎的销售流向等信息。

（四）企业应建立职业教育培训管理制度。工程技术人员、工人技师和生产工人应定期接受培训与继续教育，建立职工教育档案；按照国家职业标准要求，轮胎翻修工必须经过职业培训，持证上岗。

（五）应制定翻新轮胎产品“三包”规定。轮胎翻新加工企业应严格执行产品“三包”规定。待相关条件具备后，适时考虑实行翻新轮胎产品强制性认证。

七、安全生产

（一）企业应严格遵守《中华人民共和国安全生产法》、《中华人民共和国职业病防治法》以及其他有关的法律法规、规章、标准，建立健全安全生产和职业病防治责任制度，采取措施确保安全生产和劳动者获得职业卫生保护。

（二）企业应具有健全的安全生产、职业卫生管理体系，职工安全生产、职业卫生培训制度和安全生产、职业卫生检查制度。

（三）企业应有安全防护与防治措施，配备符合国家标准的安全防护器材与设备，避免在生产过程中造成机械伤害。对可能产生粉尘、烟气的作业区，应配备职业病防护设施，保证工作场所符合国家职业卫生标准。

（四）生产区、胎体存放区内严禁烟火，不得存放任何易燃性物质，并应设置严禁烟火标志。

（五）企业应按照国家有关要求，积极开展安全生产标准化和隐患排查治理体系建设，确保在规定的期限内达标。

八、监督管理

（一）新建、改扩建轮胎翻新加工项目应符合本准入条件。对不符合本准入条件的现有轮胎翻新加工企业，在准入条件发布2年之内，要通过技术改造、优化工艺等方式，达到准入条件提出的产品质量、环保、能耗、安全生产和劳动保护等各项要求。

（二）县级以上工业和信息化主管部门负责对当地生产企业执行本准入条件的情况进行监督管理；配合当地产品质量监督部门、工商管理部门及环保部门加强对轮胎翻新加工企业的监督检查。

（三）轮胎翻修相关协会要加强对行业发展情况的分析研究；组织推广应用行业节能减排新技术、新工艺、新设备及新材料；建立符合准入条件的评估体系，科学公正地提出评估意见；协助政府有关部门做好行业监督和规范管理工作。

（四）工业和信息化部会同环境保护部定期公告符合本准入条件的轮胎翻新加工企业名单。不符合本准入条件的企业，不得从事轮胎翻新加工经营活动。

（五）国家相关管理部门可依据本准入条件制定相应的配套监管办法。

九、附则

（一）本准入条件适用于中华人民共和国境内轮胎翻新加工企业。

（二）本准入条件自公告之日起实施，由工业和信息化部负责解释，并根据行业发展情况适时进行修订。

附件2

废轮胎综合利用行业准入条件

一、生产企业的设立和布局

（一）新建、改扩建废轮胎加工利用项目必须符合国家产业政策和所在地区土地利用总体规划、城乡规划、环境保护和污染防治规划，采用节能环保技术与生产装备。

（二）在国家法律法规、行政规章及规划确定或经县级以上人民政府批准的自然保护区、生态功能保护区、风景名胜区、森林公园、饮用水水源保护区内，以及大中城市、居民集中区、疗养地等环境条件要求较高的地点不得建立废轮胎加工利用企业；已建废轮胎加工利用企业要根据该区域规划要求，在一定期限内，通过“搬迁、转产”等方式逐步退出。

二、生产经营规模

（一）已建废轮胎加工利用企业，废轮胎年综合处理能力不得低于10000吨。新建、改扩建的废轮胎加工利用企业，年综合处理能力不得低于20000吨（常压连续再生法除外）。

（二）废轮胎加工利用企业的主要生产设备、检测设备、实验设备及公用工程设施、生产辅助设施等必须符合国家、行业相关规定要求。

三、资源回收利用及能耗

（一）资源回收利用

在废轮胎加工利用过程中，要对废轮胎中的废橡胶进行100%的利用；对废轮胎中的废纤维、废钢丝进行回收利用。不具备利用条件的企业，应委托其他企业进行再加工利用，不得擅自丢弃、倾倒、焚烧与填埋。

（二）能源消耗指标

废轮胎加工再生橡胶综合能耗低于850千瓦时/吨；废轮胎加工橡胶粉综合能耗低于350千瓦时/吨（40目以上及精细胶粉除外）；废轮胎热解加工综合能耗低于300千瓦时/吨。

四、工艺与装备

新建、改扩建废轮胎加工利用企业必须采用先进技术、先进工艺及先进设备。

（一）再生橡胶生产采用动态法、常压连续再生法、力化学法等，再生橡胶生产企业应同步配套除尘装备、尾气净化装置、烟气及水处理装置。

（二）橡胶粉生产采用常温法，加工过程实现自动化，同步配套除尘、降噪装置。

（三）热解企业采用负压热解技术，配套油品分离装置、炭黑加工装置、尾气排放环保控制装置，生产过程实现集成自动化和连续化。

（四）采用其他先进加工利用技术方式。

五、环境保护

（一）新建、改扩建废轮胎加工利用项目要严格执行《中华人民共和国环境影响评价法》，依法向环境保护行政主管部门报批环境评价文件，按照环境保护“三同时”的要求，建设与项目相配套的环境保护设施，并依法申请项目竣工环境保护验收。

（二）除尘和废气净化处理

废轮胎破碎处理厂房（区）应设置集尘和除尘设备，且粉尘收集设备的粉尘排放必须符合《大气污染物综合排放标准》的要求。

再生橡胶生产设计应同步配套除尘装备、尾气净化装置、污水排放处理装置。脱硫装置尾气排放必须达到《大气污染物综合排放标准》、《恶臭污染物排放标准》。

热解处理装置尾气排放必须达到《大气污染物综合排放标准》、《恶臭污染物排放标准》。

（三）废水循环利用

再生橡胶生产企业应建有废水循环处理池，实现废水循环利用。废水排放必须达到《污水综合排放标准》。

（四）噪声

对于废轮胎加工处理工艺设备中噪声污染大的设备须采取降噪和隔声措施，噪音污染防治必须达到《工业企业厂界环境噪声排放标准》。

六、防火安全

企业应严格执行《中华人民共和国消防法》的各项规定。生产厂房、仓库、堆场等场所的防火设计、施工和验收应符合国家现行相关标准的要求，生产与使用溶剂的生产区域应符合相关防火、防爆的要求。

七、产品质量和职业教育

（一）企业应当设立独立的质量检验部门和专职检验人员，质量检验管理制度健全、检验数据完整，具有经过检定合格、符合使用期限的相应检验、检测设备。

（二）产品质量应符合《再生橡胶》、《硫化橡胶粉》等相关标准。

（三）企业应建立可追溯的生产记录以及检验过程中的各种相关信息、所使用的原材料与配件、各工序加工过程中的工艺参数和客户产品等档案。

（四）企业应建立职业教育培训管理制度。工程技术人员、工人技师和生产工人应定期接受培训与继续教育，建立职工教育档案，做到持证上岗。

八、安全生产

（一）企业应严格遵守《中华人民共和国安全生产法》、《中华人民共和国职业病防治法》以及其他有关的法律法规、规章、标准，建立健全安全生产和职业病防治责任制度，采取措施确保安全生产和劳动者获得职业卫生保护。

（二）企业应具有健全的安全生产、职业卫生管理体系，职工安全生产、职业卫生培训制度和安全生产、职业卫生检查制度。

（三）企业应有安全防护与防治措施，配备符合国家标准的安全防护器材与设备，避免在生产过程中造成机械伤害。对可能产生粉尘、烟气的作业区，应配备职业病防护设施，保证工作场所符合国家职业卫生标准。

（四）生产区、胎体存放区内应严禁烟火，不可存放任何易燃性物质，并应设置严禁烟火标志。

（五）企业应按照国家有关要求，积极开展安全生产标准化和隐患排查治理体系建设，确保在规定的期限内达标。

九、监督管理

（一）新建、改扩建废轮胎加工利用项目应符合本准入条件。对不符合本准入条件的现有废轮胎加工利用企业，在准入条件执行2年之内应达到准入条件规定的产品质量、环保、能耗、安全生产和劳动保护等相关要求。

（二）县级以上工业和信息化主管部门负责对当地生产企业执行本准入条件的情况进

行监督管理；配合当地工商管理部门和环保部门加强对废轮胎加工利用企业的监督检查。

（三）废轮胎循环利用相关行业协会要加强对行业发展情况的分析和研究；组织推广应用行业节能减排新技术、新工艺、新设备及新材料；建立符合准入条件的评估体系，科学公正地提出评估意见；协助政府有关部门做好行业监督和规范管理工作。

（四）工业和信息化部会同环境保护部定期公告符合本准入条件的废轮胎加工利用企业名单。不符合本准入条件的企业，不得从事废轮胎加工利用经营活动。

（五）国家相关管理部门可依据本准入条件制定相应的配套监管办法。

十、附则

（一）本准入条件适用于中华人民共和国境内的废轮胎加工利用企业。

（二）本准入条件自公告之日起实施，由工业和信息化部负责解释，并根据行业发展情况适时进行修订。

再生铅行业准入条件

中华人民共和国工业和信息化部　中华人民共和国环境保护部　公告
2012 年　第 38 号

为推进再生铅行业规范、健康发展，提高资源综合利用率和节能环保水平，促进产业优化升级，工业和信息化部、环境保护部联合制定了《再生铅行业准入条件》，现予公告。

附件：再生铅行业准入条件

工业和信息化部 环境保护部
2012 年 8 月 27 日

附件

再生铅行业准入条件

为规范、引导再生铅行业健康发展，根据国家有关法律法规、产业政策及《重金属污染综合防治“十二五”规划》、《再生有色金属产业发展推进计划》（工信部联节〔2011〕51 号）等规定和要求，制定再生铅行业准入条件。

一、项目建设条件和企业生产布局

（一）新建或者改、扩建再生铅项目必须符合国家产业政策和规划要求，符合本地区城乡建设规划、生态环境规划、土壤环境保护规划、土地利用总体规划和主体功能区规划等要求。各省（自治区、直辖市）根据资源、能源状况和市场需求情况，要依据产业布局和国家相关规划严格审批再生铅项目，抑制盲目扩张。

（二）在国家法律法规、规章及规划确定或县级以上人民政府批准的自然保护区、生态功能保护区、风景名胜区、饮用水水源保护区等需要特殊保护的地区，大中城市及其近郊，居民集中区、疗养地、医院，以及食品、药品等对环境条件要求高的企业周边 1 千米内，在《重金属污染综合防治“十二五”规划》划定的重点区域和因铅污染导致环境质量不能稳定达标区域内不得新建再生铅项目。已在上述区域内生产运营的再生铅企业要根据该区域有关规划，依法通过搬迁、转停产等方式逐步退出。

（三）再生铅企业厂址选择应符合本地区大气污染防治、水资源保护、自然生态保护的要求。

二、生产规模、工艺和装备

（一）新建再生铅项目必须在5万吨/年以上（单系列生产能力，下同）。淘汰1万吨/年以下再生铅生产能力，以及坩埚熔炼、直接燃煤的反射炉等工艺及设备。鼓励企业实施5万吨/年以上改扩建再生铅项目，到2013年年底以前淘汰3万吨/年以下的再生铅生产能力。

（二）再生铅企业必须整只回收废铅蓄电池，执行《危险废物贮存污染控制标准》（GB 18597）中的有关要求，禁止对废铅蓄电池进行人工破碎和露天环境下破碎作业，严禁直接排放铅蓄电池破碎产生的废酸液。企业应采用机械化破碎分选处置废铅蓄电池的工艺、技术和设备，预处理过程中采用水力分选的，必须做到水闭路循环使用不外泄。对分选出的铅膏必须进行脱硫预处理或送硫化铅精矿冶炼厂合并处理，脱硫母液必须进行处理并回收副产品。

（三）再生铅企业不得直接熔炼带壳废铅蓄电池，不得利用坩埚炉熔炼再生铅，应采用密闭熔炼、低温连续熔炼、新型节能环保熔炼炉等先进工艺及设备，并在负压条件下生产，防止废气逸出。同时应具备完整的废水、废气净化设施、报警系统和应急处理等装置。企业应严格执行《废铅酸蓄电池处理污染控制技术规范》（HJ 519），确保废水、废气等排放符合国家相关环保标准。

三、能源消耗及资源综合利用

（一）利用原生矿合并处理含铅废料的企业能源消耗及资源综合利用指标，应参照《铅锌行业准入条件》（2007年第13号公告）有关要求执行。

（二）单独处理含铅废料的新建、改建、扩建再生铅项目综合能耗应低于130千克标准煤/吨铅，铅的总回收率大于98%，废水实现全部循环利用。

（三）现有再生铅企业综合能耗应低于185千克标准煤/吨铅，铅的总回收率大于96%，冶炼弃渣中铅含量小于2%，废水循环利用率应大于98%。现有再生铅企业综合能耗指标应在2013年年底前达到新建项目标准。

四、环境保护

（一）新建和改扩建项目应严格执行《环境影响评价法》，未通过环境影响评价审批的项目一律不准开工建设。按照环境保护“三同时”的要求，建设项目配套环境保护设施并依法申请项目竣工环境保护验收，验收合格后方可投入生产运行。现有企业应按照《清洁生产促进法》定期开展强制性清洁生产审核，并通过评估验收，两次审核的时间间隔不得超过两年，位于《重金属污染综合防治“十二五”规划》中重点区域的重点企业及环境风险较大的再生铅企业应当购买环境污染责任保险。现有熔炼设施的生产过程中，应采取有效措施去除原料中含氯物质及切削油等有机物。鼓励企业封闭化生产。

（二）从事涉铅危险废物收集、储存、利用和处置废铅蓄电池的经营单位应按照《危险废物经营许可证管理办法》的有关规定向省级环保部门申请领取危险废物经营许可证，并符合《废铅酸蓄电池处理污染控制技术规范》（HJ 519）的相关要求。禁止无经营许可证或者不按照经营许可证规定从事废铅蓄电池收集、储存、利用和处置的经营活动。废铅蓄电池外壳应经过彻底清洗后，满足环保标准《废塑料回收与再生利用污染控制技术规范》（HJ/T 364）的要求后方可再生使用。

（三）再生铅企业要制定完善的环保规章制度和重金属环境污染应急预案，具备相应的应急设施和装备，定期开展环境应急培训和演练。生产废水、废气排放符合国家规定的环保标准要求，工人洗衣、洗浴、车间冲洗废水等应单独收集处理。再生铅企业生产的废渣、燃煤炉渣等必须进行无害化处理。要规范物料堆放场、废渣场、排污口的管理，新建、改扩建再生铅项目要同步建设配套在线监测设施并与当地环保部门联网，现有再生铅企业应在 2013 年年底前完成。再生铅企业必须具有完善的自行监测能力，要建立自行监测制度，按照要求制定方案，对所有排放的污染物定期开展监测，特别是要建立铅污染物的日监测制度，每日向公众发布自行监测结果，每月向当地环境保护行政主管部门报告。排放二噁英的企业和单位应至少每年开展一次二噁英排放监测，并将数据上报地方环保部门备案。

（四）废气中铅尘应采用自动清灰的布袋除尘技术、静电除尘技术、湿法除尘技术等进行处理，生产车间必须有良好的排风系统，应建有通风除尘系统对车间内含铅烟气进行收集处理，鼓励企业将收尘灰返回熔炼系统处理。废水、废气等排放要符合国家规定的环保标准要求。再生铅企业产生的废弃渣，废水处理系统产生的泥渣，除尘系统净化回收的含铅烟尘（灰），防尘系统中废弃的吸附材料、燃煤炉渣等必须进行无害化处理。鼓励企业将沉淀泥进行无害化处理。对于没有处置能力的再生铅企业，要求其产生的废渣及污泥等危险废物必须委托持有危险废物经营许可证的单位进行安全处置，严格执行危险废物转移联单制度。含铅量大于 2% 的水处理泥渣、铅烟尘（灰）必须要经过二次处理。生产过程中的废弃劳动保护用品应按照危险废物进行管理。

（五）厂界噪声符合《工业企业厂界环境噪声排放标准》（GB 12348）。

五、安全、卫生与职业病防治

（一）新建、改建、扩建项目安全设施和职业危害防治设施必须与主体工程同时设计、同时施工、同时投入生产和使用；企业应当遵守《安全生产法》、《职业病防治法》等法律法规，执行保障安全生产的国家标准或行业标准。再生铅企业的作业环境必须满足《工业企业设计卫生标准》（GB Z1）和《工作场所有害因素职业接触限值》（GB Z2. 1）的要求。

（二）企业应当有健全的安全生产和职业卫生组织管理体系，建立完善职业病危害检测与评价、职业健康监护、职业病危害警示与告知、培训、检查等职业卫生管理制度。

（三）企业应当有职业病危害防治措施，对重大危险源有检测、评估、监控措施和应急预案，并配备必要的器材和设备。铅冶炼作业场所达到国家卫生标准。

（四）对再生铅企业关键生产环节推行岗位技能培训，实行持证上岗制度，主要包括废酸水处理、含铅废弃物处理、废弃物清除、空气污染防治、职业灾害急救、铅作业技术等关键岗位。要求 2013 年年底前，再生铅企业关键岗位技术人员经过培训并取得人力资源和社会保障部颁发的相关工种职业技能鉴定等级证书资质的比例不低于企业总人数的 10%。

（五）企业用工制度要符合《劳动合同法》规定。

六、监督与管理

（一）工业和信息化部、环境保护部按照本准入条件，组织对再生铅生产企业进行核查。未列入环境保护部环保核查公告名单的企业，不予通过准入条件审查。对符合准入条件的生产企业以联合公告的形式定期向社会发布。

（二）对不符合规划布局、生产规模、工艺装备、资源利用、环境保护、安全卫生等要求的再生铅项目，有关部门不予核准或备案，国土资源管理、环境保护、质检、安监等部门不得办理有关手续，金融机构不得提供贷款和其他形式的授信支持。

（三）各省（自治区、直辖市）工业主管部门负责对本地再生铅生产企业执行准入条件情况进行监督检查。有关行业协会等中介机构要协助做好本准入条件的实施工作，加强行业协调和自律管理。

七、附则

（一）再生铅是指以含铅废料为原料，主要是废铅蓄电池金属态铅废料等经过冶炼加工工艺而生产出再生铅产品的生产经营活动。再生铅行业包括废铅蓄电池等含铅废料的回收利用。

（二）本准入条件适用于中华人民共和国境内（台湾、香港、澳门地区除外）所有类型的再生铅企业和项目。

（三）本准入条件涉及的法律法规、国家标准和行业政策若进行修订，按修订后的规定执行。

（四）本准入条件自发布之日起实施，并根据行业发展情况和宏观调控要求适时进行修订。

废钢铁加工行业准入条件

推动废钢铁资源综合利用，规范和促进废钢铁加工行业健康发展，引导废钢铁资源的高效合理利用，推进钢铁行业节能减排，制定了《废钢铁加工行业准入条件》，现予以公告。

各有关部门和省、自治区、直辖市在对废钢铁加工建设项目进行投资核准（备案）管理、国土资源管理、环境影响评价、信贷融资、安全监管等工作中应以本准入条件为依据。

附件：废钢铁加工行业准入条件

中华人民共和国工业和信息化部

2012 年 9 月 28 日

附件

废钢铁加工行业准入条件

为推动废钢铁资源综合利用工作深入开展，加强废钢铁加工行业管理，规范废钢铁加工行业生产经营行为，积极推进废钢铁供需衔接，提高集约化加工经营水平和废钢铁加工质量，加强废钢铁产业规模化、现代化，优化资源配置，实现精料入炉，促进废钢铁加工行业科学健康可持续发展，依据国家有关产业政策要求，制定本准入条件。

一、企业布局和建设要求

（一）新建或者改、扩建废钢铁加工配送企业应符合有关法律法规规定，符合国家产业政策、土地供应政策及本地区土地利用总体规划、城乡建设规划和主体功能区规划的要求，企业建设应有规范化设计要求。

（二）在国家法律、法规、规章和规划确定或县级及以上人民政府规定的自然保护区、风景名胜区、饮用水源保护区、基本农田保护区和其他需要特别保护的区域内，居民聚集区和其他严防污染的企业周边 1 千米内，不得新建废钢铁加工配送企业。已在上述区域投产运营的废钢铁加工配送企业要根据该区域规划要求，在一定期限内，通过依法搬迁、转产等方式逐步退出。

（三）新建或者改、扩建废钢铁加工配送企业应符合国家土地管理的相关政策和规定，应符合国家和本地区土地供应政策，以及禁止和限制用地项目目录、工业项目建设用地控制指标等相关土地使用标准的规定，依法做好征地补偿安置、耕地占补平衡工作。

二、规模、工艺和装备

（一）新建废钢铁加工配送企业年废钢铁加工能力必须在15万吨以上；到2014年年底，改造、扩建废钢铁加工配送企业年废钢铁加工能力应达到10万吨以上。

（二）新建废钢铁加工配送企业要求厂区面积不小于3万平方米，土地使用手续合法（租用合同不少于15年），作业场地不小于1.5万平方米。新建企业应配有剪切设备或破碎设备以及配套装卸设备和车辆等，必须配备辐射监测仪器、电子磅和非钢铁类夹杂物分类设备等。

（三）改造、扩建废钢铁加工配送企业要求厂区面积不小于2万平方米，土地使用手续合法（租用合同不少于15年），作业场地不小于1万平方米。改造、扩建企业应配有剪切设备或破碎设备以及配套装卸设备和车辆等，必须配备辐射监测仪器、电子磅和非钢铁类夹杂物分类设备等。

（四）新建、改扩建废钢铁加工配送企业应选择生产效率高、加工工艺先进、能耗低、环保达标和资源综合利用率高的加工生产系统。必须配套有粉尘收集、污水处理和噪声控制等环境保护设施，加工工艺和设备应满足国家产业政策、禁止和限制用地项目目录的有关要求。

（五）鼓励企业积极开发使用节能、环保、高效的新技术、新工艺、新装备，逐步淘汰鳄鱼剪式剪切机。

三、产品质量

（一）废钢铁加工产品达到国家废钢铁标准，杜绝任何夹带和掺假。

（二）废钢铁加工配送企业应配备专职质量管理人员，建立质量管理制度。鼓励通过ISO质量管理体系认证和环境管理体系认证。

四、能源消耗和资源综合利用

（一）新建及改扩建废钢铁加工配送企业加工生产系统综合电耗应低于30千瓦时/吨废钢铁，新水消耗应低于0.2吨/吨废钢铁。

（二）对加工废钢铁过程中产生的各种夹杂物，如有色金属、塑料、橡胶、木块、纤维、渣土、机油、汽油、氟利昂、电池等，应有相应的回收、处理措施和合法流向，避免二次污染。

五、环境保护

（一）新建或改、扩建废钢铁加工配送企业应严格执行环境影响评价制度，按照环境保护主管部门的相关规定报批环境影响评价文件。按照环境保护“三同时”的要求建设配套的环境保护设施并依法申请项目竣工环境保护验收，经环保部门验收合格后，方可投入生产。

（二）按照环境保护主管部门和相关制度规定依法履行环境保护义务，应有完善的环境保证体系：

1. 料场必须安装或配备有放射性检测设备。

2. 地面必须进行硬化处理。

3. 破碎生产线应配套安装除尘设备。

4. 废钢铁加工配送企业污染物排放应达到《污水综合排放标准》、《大气污染物综合排放标准》要求，应满足工业固废、危险废物处理处置和污染物排放总量指标等要求。

5. 废钢铁加工配送企业噪声应达到《工业企业厂界环境噪声排放标准》要求，具体标准应根据当地人民政府划定的区域类别执行。

6. 有毒有害、易燃易爆等残余物应按国家有关要求交有相关资质的企业集中进行处理。

7. 设有专职环保管理人员和完善的安全环保制度。

（三）废钢铁加工配送企业应有雨水、生产废水、生活废水的收集和循环利用系统，废水经无害化处理后达标排放，或者排入城市污水集中处理系统处理；应有废油回收储存设备和相关处理措施。废钢铁加工配送企业应有突发环境事件或污染事件应急设施和处理预案，消防设施应达到国家标准要求。

六、人员培训

废钢铁加工配送企业应制定完善的岗位操作守则和工作流程，明确人员岗位责任和工作权限，对大型破碎机、门式剪切机、抓钢机等大型设备操作人员和质量检验等关键岗位人员必须进行相关岗位技能培训，取得人力资源和劳动保障部颁发的相关工种职业技能证书，实行持证上岗制度。鼓励企业组织人员参加行业培训，提高企业人员素质。

七、安全生产、职业健康和社会责任

（一）废钢铁加工配送企业应符合国家《安全生产法》、《职业病防治法》等法律法规规定，具备相应的安全生产、劳动保护和职业危害防治条件，对作业环境的粉尘、噪声等进行有效治理，达到国家卫生标准，配备有相应的安全防护设施和安全管理人员，建立、健全安全生产责任制，开展安全生产标准化建设，并按规定限期达标。

（二）新、改、扩建企业安全设施和职业危害防治设施必须与主体工程同时设计、同时施工、同时投入生产和使用；废钢铁加工配送企业安全设施设计、投入生产和使用前，应依法经过安全生产监督管理部门审查、验收。

（三）废钢铁加工配送企业的作业环境应满足《工业企业设计卫生标准》和《工业场所有害因素职业接触限值》的要求。

（四）废钢铁加工配送企业应有健全的安全生产组织管理体系，应有职工安全生产培训制度和安全生产检查制度。

（五）废钢铁加工配送企业用工制度应符合《劳动合同法》规定。

八、监督管理

（一）新建和改扩建项目应当符合准入条件要求。各有关部门在对废钢铁加工配送企业进行投资管理、土地供应、信贷融资、安全许可、生产许可等工作应以准入条件为依据。

（二）各级工业和信息化主管部门会同环境保护等有关部门对废钢铁加工配送企业执行准入条件的情况进行监督检查。相关行业协会协助国家有关部门做好监督和管理工作，对废钢铁加工配送企业的经营管理模式、技术工艺、发展规划以及与钢铁企业之间建立配送机制进行指导。

（三）各级工业和信息化主管部门要加强对废钢铁加工行业的管理，督促现有企业加快技术改造，规范各项管理，达到准入条件规定的各项标准要求。

（四）工业和信息化部在征求环境保护部等有关部门意见后，负责公告符合准入条件的企业名单，实行社会监督并进行动态管理。

（五）充分发挥社会舆论督导作用，让社会公众广泛参与监督，加快行业淘汰落后产能和产业升级。

九、附则

（一）本准入条件适用于中华人民共和国境内（香港、澳门、台湾地区除外）所有类型废钢铁加工配送企业。

（二）本准入条件涉及的法律法规、国家标准和行业政策若进行修订，按修订后的规定执行。

（三）本准入条件自发布之日起实施，由工业和信息化部负责解释，并根据行业发展情况和宏观调控要求适时进行修订。

环境保护部　发展改革委　商务部关于发布《废塑料加工利用污染防治管理规定》的公告

2012 年第 55 号

为贯彻落实《国务院办公厅关于限制生产销售使用塑料购物袋的通知》（国办发〔2007〕72 号）、《国务院办公厅关于建立完整的先进的废旧商品回收体系的意见》（国办发〔2011〕49 号），加强废塑料加工利用的污染防治，保护人民群众身体健康，保障环境安全，促进循环经济健康发展，环境保护部、发展改革委、商务部联合制定《废塑料加工利用污染防治管理规定》。此规定自 2012 年 10 月 1 日起执行。

特此公告。

附件：废塑料加工利用污染防治管理规定

环境保护部　发展改革委　商务部

2012 年 8 月 24 日

附件

废塑料加工利用污染防治管理规定

第一条　为贯彻落实《国务院办公厅关于限制生产销售使用塑料购物袋的通知》（国办发〔2007〕72 号）、《国务院办公厅关于建立完整的先进的废旧商品回收体系的意见》（国办发〔2011〕49 号），加强废塑料加工利用的污染防治，保护人民群众身体健康，保障环境安全，促进循环经济健康发展，制定本规定。

第二条　在中华人民共和国境内废塑料加工利用活动必须遵守本规定要求。

本规定所称废塑料加工利用，是指将国内回收的废塑料（包括工业边角料、废弃塑料瓶、包装物及其他塑料制品、农膜等）及经批准从国外进口的各类废塑料等进行分类、清洗、拉丝、造粒的活动；以及将废塑料加工成塑料再生制品或成品的活动。

第三条　废塑料加工利用必须符合国家相关产业政策规定及《废塑料回收与再生利用污染控制技术规范》，防止二次污染。

禁止在居民区加工利用废塑料。禁止利用废塑料生产厚度小于 0.025mm 的超薄塑料购物袋和厚度小于 0.015mm 超薄塑料袋。禁止利用废塑料生产食品用塑料袋。禁止无危险废物经营许可证从事废塑料类危险废物的回收利用活动，包括被危险化学品、农药等污染的废弃塑料包装物，废弃的一次性医疗用塑料制品（如输液器、血袋）等。

无符合环保要求污水治理设施的，禁止从事废编织袋造粒、缸脚料淘洗、废塑料退镀（涂）、盐卤分拣等加工活动。

第四条　废塑料加工利用单位应当以环境无害化方式处理废塑料加工利用过程产生的残余垃圾、滤网；禁止交不符合环保要求的单位或个人处置。

禁止露天焚烧废塑料及加工利用过程产生的残余垃圾、滤网。

第五条　进口废塑料加工利用企业应当符合《固体废物进口管理办法》以及环境保护部关于进口可用作原料的固体废物和废塑料环境保护管理相关规定。

禁止进口未经清洗的使用过的废塑料。

禁止将进口的废塑料全部或者部分转让给进口许可证载明的利用企业以外的单位或者个人，包括将进口废塑料委托给其他企业代为清洗。

进口废塑料分拣或加工利用过程产生的残余废塑料应当进行无害化利用或者处置；禁止将上述残余废塑料未经清洗处理直接出售。

进口废纸加工利用企业应当对进口废纸中的废塑料进行无害化利用或者处置；禁止将进口废纸中的废塑料，未经清洗处理直接出售。

第六条　进口废塑料加工利用企业发现属于国家禁止进口类或者不符合环境保护控制标准的进口废塑料，应当立即向口岸海关、检验检疫部门和所在地环保部门报告并配合做好相关处理工作。

第七条　废塑料加工利用集散地应当建立废塑料加工利用散户产生的残余垃圾和滤网集中回收处理机制。鼓励废塑料加工利用集散地对废塑料加工利用散户实行集中园区化管理，集中处理废塑料加工利用产生的废水、废气和固体废物。

鼓励有条件的废塑料加工利用集散地申请开展国家“城市矿产”示范基地建设，申请开展废旧商品回收体系建设试点工作。

第八条　省级环保、商务主管部门应当组织核查并公布合格的废塑料加工利用企业名单；对核查发现问题的，应当依法处理并将处理结果向社会公布。

自 2013 年 1 月 1 日起，未经环保核查合格的企业，不予批准进口废塑料。

第九条　本规定自 2012 年 10 月 1 日起实行。

1. 废钢破碎生产线

（可提供 1000~6000 马力等多种机型供客户选择）

废钢破碎生产线是当今世界废钢行业公认的先进的废钢加工设备之一，公司率先引进国际先进技术，研制开发出 PSX 型系列废钢破碎生产线。可处理未分类混杂的低质废钢和报废小汽车，是当今废旧汽车处理和废钢加工的重要设备。

PSX 废钢破碎生产线生产率每小时可达 15~100 吨，主机功率为 750~4500 千瓦。关键部件超大型鳞板输送机，为国内首创，加载宽度可达 2 米 ~2.6 米，一次可承受 1.5~2 吨的冲击。该产品经由国家经贸委组织的专家评审认定为国家重点新产品，可替代国外进口产品。

2. 门式剪断机

（可提供三层料箱、双层料箱、单层料箱等多种料箱形式，400~1600 吨位多种产品规格供客户选择。）

Q91Y 系列 大型门式剪断机（单层料箱）

用途及特点：本机采用上压缩和两侧压缩的废料整形与分段送进方式，具有剪切入口宽，加料型腔深等特点，经整形剪切后的剪切料成长方形块状，产量高，生产效率显著。本机采用液压传动和自动电器控制系统，具有运行平稳，工作可靠，操作简单等特点。

该系列剪断机备有 500、800、1000、1250 型可供用户选择。

QA91Y 系列 大型门式剪断机（三层料箱）

用途及特点：本机在常态下，可将各类金属构件及混合性废钢进行整形与剪断，使之成为合格的冶炼炉料。 该系列剪断机为三层料箱结构形式，备有 630、800、1000、1250、1600 型可供用户选择。

3. 金属打包液压机

金属打包液压机系列

用途及特点： 金属打包液压机是加工处理塑性黑色或有色金属的专用设备，在常温下可将厚度小于 6mm 的各种边角余料、金属结构件等挤压成长方形包块。其密度高，便于储存、运输和冶炼。

本公司生产的金属打包液压机，品种齐全，使用范围广，机器采用液压驱动，工作平稳，性能可靠，生产效率高，能耗低，维修方便，250 吨以下打包机有手动和半自动两种控制方式，操作简单灵活。250 吨以上打包机料箱大，能将汽车驾驶室直接投入料箱打包。400 吨以上还配有自动上料机构，因此，金属打包液压机是金属回收加工的理想设备，也是钢铁厂、金属制品厂生产流水线良好的配套设备。

该系列产品备有 63~1500 吨型可供用户选择。所有机型均采用液压动力系统，可选择手动或 PLC 自动控制操作方式。出包方式分为翻包、推包（侧推、前推）等不同方式。

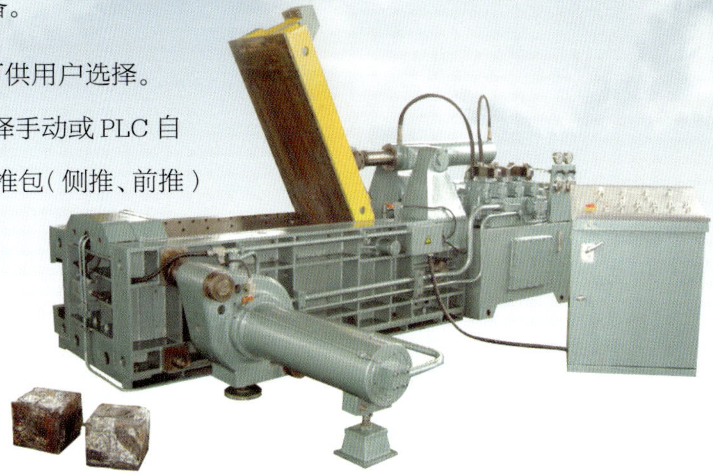

Y81 系列大型金属打包液压机

用途及特点：

（1）本机用于在常态下，将厚度 ≤ 8mm 的松散废钢压缩成紧密的长方体块，便于废钢的运输、储存及冶炼入炉。

（2）本机采用三向挤压方式，生产的废钢包块密度高，可达 2200~3200kg/m^3。

（3）本机料箱容积大，料箱两侧分别设置有料斗与侧向挤压机盖，因而对废钢料适应范围广，自动化程度高，便于实现机械化上料，故生产效率高，可年加工废钢包块 8~12 万吨。

（4）该系列产品备有 800、1000、1500 型可供用户选择。

4. 鳄鱼式液压剪断机

Q43Y 系列鳄鱼式液压剪断机，整机结构紧凑，机械性能稳定，与传统火焰切割废金属进行回收处理的方法相比，具有功率高、能耗低、无金属烧损、加工成本低等特点，是中小型金属回收站和机械行业铸造车间炉料加工的必备设备之一。

该系列产品备有 63~500 吨型可供用户选择。

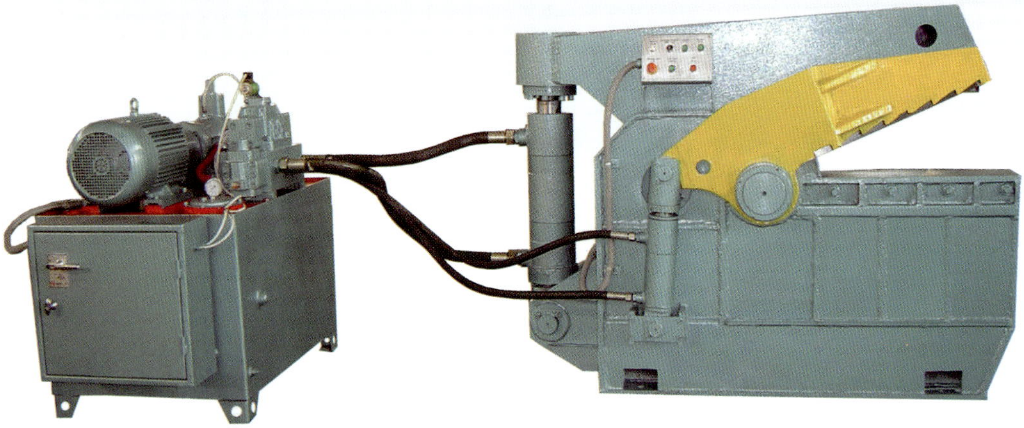

Q43YDII 系列双刃鳄鱼式液压剪断机

Q43YDII 系列双刃鳄鱼式液压剪断机为我公司独家首创，最大特点是集中了打包机和剪断机的优点，该机开口大、刀片长、容腔大，能够轻松地将大型废金属结构件进行剪切、打包一次完成，尤其适合汽车壳体和油桶及罐类等大容腔物品的剪断打包。

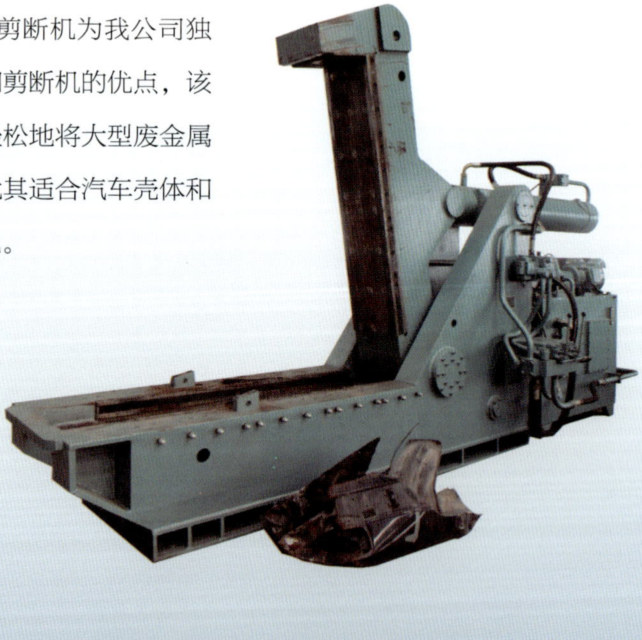

天津维恩再生资源科技有限公司

天津维恩再生资源科技有限公司成立于2011年，坐落于天津生态城中天大道生态科技园，是一家以再生资源科技研发、再生塑料制品以及木塑装饰材料的销售为主的大型环保型企业。公司创始人在“铝塑复合废弃物再生”及“废旧高分子高值利用”领域有十余年的技术积累与行业经验。公司目前拥有一项发明专利，两项实用新型专利，并计划陆续对其他专有技术进行专利保护。公司秉承“人尽其才、物尽其用”的经营理念，专注于废药板等复合高分子废弃物的高值一体化回收利用，目标是打造“阳光化”、“科技化”、“规模化”、“清洁化”的中国循环经济产业的经营典范。

维恩下设滑县维恩木塑有限公司（全资子公司）作为生产基地。维恩生产基地位于河南滑县卫西工业区，现有员工100余人，占地20000平方米，拥有木塑型材挤出生产线26条，木塑专用料生产线3条，木塑板材挤出生产线2条，包覆设备36台，模具150余套，其产能约10000吨。2012年6月21日，滑县维恩经河南省发改委审核认定为国家鼓励的资源综合利用企业。

目前公司已通过了ISO 9001质量管理体系认证和ISO 14001环境管理体系认证，同时也顺利通过河南建院建筑材料和国家建筑材料质量监督检测中心的检测。公司在依靠科技创新发展的同时，积极倡导“人与自然协调发展，人尽其才，物尽其用，以最小的物质消耗，满足最大的消费者效用”的企业文化理念，凭借着科学的管理标准，特色的经营模式，积极向上的团队，精湛的生产技术工艺，标准合格的原料品质，合理的价格优势以及一流的售后服务赢得了广大消费者的信赖。

上海机动车回收服务中心

上海机动车回收服务中心，是原上海市经委为落实国务院关于《报废汽车回收管理办法》（国务院 307 号令）的精神，根据国家经贸委《关于确定上海市为国家报废汽车回收拆解管理改革试点的函》（资源［2001］027 号）的要求，于 2002 年 9 月批准，同年 10 月挂牌成立的。

原市经委在组建回收中心的同时，确定了“收拆破碎分离、综合利用集中、信息网络管理、政府联手监管”的原则，形成回收中心与 4 家拆车公司和 1 家破碎公司组成的报废汽车回收、拆解、破碎、综合利用的长效管理运作新模式，简称为“1+4+1”模式。

上海机动车回收服务中心对外服务窗口外景实图

回收中心的职能是专业收购报废机动车及代理相关办证业务；协助政府相关部门监管报废机动车回收、拆解、破碎、综合利用的规范运作；定期向政府相关部门作报废机动车回收工作汇报。

回收中心集中受理全市各类机动车报废业务，同时在 10 个区县设立了报废回收受理点，为广大客户提供方便。另外，回收中心设有网站（www.smrs.com.cn），接受车主网上报废申请。

上海机动车回收服务中心实行信息网络化管理，回收中心在与政府监管部门和各机动车拆解企业之间，实现了信息的及时、快速、公开、透明的传递。这样既有效、及时地接受了政府的监督管理，又加快了报废机动车的回收、拆解、办证的速度。

上海机动车回收服务中心成立 10 年以来，共回收各类报废汽车 174600 辆，各类报废摩托车 103000 辆。为道路交通安全、环境保护和规范机动车回收报废拆解行业作出了贡献。